PASSE NA OAB 2ª Fase FGV COMPLETAÇO®

PRÁTICA CONSTITUCIONAL

www.editorasaraiva.com.br/direito
Visite nossa página

Coordenação
MARCELO HUGO DA ROCHA

Autoras
ANA FLÁVIA MESSA

Advogada. Bacharel em Direito pela Pontifícia Universidade Católica de São Paulo. Mestre em Direito Político e Econômico pela Universidade Presbiteriana Mackenzie. Doutora em Direito pela USP. Doutora em Direito pela Universidade de Coimbra. Professora da Faculdade de Direito da Universidade Presbiteriana Mackenzie. Membro do Conselho Científico da Academia Brasileira de Direito Tributário – ABDT. Membro da Diretoria da Academia Paulista de Letras Jurídicas – APLJ. Membro do Conselho Editorial da *International Studies on Law Education*.

KARINA JAQUES

Advogada. Bacharel em Direito pela Universidade Federal do Pará – UFPA. Especialista em Direito do Estado pela Universidade Federal do Pará, com formação em Docência do Ensino Superior pela Universidade Candido Mendes. Professora da Universidade Candido Mendes. Colaboradora da TV Justiça e Rádio Justiça – STF. Colaboradora de vários periódicos na área de concursos públicos: *Folha Dirigida*, *JC Concursos*, *Gazeta do Espírito Santo*, *O Globo*, *O Dia*, *Revista Exame*, *G1*, *Jornal de Brasília* e *Questões de Concursos*. Apresentou o Programa Saber Direito, exibido pela TV Justiça (Supremo Tribunal Federal), no qual abordou o tema "Direitos Fundamentais da Pessoa com Deficiência". Professora de Direito Constitucional nos melhores cursos preparatórios para concursos do Brasil, tanto em aulas presenciais quanto *on-line*.

PASSE NA OAB 2ª Fase FGV COMPLETAÇO®

5ª edição atualizada e ampliada

Marcelo Hugo da Rocha
Coordenação

Ana Flávia Messa
Karina Jaques

PRÁTICA CONSTITUCIONAL

teoria e modelos
+ questões e peças comentadas
+ cronograma de estudos

- *Roteiros passo a passo*
- *Modelos de peças*
- *Súmulas selecionadas*
- *Questões discursivas comentadas*
- *Peças profissionais comentadas*
- *Cronograma como guia de estudos*

saraiva jur

saraiva EDUCAÇÃO | saraiva jur

Av. Paulista, 901, 3º andar
Bela Vista – São Paulo – SP – CEP: 01311-100

SAC sac.sets@somoseducacao.com.br

Direção executiva Flávia Alves Bravin
Direção editorial Renata Pascual Müller
Gerência de projetos e produção editoriais Fernando Penteado

Planejamento Josiane de Araujo Rodrigues

Novos projetos Sérgio Lopes de Carvalho
Dalila Costa de Oliveira

Edição Clarissa Boraschi Maria (coord.)
Liana Ganiko Brito

Produção editorial Daniele Debora de Souza (coord.)
Estela Janiski Zumbano
Rosana Peroni Fazolari

Arte e digital Mônica Landi (coord.)
Camilla Felix Cianelli Chaves
Claudirene de Moura Santos Silva
Deborah Mattos
Guilherme H. M. Salvador
Tiago Dela Rosa

Projetos e serviços editoriais Daniela Maria Chaves Carvalho
Kelli Priscila Pinto
Laura Paraíso Buldrini Filogônio
Marília Cordeiro
Nicoly Wasconcelos Razuk

Projeto gráfico Mônica Landi
Diagramação Adriana Aguiar Santoro
Revisão Cecília Devus
Capa Tiago Dela Rosa
Produção gráfica Marli Rampim
Sergio Luiz Pereira Lopes
Impressão e acabamento Gráfica Paym

DADOS INTERNACIONAIS DE CATALOGAÇÃO NA PUBLICAÇÃO (CIP)
ANGÉLICA ILACQUA CRB-8/7057

Passe na OAB – 2ª fase FGV – Completaço® – Prática constitucional / Ana Flávia Messa e Karina Jaques. / coord. Marcelo Hugo da Rocha. - 5. ed. – São Paulo: Saraiva Educação, 2021. (Coleção Completaço®)
392 p.

Bibliografia
ISBN 978-65-5559-354-9 (impresso)

1. Direito constitucional. I. Título. II. Messa, Ana Flávia. III. Jaques, Karina. IV. Rocha, Marcelo Hugo da.

20-0535 CDD 340
CDU 342(81)

Índice para catálogo sistemático:
1. Direito constitucional

Data de fechamento da edição: 11-11-2020

Dúvidas? Acesse www.editorasaraiva.com.br/direito

CL 606952 CAE 752761

Ao R. T. *in memoriam.*

Ana Flávia Messa

Primeiro agradeço a Deus, dono de toda honra, poder e glória!
Aos familiares, pelo exemplo, amor, torcida e dedicação;
aos amigos, pela paciência.
Aos coordenadores, pelo reconhecimento do trabalho;
ao Marcelo Hugo da Rocha, pela confiança depositada;
à equipe da Editora Saraiva, pela presteza e excelência.
E a você, leitor, por permitir que façamos parte do seu sonho,
que agora também é nosso!

Karina Jaques

"Se, porém, algum de vós necessita de sabedoria,
peça-a a Deus, que a todos dá liberalmente
e nada lhes impropera; e ser-lhe-á concedida."

Tiago 1.5

Sumário

Cronograma de estudos

Cronograma de estudos – 36 dias

1º DIA	O que estudar hoje?
TEMA	*HABEAS DATA*
Conteúdo TEÓRICO	*Habeas Data* – art. 5º, LXXII, da Constituição Federal e Lei n. 9.507/97. Competência no *Habeas Data*: art. 102, I, *d*, da CRFB; art. 102, I, *r*, da CRFB; art. 105, I, *b*, da CRFB; art. 108, I, *c*, da CRFB; art. 109, VIII, da CRFB; art. 114, IV, da CRFB; art. 125, § 1º, da CRFB.
Conteúdo PRÁTICO	*Habeas Data* – Capítulo 14.
Sugestão de SÚMULAS	Súmula 2 do STJ.
LEMBRE-SE!	A recusa ou omissão do banco de dados (público ou de caráter público) é o interesse de agir na ação judicial do *habeas data*.
Já caiu em prova?	III – IX Exames da OAB.

2º DIA	O que estudar hoje?
TEMA	MANDADO DE INJUNÇÃO
Conteúdo TEÓRICO	Art. 5º, LXXI, da Constituição Federal e Lei n. 13.300/16. Competência no Mandado de Injunção: art. 102, I, *q*, da CRFB; art. 105, I, *h*, da CRFB; art. 121, § 4º, V, da CRFB; art. 102, II, *a*, da CRFB.
Conteúdo PRÁTICO	Mandado de Injunção – Capítulo 15.
Sugestão de SÚMULAS	Não cabe mandado de injunção para suprir lacuna ou ausência de regulamentação de direito previsto em norma infraconstitucional, e muito menos de legislação que se refere a eventuais prerrogativas a serem estabelecidas discricionariamente pela União (STF AgR-MI 766).

LEMBRE-SE!	O mandado de injunção cabe diante de omissão total (falta) ou omissão parcial (insuficiência) de norma regulamentadora que torne inviável o exercício dos direitos e liberdades constitucionais e das prerrogativas inerentes à nacionalidade, à soberania e à cidadania.
Já caiu em prova?	XXV - XXII Exames da OAB.

3º DIA	**O que estudar hoje?**
TEMA	**AÇÃO POPULAR**
Conteúdo TEÓRICO	Ação popular – art. 5º, LXXIII, da Constituição Federal e Lei n. 4.717/65. Competência na ação popular: art. 102, I, *f*, da CRFB; art. 102, I, *n*, da CRFB.
Conteúdo PRÁTICO	Ação popular – Capítulo 16.
Sugestão de SÚMULAS	Súmula 365 do STF.
LEMBRE-SE!	A ação popular é proposta pelo cidadão para anular ato ilegal e lesivo ao patrimônio público ou de entidade de que o Estado participe, à moralidade administrativa, ao meio ambiente e ao patrimônio histórico e cultural, ficando o autor, salvo comprovada má-fé, isento de custas judiciais e do ônus da sucumbência.
Já caiu em prova?	XXIX – XXVIII – XXV – XXIII – XVIII – VII – VI Exames da OAB.

4º DIA	**O que estudar hoje?**
TEMA	**MANDADO DE SEGURANÇA**
Conteúdo TEÓRICO	Mandado de Segurança – art. 5º, LXIX, da Constituição Federal e Lei n. 12.016/09. Competência no Mandado de Segurança: art. 102, I, *d*, da CRFB; art. 102, I, *r*, da CRFB; art. 105, I, *b*, da CRFB; art. 108, I, *c*, da CRFB; art. 109, VIII, da CRFB; art. 114, IV, da CRFB; art. 125, § 1º, da CRFB.
Conteúdo PRÁTICO	Mandado de Segurança – Capítulo 17.
Sugestão de SÚMULAS	Súmulas do STJ: 41-105-169-177-333-376-460. Súmulas do STF: 248-266-267-268-269-270-271-272-294-299-304-319-330-405-429-430-433-474-506-510-511-512-597-622-623-624-625-626-627-628-629-630-631-632-701.
LEMBRE-SE!	O mandado de segurança não é admissível contra os atos de gestão comercial praticados pelos administradores de empresas públicas, de sociedade de economia mista e de concessionárias de serviço público.
Já caiu em prova?	XXIX - XXIV – XXIII – XVI – XV – XIV – XI – VI – 2010.2 Exames da OAB.

5º DIA	O que estudar hoje?
TEMA	AÇÃO DE IMPUGNAÇÃO AO MANDATO ELETIVO
Conteúdo TEÓRICO	Lei Complementar n. 64/90 e art. 14, § 10, da Constituição Federal.
Conteúdo PRÁTICO	Ação de impugnação ao mandato eletivo - Capítulo 18.
Sugestão de SÚMULAS	Súmula Vinculante do STF: 18. Súmulas do TSE: 12-15-36.
LEMBRE-SE!	A ação de impugnação ao mandato eletivo não exige para seu ajuizamento prova pré-constituída, mas tão somente indícios idôneos do cometimento de abuso do poder econômico, corrupção ou fraude.
Já caiu em prova?	Ainda não caiu em prova, mas importa observar a jurisprudência a respeito do tema: "O prazo para ajuizamento de ação de impugnação de mandato eletivo é de natureza decadencial, razão pela qual não se interrompe nem se suspende durante o período de recesso forense. 2. No que tange ao termo final do referido prazo, caso haja funcionamento do cartório em regime de plantão, deve-se aplicar o art. 184, § 1º, inciso II, do Código de Processo Civil, prorrogando-se o termo final da AIME para o primeiro dia útil subsequente ao término do recesso. [...]." (Ac. de 1º-6-2010 no AgR-REspe n. 773.446.650, rel. Min. Arnaldo Versiani.)

6º DIA	O que estudar hoje?
TEMA	AÇÃO CIVIL PÚBLICA
Conteúdo TEÓRICO	Ação Civil Pública - art. 129, I, da Constituição Federal e Lei n. 7.347/85.
Conteúdo PRÁTICO	Ação Civil Pública - Capítulo 19.
Sugestão de SÚMULAS	Súmula 329 do STJ. Súmula 643 do STF.
LEMBRE-SE!	Não cabe ação civil pública para veicular pretensões que envolvam tributos, contribuições previdenciárias, FGTS ou outros fundos de natureza institucional cujos beneficiários podem ser individualmente determinados.
Já caiu em prova?	XXI Exame da OAB.

7º DIA	O que estudar hoje?
TEMA	AÇÃO ORDINÁRIA
Conteúdo TEÓRICO	Ação Ordinária - art. 5º, XXXV, da Constituição Federal e Código de Processo Civil.

Conteúdo PRÁTICO	Ação Ordinária - Capítulo 20.
Sugestão de SÚMULAS	Não há súmula, mas importa observar que a ação ordinária é ação de procedimento ordinário.
LEMBRE-SE!	Na ação de conhecimento em que a atividade do juiz é uma tutela cognitiva, é possível identificar três espécies, conforme o tipo de tutela postulada: declaratória, constitutiva ou condenatória.
Já caiu em prova?	IX - V Exames da OAB.

8º DIA	**O que estudar hoje?**
TEMA	CONTESTAÇÃO
Conteúdo TEÓRICO	Contestação - art. 5º, LV, da Constituição Federal e arts. 335 e seguintes do CPC.
Conteúdo PRÁTICO	Contestação - Capítulo 21.
Sugestão de SÚMULAS	Súmula 537 do STJ.
LEMBRE-SE!	Incumbe ao réu alegar, na contestação, toda a matéria de defesa, expondo as razões de fato e de direito com que impugna o pedido do autor e especificando as provas que pretende produzir.
Já caiu em prova?	Ainda não foi objeto de prova.

9º DIA	**O que estudar hoje?**
TEMA	NACIONALIDADE
Conteúdo TEÓRICO	Arts. 12 e 13 da Constituição e Lei n. 13.445/17 (Lei da Migração). Artigos da Constituição Federal: 89, VII, 222 e 5º, LI.
Conteúdo PRÁTICO	Capítulo 22.
Sugestão de SÚMULAS	Súmula 421 do STF: Não impede a extradição a circunstância de ser o extraditando casado com brasileira ou ter filho brasileiro.
LEMBRE-SE!	O tratamento diferenciado entre brasileiros natos e naturalizados é possível nos casos previstos na Constituição Federal e por emenda constitucional.
Já caiu em prova?	XXIII - XIII Exames da OAB.

10º DIA	O que estudar hoje?
TEMA	DIREITOS POLÍTICOS
Conteúdo TEÓRICO	Arts. 14 ao 17 da Constituição Federal e Código Eleitoral.
Conteúdo PRÁTICO	Capítulo 22.
Sugestão de SÚMULAS	Súmula 9 do TSE: A suspensão de direitos políticos decorrente de condenação criminal transitada em julgado cessa com o cumprimento ou a extinção da pena, independendo de reabilitação ou de prova de reparação dos danos.
LEMBRE-SE!	Direitos políticos positivos permitem o acesso do indivíduo no cenário eleitoral do Estado. Os negativos impedem o referido acesso.
Já caiu em prova?	XXX - XXIX - XXVIII - XXV - XXIV - XVI - VI Exames da OAB.

11º DIA	O que estudar hoje?
TEMA	PRINCÍPIOS FUNDAMENTAIS
Conteúdo TEÓRICO	Arts. 1º ao 4º da Constituição Federal.
Conteúdo PRÁTICO	Capítulo 22.
Sugestão de SÚMULAS	Súmulas Vinculantes 11-56.
LEMBRE-SE!	Os princípios fundamentais são diretrizes que configuram o modo de ser do Estado.
Já caiu em prova?	XXIV - XV Exames da OAB.

12º DIA	O que estudar hoje?
TEMA	PODER LEGISLATIVO
Conteúdo TEÓRICO	Arts. 44 ao 75 da Constituição Federal.
Conteúdo PRÁTICO	Capítulo 22.
Sugestão de SÚMULAS	Súmula 245 do STF: A imunidade parlamentar não se estende ao corréu sem essa prerrogativa.

LEMBRE-SE!	A Câmara dos Deputados é composta por representantes do povo e o sistema eleitoral é proporcional. O Senado Federal é composto por representantes dos Estados e Distrito Federal, e o sistema eleitoral é majoritário.
Já caiu em prova?	XXIX - XXV - XXIII - XXI - XIX - XVIII - XVII - XVI - XV - XIII - XII - VII - VI Exames da OAB.

13º DIA	O que estudar hoje?
TEMA	**PODER EXECUTIVO**
Conteúdo TEÓRICO	Arts. 76 ao 91 da Constituição Federal.
Conteúdo PRÁTICO	Capítulo 22.
Sugestão de SÚMULAS	Súmula Vinculante 46: A definição dos crimes de responsabilidade e o estabelecimento das respectivas normas de processo e julgamento são da competência legislativa privativa da União.
LEMBRE-SE!	No processo de "impeachment" do Presidente da República, o juízo de admissibilidade é feito pela Câmara dos Deputados, e o juízo de mérito pelo Senado Federal.
Já caiu em prova?	XXIX - XXVI - XXI - XX - XVIII - XVI - XV - XII - XI - X - IX - VIII - VI Exames da OAB.

14º DIA	O que estudar hoje?
TEMA	**PODER JUDICIÁRIO**
Conteúdo TEÓRICO	Arts. 92 ao 126 da Constituição Federal.
Conteúdo PRÁTICO	Capítulo 22.
Sugestão de SÚMULAS	Súmula do STF: 649. Súmulas do STJ: 42-147-208.
LEMBRE-SE!	A escolha de ministros no STF depende de indicação do Presidente da República e aprovação do Senado Federal.
Já caiu em prova?	XXVII - XX - VIII - V - IV Exames da OAB.

15º DIA	O que estudar hoje?
TEMA	FUNÇÕES ESSENCIAIS À JUSTIÇA
Conteúdo TEÓRICO	Arts. 127 ao 133 da Constituição Federal.
Conteúdo PRÁTICO	Capítulo 22.
Sugestão de SÚMULAS	Súmulas do STJ: 99-329.
LEMBRE-SE!	A Defensoria Pública é responsável pela orientação jurídica e defesa dos necessitados.
Já caiu em prova?	XXVII - XX - XVI Exames da OAB.

16º DIA	O que estudar hoje?
TEMA	SEPARAÇÃO DE PODERES
Conteúdo TEÓRICO	Art. 2º da Constituição Federal.
Conteúdo PRÁTICO	Capítulo 22.
Sugestão de SÚMULAS	As restrições impostas ao exercício das competências constitucionais conferidas ao Poder Executivo, incluída a definição de políticas públicas, importam em contrariedade ao princípio da independência e harmonia entre os Poderes. [ADI 4.102, rel. Min. Cármen Lúcia, j. 30-10-2014, P, *DJE* de 10-2-2015.]
LEMBRE-SE!	Na separação de poderes a especialização de funções não é absoluta, de forma que cada poder exerce funções típicas e atípicas.
Já caiu em prova?	XI Exame da OAB.

17º DIA	O que estudar hoje?
TEMA	EMENDA CONSTITUCIONAL
Conteúdo TEÓRICO	Art. 60 da Constituição Federal.
Conteúdo PRÁTICO	Capítulo 22.

Sugestão de SÚMULAS	O STF admite a legitimidade do parlamentar – e somente do parlamentar – para impetrar mandado de segurança com a finalidade de coibir atos praticados no processo de aprovação de lei ou emenda constitucional incompatíveis com disposições constitucionais que disciplinam o processo legislativo [MS 24.667 AgR, rel. Min. Carlos Velloso, j. 4-12-2003, P, *DJ* de 23-4-2004.] MS 32.033, rel. p/ o ac. Min. Teori Zavascki, j. 20-6-2013, P, *DJE* de 18-2-2014.
LEMBRE-SE!	Emenda Constitucional depende de aprovação por 3/5 dos membros do Legislativo, em cada Casa (Câmara e Senado).
Já caiu em prova?	XXII – XVIII – XIV – VII – VI Exames da OAB.

18º DIA	**O que estudar hoje?**
TEMA	COMPETÊNCIAS DOS ENTES FEDERATIVOS
Conteúdo TEÓRICO	Arts. 21 ao 30 da Constituição Federal. Na doutrina o tema encontra-se inserido no capítulo Organização do Estado.
Conteúdo PRÁTICO	Capítulo 22.
Sugestão de SÚMULAS	Súmulas Vinculantes: 2-38-39. Súmula do STJ: 19.
LEMBRE-SE!	A competência exclusiva é indelegável (art. 21 da CF). A competência privativa é delegável (art. 22 da CF).
Já caiu em prova?	XXX – XXIX – XXVIII – XXVII – XXVI – XXIV – XX – XV – XIV – XII – XI Exames da OAB.

19º DIA	**O que estudar hoje?**
TEMA	CONTROLE DE CONSTITUCIONALIDADE
Conteúdo TEÓRICO	Momentos do Controle de Constitucionalidade – controle prévio e controle posterior; Tipos de vícios de inconstitucionalidade; Controle de Constitucionalidade feito pelo Legislativo, pelo Executivo e pelo Judiciário.
Conteúdo PRÁTICO	Sugerimos a leitura do Capítulo 9 do Completaço – Passe na OAB – 1ª Fase.
Sugestão de SÚMULAS	Súmula Vinculante: 10. Súmulas do STF: 72-347-360-455-513-614-642.
LEMBRE-SE!	Vício de inconstitucionalidade orgânica é o vício decorrente da incompetência do órgão; vício de inconstitucionalidade formal é o vício que decorre da desobediência ao processo de elaboração da norma; vício de inconstitucionalidade material é o vício que resulta da ofensa ao próprio conteúdo da Constituição Federal.

Já caiu em prova?	Exames IV, V, VI, VII, VIII, X, XI, XII, XIII, XIV, XV, XIX, XX, XX (reaplicação), XXI, XXIII, XXIV, XXV, XXV (reaplicação), XXVI, XXVII, XXVIII, XXIX.

20º DIA	O que estudar hoje?
TEMA	AÇÃO DIRETA DE INCONSTITUCIONALIDADE
Conteúdo TEÓRICO	Art. 102, I, *a*, da CRFB/88 e Lei n. 9.868/99.
Conteúdo PRÁTICO	Capítulo 1 do livro: Prática Constitucional - Passe na OAB 2ª Fase – FGV.
Sugestão de SÚMULAS	Súmula 642 do STF – Não cabe ação direta de inconstitucionalidade de lei do Distrito Federal derivada de sua competência legislativa municipal.
LEMBRE-SE!	As súmulas persuasivas e súmulas vinculantes não podem ser objeto de Ação Direta de Inconstitucionalidade.
Já caiu em prova?	Exames VII, XIII, XVI, XVII, XXVI, XXVII.

21º DIA	O que estudar hoje?
TEMA	AÇÃO DIRETA DE INCONSTITUCIONALIDADE POR OMISSÃO
Conteúdo TEÓRICO	Art. 103, § 2º, da CRFB/88 e Lei n. 9.868/99, atualizada pela Lei n. 12.063/2009.
Conteúdo PRÁTICO	Capítulo 2 do livro: Prática Constitucional - Passe na OAB 2ª Fase – FGV.
Sugestão de SÚMULAS	Súmula Vinculante: 10. Súmula Persuasiva: 455 (STF).
LEMBRE-SE!	Efeitos da decisão da ADI por omissão: para o Poder omisso será dada a ciência, não tendo a CRFB/88 fixado prazo para a adoção das providências necessárias (o que não impede que o STF o faça); para o órgão administrativo omisso, deverá adotar as medidas necessárias para suprir a omissão inconstitucional no prazo de 30 dias (art. 103, § 2º, da CRFB/88).
Já caiu em prova?	Exame XIX.

22º DIA	O que estudar hoje?
TEMA	ARGUIÇÃO DE DESCUMPRIMENTO DE PRECEITO FUNDAMENTAL
Conteúdo TEÓRICO	Art. 102, § 2º, da CF, e Lei n. 9.882/99.

Conteúdo PRÁTICO	Capítulo 4 do livro: Prática Constitucional - Passe na OAB 2ª Fase - FGV.
Sugestão de SÚMULAS	Súmula Vinculante: 10. Súmula Persuasiva: 455 (STF).
LEMBRE-SE!	A decisão da ADPF é imediatamente autoaplicável, devendo o presidente do STF determinar o seu cumprimento imediato, lavrando-se o acórdão posteriormente, conforme o art. 10, § 1º, da Lei 9.882/99.
Já caiu em prova?	Exames XX, XXV (reaplicação).

23º DIA	O que estudar hoje?
TEMA	AÇÃO DECLARATÓRIA DE CONSTITUCIONALIDADE
Conteúdo TEÓRICO	Art. 102, I, *a*, da CRFB/88 e Lei n. 9.868/99.
Conteúdo PRÁTICO	Capítulo 3 do livro: Prática Constitucional - Passe na OAB 2ª Fase - FGV.
Sugestão de SÚMULAS	Súmula Vinculante: 10. Súmula Persuasiva: 455 (STF).
LEMBRE-SE!	A ação declaratória de constitucionalidade visa a uniformização da interpretação da norma federal (LEIS OU ATOS NORMATIVOS FEDERAIS) em face da CRFB/88 e sua declaração de constitucionalidade e interpretação conforme a Constituição Federal.
Já caiu em prova?	Ainda não caiu, mas o estudo garante o êxito se a ADC for aplicada no seu Exame!

24º DIA	O que estudar hoje?
TEMA	RECURSO EXTRAORDINÁRIO
Conteúdo TEÓRICO	Art. 102, III, *a*, *b*, *c*, *d*, da CRFB/88, arts. 1.029 a 1.042 do CPC, arts. 321 a 329 do Regimento Interno do STF.
Conteúdo PRÁTICO	Capítulo 12 do livro: Prática Constitucional - Passe na OAB 2ª Fase - FGV.
Sugestão de SÚMULAS	Súmulas do STF 279-280-281-282-283-284-286-287-289-356-400-454-456-513-528-634-635-636-637-638-639-640-727-728-733-735.
LEMBRE-SE!	Tema de Repercussão Geral n. 679 – "Surge incompatível com a Constituição Federal exigência de depósito prévio como condição de admissibilidade do recurso extraordinário, no que não recepcionada a previsão constante do § 1º do

	art. 899 da Consolidação das Leis do Trabalho, sendo inconstitucional a contida na cabeça do art. 40 da Lei n. 8.177 e, por arrastamento, no inciso II da Instrução Normativa 3/1993 do Tribunal Superior do Trabalho." (RE 607.447, rel. Min. Marco Aurélio, julgamento em 22-5-2020.)
Já caiu em prova?	Exames VIII - X - XII - elaboração de peças processuais e Exame XXV (reaplicação) - questão discursiva.

25º DIA	**O que estudar hoje?**
TEMA	RECURSO ORDINÁRIO
Conteúdo TEÓRICO	Art. 105, III, *a*, *b*, *c*, da CRFB/88, arts. 1.029 a 1.035 do CPC e arts. 255 a 257 do Regimento Interno do STJ.
Conteúdo PRÁTICO	Capítulo 11 do livro: Prática Constitucional - Passe na OAB 2ª Fase - FGV.
Sugestão de SÚMULAS	Súmulas: 5-7-13-83-86-123-126-203-207-211-315-316-320-418.
LEMBRE-SE!	O STJ, ao negar seguimento ao recurso especial com fundamento constitucional, exerceu o chamado controle difuso de constitucionalidade, que é possibilitado a todos os órgãos judiciais indistintamente. (Rcl 8.163 AgR)
Já caiu em prova?	Exames IV - XIV.

26º DIA	**O que estudar hoje?**
TEMA	APELAÇÃO, AGRAVO DE INSTRUMENTO E AGRAVO INTERNO
Conteúdo TEÓRICO	Apelação: arts. 1.009 a 1.014 do CPC. Agravos: arts. 1.015 a 1.021 do CPC.
Conteúdo PRÁTICO	Capítulos 7 e 8 do livro: Prática Constitucional – Passe na OAB 2ª Fase – FGV.
Sugestão de SÚMULAS	Súmulas do STF: 267-287-705-707-708-713-727. Súmula do STJ: 347.
LEMBRE-SE!	Decisão do Relator que indeferir liminarmente petição inicial inepta, não fundamentada ou manifestamente improcedente em sede de ADI, ADI por omissão, ADPF e ADC caberá agravo interno.
Já caiu em prova?	Exame XI – elaboração de peça processual Apelação. Ainda não caiu peça de Agravo de Instrumento ou Agravo Interno, mas devemos estudar para garantir êxito se for cobrada a peça no seu Exame.

27º DIA	O que estudar hoje?
TEMA	EMBARGOS DE DECLARAÇÃO E EMBARGOS DE DIVERGÊNCIA
Conteúdo TEÓRICO	Arts. 1.022 a 1.026 do CPC.
Conteúdo PRÁTICO	Capítulo 9 do livro: Prática Constitucional - Passe na OAB 2ª Fase - FGV.
Sugestão de SÚMULAS	Súmula 98 do STJ: Embargos de declaração manifestados com notório propósito de prequestionamento não têm caráter protelatório.
LEMBRE-SE!	A interposição de Embargos de Divergência no STJ interrompe o prazo para interposição de Recurso Extraordinário junto ao STF, por qualquer das partes.
Já caiu em prova?	Ainda não caiu peça de Embargos de Declaração ou Embargos de Divergência, mas devemos estudar para garantir êxito se for cobrada a peça no seu Exame.

28º DIA	O que estudar hoje?
TEMA	ESTATUTO DOS CONGRESSISTAS E COMISSÃO PARLAMENTAR DE INQUÉRITO
Conteúdo TEÓRICO	Estatuto dos Congressistas - Arts. 53 a 56 da CRFB/88. Comissão Parlamentar de Inquérito – Art. 58, § 3º, da CRFB/88.
Conteúdo PRÁTICO	Imunidades Parlamentares; Vedações aos Deputados e Senadores; Casos de Perda do Mandato. Sugerimos a leitura do Capítulo 5 do Completaço – Passe na OAB – 1ª Fase.
Sugestão de SÚMULAS	Súmula 245 do STF: A imunidade parlamentar não se estende ao corréu sem essa prerrogativa.
LEMBRE-SE!	O fato de o parlamentar estar na Casa legislativa no momento em que proferiu as declarações não afasta a possibilidade de cometimento de crimes contra a honra, nos casos em que as ofensas são divulgadas pelo próprio parlamentar na Internet. (...) a inviolabilidade material somente abarca as declarações que apresentem nexo direto e evidente com o exercício das funções parlamentares. (...) O Parlamento é o local por excelência para o livre mercado de ideias – não para o livre mercado de ofensas. A liberdade de expressão política dos parlamentares, ainda que vigorosa, deve se manter nos limites da civilidade. Ninguém pode se escudar na inviolabilidade parlamentar para, sem vinculação com a função, agredir a dignidade alheia ou difundir discursos de ódio, violência e discriminação. (PET 7.174, rel. Min. Marco Aurélio, julgamento em 10-3-2020.)
Já caiu em prova?	Exames VI, XIII, XV, XVI, XVIII, XXIII, XXIX, XXX.

29º DIA	O que estudar hoje?
TEMA	PROCESSO LEGISLATIVO
Conteúdo TEÓRICO	Arts. 47, 57, 59 a 69 da CRFB/88.
Conteúdo PRÁTICO	Sugerimos a leitura do Capítulo 6 do Completaço - Passe na OAB - 1ª Fase.
Sugestão de SÚMULAS	TEMA DE REPERCUSSÃO GERAL 917 - "Não usurpa a competência privativa do chefe do Poder Executivo lei que, embora crie despesa para a administração pública, não trata da sua estrutura ou da atribuição de seus órgãos nem do regime jurídico de servidores públicos." (ARE 878.911 RG)
LEMBRE-SE!	"A eficácia das regras jurídicas produzidas pelo poder constituinte (redundantemente chamado de 'originário') não está sujeita a nenhuma limitação normativa, seja de ordem material, seja formal, porque provém do exercício de um poder de fato ou suprapositivo. Já as normas produzidas pelo poder reformador, essas têm sua validez e eficácia condicionadas à legitimação que recebam da ordem constitucional. Daí a necessária obediência das emendas constitucionais às chamadas cláusulas pétreas." (ADI 2.356 MC e ADI 2.362 MC)
Já caiu em prova?	Exames V, VI, VII, VIII, IX, XI, XIV, XVI, XVII, XX, XX (reaplicação), XXI, XXII, XXV, XXV (reaplicação), XXIX.

30º DIA	O que estudar hoje?
TEMA	RECLAMAÇÃO CONSTITUCIONAL
Conteúdo TEÓRICO	Art. 102, I, e art. 105, I, *f*, da CRFB/88 e arts. 988 a 993 do CPC.
Conteúdo PRÁTICO	Capítulo 5 do livro: Prática Constitucional - Passe na OAB 2ª Fase - FGV.
Sugestão de SÚMULAS	Súmulas do STF: 368-734.
LEMBRE-SE!	"A jurisprudência deste Supremo Tribunal é pacífica no sentido de que é desnecessária a submissão de demanda judicial à regra da reserva de plenário na hipótese em que a decisão judicial estiver fundada em jurisprudência do Plenário do STF ou em Súmula deste Tribunal, nos termos dos arts. 97 da CF e 949 do CPC/2015." (Rcl 24.284 AgR)
Já caiu em prova?	A FGV ainda não aplicou caso que exija a Reclamação Constitucional, todavia a banca CEBRASPE aplicou um caso no Exame de Ordem 2007.3 e que se encontra nos itens 5.11 e 5.12 do presente livro.

31º DIA	O que estudar hoje?
TEMA	**PODER JUDICIÁRIO – COMPETÊNCIAS DOS TRIBUNAIS**
Conteúdo TEÓRICO	Arts. 96, 98, 99, 102, 105, 108, 109, 114, 121 da CRFB/88.
Conteúdo PRÁTICO	Sugerimos a leitura do Capítulo 8 do Completaço – Passe na OAB – 1ª Fase.
Sugestão de SÚMULAS	Súmulas Vinculantes: 10-22-23-27-45-53. Súmula do STF: 208-235-249-343-356-368-395-454-456-501-508-513-514-515-516-517-522-528-556-606-623-634-635-636-637-638-639-640-673-690-691-693-694-695-727-721-728-731-733-734-735-736.
LEMBRE-SE!	"O Poder Judiciário tem uma singular compostura de âmbito nacional, perfeitamente compatibilizada com o caráter estadualizado de uma parte dele. Ademais, o art. 125 da Lei Magna defere aos Estados a competência de organizar a sua própria Justiça, mas não é menos certo que esse mesmo art. 125, *caput*, junge essa organização aos princípios 'estabelecidos' por ela, Carta Maior, neles incluídos os constantes do art. 37, cabeça." (ADC 12) Tema de Repercussão Geral 149: "Compete à Justiça comum o julgamento de conflito a envolver a incidência de contribuição previdenciária sobre complementação de proventos de aposentadoria." (RE 594.435)
Já caiu em prova?	Exames V – VII – VIII – XV – XVIII – XXVII – XXVIII – XXX.

32º DIA	O que estudar hoje?
TEMA	**REPERCUSSÃO GERAL, CLÁUSULA DE RESERVA DE PLENÁRIO, INCIDENTE DE DESLOCAMENTO DA COMPETÊNCIA PARA A JUSTIÇA FEDERAL, QUINTO CONSTITUCIONAL, SÚMULA VINCULANTE**
Conteúdo TEÓRICO	Arts. 102, § 3º; 97; 109, V-A e § 5º; 94 e 103-A da CF (artigos dispostos respectivamente na ordem dos temas sugeridos).
Conteúdo PRÁTICO	Sugerimos a leitura do Capítulo 8 do Completaço – Passe na OAB – 1ª Fase.
Sugestão de SÚMULAS	Súmula Vinculante 10: Viola a cláusula de reserva de plenário (CF, art. 97) a decisão de órgão fracionário de tribunal que, embora não declare expressamente a inconstitucionalidade de lei ou ato normativo do poder público, afasta sua incidência, no todo ou em parte.
LEMBRE-SE!	"Embora reconhecida a repercussão geral da matéria em exame no Plenário Virtual, nada impede a rediscussão do assunto em deliberação presencial, notadamente quando tal reconhecimento tenha ocorrido por falta de manifestações suficientes." (RE 584.247 QO)

Já caiu em prova?	Exames IV - XV - XVIII - XXIV - XXVII - XXVIII - XXX.

33º DIA	O que estudar hoje?
TEMA	TEOR DAS SÚMULAS VINCULANTES
Conteúdo TEÓRICO	Súmulas Vinculantes 1 a 58, exceto a SV 30, que está pendente de publicação.
Conteúdo PRÁTICO	Sugerimos leitura do inteiro teor de todas as Súmulas Vinculantes vigentes, e dos principais pontos do debate da aprovação de cada uma delas.
Sugestão de SÚMULAS	Sugerimos o estudo do processo de aprovação das súmulas vinculantes, previsto no art. 103-A e na Lei n. 11.417/2006.
LEMBRE-SE!	Não existe controle de constitucionalidade sobre as Súmulas Vinculantes, o art. 103-A disciplina procedimento próprio para a revisão e o cancelamento delas.
Já caiu em prova?	Exames XVIII (SV n. 46) - XXII (SV n. 55) - XXIV (SV n. 18) - XXVIII (SV n. 5) - XXX (SV n. 21).

34º DIA	O que estudar hoje?
TEMA	TEORIA GERAL DA CONSTITUIÇÃO, PODER CONSTITUINTE, SIMETRIA CONSTITUCIONAL, MUTAÇÃO CONSTITUCIONAL, PREÂMBULO DA CONSTITUIÇÃO, APLICABILIDADE DAS NORMAS CONSTITUCIONAIS E CLASSIFICAÇÃO DAS CONSTITUIÇÕES
Conteúdo TEÓRICO	Doutrina Pertinente sobre os temas sugeridos.
Conteúdo PRÁTICO	Sugerimos a leitura de pelo menos três doutrinadores versando sobre os temas indicados para embasar a argumentação da sua discursiva.
Sugestão de SÚMULAS	Súmula Vinculante 10: (simetria constitucional na aplicação do art. 97 da CRFB/88); Súmula Vinculante 7: (aplicabilidade de norma constitucional - art. 192, § 3º - revogado pela EC 40). Súmula 653 do STF: simetria constitucional na composição do TCE.
LEMBRE-SE!	O Poder Constituinte Difuso é o mecanismo de instrumentalização das mutações constitucionais que são alterações informais na Constituição. "Preâmbulo da Constituição: não constitui norma central. Invocação da proteção de Deus: não se trata de norma de reprodução obrigatória na Constituição estadual, não tendo força normativa." (ADI 2.076)
Já caiu em prova?	Exames VII - XIV - XV - XVIII - XIX - XX - XXIV - XXV (reaplicação).

35º DIA	O que estudar hoje?
TEMA	ORGANIZAÇÃO DO ESTADO E ADMINISTRAÇÃO PÚBLICA
Conteúdo TEÓRICO	Arts. 18 ao 43 da CRFB/88.
Conteúdo PRÁTICO	Sugerimos a leitura dos Capítulos 3 e 4 do Completaço – Passe na OAB – 1ª Fase.
Sugestão de SÚMULAS	Súmulas Vinculantes: 2-4-13-15-16-33-37-38-39-42-43-44-46-51. Súmulas do STF: 14-15-16-17-18-19-20-21-346-359-360-473-479-567-636-637-650-679-682-683-684-702-703.
LEMBRE-SE!	"A lei estadual não pode impor o comparecimento de representante de uma entidade federal, no caso, a Ordem dos Advogados do Brasil, para integrar órgão da Administração Pública estadual, sob pena de ofensa à autonomia dos entes federativos." (Art. 18 da Constituição Federal.) (ADI 4.579, rel. Min. Luiz Fux, julgamento em 13-2-2020.) "Com o advento da Emenda Constitucional 103, de 12 de novembro de 2019, tendo em vista a competência legislativa concorrente de cada ente para estabelecer, mediante lei complementar, idade e tempo de contribuição diferenciados para aposentadoria especial no regime próprio, não cabe ao Supremo julgar mandado de injunção formalizado por servidor de ente federado, voltado a suprir a omissão normativa – art. 40, parágrafos 4º-A, 4º-B e 4º-C, da Carta da República." (MI 6.816 AgR, rel. Min. Marco Aurélio, julgamento em 29-5-2020.)
Já caiu em prova?	Exames IX – X – XI – XII – XIV – XV – XVIII – XX – XXII – XXIV – XXV – XXVI – XXVII – XXVIII – XXIX – XXX.

36º DIA	O que estudar hoje?
TEMA	ORDEM ECONÔMICA E ORDEM SOCIAL
Conteúdo TEÓRICO	Arts. 170 a 232 da CRFB/88.
Conteúdo PRÁTICO	Sugerimos a leitura dos Capítulos 12 e 13 do Completaço – Passe na OAB – 1ª Fase.
Sugestão de SÚMULAS	Súmulas Vinculantes: 7-12-49-50. Súmulas do STF: 380-556-618-658-668-688-732.
LEMBRE-SE!	"É legítima a terceirização das atividades-fim de uma empresa. Como já foi decidido pelo Supremo Tribunal Federal, a Constituição não impõe uma única forma de estruturar a produção. Ao contrário, o princípio constitucional da livre-iniciativa garante aos agentes econômicos liberdade para eleger suas estratégias empresariais dentro do marco vigente (CF/1988, art. 170)." (ADC 48, rel. Min. Roberto Barroso, julgamento em 15-4-2020.)
Já caiu em prova?	Exames XVII – XXVI.

1. AÇÃO DIRETA DE INCONSTITUCIONALIDADE

1.1. Definição e natureza jurídica

É **ação constitucional específica** para fazer o **controle concentrado de constitucionalidade sobre leis ou atos normativos federais ou estaduais**, cuja previsão normativa está no art. 102, I, *a*, da CRFB/88 e na Lei n. 9.868/99. No controle concentrado realizado por meio da Ação Direita de Inconstitucionalidade busca-se a análise da norma em abstrato para confrontá-la com a autoridade da Constituição Federal, e, caso seja verificada sua inconformidade, ocorrerá seu expurgo do ordenamento jurídico-constitucional.

Também **estão ao alcance da ADI** todas as espécies normativas listadas no art. 59 da CRFB/88: **emendas constitucionais, leis complementares, leis ordinárias, leis delegadas, medidas provisórias, decretos legislativos e resoluções.**

> O STF já assentou o entendimento de que é admissível a ação direta de inconstitucionalidade de emenda constitucional, quando se alega, na inicial, que esta contraria princípios imutáveis ou as chamadas cláusulas pétreas da Constituição originária (art. 60, § 4º, da CRFB). Precedente: ADI 939 (*RTJ* 151/755) (ADI 1.946-MC, rel. Min. Sydney Sanches, j. 29-4-1999, Plenário, *DJ* de 14-9-2001). No mesmo sentido: ADI 4.307, rel. Min. Cármen Lúcia, j. 11-4-2013, Plenário, *DJe* de 1º-10-2013.

Incluem-se no rol das normas sujeitas ao controle concentrado por meio da ADI as **leis distritais** que disponham de matéria de competência estadual, os **tratados internacionais** integrados ao ordenamento jurídico pátrio, a exemplo da ADI 1.480-MC, rel. Min. Celso de Mello, e, segundo Alexandre de Moraes, **resoluções de tribunais**, inclusive e principalmente seus regimentos internos, e **resoluções administrativas de caráter normativo.** Além das resoluções administrativas, quaisquer deliberações administrativas dos órgãos judiciários ou atos de caráter normativo estão sujeitos ao controle de constitucionalidade.

Sobre leis distritais, vale destacar a Súmula 642 do STF que estabelece que **não** cabe ação direta de inconstitucionalidade de lei do Distrito Federal derivada da sua competência legislativa municipal, mas quando é impossível distinguir a natureza da lei distrital, se municipal ou estadual o entendimento é pela competência do STF, vejamos:

> A natureza híbrida do Distrito Federal não afasta a competência desta Corte para exercer o controle concentrado de normas que tratam sobre a organização de pessoal, pois nesta seara é impossível distinguir se sua natureza é munici-

pal ou estadual (**ADI 3.341**, rel. Min. Ricardo Lewandowski, j. 29-5-2014, *DJe* de 1º-7-2014.)

Quanto às **medidas provisórias** é importante ressaltar que, se ajuizada a ADI contra a MP, e ela for rejeitada pelo Congresso Nacional ou tenha perdido a eficácia por decurso do prazo, **considerar-se-á prejudicada a ADI.** Caso a MP, objeto de ADI, seja convertida em lei, também ocorrerá a prejudicialidade da ADI, devendo o seu autor **aditar o seu pedido** em relação à **nova lei de conversão. Também merece destaque a possibilidade de controle concentrado de constitucionalidade em relação aos conceitos jurídicos indeterminados de RELEVÂNCIA e URGÊNCIA, inerentes à edição de Medida Provisória. O STF entende que só poderá haver exame constitucional sobre tais conceitos em casos excepcionais, e de forma ponderada, sob pena de violar o princípio da separação dos Poderes.**

Em particular, sobre as leis orçamentárias, o STF tradicionalmente entendia pelo não cabimento de controle concentrado já que tais leis teriam efeitos concretos e objeto e destinatário certos, desprovidas, então, de abstração e generalidade. Contudo a jurisprudência do órgão sofreu mudanças, passando a admitir o controle concentrado das leis orçamentárias, alegando que, independentemente do caráter geral ou específico, cabe ao STF apreciar o questionamento de constitucionalidade sempre que houver controvérsia constitucional suscitada.

> "...1. Leis orçamentárias que materializem atos de aplicação primária da Constituição Federal podem ser submetidas a controle de constitucionalidade em processos objetivos. Precedentes. 2. A incompatibilidade entre os termos do dispositivo impugnado e os padrões da lei de responsabilidade fiscal (Lei Federal Complementar n. 101/00) não se resume a uma crise de legalidade. Traduz, em verdade, um problema de envergadura maior, a envolver a indevida apropriação de competências da União, em especial a de conceber limites de despesas com pessoal ativo e inativo (art. 169, *caput*, da CF), controvérsia que comporta solução na via da ação direta de inconstitucionalidade..." (ADI 5.449, rel. Min. Teori Zavascki/2016).

1.2. ADI e as súmulas (persuasivas e vinculantes)

Súmulas persuasivas de Tribunais Superiores não têm caráter normativo, portanto, **não podem ser atacadas por ADI.**

> "A súmula, porque não apresenta as características de ato normativo, não está sujeita a jurisdição constitucional concentrada" (ADI 594, rel. Min. Carlos Velloso, j. 19-2-1992, Plenário, *DJ* de 15-4-1994. No mesmo sentido: RE 584.188-AgR, rel. Min. Ayres Britto, j. 28-9-2010, 2ª T., *DJe* de 3-12-2010).

As **súmulas vinculantes** do STF, que não apresentam a característica de generalidade e abstração comum às leis, **também não podem ser objeto de ADI (e de nenhuma outra modalidade de ação do controle concentrado de constitucio-**

nalidade), tendo a EC n. 45/2004 estabelecido um mecanismo próprio de revisão e cancelamento de súmula vinculante pelo próprio STF.

> "A arguição de descumprimento de preceito fundamental não é a via adequada para se obter a interpretação, a revisão ou o cancelamento de súmula vinculante" (ADPF 147 AgR, rel. Min. Cármen Lúcia/2011).

1.3. ADI e os decretos do Executivo

Entende-se que os decretos do Poder Executivo e demais atos normativos secundários não estão sujeitos ao controle concentrado de constitucionalidade, por não estarem ligados diretamente à Constituição Federal, e sim às leis as quais regulamentam. Portanto, se desobedientes, tais decretos e regulamentos seriam ilegais e não inconstitucionais.

Todavia, excepcionalmente, **o STF aceita a ADI contra os chamados decretos autônomos,** pois estes não servem para regulamentar as leis, e estão ligados diretamente à Constituição Federal, podendo ser feita a análise comparativa, observando se há a violação ao princípio da reserva legal, ou outra inconstitucionalidade.

1.4. ADI e as normas constitucionais originárias

Por uma conclusão lógica, não há ADI ou qualquer controle de constitucionalidade concentrado ou difuso sobre as normas constitucionais originárias, simplesmente porque elas serão sempre constitucionais e, mesmo divergentes entre si, serão solucionadas por meio das técnicas hermenêuticas e nunca utilizando os instrumentos do controle de constitucionalidade, por ser totalmente descabido.

As **normas constitucionais originárias são a referência** para dizer o que é ou não inconstitucional. Somente as outras normas resultantes da produção legislativa infraconstitucional, ou até mesmo do poder constituinte derivado, estão sujeitas aos comandos das normas constitucionais originárias, e, portanto, também sujeitas ao controle de constitucionalidade.

> "Ação direta de inconstitucionalidade. Inadmissibilidade. Art. 14, § 4º, da CRFB. Norma constitucional originária. Objeto nomológico insuscetível de controle de constitucionalidade. Princípio da unidade hierárquico-normativa e caráter rígido da Constituição brasileira. Doutrina. Precedentes. Carência da ação. Inépcia reconhecida. Indeferimento da petição inicial. Agravo improvido. Não se admite controle concentrado ou difuso de constitucionalidade de normas produzidas pelo poder constituinte originário" (ADI 4.097-AgR, rel. Min. Cezar Peluso, j. 8-10-2008, Plenário, *DJe* de 7-11-2008).

1.5. ADI e as Emendas Constitucionais

As Emendas Constitucionais são fruto do Poder Constituinte Derivado Reformador que apresenta as características de subordinação às normas constitucionais originárias. Portanto é perfeitamente cabível ADI contra uma emenda constitucional, ou por vício material ou por vício formal. Tal entendimento estende-se também às emendas de revisão.

Sobre o tema é interessante citar que algumas Emendas Constitucionais já foram impugnadas perante o STF, como é o caso da EC n. 52/2006 que alterou o art. 17, § 1º, da CRFB/88 quando disciplinou sobre mudanças (fim) na verticalização das coligações partidárias, e foi questionada pela ADI 3.685-8 por desrespeitar o princípio da anterioridade eleitoral, expresso no art. 16 da CRFB/88. O princípio constitucional determina que alterações no processo eleitoral devem aguardar um ano de vigência para gerar efeitos, e a EC n. 52/2006 estabeleceu que a nova regra sobre a verticalização das coligações partidárias gerariam efeitos imediatos. Na verdade, o § 2º da EC n. 52/2006 determinava que o efeitos seriam aplicados na eleição de 2002 (retroativos), o que, além de demonstrar um equívoco do legislador, ainda viola o supracitado princípio, pois aquilo que gera efeitos em 2002 (retroativos), gera efeitos no mesmo ano (2006), o que diverge totalmente do art. 16 da CRFB/88 que é um princípio-norma. O STF julgou procedente a ação para fixar que o § 1º do art. 17 da Constituição, com redação dada pela EC n. 52/2006, não se aplica às eleições de 2006.

Outro exemplo de Ação Direta de Inconstitucionalidade impugnando Emenda Constitucional é a ADI 2.135, que questionou parcialmente a EC n. 19/98, especificamente na alteração trazida ao *caput* do art. 39 da CRFB/88. Sobre o caso, o Plenário do STF deferiu a Medida Cautelar na ADI 2.135 para suspender, com efeito *ex nunc*, a eficácia do *caput* do art. 39 da CF, na redação dada pela EC n. 19/98: **Art. 39. A União, os Estados, o Distrito Federal e os Municípios instituirão conselho de política de administração e remuneração de pessoal, integrado por servidores designados pelos respectivos Poderes.**

"A matéria votada em destaque na Câmara dos Deputados no DVS 9 não foi aprovada em primeiro turno, pois obteve apenas 298 votos e não os 308 necessários. Manteve-se, assim, o então vigente *caput* do art. 39, que tratava do regime jurídico único, incompatível com a figura do emprego público. O deslocamento do texto do § 2º do art. 39, nos termos do substitutivo aprovado, para o *caput* desse mesmo dispositivo representou, assim, uma tentativa de superar a não aprovação do DVS [Destaque para Votação em Separado] 9 e evitar a permanência do regime jurídico único previsto na redação original suprimida, circunstância que permitiu a implementação do contrato de emprego público ainda que à revelia da regra constitucional que exige o *quorum* de três quintos para aprovação de qualquer mudança constitucional. Pedido de medida cautelar deferido, dessa forma, quanto ao *caput* do art. 39 da CF, ressalvando-se, em decorrência dos efeitos *ex nunc* da decisão, a subsistência, até o julgamento definitivo da ação, da validade dos atos anteriormente praticados com base em legislações eventualmente editadas durante a vigência do dispositivo ora suspenso. (...) Vícios formais e materiais dos demais dispositivos constitucionais impugnados, todos oriundos da EC n. 19/98, aparentemente inexistentes ante a constatação de que as mudanças de redação promovidas no curso do processo legislativo não alteraram substancialmente o sentido das proposições ao final aprovadas e de que não há direito adquirido à manutenção de regime jurídico anterior." (ADI 2.135 MC, rel. p/ o ac. Min. Ellen Gracie, j. 2-8-2007, P, *DJE* de 7-3-2008.)

Em sessão do dia 3-9-2020, a Ministra Cármen Lúcia (relatora, após aposentadoria da Ministra Ellen Gracie) votou pela declaração de inconstitucionalidade de dispositivo da EC n. 19/98, que suprimia da Constituição Federal a obrigação de que os entes federados instituíssem o Regime Jurídico Único (RJU) e planos de carreira para servidores da administração pública direta, das autarquias e das fundações públicas, considerando que houve violação da regra constitucional que exige aprovação em dois turnos por 3/5 dos votos dos parlamentares na Câmara e no Senado Federal para alterar a Constituição. O julgamento ainda está pendente, tendo apenas o voto da relatora, e o dispositivo constitucional continua suspenso por liminar deferida pelo STF desde agosto de 2007.

1.6. Legitimados para a propositura da ação direta de inconstitucionalidade

Os legitimados ativos têm a legitimação extraordinária que é a capacidade de, em seus próprios nomes, provocar a jurisdição constitucional, em defesa da supremacia da Constituição em relação a todo o ordenamento jurídico.

O rol dos legitimados à propositura da ADI genérica em face da CRFB/88 é taxativo no texto constitucional. Vejamos:

> Art. 103. Podem propor a ação direta de inconstitucionalidade e a ação declaratória de constitucionalidade:
> I – o Presidente da República;
> II – a Mesa do Senado Federal;
> III – a Mesa da Câmara dos Deputados;
> IV – a Mesa de Assembleia Legislativa ou da Câmara Legislativa do Distrito Federal;
> V – o Governador de Estado ou do Distrito Federal;
> VI – o procurador-geral da República;
> VII – o Conselho Federal da Ordem dos Advogados do Brasil;
> VIII – partido político com representação no Congresso Nacional;
> IX – confederação sindical ou entidade de classe de âmbito nacional.

O STF prescreve que, dentre os legitimados à propositura da ADI genérica, alguns têm legitimidade universal, outros têm legitimidade especial, estabelecendo assim uma classificação entre eles.

Os primeiros – **legitimados universais** – não carecem de demonstrar interesse de agir ou pertinência temática, pois do exercício das suas atribuições decorre o dever de defender a supremacia da Constituição Federal, podendo ajuizar ADI contra qualquer lei ou ato normativo federal ou estadual. São eles: presidente da República, Mesa do Senado Federal, Mesa da Câmara dos Deputados, procurador-geral da República, Conselho Federal da Ordem dos Advogados do Brasil, partido político com representação no Congresso Nacional.

Os segundos – **legitimados especiais** – precisam demonstrar interesse de agir e pertinência temática, ou seja, precisam comprovar que a norma impugnada interfere de alguma forma nas suas atividades, afetam os seus interesses. São eles: Mesa de Assembleia Legislativa ou da Câmara Legislativa do Distrito Federal, governador de estado ou do Distrito Federal e confederação sindical ou entidade de classe de âmbito nacional. Vejamos o que diz o STF sobre o tema:

> "Lei editada pelo governo do Estado de São Paulo. Ação direta de inconstitucionalidade proposta pelo governador do Estado de Goiás. Amianto crisotila. Restrições à sua comercialização imposta pela legislação paulista, com evidentes reflexos na economia de Goiás, Estado onde está localizada a maior reserva natural do minério. Legitimidade ativa do governador de Goiás para iniciar o processo de controle concentrado de constitucionalidade e pertinência temática" (ADI 2.656, rel. Min. Maurício Corrêa, j. 8-5-2003, Plenário, *DJ* de 1º-8-2003).

Ainda sobre a legitimidade ativa, sob o princípio da simetria constitucional, vejamos o seguinte julgado:

> "A legitimidade ativa para a propositura da ação direta de inconstitucionalidade, bem como dos recursos dela decorrentes, nos termos da CRFB (art. 103, III, da CRFB) e, por simetria, pela Constituição estadual (art. 90, II, da Constituição do Estado de São Paulo), pertence à Mesa da Câmara Municipal" (RE 950.570 AgR, rel. Min. Edson Fachin, j. 1º-9-2017, 2ª T., *DJe* de 29-7-2017).

1.7. Requisitos da petição inicial e características da ação

A ADI genérica tem seu trâmite processual regido pelos §§ 1º e 3º do art. 103 da CRFB/88, pela Lei n. 9.868/99, além dos arts. 169 a 178 do RISTF.

A petição inicial será apresentada em duas vias e indicará o dispositivo da lei ou do ato normativo impugnado e os fundamentos jurídicos do pedido em relação a cada uma das impugnações, além do pedido, com suas especificações, devendo conter cópias da lei ou do ato normativo impugnado e dos documentos necessários para comprovar a impugnação. Caso seja exigida a capacidade postulatória, o que ocorre para os partidos políticos, confederações sindicais e entidades de classe, a petição inicial deverá ser acompanhada de instrumento de procuração (art. 3º da Lei n. 9.868/99).

Distribuída ao relator, ele pedirá informações aos órgãos ou às autoridades das quais emanou a lei ou o ato normativo impugnado, que serão prestadas no prazo de 30 dias contado do recebimento do pedido (art. 6º da Lei n. 9.868/99).

Decorrido o prazo das informações, serão ouvidos, sucessivamente, o advogado-geral da União e o procurador-geral da República, que deverão manifestar-se, cada qual, no prazo de 15 dias (art. 8º da Lei n. 9.868/99).

Passados os prazos de manifestação do AGU e do PGR, o relator lançará o relatório, com cópia a todos os ministros do STF, e pedirá dia para julgamento (art. 9º da Lei n. 9.868/99).

Após a propositura, não se admitirá desistência da ADI (art. 5º da Lei n. 9.868/99); não será admitida intervenção de terceiros na ADI, mas o relator, considerando a relevância da matéria e a representatividade dos postulantes, poderá por despacho irrecorrível admitir a manifestação de outros órgãos ou entidades (art. 7º da Lei n. 9.868/99); outras informações poderão ser requisitadas para esclarecimento da matéria (art. 9º, §§ 1º, 2º e 3º, da Lei n. 9.868/99); há a possibilidade de concessão de medidas cautelares (arts. 10, 11 e 12 da Lei n. 9.868/99).

Não existe prazo decadencial ou prescricional para o ajuizamento de ação direta de inconstitucionalidade, pelo simples fato de que as normas inconstitucionais jamais se convalidam com o decurso do tempo, entendimento já manifestado na súmula persuasiva 360 do STF e em diversos julgados.

> "O ajuizamento da ação direta de inconstitucionalidade não está sujeito à observância de qualquer prazo de natureza prescricional ou de caráter decadencial, eis que atos inconstitucionais jamais se convalidam pelo mero decurso do tempo." Súmula 360 (ADI 1.247-MC, rel. Min. Celso de Mello, j. 17-8-1995, Plenário, *DJ* de 8-9-1995).

No mesmo sentido:

> "A instauração do controle concentrado de constitucionalidade não está sujeita à observância de qualquer prazo decadencial, porquanto a norma inconstitucional jamais fica convalidada pelo decurso do tempo. Assim está revelado o Verbete 360 da Súmula do Supremo, segundo o qual "(...). Sobre o tema, cito também a Medida Cautelar na Ação Direta de Inconstitucionalidade 1.247, da relatoria do ministro Celso de Mello, acórdão publicado no *Diário da Justiça* de 8 de setembro de 1995." (ADI 3.920, rel. Min. Marco Aurélio, P, j. 5-2-2015, *DJE* 50 de 16-3-2015.)

1.8. Efeitos da decisão do STF

Julgada a ADI pelo Pleno do STF, com a presença de pelo menos oito membros, e sendo declarada a inconstitucionalidade pela maioria absoluta dos seus membros, os efeitos da decisão serão, regra geral, *erga omnes*, vinculante em relação aos órgãos do Poder Judiciário e da Administração Pública federal, estadual, distrital e municipal (direta e indireta) e *ex tunc*.

Diferentemente, como exceção à regra do princípio da nulidade, e tendo em vista a segurança jurídica e o excepcional interesse social, poderá o STF, pelo voto de 2/3 dos seus membros, restringir os efeitos da declaração de inconstitucionalidade ou decidir que ela só tenha eficácia a partir de seu trânsito em julgado ou de outro momento que venha a ser fixado, ou seja, pode o STF, pelo voto de 2/3, decidir que seja dado o efeito *ex nunc* (art. 27 da Lei n. 9.868/99).

1.9. Competência para julgamento

Legitimados ativos	Objeto	Juízo competente	Previsão normativa
Presidente da República; Mesa do Senado Federal; Mesa da Câmara dos Deputados; Mesa de Assembleia Legislativa ou da Câmara Legislativa do Distrito Federal; governador de estado ou do Distrito Federal; procurador-geral da República; Conselho Federal da Ordem dos Advogados do Brasil; partido político com representação no Congresso Nacional; confederação sindical ou entidade de classe de âmbito nacional	Lei ou ato normativo federal ou estadual em face da CRFB/88	STF (originária)	Art. 102, I, *a*, da CRFB/88
Legitimados previstos na Constituição Estadual ou Lei Orgânica do Distrito Federal, aplicando-se o princípio da simetria constitucional	Lei ou ato normativo estadual (distrital) ou municipal em face da CE ou LODF	TJ (originária)	Art. 125, § 2º, da CRFB/88

1.10. Coletânea de súmulas do STF

Súmula 360. Não há prazo de decadência para a representação de inconstitucionalidade prevista no art. 8º, parágrafo único, da CRFB.

Súmula 642. Não cabe ação direta de inconstitucionalidade de lei do Distrito Federal derivada da sua competência legislativa municipal.

1.11. Roteiro para elaboração da peça processual

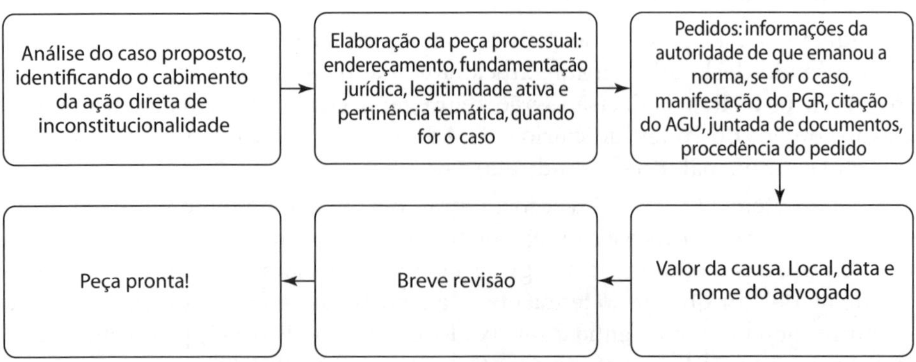

1.12. Caso aplicado no XIII Exame de Ordem – FGV

O presidente da República editou o Decreto n. 5.555, estabelecendo a obrigatoriedade, como exigência à obtenção do diploma de graduação em engenharia, de um elevado aproveitamento nas disciplinas do curso, e, para inscrição nos Conselhos Regionais, a conclusão de uma pós-graduação com carga horária mínima de 480 horas de aula. A medida tem por objetivo conferir maior controle sobre a formação do profissional, num momento de expansão das obras de infraestrutura no país. A Confederação Sindical dos Engenheiros, entidade que reúne 18 federações de sindicatos em diferentes Estados, cada uma com ao menos 10 sindicatos, procura os seus serviços para impugnar o decreto expedido pelo Presidente da República, salientando que ele viola diretamente a Constituição, sendo certa a urgência na obtenção de um provimento judicial favorável, tendo em vista a aproximação do final de ano, época em que, tradicionalmente, são formados milhares de bacharéis em todo o território nacional. Considerando a hipótese acima, formule a peça adequada.

1.13. Gabarito comentado pela FGV

A peça a ser elaborada consiste em uma petição inicial de Ação Direta de Inconstitucionalidade (ADI), a qual terá, por objeto, o decreto expedido pelo presidente da República, e, como parâmetros, diversos dispositivos da Constituição da República. De início, deve-se destacar que os decretos do chefe do Poder Executivo podem ser regulamentares ou autônomos. Na jurisprudência do STF, somente se admite a propositura de ação direta tendo por objeto decreto autônomo, aquele que inova autonomamente na ordem jurídica, e não o decreto que tenha por escopo regulamentar a lei. Isso porque o decreto regulamentar não possui autonomia normativa. Se o decreto apenas fere a lei, ou desborda dos limites regulamentares, abrir-se-á a via do controle de legalidade, e não do controle de constitucionalidade. Desse modo, o examinando deve destacar a autonomia normativa do decreto em questão, tendo em vista a ausência de lei da qual decorra aquele ato normativo. A competência para julgamento da ação direta é do Supremo Tribunal Federal, e para essa Corte deve ser endereçada a petição inicial. Somente possuem legitimidade para propositura da ação direta de inconstitucionalidade aqueles explicitados no rol do art. 103 da Constituição. No caso em análise, a Confederação Sindical dos Engenheiros tem legitimidade com base no inciso IX do citado dispositivo: entidade de classe de âmbito nacional. Deve ser demonstrado o preenchimento dos requisitos constantes dos arts. 533 a 535 da CLT ("as Confederações organizar-se-ão com o mínimo de 3 Federações" e "é facultado aos Sindicatos, quando em número não inferior a 5, desde que representem a maioria absoluta de um grupo de atividades ou profissões idênticas, similares ou conexas, organizarem-se em federação"), uma vez que tais requisitos são exigidos pela jurisprudência do Supremo Tribunal Federal.

Ainda em relação à legitimidade, o examinando deve identificar que o Supremo Tribunal Federal erigiu o requisito da pertinência temática – que se traduz na relação de congruência que necessariamente deve existir entre os objetivos estatutários ou as finalidades institucionais da entidade autora e o conteúdo material da norma questionada em sede de controle abstrato – à condição de pressuposto qualificador da própria legitimidade ativa *ad causam* para efeito de instauração do processo objetivo de fiscalização concentrada de constitucionalidade. O examinando deve demonstrar, assim, a pertinência temática, na medida em que a Confederação Sindical atuará na defesa do interesse de uma classe diretamente atingida pelo decreto impugnado. O presidente da República, que editou a norma impugnada, deve ser indicado no polo passivo da ação. O examinando deve formular pedido de concessão da medida cautelar, a fim de suspender a vigência do decreto cuja inconstitucionalidade arguiu. Os pressupostos à concessão da medida são o *fumus boni iuris* e o *periculum in mora*. O primeiro é demonstrado pela direta e frontal violação às normas constitucionais que estabelecem o princípio da separação de poderes, o princípio da legalidade e a liberdade de exercício de profissão; o segundo, pela proximidade da conclusão do curso de milhares de bacharéis, que restarão impossibilitados de concluir o curso e/ou obter a inscrição nos Conselhos Regionais com base em exigência sem previsão legal. No mérito, o examinando deve demonstrar que o decreto, a um só tempo, viola o princípio da separação de poderes (pois ingressa em atividade legislativa não autorizada pela Constituição, em violação à separação constitucional de funções entre cada um dos Poderes) e o princípio da legalidade (pois restringe direitos e disciplina matéria sujeita à lei em sentido formal). O examinando deve demonstrar, ainda, que o decreto viola o princípio da liberdade de exercício de atividades ou profissões, inscrito no art. 5º, XIII, da CRFB, que estabelece ser livre o exercício de qualquer trabalho, ofício ou profissão, atendidas as qualificações profissionais que a lei estabelecer. Por fim, deve ser apontada a violação ao princípio da razoabilidade/proporcionalidade, pois a medida prevista na lei, ainda que adequada à finalidade declarada, falha nos subprincípios da necessidade (que impõe a utilização, dentre as possíveis, da medida menos gravosa para atingir determinado objetivo) e da proporcionalidade em sentido estrito (que impõe a análise da relação custo-benefício da norma avaliada, de modo que o ônus imposto pela norma seja inferior ao benefício por ela engendrado, sob pena de inconstitucionalidade). O examinando deve formular, expressamente, pedido de concessão da medida cautelar (a fim de suspender a vigência e a eficácia do decreto impugnado, pena de restar consolidada a violação) e, ao final, pedido de declaração da inconstitucionalidade do decreto. Deve ser requerida a oitiva do Ministério Público e da AGU.

1.14. Elaboração de peça processual atendendo às exigências do caso aplicado no XIII Exame de Ordem – FGV

EXCELENTÍSSIMO SENHOR MINISTRO PRESIDENTE DO COLENDO SUPREMO TRIBUNAL FEDERAL.

(5 linhas)

Confederação Sindical dos Engenheiros, pessoa jurídica de direito privado, entidade de âmbito nacional, inscrita no CNPJ sob o n. ..., com sede à rua..., por seu advogado infra-assinado, conforme procuração anexa, com escritório situado à rua... que indica para os fins dos arts. 319 e 320 do CPC, vem propor a presente AÇÃO DIRETA DE INCONSTITUCIONALIDADE, com fundamento no art. 102, I, "a", da CRFB/88, na Lei n. 9.868/99 e nos arts. 169 a 178 do RISTF, em face do Decreto Presidencial n. 5.555, expedido pelo Presidente..., que deverá prestar informações, pelos motivos e fundamentos a seguir expostos:

I – DO OBJETO DA AÇÃO – DECRETO n. 5.555

O objeto da referida ADI é o Decreto Presidencial n. 5.555, que disciplina obrigatoriedade, para obtenção do diploma de graduação em engenharia, de um elevado aproveitamento nas disciplinas do curso, e, para inscrição nos Conselhos Regionais, a conclusão de uma pós-graduação com carga horária mínima de 480 horas de aula, alegando que a medida tem por objetivo conferir maior controle sobre a formação do profissional, num momento de expansão das obras de infraestrutura no país.

É sabido que os decretos do Executivo existem, em regra, para regulamentar as leis e quando desobedientes, seriam ilegais e não inconstitucionais, portanto, não sujeitos ao controle concentrado de constitucionalidade. Todavia há os decretos autônomos, autorizados pelo texto constitucional, e que podem, dentro dos limites estabelecidos pela CRFB/88, inovar no ordenamento jurídico, e não apenas regulamentar leis. Estes são, portanto, ligados à Constituição, sujeitando-se ao controle concentrado de constitucionalidade.

O decreto em questão trata-se de um genuíno decreto autônomo, que inovou o ordenamento jurídico afrontando diversos dispositivos e princípios constitucionais, devendo ser submetido ao controle concentrado de constitucionalidade, por meio da presente ADI.

II – DA LEGITIMIDADE ATIVA (ESPECIAL) DA CONFEDERAÇÃO

A Confederação Sindical dos Engenheiros, legitimada ativa na presente ADI, atende ao comando constitucional do art. 103, IX, da CRFB/88, sendo confederação sindical de âmbito nacional, reunindo 18 Federações de sindicatos em diferentes Estados, cada uma com ao menos 10 sindicatos, atendendo aos requisitos constantes dos arts. 533 a 535 da CLT que assim disciplinam; "As Confederações organizar-se-ão com o mínimo de 3 Federações" e "é facultado aos Sindicatos, quando em número não inferior a 5, desde que representem a maioria absoluta de um grupo de atividades ou profissões idênticas, similares ou conexas, organizarem-se em federação", uma vez que tais requisitos são exigidos pela jurisprudência do Supremo Tribunal Federal.

A pertinência temática é exigida aos legitimados especiais como as confederações de âmbito nacional e, no caso da Confederação Sindical dos Engenheiros, ela é comprovada por meio do vínculo entre o objeto da ação – o decreto do presidente que atinge o exercício profissional dos engenheiros, estabelecendo exigências desproporcionais para a obtenção do diploma e do registro profissional e a finalidade institucional da Confederação que é defender os direitos e interesse dos engenheiros.

III – DA MEDIDA CAUTELAR

A medida cautelar está prevista nos arts. 10 a 12 da Lei n. 9.868/99 e deve ser tomada por este Tribunal pelos fatos e argumentos jurídicos expostos.

O "fumus boni iuris" justifica-se com a total inconstitucionalidade do decreto presidencial, usurpando competência de lei ordinária do Congresso Nacional, atacando os princípios de proporcionalidade, razoabilidade, legalidade, além do direito fundamental de liberdade de exercício profissional.

O "periculum in mora" está assentado na iminência da colação de grau de milhares de novos bacharéis em todo o Brasil e que se verão impedidos de obterem seus diplomas e registrarem-se no Conselho de Classe.

IV – DO DIREITO

O ajuizamento da presente ADI está fundado no art. 102, I, "a", CRFB/88 c/c o art. 103, IX, CRFB/88, e arts. 1.º e 2.º, IX da Lei n. 9.868/99.

É a União, por meio do Congresso Nacional, por lei ordinária que tem a competência para legislar sobre direito do trabalho e sobre as condições para o exercício da profissão, conforme o art. 22, I e XVI, da CRFB/88, cabendo em casos excepcionais, por lei complementar, e de maneira isonômica a delegação de competência aos Estados e DF, como se observa ao estudarmos os arts. 22, parágrafo único, e 32, § 1.º, ambos da CRFB/88.

Não há a previsão de decreto autônomo do Presidente disciplinando exigências para a obtenção de diploma e consequente exercício da profissão, portanto, o Decreto n. 5.555 afronta em cheio a independência e harmonia entre os Poderes da União, preconizada no art. 2.º da CRFB/88.

Também há a ofensa aos fundamentos previstos no art. 1.º, IV, da CRFB/88, valores sociais do trabalho e da livre-iniciativa, quando o decreto onera sobremaneira, ofendendo aqueles que estão se preparando academicamente para a obtenção do Bacharelado em Engenharia e por consequência pretendem exercer a profissão. Neste ponto há de se destacar a ofensa aos princípios da razoabilidade e proporcionalidade.

O dispositivo constitucional acerca da liberdade de exercício profissional foi afrontado, pois ao contrário do que quer o presidente da República com o seu decreto, é livre o exercício de qualquer trabalho, ofício ou profissão, atendidas as qualificações profissionais que a lei estabelecer, a lei, e não o decreto presidencial. Corrobora com esta argumentação outra regra constitucional atacada pelo decreto presidencial, qual seja, o art. 5.º, II, que disciplina sobre o princípio da legalidade, afirmando que ninguém poderá ser constrangido a fazer ou deixar de fazer alguma coisa senão em virtude de lei.

V – DOS PEDIDOS

Em face do exposto, a Confederação Sindical dos Engenheiros requer:

a) a concessão da medida cautelar, suspendendo os efeitos do decreto até decisão final, que julgará procedente o pedido e declarará a inconstitucionalidade da norma impugnada;

b) a juntada dos documentos anexos;

c) que sejam solicitadas informações ao presidente da República;

d) a citação do advogado-geral da União;

e) a oitiva do procurador-geral da República;

f) declaração definitiva de inconstitucionalidade do Decreto n. 5.555.

Dá-se à causa o valor de R$ 1.000,00, para meros efeitos fiscais e procedimentais.

Nesses termos, pede deferimento.

Local..., Data...

Advogado... OAB/UF

1.15. A ADI no ranking dos Exames de Ordem da FGV

A Ação Direta de Inconstitucionalidade é frequentemente cobrada pela FGV nos Exames de Ordem, como, por exemplo, nos Exames XVI, XVII, XXVI e XXVII, portanto o treino das peças anteriores é importantíssimo. Deixaremos registrada aqui mais uma aplicação de caso pela FGV – o XXVII Exame – para tecermos comentários ao final.

1.16. Caso aplicado no XXVII Exame de Ordem – FGV

O crescimento da exploração de diamantes no território do Estado Alfa ampliou a circulação de riquezas e fez com que a densidade demográfica aumentasse consideravelmente, juntamente com os riscos ao meio ambiente. Esse estado de coisas mobilizou a população local, o que levou um grupo de Deputados Estaduais a apresentar proposta de emenda à Constituição Estadual disciplinando, detalhadamente, a forma de exploração de diamantes no território em questão. A proposta incluía os requisitos formais a serem cumpridos junto às autoridades estaduais e os limites quantitativos a serem observados na extração, no armazenamento e no transporte de cargas. Após regular aprovação na Assembleia Legislativa, a Emenda à Constituição Estadual n. 5/2018 foi sancionada pelo Governador do Estado, sendo isso imediatamente comunicado às autoridades estaduais competentes para que exigissem o seu cumprimento.

Preocupada com a situação no Estado Alfa e temendo o risco de desemprego dos seus associados, isso em razão dos severos requisitos estabelecidos para a exploração de diamantes, a Associação Nacional dos Geólogos, que há décadas luta pelos direitos da categoria, contratou os seus serviços como advogado(a) para que elabore a petição inicial da medida judicial cabível, de modo que o Tribunal Superior competente reconheça a incompatibilidade do referido ato normativo com a Constituição da República Federativa do Brasil.

1.17. Gabarito comentado pela FGV

A peça adequada é a Petição Inicial de Ação Direta de Inconstitucionalidade. A petição deve ser endereçada ao Ministro Presidente do Supremo Tribunal Federal, órgão jurisdicional competente para processar e julgar a referida ação, conforme o art. 102, I, *a*, da CRFB/88, c/c. o art. 1º da Lei n. 9.868/99.

A ação deve ser proposta pela Associação Nacional dos Geólogos. A legitimidade da Associação decorre do disposto no art. 103, IX, da CRFB/88, c/c. o art. 2º, IX, da Lei n. 9.868/99, sendo nítida a pertinência temática do ato normativo com as atividades dos associados da entidade de classe.

Deve ser indicado que a Emenda Constitucional n. 5/2018 foi aprovada pela Assembleia Legislativa do estado Alfa e sancionada pelo governador do estado.

Deve ser informado o teor do ato normativo estadual impugnado.

Deve ser justificado o cabimento da ADI, pois se está perante ato normativo estadual dissonante da Constituição da República, conforme previsto no art. 102, I, *a*, da CRFB/88.

O examinando deve informar e demonstrar, justificadamente, as normas da CRFB/88 violadas, quais sejam:

(i) a Emenda Constitucional n. 5/2018 violou a competência privativa da União para legislar sobre jazidas, minas, outros recursos minerais e mineração, conforme dispõe o art. 22, XII, da CRFB/88, o que denota a existência de vício de inconstitucionalidade formal;

(ii) a Emenda Constitucional n. 5/2018 violou a competência privativa da União para legislar sobre transporte, conforme dispõe o art. 22, XI, da CRFB/88, o que denota a existência de vício de inconstitucionalidade formal;

(iii) as normas sobre processo legislativo são de observância obrigatória pelos demais entes federativos, por força da simetria, prevista no art. 25, *caput*, da

CRFB/88, não havendo previsão, no art. 60 da CRFB/88, de participação do Chefe do Poder Executivo no fim do processo de reforma constitucional, caracterizando a existência de vício de inconstitucionalidade formal.

Além dos fundamentos de mérito, também deve ser indicado o embasamento da medida cautelar a ser pleiteada, já que, além da patente inconstitucionalidade, há risco na demora, pois os novos requisitos criados podem inviabilizar a continuidade da atividade de exploração de diamantes.

Deve ser formulado pedido de medida cautelar, com fundamento no art. 10 da Lei n. 9.868/99, com o objetivo específico de sustar a eficácia da Emenda Constitucional n. 5/2018.

O pedido principal deve ser a declaração de inconstitucionalidade da Emenda Constitucional n. 5/2018.

Por fim, deve haver o fechamento da petição com a identificação do advogado.

1.18. Considerações finais

O caso aplicado no XXVII Exame apresenta características bem parecidas com o caso aplicado no XIII, que mantivemos propositalmente na atual edição. Ambos os casos apresentam legitimados ativos especiais que precisam demonstrar interesse de agir e pertinência temática, comprovando que a norma impugnada interfere de alguma forma nas suas atividades, atingindo seus interesses. No caso do XIII Exame, o Decreto autônomo presidencial afetava as atividades dos engenheiros, sendo legitimada ativa a Confederação Sindical dos Engenheiros; e no caso do XXVII Exame, a Emenda Constitucional estadual afetando as atividades dos geólogos dá legitimidade ativa à Associação Nacional dos Geólogos. Ambos os casos também apresentam os requisitos que propiciam a aplicação de medida cautelar. Fizemos essa comparação para que você perceba a linha de trabalho da FGV e possa destacar e treinar os pontos que ela costuma cobrar. Sugerimos que você verifique os outros Exames que cobraram ADI (citamos os últimos no item 1.15) não só para treinar, mas para identificar os pontos mais destacados e cobrados pela FGV, pois eles costumam se repetir.

1.19. O caso da ADI interventiva

A ADI interventiva é ação prevista no art. 36, III, primeira parte, da CRFB/88, regulamentada atualmente pela Lei n. 12.562/2011, que estabelece que a decretação de intervenção dependerá de provimento, pelo STF, de **representação do PGR** na hipótese do art. 34, VII, ou seja, para assegurar a observância dos **princípios constitucionais sensíveis** da forma republicana, do sistema representativo, do regime democrático, dos direitos da pessoa humana, da autonomia municipal, além da prestação de contas da administração pública, direta e indireta e aplicação do mínimo exigido da receita resultante de impostos estaduais, compreendida a proveniente de transferências, na manutenção e desenvolvimento do ensino e nas ações e serviços públicos de saúde.

Só haverá um legitimado à propositura da ADI interventiva: o procurador-geral da República, e, recebida a inicial, o relator tentará dirimir administrativamente o conflito. Não sendo possível, solicitará informações no prazo de 10 dias. Haverá a defesa do advogado-geral da União, no prazo de 10 dias e manifestação do procurador-geral da República também no prazo de 10 dias. A decisão será por voto de maioria absoluta do STF, **sendo irrecorrível e insuscetível de ação rescisória**.

Julgado procedente o pedido, as autoridades interessadas serão comunicadas, sendo o acórdão levado ao conhecimento do presidente da República no prazo de 15 dias para dar cumprimento aos dispositivos do art. 36, §§ 1º e 3º, não sendo cabível recusa do presidente da República, por se tratar de requisição.

Como destacamos, **o único legitimado ativo da ADI interventiva é o procurador-geral da República**, não cabendo, portanto, a representação por advogado. Por esse motivo, defendemos que a FGV não deverá cobrar esta peça processual em nenhum exame. Deixamos aqui o registro para esclarecer a dúvida sobre a aplicação da peça processual.

No próprio edital, a banca explicita as demais ações do controle concentrado de constitucionalidade, exigindo o conhecimento dos seus aspectos processuais, mas não inclui a ADI interventiva.

Há de se estudar o tema Intervenção Federal, conteúdo integrante da Organização do Estado, inclusive cobrado desde a 1ª Fase do Exame de Ordem, mas os aspectos processuais e a peça prático-profissional de uma ADI interventiva são matérias dedicadas privativamente ao procurador-geral da República.

2. AÇÃO DIRETA DE INCONSTITUCIONALIDADE POR OMISSÃO

2.1. Definição e natureza jurídica

É **ação constitucional específica** para fazer o **controle concentrado de constitucionalidade sobre as omissões inconstitucionais,** com o fim de sanar a **síndrome da inefetividade das normas constitucionais,** realizando a vontade do legislador constituinte originário, impedindo que o legislador pós-constituinte (federal, estadual, distrital ou municipal) frustre o alcance efetivo das normas constitucionais.

O objetivo do art. 103, § 2º, da CRFB/88, que prevê a ADI por omissão, é tornar efetiva a norma constitucional, porque não basta a declaração formal e constitucional de tal direito, é indispensável a garantia e o exercício dele.

Segundo Pedro Lenza (*Direito Constitucional Esquematizado*, 2020, pág. 439), o objetivo é tornar efetiva a norma constitucional destituída de efetividade, alcançando aquelas normas constitucionais de eficácia limitada.

2.2. Origem

Foi introduzida na Constituição Federal de 1988, com o objetivo de combater a "crônica doença jurídica" conhecida como síndrome da inefetividade das normas constitucionais.

Inspirada na Carta Portuguesa de 1976, inovou no ordenamento jurídico brasileiro ao permitir que se pudesse declarar, que não somente as normas poderiam desobedecer a CRFB/88, mas também a ausência delas, quando impedisse a efetividade das normas constitucionais.

2.3. Espécies de omissão

Segundo Pedro Lenza (*Direito Constitucional Esquematizado*, 2020, pág. 440), a **omissão** pode ser **total ou absoluta**, quando inexistir a norma pós-constitucional sobre o tema, ou **omissão parcial**, quando existir a norma integrativa infraconstitucional, mas ela se mostrar insuficiente para dar efetividade à norma constitucional de eficácia limitada.

Quanto à **omissão parcial,** poderá ser **omissão parcial propriamente dita**, quando existe a lei, mas ela regula o direito de forma deficitária; ou **omissão parcial relativa,** quando a lei existe, mas outorga direitos apenas a uma categoria, não contemplando outras categorias que deveriam ser amparadas, conforme comando constitucional.

Tal classificação é importantíssima, pois permite o reconhecimento de omissões que, por serem parciais, por exemplo, podem, por equívoco, não serem identificadas como tal. Uma norma integrativa infraconstitucional insuficiente não torna efetiva a norma constitucional

2.4. Legitimados para a propositura da ação direta de inconstitucionalidade por omissão

Assim como na ADI genérica, os legitimados ativos na ADI por omissão têm a legitimação extraordinária que é a capacidade de, em seus próprios nomes, provocar a jurisdição constitucional, em defesa da supremacia da Constituição em relação a todo o ordenamento jurídico.

O rol dos legitimados a propositura da ADI por omissão em face de comando normativo da CRFB/88 é taxativo no art. 103 do texto constitucional, reforçado pelo dispositivo do art. 12-A da Lei n. 9.868/99, atualizada pela Lei n. 12.063/2009. Vejamos:

> Art. 12-A. Podem propor a ação direta de inconstitucionalidade por omissão os legitimados à propositura da ação direta de inconstitucionalidade e da ação declaratória de constitucionalidade.

O STF prescreve que, dentre os legitimados a propositura da ADI por omissão, assim como na ADI genérica, **alguns têm legitimidade universal**, **outros têm legitimidade especial**, estabelecendo uma classificação entre eles.

Os primeiros – **legitimados universais** – não precisam demonstrar interesse de agir ou pertinência temática, pois do exercício das suas atribuições decorre o dever de defender a supremacia da Constituição Federal, podendo ajuizar ADI por omissão sempre que a norma constitucional de eficácia limitada estiver padecendo da síndrome de inefetividade. São eles: presidente da República, Mesa do Senado Federal, Mesa da Câmara dos Deputados, procurador-geral da República, Conselho Federal da Ordem dos Advogados do Brasil, partido político com representação no Congresso Nacional.

Os segundos – **legitimados especiais** – precisam demonstrar interesse de agir e pertinência temática, ou seja, precisam comprovar que a ausência de norma integrativa (omissão total), ou norma integrativa insuficiente (omissão parcial) interfere de alguma forma nas suas atividades, afetam os seus interesses. São eles: Mesa de Assembleia Legislativa ou da Câmara Legislativa do Distrito Federal, governador de estado ou do Distrito Federal e confederação sindical ou entidade de classe de âmbito nacional.

2.5. Requisitos da petição inicial e características da ação

A ADI por omissão tem seu trâmite processual regido pelos §§ 1º e 2º do art. 103 da CRFB/88 e pelos arts. 12-A a 12-H da Lei n. 9.868/99, atualizada pela Lei n. 12.063/2009.

A petição inicial será apresentada em duas vias, devendo conter cópias dos documentos necessários para comprovar a alegação de omissão. Em suas argumentações indicará a omissão inconstitucional total ou parcial quanto ao cumprimento de dever constitucional de legislar ou quanto à adoção de providência de índole administrativa, além do pedido, com suas especificações. Caso seja exigida a capacidade postulatória, o que ocorre para os partidos políticos, confederações sindicais e entidades de classe, a petição inicial deverá ser acompanhada de instrumento de procuração (art. 12-B da Lei n. 9.868/99).

O art. 12-E determina que se aplicam ao procedimento da ação direta de inconstitucionalidade por omissão, no que couber, as disposições constantes da Seção I, Capítulo II da Lei n. 9.868/99. Portanto, o trâmite da ADI por omissão deverá seguir rito semelhante ao da ADI genérica. Vejamos:

Distribuída ao relator, ele pedirá informações aos órgãos ou às autoridades que deveriam ter editado a norma faltante, que serão prestadas no prazo de 30 dias contado do recebimento do pedido (art. 6º da Lei n. 9.868/99). Decorrido o prazo das informações, será ouvido o procurador-geral da República, e passado o prazo de manifestação do PGR, o relator lançará o relatório, com cópia a todos os Ministros do STF, e pedirá dia para julgamento (arts. 8º e 9º da Lei n. 9.868/99).

Apesar de acaloradas discussões sobre o tema, a jurisprudência do STF está inclinada a entender dispensada a manifestação do AGU nas ações diretas de inconstitucionalidade por omissão, sendo entendimento já manifestado em sede de julgado.

> "A audiência do advogado-geral da União, prevista no art. 103, § 3º, da CF de 1988, é necessária na ação direta de inconstitucionalidade, em tese, de norma legal, ou ato normativo (já existentes), para se manifestar sobre o ato ou texto impugnado. Não, porém, na ação direta de inconstitucionalidade por omissão, prevista no § 2º do mesmo dispositivo, pois nesta se pressupõe, exatamente, a inexistência de norma ou ato normativo" (ADI 23 QO, rel. Min. Sydney Sanches, j. 4-8-1989, P, *DJ* de 1º-9-1989).

Após a propositura, não se admitirá desistência da ADI (art. 12-D da Lei n. 9.868/99); os demais legitimados à propositura da ADI por omissão poderão manifestar-se, por escrito, sobre o objeto da ação e pedir juntada de documentos reputados úteis para o exame da matéria, no prazo das informações, bem como apresentar memoriais (art. 12-E, § 1º, da CRFB/88); há a possibilidade de concessão de medidas cautelares (arts. 12-F e 12-G da Lei n. 9.868/99).

Por fim, a doutrina é pacífica ao afirmar que não existe prazo decadencial ou prescricional para o ajuizamento de ação direta de inconstitucionalidade por omissão.

2.6. Efeitos da decisão do STF

Julgada a ADI por omissão pelo STF, com a presença de pelo menos oito membros, e sendo declarada a inconstitucionalidade por omissão pela maioria absoluta dos seus membros, os efeitos da decisão serão os seguintes, conforme o art. 103, § 2º, da CRFB/88:

- **para o Poder competente omisso:** será dada ciência, não tendo a Constituição Federal de 1988 fixado prazo para a adoção das providências necessárias. O que não impede que o STF o faça, conforme ampla construção doutrinária e jurisprudencial;
- **para o órgão administrativo omisso:** deverá adotar as medidas necessárias para suprir a omissão inconstitucional no prazo de 30 dias (art. 103, § 2º, da CRFB/88), ou em prazo razoável a ser estipulado excepcionalmente pelo Tribunal, tendo em vista as circunstâncias específicas do caso e o interesse público envolvido.

2.7. Competência para julgamento

Legitimados ativos	Objeto	Juízo competente	Previsão normativa
Presidente da República; Mesa do Senado Federal; Mesa da Câmara dos Deputados; Mesa de Assembleia Legislativa ou da Câmara Legislativa do Distrito Federal; governador de estado ou do Distrito Federal; procurador-geral da República; Conselho Federal da Ordem dos Advogados do Brasil; partido político com representação no Congresso Nacional; confederação sindical ou entidade de classe de âmbito nacional	Omissão inconstitucional – Síndrome da Inefetividade das Normas Constitucionais de Eficácia Limitada	STF (originária)	art. 102, I, *a*, c/c o art. 103, §§ 1º e 2º, da CRFB/88
Legitimados previstos na Constituição Estadual ou Lei Orgânica do Distrito Federal, aplicando-se o princípio da Simetria Constitucional	Omissão inconstitucional – Síndrome da Inefetividade das Normas Constitucionais de Eficácia Limitada	TJ (originária)	

2.8. Roteiro para elaboração da peça processual

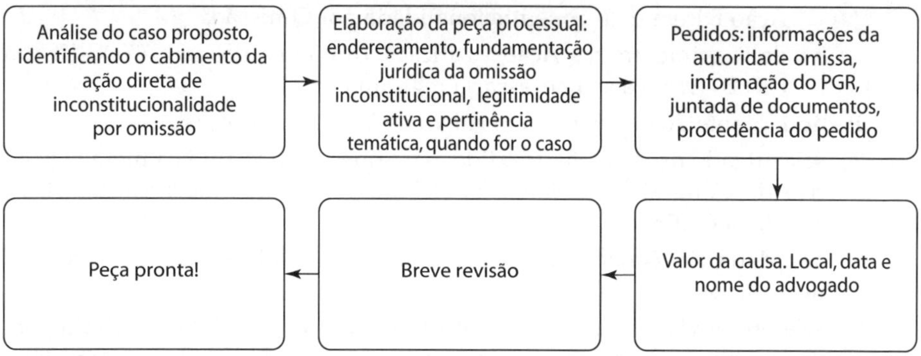

2.9. Caso aplicado no XIX Exame de Ordem – FGV

Determinado partido político, que possui dois deputados federais e dois senadores em seus quadros, preocupado com a efetiva regulamentação das normas constitucionais, com a morosidade do Congresso Nacional e com a adequada proteção à saúde do trabalhador, pretende ajuizar, em nome do partido, a medida judicial objetiva apropriada, visando à regulamentação do art. 7º, inciso XXIII, da Constituição da República Federativa do Brasil de 1988. O partido informa, por fim, que não se pode compactuar com desrespeito à Constituição da República por mais de 28 anos. Considerando a narrativa acima descrita, elabore a peça processual judicial objetiva adequada.

2.10. Gabarito comentado pela FGV

Peça processual: Ação Direta de Inconstitucionalidade por omissão, a qual terá por objeto declarar a omissão na regulamentação do art. 7º, XXIII, da CRFB/88. O candidato deverá elaborar uma petição dessa natureza, visto o comando da questão solicitar a peça processual objetiva adequada.

Competência: Supremo Tribunal Federal, segundo o art. 102, I, *a*, da CRFB/88.

Legitimidade ativa: Partido político. Os legitimados à propositura da ADO estão arrolados no art. 103, I a IX, da Constituição Federal, conforme dispõem os arts. 2º e 12-A, ambos da Lei n. 9.868/99, acrescidos pela Lei n. 12.063/2009.

Legitimidade passiva: Congresso Nacional.

Fundamentação: Antes de adentrar o mérito, devem ser abertos os seguintes tópicos:

- da Legitimidade Ativa – a legitimidade ativa do partido político para a propositura da presente encontra assento no art. 103, VIII, da CRFB/88;

- da Competência Originária – na forma do art. 102, I, *a*, da CRFB/88, é de competência originária do STF o processamento e julgamento da Ação Direta de Inconstitucionalidade por Omissão;
- do Cabimento da Ação – eficácia limitada do art. 7º, XXIII, da CRFB/1988 e a sua necessária regulamentação.

Pedido: diante do exposto e com fulcro na Lei n. 9.868/99, requer:

1. seja julgado procedente o pedido, para que seja declarada a mora legislativa do Congresso Nacional na elaboração da Lei específica do art. 7º, XXIII, da CRFB/88;
2. seja dada ciência ao Poder competente para a adoção das providências necessárias;
3. seja promovida a oitiva do Exmo. Sr. procurador-geral da República para que emita o seu parecer, nos termos do art. 12-E, § 3º, da Lei n. 9.868/99.

Provas: Requer a produção de todas as provas admitidas em direito, na forma do art. 14, parágrafo único, da Lei n. 9.868/99.

Local e data Advogado/OAB

2.11. Elaboração de peça processual atendendo às exigências do caso aplicado no XIX Exame de Ordem – FGV

EXCELENTÍSSIMO SENHOR MINISTRO PRESIDENTE DO COLENDO SUPREMO TRIBUNAL FEDERAL.

(5 linhas)

Partido Político Tal, pessoa jurídica de direito privado com representação no Congresso Nacional, inscrito no CNPJ sob o n. ..., com sede à rua..., por seu advogado infra-assinado, conforme procuração anexa, com escritório situado à rua... que indica para os fins dos arts. 319 e 320 do CPC, vem, amparado pelo art. 103, VIII da CRFB/88, propor a presente AÇÃO DIRETA DE INCONSTITUCIONALIDADE POR OMISSÃO, com base no art. 103, § 2.º, da CRFB/88 e na Lei n. 9.868/99 em face do Congresso Nacional, que deverá prestar informações, tendo em vista a falta de norma regulamentadora do direito previsto no art. 7.º, XXIII, da CRFB/88, pelos motivos e fundamentos a seguir expostos.

I – DO OBJETO DA AÇÃO – INCONSTITUCIONALIDADE POR OMISSÃO

O objeto da presente ADI por omissão é justamente a omissão inconstitucional, que frustra a intenção do legislador constituinte determinada no art. 7.º, XXIII, da CRFB/88, e viola o direito fundamental de adicional de remuneração para as atividades penosas, insalubres ou perigosas.

O constituinte determinou em seu art. 5.º, § 1.º, da CRFB/88 que as normas definidoras dos direitos e garantias fundamentais têm aplicação imediata, portanto devem ser aplicadas desde o primeiro dia de vigência da Constituição Federal de 1988. Todavia algumas normas constitucionais têm eficácia limitada, não gerando efeitos concretos e imediatos, dependendo de norma regulamentadora para que os sujeitos amparados pela norma constitucional possam exercê-los.

A norma constitucional de eficácia limitada, quando não regulamentada e quando a ausência da regulamentação inviabiliza o exercício do direito, padece do que a doutrina chama de síndrome de inefetividade das normas constitucionais, mal que vem sofrendo o dispositivo constitucional que determina o direito ao adicional de remuneração para as atividades penosas, insalubres ou perigosas, na forma da lei – art. 7.º, XXIII da CRFB/88.

II – DA LEGITIMIDADE ATIVA UNIVERSAL

O Partido Político Tal, legitimado ativo na presente ADI por omissão, atende ao comando constitucional do art. 103, VIII da CRFB/88, constituindo representantes eleitos no Congresso Nacional, tanto no Senado Federal quanto na Câmara de Deputados Federais.

O Partido Político Tal tem legitimidade ativa universal, pois decorre do exercício de suas atribuições políticas e legislativas (por meio de seus representantes eleitos) a função de defender a supremacia e efetividade da Constituição Federal.

III – DO DIREITO

O ajuizamento da presente ADI por omissão está fundado no art. 103, § 2.º, da CRFB/88 c/c os arts. 12-A a 12-H da Lei n. 9.868/99, juntamente com o art. 7.º, XXIII da CRFB/88.

O referido art. 7.º, XXIII – norma de eficácia limitada – prescreve que os trabalhadores urbanos e rurais têm direito ao adicional de remuneração para as atividades penosas, insalubres ou perigosas, na forma da lei.

A CRFB/88 reconheceu como direito fundamental o pagamento de remuneração adicional aos trabalhadores submetidos a condições penosas, insalubres ou perigosas. Contudo, por ser o art. 7.º, XXIII uma norma constitucional de eficácia limitada, depende de norma infraconstitucional integrativa para regulamentar o tema e tornar-se efetiva como norma constitucional.

Tal norma integrativa é a Consolidação das Leis do Trabalho – Decreto-Lei n. 5.452/43 e suas atualizações – que disciplina expressamente sobre o trabalho insalubre e perigoso em seus artigos 189 a 197.

Segundo o referido Decreto-Lei, art. 189, é considerada insalubre a atividade ou operação que, por sua natureza, condições ou métodos de trabalho, exponha os empregados a agentes nocivos à saúde, acima dos limites de tolerância fixados em razão da natureza e da intensidade do agente e do tempo de exposição aos seus efeitos. Os artigos seguintes disciplinam regras quanto à insalubridade no trabalho, inclusive e principalmente os percentuais a serem calculados e pagos aos trabalhadores submetidos a ela.

Sobre a periculosidade no ambiente de trabalho, o art. 193 da CLT disciplina que são consideradas atividades ou operações perigosas, na forma da regulamentação do MTE, aquelas que, por sua natureza ou métodos de trabalho, impliquem risco acentuado em virtude de exposição permanente do trabalhador a inflamáveis, explosivos ou energia elétrica ou roubos ou outras espécies de violência física nas atividades profissionais de segurança pessoal ou patrimonial, acrescentando-se também as atividades de trabalhador em motocicleta. A CLT regulamenta o cálculo e pagamento do adicional de periculosidade, conforme determina a norma constitucional.

Contudo o art. 7.º, XXIII da CRFB/88 também prescreve o direito ao adicional para as atividades consideradas penosas, o que não foi atendido pela CLT e por nenhuma outra norma infraconstitucional, consistindo em uma omissão parcial, em relação ao art. 7.º, XXIII da CRFB/88, que deverá ser efetivamente sanada.

Não podem a jurisprudência e a doutrina fazer o papel do legislador, tentando de maneira incompleta e incompetente (porque foi dada à lei esta função) conceituar o trabalho penoso e aplicar direitos por analogia. Não foi esta a ordem da Constituição Federal. Apesar de doutrina, jurisprudência, analogia serem recursos utilizados como fontes do Direito pelo intérprete da norma, o comando constitucional do art. 7.º, XXIII condicionou "na forma da lei".

Portanto, a não existência da norma regulamentadora representa verdadeira desobediência do Congresso Nacional em face do comando constitucional, gerando a necessidade de o Supremo Tribunal Federal suprir a omissão por meio da decisão na presente ADI por omissão.

IV – DOS PEDIDOS

Em face do exposto, o Partido Político Tal requer:

a) a juntada dos documentos anexos;

b) produção de provas admitidas em direito;

c) que sejam solicitadas informações ao Congresso Nacional;

d) a oitiva do procurador-geral da República;

e) que seja julgado procedente o pedido com a declaração definitiva de inconstitucionalidade da omissão do Congresso Nacional em relação ao art. 7.º, XXIII, da CRFB/88, declarada a mora legislativa diante do comando constitucional;

f) que seja dada ciência ao Poder competente para a adoção das providências necessárias.

Dá-se à causa o valor de R$ 1.000,00 para meros efeitos fiscais e procedimentais.

Nesses termos, pede deferimento.

Local..., Data...

Advogado... OAB/UF

2.12. A ADI por omissão no ranking dos Exames de Ordem da FGV

A ADI por omissão é uma peça processual pouquíssimo explorada nos Exames de Ordem, tendo sido aplicada, desde o IV Exame, apenas no XIX Exame, tanto que, nas primeiras edições desta obra, utilizávamos um caso hipotético aplicado em sala de aula pela professora Karina Jaques. Preferimos manter esse caso hipotético, apesar da inclusão do caso aplicado no XIX Exame de Ordem.

2.13. Caso hipotético aplicado em aula presencial preparatória para o Exame de Ordem

Servidores públicos de um órgão da Administração Pública direta da União, ocupando cargos de Analistas de Sistema, convivendo com condições inadequadas de trabalho, utilizando equipamentos obsoletos, *softwares* defasados, além de receberem baixos salários, com o calendário de pagamento atrasado, e contarem com número baixo de integrantes em face da demanda cada vez mais crescente na área de TI, decidem iniciar uma greve. Como não são conhecedores das leis, consultam o departamento jurídico do sindicato para saber quais os limites do exercício de seu direito, que lhes responde que não há lei que ampare o referido direito de greve, regulamentando a matéria.

Ultrajados com a notícia, os analistas de sistemas iniciam um movimento nas redes sociais com o intuito de conscientizar a classe da necessidade de existir uma lei para regulamentar o direito de greve do servidor. A notícia se espalhou pela internet e, em menos de duas semanas todos os servidores analistas de sistema de diversos órgãos da Administração Pública federal, estadual, distrital e municipal, direta e indireta estavam pressionando as suas representações sindicais para que providências fossem tomadas.

Para dar uma resposta ao movimento dos servidores analistas de sistemas, a Confederação Nacional dos Analistas de Sistema se comprometeu a tomar providências. Imediatamente, o Presidente da Confederação mandou chamá-lo e solicitou que você, como advogado da entidade de âmbito nacional, ajuíze a ação cabível para sanar, diante do STF, a omissão total, em face do direito de greve, previsto no art. 37, VII, da CRFB/88 de maneira uniforme, que a decisão gere efeitos para todos os servidores públicos analistas de sistema do país, e de maneira urgente.

2.14. Elaboração de peça processual

EXCELENTÍSSIMO SENHOR MINISTRO PRESIDENTE DO COLENDO SUPREMO TRIBUNAL FEDERAL.

(5 linhas)

Confederação Nacional dos Analistas de Sistema, pessoa jurídica de direito privado, entidade de âmbito nacional, inscrita no CNPJ sob o n. ..., com sede à rua..., por seu advogado infra-assinado, conforme procuração anexa, com escritório situado à rua... que indica para os fins dos arts. 319 e 320 do CPC, vem, propor a presente AÇÃO DIRETA DE INCONSTITUCIONALIDADE POR OMISSÃO, com base no art. 103, § 2.º, da CRFB/88 e na Lei n. 9.868/99 em face da Mesa do Congresso Nacional, que deverá prestar informações, tendo em vista a falta de norma regulamentadora do direito previsto no art. 37, VII, da CRFB/88, pelos motivos e fundamentos a seguir expostos.

I – DO OBJETO DA AÇÃO – INCONSTITUCIONALIDADE POR OMISSÃO

O objeto da presente ADI por omissão é justamente a omissão inconstitucional, que frustra a intenção do legislador constituinte determinada no art. 37, VII, da CRFB/88, e viola o direito fundamental ao exercício de greve assegurada ao servidor público civil.

O constituinte determinou em seu art. 5.º, § 1.º, da CRFB/88 que as normas definidoras dos direitos e garantias fundamentais têm aplicação imediata, portanto, devem ser aplicadas desde o primeiro dia de vigência da Constituição Federal de 1988. Todavia, algumas normas constitucionais têm eficácia limitada, não gerando efeitos concretos e imediatos, dependendo de norma regulamentadora para que os sujeitos amparados pela norma constitucional possam exercê-los.

A norma constitucional de eficácia limitada, quando não regulamentada, e quando a ausência da regulamentação inviabiliza o exercício do direito, padece do que a doutrina chama de síndrome de inefetividade das normas constitucionais, mal que vem sofrendo o direito de greve do servidor público.

II – DA LEGITIMIDADE ATIVA (ESPECIAL)

A Confederação Nacional dos Analistas de Sistema, legitimada ativa na presente ADI por omissão, atende ao comando constitucional do art. 103, IX, da CRFB/88, sendo confederação sindical com representação em todos os estados da Federação, atendendo aos requisitos mínimos constantes dos arts. 533 a 535 da CLT que assim disciplinam; "as Confederações organizar-se-ão com o mínimo de 3 Federações" e "é facultado aos Sindicatos, quando em número não inferior a 5, desde que representem a maioria absoluta de um grupo de atividades ou profissões idênticas, similares ou conexas, organizarem-se em federação", uma vez que tais requisitos são exigidos pela jurisprudência do Supremo Tribunal Federal.

A pertinência temática é exigida aos legitimados especiais como as confederações de âmbito nacional, e no caso da Confederação Nacional dos Analistas de Sistema ela é comprovada por meio do vínculo entre o objeto da ação – a omissão inconstitucional e a finalidade institucional da confederação que é defender os direitos e interesse dos analistas de sistema servidores públicos.

III – DA MEDIDA CAUTELAR

A medida cautelar na ADI por omissão está prevista nos arts. 12-F e 12-G da Lei n. 9.868/99 e deve ser tomada por este Tribunal pelos fatos e argumentos jurídicos expostos.

O "fumus boni iuris" justifica-se com a total inconstitucionalidade da omissão operada pelo Congresso Nacional, agredindo os direitos fundamentais dos servidores públicos e desobedecendo ao comando constitucional previsto no art. 37, VII, da CRFB/88.

O "periculum in mora" está assentado na ausência de regulamentação que inviabiliza diariamente que os servidores possam pleitear seus direitos por meio de um instrumento justo e assegurado pela CRFB/88 – o direito de greve.

IV – DO DIREITO

O ajuizamento da presente ADI por omissão está fundado no art. 103, § 2.º, da CRFB/88 c/c os arts. 12-A a 12-H da Lei n. 9.868/99, juntamente com o art. 37, VII, da CRFB/88.

O servidor público tem direitos fundamentais assegurados pela Constituição Federal de 1988, com o fim de, além de dar "status" constitucional aos referidos direitos, condicionar o poder público a cumprir as metas determinadas pelo legislador constituinte.

O art. 37, VII, da CRFB/88 é verdadeira norma programática, impondo ao legislador infraconstitucional o compromisso de legislar o direito de greve do servidor, garantindo que o servidor possa lançar mão dele, quando assim necessitar.

A não existência da norma regulamentadora representa verdadeira desobediência do Congresso Nacional em face do comando constitucional, gerando a necessidade de o Supremo Tribunal Federal suprir a omissão por meio da decisão na presente ADI por omissão.

V – DOS PEDIDOS

Em face do exposto, a Confederação Nacional dos Analistas de Sistema requer:

a) a concessão da medida cautelar, para garantir desde logo, o exercício do direito de greve para os servidores públicos representados, até decisão final, que julgará procedente o pedido e declarará a inconstitucionalidade da omissão normativa;

b) a juntada dos documentos anexos;

c) que sejam solicitadas informações ao Congresso Nacional;

d) a oitiva do procurador-geral da República;

e) declaração definitiva de inconstitucionalidade da omissão do Congresso Nacional em relação ao art. 37, VII, da CRFB/88.

Dá-se à causa o valor de R$ 1.000,00 para meros efeitos fiscais e procedimentais.

Nesses termos, pede deferimento.

Local..., Data...

Advogado... OAB/UF

2.15. Considerações finais

Apesar de pouco explorada, é possível construir situações hipotéticas e peças processuais a partir dos modelos apresentados neste capítulo. Há, inclusive, parágrafos, nas peças apresentadas acima, com argumentações generalistas que podem ser reescritos na sua prova. Sugerimos que você pratique e trace uma ordem lógica com base nas orientações que anotamos aqui. Se a ADI por omissão for cobrada no seu exame e você tiver seguido e treinado os passos para elaboração da peça, terá facilidade de construir seu raciocínio.

3. AÇÃO DECLARATÓRIA DE CONSTITUCIONALIDADE

3.1. Definição e natureza jurídica

É **ação constitucional específica** para fazer o controle concentrado de constitucionalidade sobre **leis ou atos normativos federais**, somente federais, com o objetivo de declarar sua constitucionalidade e uniformizar a interpretação da norma federal, e não mais com o objetivo de apontar inconstitucionalidades como é o caso das demais ações do controle concentrado de constitucionalidade. Aqui objetiva-se declarar a constitucionalidade de forma absoluta, superando a mera presunção.

3.2. Origem

A ação declaratória de constitucionalidade foi introduzida na Constituição Federal de 1988 e no ordenamento jurídico brasileiro, por meio da Emenda Constitucional n. 3/93, com o objetivo de declarar formalmente a constitucionalidade de lei ou ato normativo federal.

Já existia no ordenamento jurídico brasileiro, como existe até os dias de hoje, a presunção relativa de constitucionalidade das normas vigentes. Entretanto, havia a necessidade de um mecanismo que pudesse modificar o *status* de constitucionalidade presumida, ou seja, relativa, para um *status* de constitucionalidade absoluta, que pudesse vincular toda a Administração Pública federal, estadual, distrital e municipal (direta e indireta) e também os órgãos do Poder Judiciário. Lembrando que o STF não está vinculado às suas próprias decisões, podendo ocorrer mudança de posicionamento da Corte Suprema.

Quando do seu surgimento, a ADC trouxe a promessa de ser mecanismo capaz de encerrar o quadro de insegurança jurídica e de divergência de interpretação jurisprudencial sobre um mesmo dispositivo legal, que acarretava grave ofensa à validade, eficácia e interpretação das normas constitucionais. Atente-se que a ADC só pode alcançar leis ou atos normativos federais.

3.3. Legitimados para a propositura da ação declaratória de constitucionalidade

A EC n. 45/2004 revogou o antigo § 4º do art. 103, igualando os legitimados da ADC àqueles da ADI genérica, com as mesmas definições de legitimados universais e legitimados especiais. Vejamos, novamente.

Os primeiros – **legitimados universais** – não precisam demonstrar interesse de agir ou pertinência temática, pois do exercício das suas atribuições decorre o dever de defender a supremacia da Constituição Federal, podendo ajuizar ADC sempre que a lei ou ato normativo federal carecer de presunção absoluta e interpretação uniforme conforme a CRFB/88. São eles: presidente da República, Mesa do Senado Federal, Mesa da Câmara dos Deputados, procurador-geral da República, Conselho Federal da Ordem dos Advogados do Brasil, partido político com representação no Congresso Nacional.

Os segundos – **legitimados especiais** – precisam demonstrar interesse de agir e pertinência temática, ou seja, precisam comprovar que a divergência de interpretação de lei ou ato normativo federal interfere de alguma forma nas suas atividades, afetam os seus interesses. São eles: Mesa de Assembleia Legislativa ou da Câmara Legislativa do Distrito Federal, governador de estado ou do Distrito Federal e confederação sindical ou entidade de classe de âmbito nacional.

3.4. Requisitos da petição inicial e características da ação

A ADC é prevista no art. 102. I, *a*, da CRFB/88, e tem seu trâmite processual regido pela Lei n. 9.868/99. O procedimento é praticamente o mesmo da ADI genérica.

A petição inicial será apresentada em duas vias, devendo conter cópias do ato normativo questionado e dos documentos necessários para comprovar a procedência do pedido de declaração de constitucionalidade. Em suas argumentações, a petição inicial indicará o dispositivo da lei ou do ato normativo federal a ser aplicada a presunção absoluta de constitucionalidade, a existência de controvérsia judicial relevante sobre a aplicação da disposição objeto da ação declaratória, e o pedido com suas especificações e fundamentos jurídicos. Caso seja exigida a capacidade postulatória, o que ocorre para os partidos políticos, confederações sindicais e entidades de classe, a petição inicial deverá ser acompanhada de instrumento de procuração (art. 14 da Lei n. 9.868/99).

O procurador-geral da República deverá se manifestar, no prazo de 15 dias (art. 19 da Lei n. 9.868/99).

Não há previsão legal expressa acerca do pronunciamento do AGU. Entretanto, parte da doutrina defende, pela natureza dúplice da ADC, que também o AGU deverá se pronunciar no mesmo prazo concedido ao PGR.

Passados os prazos de manifestação, o relator lançará o relatório, com cópia a todos os Ministros do STF, e pedirá dia para julgamento (art. 20 da Lei n. 9.868/99).

Após a propositura, não se admitirá desistência da ADC (art. 16 da Lei n. 9.868/99); em caso de necessidade de esclarecimento de matéria ou circunstância de fato ou de notória insuficiência das informações existentes nos autos, poderá o relator requisitar informações adicionais, designar perito ou comissão de peritos para que emita parecer sobre a questão ou fixar data para, em audiência pública, ouvir depoimentos de pessoas com experiência e autoridade na matéria, poderá solicitar, ainda, informações aos Tribunais Superiores, aos Tribunais federais e aos Tribunais estaduais acerca da aplicação da norma questionada no âmbito de sua jurisdição, e tais informações, perícias e audiências serão realizadas todas no prazo de 30 dias, contado da solicitação do relator (art. 20, §§ 1º, 2º e 3º, da Lei n. 9.868/99); há a possibilidade de concessão de medidas cautelares (art. 21 da Lei n. 9.868/99).

3.5. Efeitos da decisão do STF

Julgada a ADC pelo STF, com a presença de pelo menos oito membros, e sendo declarada a constitucionalidade pela maioria absoluta dos seus membros, os efeitos da decisão serão *erga omnes*, vinculante em relação aos órgãos do Poder Judiciário e da Administração Pública federal, estadual, distrital e municipal (direta e indireta) e *ex tunc*. Aconselhamos a leitura atenta dos artigos da Lei n. 9.868/99, neste item, especialmente os arts. 22 a 28.

Destacamos mais uma vez a natureza dúplice ou ambivalente da ADC, que poderá ser julgada improcedente pelo STF, ou seja, a lei ou ato normativo federal objeto da ação poderá ser declarada inconstitucional, gerando os efeitos de uma ADI genérica com pedido julgado procedente.

3.6. Competência para julgamento

Legitimados ativos	Objeto	Juízo competente	Previsão normativa
Presidente da República; Mesa do Senado Federal; Mesa da Câmara dos Deputados; Mesa de Assembleia Legislativa ou da Câmara Legislativa do Distrito Federal; governador de estado ou do Distrito Federal; procurador-geral da República; Conselho Federal da Ordem dos Advogados do Brasil; partido político com representação no Congresso Nacional; confederação sindical ou entidade de classe de âmbito nacional	Lei ou ato normativo federal em face da Constituição Federal de 1988	STF (originária)	Art. 102, I, *a*, c/c o art. 103, § 1º, da CRFB/88
Legitimados previstos na Constituição Estadual ou Lei Orgânica do Distrito Federal, aplicando-se o princípio da Simetria Constitucional	Lei ou ato normativo estadual ou distrital em face da Constituição Estadual ou Lei Orgânica do Distrito Federal, respectivamente	TJ (originária)	

3.7. Roteiro para elaboração da peça processual

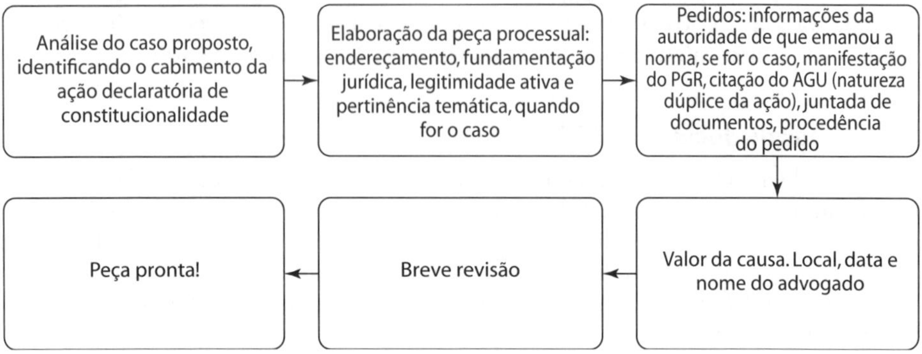

3.8. A ADC no ranking dos Exames de Ordem da FGV

Desde o IV Exame de Ordem (exame mais antigo que utilizamos como referência) não temos nenhuma edição com a aplicação da Ação Declaratória de Constitucionalidade, portanto não temos um parâmetro dado pela própria FGV para analisarmos e treinarmos a peça processual aqui estudada. Utilizamos neste capítulo um caso hipotético, aplicado pela professora Karina Jaques em sala de aula, para construirmos nossa peça processual modelo. Assim, caso queira, você pode treinar com base no modelo apresentado.

3.9. Caso hipotético aplicado em aula presencial preparatória para o Exame de Ordem

A Constituição Federal de 1988 dispõe em seu art. 41, *caput*, que são estáveis após três anos de efetivo exercício os servidores nomeados para o cargo de provimento efetivo em virtude de concurso público.

Por seu turno, a Lei n. 8.112/90 – Regime Jurídico dos Servidores Públicos Federais – dentre as diversas regras, impõe em seu art. 20 que, ao entrar em exercício, o servidor nomeado para cargo de provimento efetivo ficará sujeito a estágio probatório por período de 24 meses, durante o qual a sua aptidão e capacidade serão objeto de avaliação para o desempenho do cargo, observados os seguintes fatores: assiduidade, disciplina, capacidade de iniciativa, produtividade e responsabilidade.

A Confederação Nacional de Servidores Públicos, entidade de âmbito, nacional cuja finalidade é defender os direitos dos servidores públicos federais tem verificado que em diversos juízos federais, nos Estados brasileiros, que as questões judiciais acerca da estabilidade e do estágio probatório têm tido interpretações divergentes gerando grave insegurança jurídica e multiplicação de processos.

Com a intenção de pacificar o entendimento sobre a matéria e uniformizar a interpretação da Lei federal n. 8.112/90, em seu art. 20, em face da Constituição Federal, o dirigente da Confederação Nacional de Servidores Públicos lhe procura, na condição de advogado da entidade, para que você ajuíze a competente ação.

3.10. Elaboração da peça processual

EXCELENTÍSSIMO SENHOR MINISTRO PRESIDENTE DO COLENDO SUPREMO TRIBUNAL FEDERAL

(5 linhas)

Confederação Nacional de Servidores Públicos, pessoa jurídica de direito privado, entidade de âmbito nacional, inscrita no CNPJ sob o n. ..., com sede à rua..., por seu advogado infra-assinado, conforme procuração anexa, com escritório situado à rua... que indica para os fins dos arts. 319 e 320 do CPC, vem, propor a presente AÇÃO DECLARATÓRIA DE CONSTITUCIONALIDADE, com base no art. 102, I, "a", da CRFB/88 e especialmente nos arts. 13 a 28 da Lei n. 9.868/99, em defesa da Lei federal n. 8.112/90, especificamente em seu art. 20, pelos motivos e fundamentos a seguir expostos

I – DO OBJETO DA AÇÃO – LEI FEDERAL

O objeto da presente ação declaratória de constitucionalidade consiste em uma lei federal– Lei n. 8.112/90 – conforme determina o art. 102, I, "a", da CRFB/88. A referida lei ordinária federal rege os direitos e deveres dos servidores públicos federais, sendo vigente, logicamente, em todo o território nacional e atingindo todos os servidores públicos da Administração Pública direta da União, e também das autarquias e fundações públicas federais – pertencentes à Administração Pública indireta.

A Lei federal n. 8.112/90, ao regulamentar o estágio probatório, não diverge do art. 41 da CRFB/88, apenas disciplina um instituto jurídico de avaliação do servidor público efetivo, dentro de critérios por ela estabelecidos.

Por esse motivo, deve ser declarada constitucional, aplicando-se uma interpretação compatível com a CRFB/88.

II – DA LEGITIMIDADE ATIVA

A Confederação Nacional de Servidores Públicos, legitimada ativa na presente ação declaratória de constitucionalidade atende ao comando constitucional do art. 102, I, "a", c/c art. 103, IX da CRFB/88, sendo confederação sindical com representação em todos os Estados da Federação, atendendo aos requisitos mínimos constantes dos arts. 533 a

535 da CLT que assim disciplinam; "As Confederações organizar-se-ão com o mínimo de 3 Federações" e "é facultado aos sindicatos, quando em número não inferior a 5, desde que representem a maioria absoluta de um grupo de atividades ou profissões idênticas, similares ou conexas, organizarem-se em federação", uma vez que tais requisitos são exigidos pela jurisprudência do Supremo Tribunal Federal.

A pertinência temática é exigida aos legitimados especiais como as confederações de âmbito nacional, e no caso da Confederação Nacional de Servidores Públicos, é suficientemente comprovada por meio do vínculo entre o objeto da ação – Lei federal n. 8.112/90 – Regime Jurídico dos Servidores Públicos Federais e a finalidade institucional da Confederação que é defender os direitos e interesse dos sistemas servidores públicos federais.

III – DO DIREITO

A presente Ação Declaratória de Constitucionalidade encontra respaldo jurídico no art. 102, I, "a", da CRFB/88 e especialmente nos arts. 13 a 28 da Lei n. 9.868/99.

O caso em questão figura na aparente divergência entre os institutos jurídicos da estabilidade prevista no art. 41 da CRFB/88 e do estágio probatório, previsto no art. 20 da Lei n. 8.112/90.

Ocorre que são na verdade institutos jurídicos diferentes e interdependentes, e que em normas anteriores já apresentaram o mesmo lapso temporal, gerando em seus aplicadores a tendência em unificá-los, o que só pode ser feito, em conformidade com a Constituição Federal e por esse Supremo Tribunal Federal.

A estabilidade é a garantia de um vínculo mais seguro entre o servidor público e a Administração Pública, e, segundo a Constituição Federal, esse vínculo só ocorrerá após o lapso temporal de três anos.

O estágio probatório, previsto na Lei n. 8.112/90, é o conjunto de procedimentos de avaliação do servidor público acerca da sua capacidade de iniciativa, assiduidade, disciplina, produtividade e responsabilidade, que deve ser aplicado nos primeiros 24 meses de exercício do servidor público concursado.

Como bem se nota, são institutos diferentes, que ao mesmo tempo se relacionam, ou seja, o servidor concursado será avaliado nos seus primeiros 24 meses de exercício efetivo, mas só adquirirá a estabilidade após o lapso temporal de 3 anos, estando dentro desse tempo maior o período em que foi submetido ao estágio probatório.

Inclusive, há hipóteses de não haver estágio probatório, e fluir o lapso temporal de três anos nos quais o servidor concursado exerceu efetivamente seu cargo, adquirindo assim a estabilidade, pois esta será adquirida pelo simples passar dos três anos com exercício efetivo, independentemente de a Administração Pública ter cumprido ou não sua obrigação de avaliar o servidor nos 24 meses iniciais. Portanto, não há que confundir os dois institutos.

Contudo, ao fazer uma análise sistemática dos textos normativos em questão e da interação entre eles, é possível fazer algumas afirmativas; a estabilidade não pode ser adquirida antes dos 3 anos de exercício efetivo; o período de aferição das habilidades do servidor público pode perfeitamente se estender para além dos 24 meses iniciais; não é possível aplicar os dois institutos de maneira isolada.

Diante das discussões acerca dos dois institutos e da relevante controvérsia judicial acerca da aplicação deles, há juízos que entendem que o estágio probatório não pode ser estendido além dos 24 meses, há juízos que entendem o contrário, fazendo-se necessária a manifestação do Supremo Tribunal Federal acerca do tema, determinando a aplicação da Lei n. 8.112/90, conforme a Constituição Federal de 1988.

IV – DOS PEDIDOS

Em face do exposto, a Confederação Nacional de Servidores Públicos requer:

a) a juntada dos documentos anexos;

b) que sejam solicitadas informações às autoridades competentes;

c) citação do advogado-geral da União, em razão da natureza dúplice da ação;

d) a oitiva do procurador-geral da República;

e) declaração definitiva de constitucionalidade do art. 20 da Lei n. 8.112/90, que deverá ser interpretado conforme a Constituição Federal de 1988.

Dá-se à causa o valor de R$ 1.000,00 para meros efeitos fiscais e procedimentais.

Nesses termos, pede deferimento.
Local..., Data...
Advogado... OAB/UF

3.11. Considerações finais

Ainda que a FGV não tenha histórico de aplicação deste modelo de peça processual, devemos ficar atentos para aprender o roteiro de elaboração da Ação Declaratória de Constitucionalidade. Treine, atente aos pedidos, leia os artigos da CRFB/88 e da lei referentes à ação e faça uma boa argumentação no mérito da peça processual, caso ela venha a ser cobrada no seu exame. Lembre-se de que no modelo apresentado há argumentações generalistas que podem ser utilizadas na sua peça processual.

4. ARGUIÇÃO DE DESCUMPRIMENTO DE PRECEITO FUNDAMENTAL

4.1. Definição e natureza jurídica

É **ação constitucional específica**, de **caráter residual**, para fazer o controle concentrado de constitucionalidade sobre **normas pré-constitucionais, leis federais, estaduais, municipais e distritais, tanto de natureza estadual como municipal**, que estiverem lesando preceito fundamental, só podendo ser admitida pelo STF se não houver outro meio eficaz de sanar a lesão a preceito fundamental, em razão de seu caráter subsidiário.

Está prevista no art. 102, § 1º, da CRFB/88 e regulamentada pela Lei n. 9.882/99 que prevê a Arguição de Descumprimento de Preceito Fundamental na modalidade arguição autônoma e preventiva (art. 1º, *caput*, da Lei n. 9.882/99) e arguição incidental e repressiva (art. 1º, parágrafo único, da Lei n. 9.882/99).

4.2. Origem

A arguição de descumprimento de preceito fundamental originou-se da necessidade de suprir as lacunas existentes no controle de constitucionalidade brasileiro, especialmente em relação a leis municipais, leis distritais de natureza municipal e normas pré-constitucionais.

A ADPF foi introduzida no ordenamento constitucional brasileiro por meio da EC n. 3/93, que acrescentou ao corpo constitucional o texto do atual § 1º do art. 102 da CRFB/88, afirmando que a arguição de descumprimento de preceito fundamental, decorrente da Constituição, será apreciada pelo Supremo Tribunal Federal, na forma da lei.

Alerta-se que o próprio STF considerou tal dispositivo constitucional como norma constitucional de eficácia limitada, só podendo gerar efeitos concretos depois de editada a referida norma regulamentadora, o que apenas ocorreu em 1999, por meio da Lei n. 9.882.

4.3. Definição de preceito fundamental

Nem a Constituição Federal de 1988, nem a Lei n. 9.882/99 definiram o que é preceito fundamental, deixando a missão para os doutrinadores e para o STF.

Preceitos fundamentais seriam **normas que veiculam princípios e orientam a interpretação das demais normas constitucionais**, como os princípios fundamentais (arts. 1º ao 4º); os princípios constitucionais sensíveis (art. 34, VII); princípios da Administração Pública (art. 37) as cláusulas pétreas (art. 60, § 4º); princípios gerais da atividade econômica (art. 170).

Uadi Lammêgo Bulos (*Curso de Direito Constitucional*, 2018) diz que os preceitos fundamentais são os grandes preceitos que informam o sistema constitucional, que estabelecem comandos basilares e imprescindíveis à defesa dos pilares manifestados pelo constituinte originário.

4.4. Hipóteses de cabimento da ADPF

A ADPF será cabível, como modalidade autônoma, nos termos do *caput* do art. 1º da Lei n. 9.882/99, para evitar ou reparar lesão a preceito fundamental, resultante de ato do Poder Público.

Paralelamente, existe a modalidade incidental, quando há real e concreta divergência jurisprudencial e a ADPF é ajuizada supervenientemente. Tal modalidade é prevista no parágrafo único do art. 1º da Lei n. 9.882/99, sendo cabível a ADPF quando for relevante o fundamento da controvérsia constitucional sobre lei ou ato normativo federal, estadual, distrital ou municipal, incluídos os anteriores à Constituição.

4.5. Legitimados para a propositura da arguição de descumprimento de preceito fundamental

Os legitimados para a propositura da ADPF são os mesmos da ADI, previstos no rol taxativo do art. 103, I a IX, da CRFB/88 e indicados no art. 2º, I, da Lei n. 9.882/99, vejamos:

> Art. 2º Podem propor arguição de descumprimento de preceito fundamental:
> I – os legitimados para a ação direta de inconstitucionalidade.

Da mesma forma que é aplicada a ADI, o STF prescreve que dentre os legitimados a propositura da ADPF alguns têm legitimidade universal, outros têm legitimidade especial.

Os primeiros – **legitimados universais** – não carecem de demonstrar interesse de agir ou pertinência temática, pois do exercício das suas atribuições decorre o dever de defender a supremacia da Constituição Federal, podendo ajuizar ADPF contra qualquer lei municipal, ou distrital de natureza municipal ou até mesmo norma pré-constitucional desde que estejam lesando preceito fundamental, e que não haja outro meio jurídico eficaz para sanar tal lesão. São eles: presidente da República, Mesa do Senado Federal, Mesa da Câmara dos Deputados, procurador-geral da República, Conselho Federal da Ordem dos Advogados do Brasil, partido político com representação no Congresso Nacional.

Os segundos – **legitimados especiais** – precisam demonstrar interesse de agir e pertinência temática, ou seja, precisam comprovar que a norma impugnada interfere de alguma forma nas suas atividades, afetando os seus interesses. São eles: Mesa de Assembleia Legislativa ou da Câmara Legislativa do Distrito Federal, governador de estado ou do Distrito Federal e confederação sindical ou entidade de classe de âmbito nacional.

A legitimidade para propositura da ADPF, assim como das demais ações do controle concentrado de constitucionalidade, é exclusiva daqueles previstos no rol constitucional, não cabendo ação de propositura particular. Vejamos o que diz o STF confirmando tal entendimento:

> "Ação proposta por particular. Ausência de legitimidade. Somente podem propor arguição de descumprimento de preceito fundamental os legitimados para a ação direta de inconstitucionalidade" (art. 2º, I, da Lei n. 9.882/99) (ADPF 11-AgR, rel. p/ o ac. Min. Gilmar Mendes, j. 18-11-2004, Plenário, *DJ* de 5-8-2005).

4.6. Requisitos da petição inicial e características da ação

A ADPF tem seu trâmite processual regido pelo art. 102, § 1º, c/c o art. 103 da CRFB/88 e pela Lei n. 9.882/99.

A petição inicial será apresentada em duas vias e deverá conter a indicação do preceito fundamental que se considera violado, a indicação do ato questionado, a prova da violação do preceito fundamental, se for o caso, a comprovação da existência de controvérsia judicial relevante sobre a aplicação do preceito fundamental que se considera violado, e o pedido, com suas especificações, devendo conter cópias do ato questionado e dos documentos necessários para comprovar a impugnação.

Caso seja exigida a capacidade postulatória, o que ocorre para os partidos políticos, confederações sindicais e entidades de classe, a petição inicial deverá ser acompanhada de instrumento de procuração (art. 3º da Lei n. 9.882/99).

Distribuída ao relator, e apreciado o pedido liminar, se for o caso, ele pedirá informações às autoridades responsáveis pela prática do ato impugnado, no prazo de dez dias contado do recebimento do pedido (art. 6º da Lei n. 9.882/99).

No caso de pedido liminar, o relator poderá ouvir os órgãos e autoridades responsáveis pelo ato impugnado, bem como o advogado-geral da União e o procurador-geral da República, no prazo comum de cinco dias (art. 5º, § 2º, da Lei n. 9.882/99).

Decorrido o prazo das informações, se não foi o PGR o autor da ADPF terá vista do processo, no prazo de cinco dias (art. 7º, parágrafo único, da Lei n. 9.882/99).

Passados os prazos de informações e manifestações, o relator lançará o relatório, com cópia a todos os Ministros do STF, e pedirá dia para julgamento (art. 7º, *caput*, da Lei n. 9.882/99).

Caberá reclamação contra descumprimento da decisão proferida pelo STF, na forma de seu regimento interno (art. 13 da Lei n. 9.882/99).

4.7. Efeitos da decisão do STF

Julgada a ADPF pelo STF, com a presença de pelo menos oito membros, e sendo declarada a inconstitucionalidade pela maioria absoluta dos seus membros, os efeitos da decisão serão, regra geral, *erga omnes*, vinculantes em relação aos órgãos do Poder Judiciário e da Administração Pública federal, estadual, distrital e municipal (direta e indireta) e *ex tunc* (art. 10, § 3º, da Lei n. 9.882/99).

Diferentemente, como exceção à regra do princípio da nulidade, e tendo em vista a segurança jurídica e o excepcional interesse social, poderá o STF, pelo voto de 2/3 dos seus membros, restringir os efeitos da declaração de inconstitucionalidade ou decidir que ela só tenha eficácia a partir de seu trânsito em julgado ou de outro momento que venha a ser fixado, ou seja, pode o STF, pelo voto de 2/3 decidir que seja dado o efeito *ex nunc* (art. 11 da Lei n. 9.882/99).

A decisão na ADPF é imediatamente autoaplicável, devendo o presidente do STF determinar seu cumprimento imediato, lavrando-se o acórdão posterior. A decisão é irrecorrível e não sujeita a ação rescisória (art. 12 da Lei n. 9.882/99).

4.8. Competência para julgamento

Legitimados ativos	Objeto	Juízo competente	Previsão normativa
Presidente da República; Mesa do Senado Federal; Mesa da Câmara dos Deputados; Mesa de Assembleia Legislativa ou da Câmara Legislativa do Distrito Federal; governador de estado ou do Distrito Federal; procurador-geral da República; Conselho Federal da Ordem dos Advogados do Brasil; partido político com representação no Congresso Nacional; confederação sindical ou entidade de classe de âmbito nacional	Normas pré-constitucionais, leis federais, estaduais, municipais e distritais, tanto de natureza estadual como municipal, que estiverem lesando preceito fundamental	STF (originária)	art. 102, § 1º, *a*, da CRFB/88

Legitimados previstos na Constituição Estadual ou Lei Orgânica do Distrito Federal, aplicando-se o princípio da Simetria Constitucional	Normas pré-constitucionais, leis estaduais e municipais e leis distritais de natureza estadual e municipal, que estiverem lesando preceito fundamental, das respectivas Constituição Estadual ou Lei Orgânica do Distrito Federal	TJ (originária)	Art. 125, § 2º, da CRFB/88

4.9. Roteiro para elaboração da peça processual

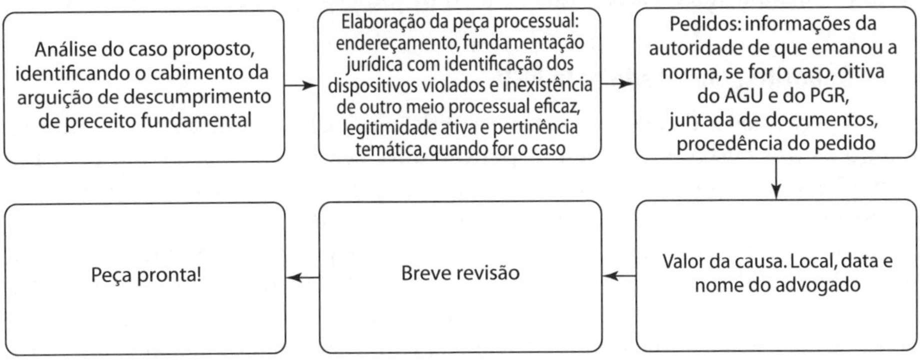

4.10. A ADPF no ranking dos Exames de Ordem da FGV

ADPF é uma das peças pouco cobradas pela FGV, mas os casos aplicados são suficientes para traçarmos uma linha de estudo. Desde o IV Exame (exame mais antigo que utilizamos como referência), a ADPF só foi aplicada nos exames XX e na reaplicação do XXV, que ocorreu em Porto Alegre. Na elaboração da nossa primeira edição deste livro não havia nenhuma referência, então utilizamos um caso hipotético, aplicado em sala de aula pela professora Karina Jaques e que permaneceu até a edição passada. Nesta atual edição decidimos manter apenas os casos aplicados pela FGV.

4.11. Caso aplicado no XX Exame de Ordem – FGV

O Prefeito do Município Alfa, preocupado com a adequada conduta no seu mandato, procura o presidente nacional do seu partido político Beta, o qual possui representação no Congresso Nacional, e informa que a Lei Orgânica do Município Alfa, publicada em 30 de maio de 1985, estabelece, no seu art. 11, diversas condutas como crime de responsabilidade do Prefeito, entre elas o não atendimento, ainda que justificado, a pedido de informações da Câmara Municipal, inclusive com previsão de afastamento imediato do Prefeito a partir da abertura do processo político. Informou, também, que a mesma Lei Orgânica, em seu art. 12, contém previsão que define a competência de processamento e julgamento do Prefeito pelo cometimento de crimes comuns perante a Justiça Estadual de primeira instância. Por fim, informou que, em razão de disputa política local, houve recente representação oferecida por Vereadores da oposição com o objetivo de instaurar processo de apuração de crime de responsabilidade com fundamento no referido art. 11 da Lei Orgânica, a qual poderá ser analisada a qualquer momento. O partido político, após o devido trâmite interno estabelecido no seu estatuto, conclui que a norma municipal está em dissonância com a CRFB/88 e decide adotar providência judicial em relação ao tema. Considerando a situação narrada, na condição de advogado(a) do partido político Beta, utilizando-se do instrumento constitucional adequado, elabore a medida judicial de controle objetivo cabível.

4.12. Gabarito comentado pela FGV

A peça adequada nesta situação é a petição inicial de arguição de descumprimento de preceito fundamental. A petição deve ser endereçada ao Supremo Tribunal Federal, órgão judicial competente para processar e julgar a referida ação, conforme o art. 102, § 1º, da CRFB/88 c/c o art. 1º da Lei n. 9.882/99. O examinando deve indicar a legitimidade do partido político, que possui representação no Congresso Nacional, na forma do art. 2º, I, da Lei n. 9.882/99 c/c o art. 103 da CRFB/88. O examinando deve justificar o cabimento da ADPF como única ação de controle concentrado de constitucionalidade cabível contra norma municipal e anterior à CRFB/88, na forma do art. 1º, parágrafo único, I, e do art. 4º, § 1º, ambos da Lei n. 9.882/99. O examinando deve indicar o ato municipal impugnado (arts. 11 e 12 da Lei Orgânica do Município Alfa) e deve indicar e demonstrar justificadamente os preceitos fundamentais da CRFB/88 violados, quais sejam:

(i) o art. 2º (violação ao princípio da separação de poderes);

(ii) o art. 22, I (violação à competência legislativa exclusiva da União); e

(iii) o art. 29, *caput* e inciso X (que dispõem sobre os municípios e sobre as respectivas leis orgânicas, as quais devem observar os preceitos da Constituição da República, especialmente garantindo aos prefeitos a prerrogativa de foro perante o Tribunal de Justiça em crimes comuns).

Deve, ainda, mencionar o examinando a existência da Súmula Vinculante 46 do STF: "A definição dos crimes de responsabilidade e o estabelecimento das respectivas normas de processo e julgamento são de competência legislativa privativa da União". Deve ser elaborado pedido liminar com fundamento no art. 5º, § 3º, da Lei n. 9.882/99, com o objetivo específico de sustar a eficácia do art. 11 e, por consequência, suspender o trâmite da representação por crime de responsabilidade oferecida em desfavor do prefeito. Como pedido final, a peça deve requerer o julgamento pela procedência da arguição para declarar a incompatibilidade com a Constituição da República dos arts. 11 e 12 da Lei Orgânica, de 30 de maio de 1985, do Município Alfa.

4.13. Elaboração da peça processual atendendo às exigências do caso aplicado no XX Exame de Ordem – FGV

EXCELENTÍSSIMO SENHOR MINISTRO PRESIDENTE DO COLENDO SUPREMO TRIBUNAL FEDERAL

(5 linhas)

PARTIDO POLÍTICO BETA – PPB, pessoa jurídica de direito privado, com representantes no Congresso Nacional, inscrito no CNPJ sob o n. ..., com sede à rua..., por seu advogado infra-assinado, conforme procuração anexa, com escritório situado à rua..., que indica para os fins dos arts. 319 e 320 do CPC, vem, propor a presente ARGUIÇÃO DE DESCUMPRIMENTO DE PRECEITO FUNDAMENTAL, com base no art. 102, § 1.º, da CRFB/88 e especialmente nos artigos da Lei n. 9.882/99, em face da Lei Orgânica do município Alfa de 30 de maio de 1985, originária do Poder Legislativo do mesmo município de Alfa, Estado X, que dispõem sobre diversas condutas tipificando-as como crime de responsabilidade do prefeito, entre elas o não atendimento, ainda que justificado, a pedido de informações da Câmara Municipal, inclusive com previsão de afastamento imediato do prefeito a partir da abertura do processo político, além de conter previsão que define a competência de processamento e julgamento do prefeito pelo cometimento de crimes comuns perante Justiça Estadual de primeira instância, pelos fatos e fundamentos a seguir expostos:

I – DO OBJETO DA AÇÃO – LEI ORGÂNICA MUNICIPAL VIOLADORA DE PRECEITO FUNDAMENTAL

O objeto da presente arguição de descumprimento de preceito fundamental é a Lei Orgânica do município Alfa de 30 de maio de 1985, especialmente os arts. 11 e 12 que disciplinam condutas tipificadas como crime de responsabilidade do prefeito, entre elas o não atendimento, ainda que justificado, a pedido de informações da Câmara Municipal, inclusive com previsão de afastamento imediato do prefeito a partir da abertura do processo político, além de conter previsão que define a competência de processamento e julgamento do prefeito pelo cometimento de crimes comuns perante Justiça Estadual de primeira instância.

Ficando claramente demonstrado na referida lei a afronta à competência da União para legislar sobre crimes, em especial os crimes de responsabilidade, além de afrontar a Súmula Vinculante 46 que dispõe da seguinte forma; "A definição dos crimes de responsabilidade e o estabelecimento das respectivas normas de processo e julgamento são de competência legislativa privativa da União".

O preceito constitucional da separação dos poderes, disciplinado no art. 2.° da CRFB/88 foi violado ao impor ao Executivo municipal maior sujeição à Câmara de Vereadores; também foi violado preceito da predominância dos interesses que impõe, por meio do art. 22, I, da CRFB/88, que cabe à União privativamente legislar sobre Direito Penal, no caso de crime de responsabilidade; além desses dispositivos podemos incluir o art. 29, "caput" e inciso X, que dispõe que as leis orgânicas devem observar os preceitos previstos na Constituição Federal e respectiva Constituição Estadual, inclusive quanto à prerrogativa de foro do prefeito que deve ser processado e julgado perante o Tribunal de Justiça do Estado, portanto no juízo de segunda instância.

II – DA LEGITIMIDADE ATIVA

O PARTIDO POLÍTICO BETA – PPB, autor da presente ADPF, é legitimado universal, figurando no art. 103, VIII, da CRFB/88. Foi criado com base na Lei n. 9.690/95, e possui atualmente 12 representantes no Congresso Nacional, estando plenamente habilitado para ajuizar a presente ADPF.

Quanto à pertinência temática, não carece de comprová-la, pois do exercício das suas atribuições decorre o dever de defender a supremacia da Constituição Federal.

III – DO CABIMENTO DA ADPF – INEXISTÊNCIA DE OUTRO MEIO EFICAZ DE SANAR A LESIVIDADE

A arguição de descumprimento de preceito fundamental é o instrumento jurídico adequado para sanar lesão ou ameaça de lesão a preceitos e princípios fundamentais provocados por ato comissivo ou omissivo do Poder Público, quando não haja nenhum outro meio apto a saná-la, conforme o art. 4.°, § 1.°, da Lei n. 9.882/99.

No caso em questão, trata-se de controle abstrato de constitucionalidade de direito municipal pelo Supremo Tribunal Federal, cujo instrumento expressamente previsto é a ADPF, conforme o art. 1.°, parágrafo único, I, da Lei n. 9.882/99.

Além disso, a lei orgânica municipal em exame foi editada em 1985, antes da promulgação da Constituição da República de 1988, o que inviabiliza propositura de ação direta de inconstitucionalidade, tendo em vista orientação pacífica do Supremo Tribunal Federal de o juízo de recepção exigir exame de revogação da norma pela Constituição ulterior, não de constitucionalidade. A previsão de controle concentrado de constitucionalidade pelo STF sobre leis anteriores à Constituição também está no contida na Lei n. 9.882, em seu art. 1.º, parágrafo único, I.

As controvérsias levantadas – crimes de responsabilidade, competência para processar e julgar o prefeito – são constitucionalmente relevantes e têm potencial de se repetir nos milhares de municípios brasileiros. Por esses motivos, tratando-se de direito municipal anterior à Constituição de 1988 e com potencial de reproduzir-se em milhares de casos, parece certo o cabimento da arguição, por não haver outros meios processuais aptos a corrigir adequadamente a lesão a preceito fundamental, à luz do princípio da subsidiariedade, previsto no já citado art. 4.º, § 1.º, da Lei n. 9.882/99.

IV – DO DIREITO – PRECEITOS FUNDAMENTAIS VIOLADOS

Primeiro, percebe-se a gritante violação ao princípio federativo, já que a competência para legislar sobre direito penal, sejam crimes comuns, sejam de responsabilidade, é da União, privativamente, como determina o art. 22, I, da CRFB/88. A Súmula Vinculante 46 reforça o entendimento.

Não há nenhuma norma constitucional que preveja competência de municípios para legislar sobre direito penal, não cabendo sequer a eles regulamentar a matéria em caráter supletivo à legislação federal.

Outro preceito violado, e já citado acima, consiste da independência entre os Poderes, que é assegurada expressamente aos poderes da União, nos termos do art. 2.º da CRFB/88, e pelo princípio da simetria constitucional cabe a aplicação da independência e harmonia aos poderes dos estados-membros e municípios.

Por fim, a prerrogativa de foro por exercício da função, assegurada ao prefeito pela Constituição Federal de 1988, não pode ser refutada por norma hierarquicamente inferior. Norma que, ao mesmo tempo, dispõe sobre competência constitucionalmente expressa do Tribunal de Justiça do Estado.

Portanto, tais dispositivos legais municipais atacam frontalmente diversos dispositivos constitucionais, que se sustentam e são sustentados por preceitos fundamentais, como o princípio federativo, da repartição de competências entre os entes federativos, e o respeito à hierarquia das normas. Devendo com urgência o STF sanar tal violação.

V – DA MEDIDA CAUTELAR

A medida cautelar na ADPF é assegurada no art. 5.º da Lei n. 9.882/99, sendo facilmente demonstrada no caso em questão.

O "fumus boni iuris" é verificado pela exposição dos fatos e fundamentos jurídicos que acabam por demonstrar a inconstitucionalidade dos arts. 11 e 12 da Lei Orgânica Municipal, violando diversos preceitos fundamentais.

O "periculum in mora" fica evidente na argumentação de que, em razão de disputa política local, houve recente representação oferecida por vereadores da oposição com o objetivo de instaurar processo de apuração de crime de responsabilidade com fundamento no referido art. 11 da Lei Orgânica, devendo, portanto, o STF, cortar o mal jurídico pela raiz.

VI – DOS PEDIDOS

Em face do exposto, o PARTIDO POLÍTICO BETA – PPB requer:

a) que seja concedida a medida cautelar para suspender imediatamente os efeitos da Lei Orgânica Municipal e posteriormente que o pedido seja julgado procedente, declarando definitivamente inconstitucional a lei referida;

b) a juntada dos documentos anexos;

c) que sejam ouvidas as autoridades competentes;

d) a oitiva do procurador-geral da República e do advogado-geral da União.

Dá-se à causa o valor de R$ 1.000,00 (mil reais) para meros efeitos fiscais e procedimentais.

Nesses termos, pede deferimento.
Local..., Data...
Advogado... OAB/UF

4.14. Caso aplicado no XXV Exame de Ordem FGV (reaplicação em Porto Alegre – RS)

O Município Alfa, situado na área de fronteira do território brasileiro, passou a receber intenso fluxo de imigrantes, fruto de graves complicações políticas e humanitárias ocorridas em país vizinho. Em razão desse fluxo, ocorreu um aumento exponencial da população em situação de rua, os serviços públicos básicos tiveram a sua capacidade operacional saturada e verificou-se um grande aumento nos índices de criminalidade. Para evitar o agravamento desse quadro, a Câmara Municipal aprovou e o Prefeito Municipal sancionou a Lei n. 123/2018, que vedou o ingresso de novos imigrantes, no território do Município, pelo período de 12 (doze) meses, e fixou o limite máximo para a população flutuante, de modo que o referido ingresso seria obstado sempre que alcançado esse limite. Além disso, foi previsto que a contratação de imigrantes estaria condicionada à prévia aprovação da Secretaria Municipal do Trabalho, que avaliaria a proporção entre o quantitativo de trabalhadores nacionais e estrangeiros, podendo autorizá-la, ou não. Ao tomar conhecimento da entrada em vigor da Lei n. 123/2018, o Partido Político Beta, que somente conta com representantes na Câmara dos Deputados, entendeu que ela seria dissonante de comandos estruturais da Constituição da República Federativa do Brasil, submetendo os imigrantes a uma situação vexatória. Não bastasse isso, a aplicação da Lei n. 123/2018, ao conferir prioridade para os nacionais nas relações de trabalho, acirrara os ânimos no Município Alfa, que passou a ser palco de conflitos diários. À luz desse quadro, o Partido Político Beta contratou os seus serviços como advogado, para que ingressasse com a medida judicial cabível, perante o Tribunal Superior competente, de modo a obstar a aplicação da Lei n. 123/2018 do Município Alfa.

4.15. Gabarito comentado pela FGV

A peça adequada é a petição inicial da Arguição de Descumprimento de Preceito Fundamental. A petição deve ser endereçada ao Ministro Presidente do Supremo Tribunal Federal, órgão jurisdicional competente para processar e julgar a referida ação, conforme o art. 102, § 1º, da CRFB/88 c./c. o art. 1º da Lei n. 9.882/99.

A ação deve ser proposta pelo Partido Político Beta. A legitimidade do partido decorre do fato de possuir representantes no Congresso Nacional, conforme o disposto no art. 103, VIII, da CRFB/88 c./c. o art. 2º, I, da Lei n. 9.882/99. Devem ser indicados a Câmara Municipal e o prefeito do município Alfa como os autores da Lei n. 123/2018. Deve ser informado o teor da Lei n. 123/2018, nos termos do art. 3º, II, da Lei n. 9.882/99. Deve ser demonstrado o cumprimento do requisito da subsidiariedade, previsto no art. 4º, § 1º, da Lei n. 9.882/99, já que não há outro meio adequado de tutela da ordem constitucional pelo Supremo Tribunal Federal. Deve ser justificado o cabimento da ADPF, pois a Lei n. 123/2018 descumpriu preceitos fundamentais da Constituição da República, conforme previsto no art. 102, § 1º, da CRFB/88 c./c. art. 3º, I, da Lei n. 9.882/99.

O examinando deve informar e demonstrar, justificadamente, os preceitos fundamentais da CRFB/88 violados, quais sejam:

(i) a competência legislativa privativa da União para legislar sobre emigração e imigração, entrada, extradição e expulsão de estrangeiros, nos termos do art. 22, XV, da CRFB/88;

(ii) a competência legislativa privativa da União para legislar sobre direito do trabalho, nos termos do art. 22, I, da CRFB/88;

(iii) o direito social ao trabalho, previsto no art. 6º da CRFB/88, que foi restringido para os estrangeiros;

(iv) a dignidade da pessoa humana, prevista no art. 1º, III, da Lei n. 9.882/99, pois, ao serem impedidos de trabalhar, os estrangeiros não poderão garantir sua subsistência.

Além dos fundamentos de mérito, também deve ser indicado o embasamento da medida liminar a ser pleiteada. Além da patente afronta aos referidos preceitos fundamentais, a esfera jurídica dos estrangeiros está sendo severamente afrontada, sendo evidentes os danos a serem causados caso a Lei n. 123/2018 permaneça em vigor. Deve ser formulado pedido de medida liminar, com fundamento no art. 5º da Lei n. 9.882/99, com o objetivo específico de suspender os efeitos da Lei n. 123/2018. O pedido principal deve ser o reconhecimento da inconstitucionalidade da Lei n. 123/2018. Por fim, deve haver o fechamento da petição com a identificação do advogado.

4.16. Considerações finais

Os dois casos aplicados pela FGV assemelham-se bastante, e os gabaritos comentados pela banca exigem requisitos comuns. A subsidiariedade da ADPF é requisito essencial e não deve ser esquecida; assim como o endereçamento; a legitimidade ativa com todos os seus requisitos; os pedidos; entre outros. Nos dois casos a norma impugnada é municipal, o legitimado ativo é partido político e exige-se o requerimento de medida cautelar. A peça processual apresentada acima atende aos traços orientados pela FGV, e algumas argumentações generalistas podem ser utilizadas na elaboração da sua peça, caso seja cobrada a ADPF no seu exame.

5. RECLAMAÇÃO CONSTITUCIONAL

5.1. Definição e natureza jurídica

A reclamação constitucional é um **instrumento jurídico de caráter mandamental** e natureza constitucional que visa preservar a competência do STF e do STJ e garantir a autoridade de suas decisões.

Há ainda muita divergência em relação à definição e natureza jurídica da reclamação constitucional. Contudo, ela é definida por renomada parte da doutrina como ação autônoma cujo objetivo é **impugnar decisão judicial ou administrativa que esteja usurpando a competência do STF ou STJ**, ou, ao menos desobedecendo as suas decisões, não cabendo quando a decisão impugnada já tenha transitado em julgado. Contrariamente, há autores que defendem ser a reclamação constitucional exercício do direito de petição, com fulcro no art. 5º, XXXIV, *a*, da CRFB/88.

5.2. Origem

A reclamação constitucional originou-se, segundo a melhor doutrina, na construção jurisprudencial da Justiça do Distrito Federal, e posteriormente foi adotada pela jurisprudência do próprio STF.

Originalmente, tinha nítida finalidade correicional frente à inexistência de instrumentos jurídicos próprios para impugnar decisões judiciais que desacatavam a competência do tribunal. Havia, na época, uma necessidade de criação, mesmo que jurisprudencial, de um mecanismo jurídico hábil para coibir decisões judiciais que usurpassem a competência e as decisões do STF. O Supremo, embora sem previsão constitucional, passou a admitir a reclamação constitucional para garantir a manutenção da autoridade de suas decisões e a integridade de suas competências.

Só depois de longa construção jurisprudencial, foi incorporada ao texto constitucional, por meio dos arts. 102, I, *l*, e 105, I, *f*, da CRFB/88, passando a ter regulamentação infraconstitucional por meio da Lei n. 8.038/90. Alerta-se que esta lei foi atingida pelo CPC de 2015, com início de vigência em março de 2016, tendo sido parcialmente revogada, não mais prevalecendo os arts. 13 a 18 da Lei n. 8.038/90. A reclamação constitucional é atualmente disciplinada pelos arts. 988 a 993 do CPC, com as alterações trazidas pela Lei n. 13.256/2016.

Na evolução de sua previsão constitucional, a EC n. 45/2004 acrescentou a possibilidade de ajuizamento de reclamação constitucional quando decisão judicial ou ato administrativo contrariassem enunciado de súmula vinculante ou indevidamente a aplicassem, tudo previsto no art. 103-A, § 3º, da CRFB/88. A Lei n. 11.417/2006 também trouxe dispositivos legais acerca da reclamação constitucional em relação à desobediência à súmula vinculante.

5.3. Previsão normativa

A reclamação constitucional está prevista no art. 102, I, *l*, e no art. 105, I, *f*, da CRFB/88, que inclusive apresentam o mesmo texto. Vejamos o art. 102, I, *l*:

> Art. 102. Compete ao Supremo Tribunal Federal, precipuamente, a guarda da Constituição, cabendo-lhe:
>
> I – processar e julgar, originariamente:
>
> (...)
>
> l) a reclamação para a preservação de sua competência e garantia da autoridade de suas decisões.

O dispositivo constitucional acima, referente à reclamação constitucional, foi inicialmente regulamentado pelos arts. 13 a 18 da Lei n. 8.038/90. Todavia, é importante ressaltar que os referidos artigos da Lei n. 8.038/90 foram revogados expressamente pelo CPC – Lei n. 13.105/2015. Com o início da vigência do novo CPC, o instituto da reclamação passa a ser regido pelos arts. 988 a 993, destacando que o art. 988 sofreu alterações por meio da Lei n. 13.256/2016.

Alerta-se que a doutrina, com destaque para Pedro Lenza (*Direito Constitucional Esquematizado*), já vem se posicionando criticamente em relação a algumas inovações trazidas pelo CPC em vigor acerca da reclamação constitucional, pois sua previsão normativa deverá ser explícita na Constituição Federal, só cabendo à norma infraconstitucional o dever de regulamentação, sob pena de implicar em inconstitucionalidades. Portanto, aguardaremos os novos posicionamentos jurídicos, principalmente os do STF.

A reclamação constitucional também tem previsão expressa na Constituição Federal, incluída pela EC n. 45/2004, como instrumento para garantir a obediência à súmula vinculante: art. 103-A, § 3º, da CRFB/88. Vejamos:

> Art. 103-A.
>
> (...)
>
> § 3º Do ato administrativo ou decisão judicial que contrariar a súmula aplicável ou que indevidamente a aplicar, caberá reclamação ao Supremo Tribunal Federal que, julgando-a procedente, anulará o ato administrativo ou cassará a decisão judicial reclamada, e determinará que outra seja proferida com ou sem a aplicação da súmula, conforme o caso.

Neste instituto, a regulamentação da reclamação constitucional é dada pela Lei n. 11.417/2006, que em seu art. 7º disciplina da seguinte forma:

> Art. 7º Da decisão judicial ou do ato administrativo que contrariar enunciado de súmula vinculante, negar-lhe vigência ou aplicá-lo indevidamente caberá reclamação ao Supremo Tribunal Federal, sem prejuízo dos recursos ou outros meios admissíveis de impugnação.
>
> § 1º Contra omissão ou ato da administração pública, o uso da reclamação só será admitido após esgotamento das vias administrativas.
>
> § 2º Ao julgar procedente a reclamação, o Supremo Tribunal Federal anulará o ato administrativo ou cassará a decisão judicial impugnada, determinando que outra seja proferida com ou sem aplicação da súmula, conforme o caso.

Quando apontamos a reclamação constitucional impugnando ato administrativo ou decisão judicial que atente contra a competência e decisões judiciais do STJ, a previsão constitucional, como citamos, está no art. 105, I, *f*, da CRFB/88.

Além dos dispositivos constitucionais e infraconstitucionais citados acima, ainda temos os Regimentos Internos do STF e do STJ disciplinando a matéria, quando a reclamação tramita no âmbito de cada Tribunal.

5.4. Legitimados para a propositura da reclamação constitucional

Inicialmente, o STF só reconhecia como legitimados para a propositura da reclamação constitucional aquelas autoridades previstas no art. 103 da CRFB/88.

Todavia, o STF, em 2002, na questão de ordem proferida na Reclamação 1.880, declarou novo posicionamento, passando a reconhecer como parte legítima para a propositura de reclamação constitucional todos aqueles que forem atingidos por decisões contrárias ao entendimento firmado pelo STF, no julgamento de mérito das ações do controle concentrado de constitucionalidade.

Em 2004, a EC n. 45 incluiu a seguinte redação ao texto constitucional, reforçando o entendimento de que todos podem ser legitimados a propositura da reclamação constitucional, desde que atingidos pelas decisões de mérito do STF.

> Art. 102.
>
> (...)
>
> § 2º As decisões definitivas de mérito, proferidas pelo Supremo Tribunal Federal, nas ações diretas de inconstitucionalidade e nas ações declaratórias de constitucionalidade produzirão eficácia contra todos e efeito vinculante, relativamente aos demais órgãos do Poder Judiciário e à administração pública direta e indireta, nas esferas federal, estadual e municipal.

Confirmando o posicionamento jurídico, o art. 988, *caput*, do CPC (Lei n. 13.105/2015) expressamente determina que "caberá reclamação da parte interessada ou do Ministério Público(...)".

Em resumo, qualquer pessoa que esteja sendo lesada em seu direito por decisão judicial ou administrativa que usurpe a competência do STF ou STJ, desobedeça ou não observe suas decisões definitivas de mérito, ou contrarie súmula vinculante, poderá provocar o STF ou o STJ, conforme o caso, por meio de reclamação constitucional. Incluem-se entre os legitimados, pessoas físicas ou jurídicas e até mesmo o Ministério Público, ou MPU ou MPEs, desde que representados pelos seus chefes.

5.5. Requisitos da petição inicial e características da ação

O procedimento processual da reclamação constitucional era disciplinado pelos arts. 13 a 18 da Lei n. 8.038/90 que foram substituídos pelos arts. 988 a 993 da Lei n. 13.105/2015, o novo CPC. Quanto aos procedimentos formais, além das inovações trazidas pelo novo CPC, há alterações introduzidas pela Lei n. 13.256/2016. Portanto, sugerimos atenta leitura dos artigos citados.

A petição inicial da reclamação deve ser instruída com prova documental da controvérsia e dirigida ao Presidente do Tribunal, será autuada e distribuída ao relator da causa principal, sempre que possível, conforme o art. 988, §§ 2º e 3º, do CPC.

Ao despachar a reclamação, o relator poderá requisitar informações da autoridade responsável pelo ato impugnado, no prazo de dez dias, como dispõe o art. 989, I, do CPC.

Se verificar risco de dano irreparável, poderá o relator, em seu primeiro despacho, determinar a suspensão do processo ou ato impugnado, conforme o art. 989, II, do CPC.

Qualquer interessado poderá impugnar o pedido do reclamante, como disciplina o art. 990 do CPC.

Caso não seja o reclamante o Ministério Público, ele terá vista do processo, por cinco dias, após decorrido o prazo para as informações, tudo previsto no art. 991, primeira parte, do CPC.

Julgando procedente a reclamação, o Tribunal cassará a decisão que exorbitou de seu entendimento ou determinará medida que garanta a preservação de sua competência, cabendo ao Presidente do Tribunal determinar o imediato cumprimento da decisão, lavrando-a em acórdão posterior, em conformidade com os arts. 992 e 993 do CPC.

Destaca-se que o CPC, atualizado pela Lei n. 13.256/2016, trouxe algumas novidades em seu texto legal sobre a reclamação constitucional e que, entrando em vigor, suas disposições se aplicam desde logo aos processos pendentes.

5.6. Efeitos da decisão do STF

Em qualquer dos casos em que é aplicável a reclamação constitucional, a decisão, ao julgar procedente a reclamação, anulará o ato administrativo ou cassará a decisão judicial impugnada, determinando que outra seja proferida, com ou sem a aplicação da súmula, conforme o caso.

Todavia, nem sempre o STF (ou o STJ) julga procedente a reclamação, podendo haver mudança de posicionamento, em verdadeira evolução interpretativa, e aquilo que serviu de base para o ajuizamento de reclamação constitucional, pode incidentalmente ser declarado inconstitucional.

O próprio STF já admitiu em julgamento de reclamação constitucional, a mudança de interpretação em relação a ato normativo, declarando no caso a inconstitucionalidade incidental. Vejamos:

> "O STF, no exercício da competência geral de fiscalizar a compatibilidade formal e material de qualquer ato normativo com a Constituição, pode declarar a inconstitucionalidade, incidentalmente, de normas tidas como fundamento da decisão ou do ato que é impugnado na reclamação. Isso decorre da própria competência atribuída ao STF para exercer o denominado controle difuso da constitucionalidade das leis e dos atos normativos. A oportunidade de reapreciação das decisões tomadas em sede de controle abstrato de normas tende a surgir com mais naturalidade e de forma mais recorrente no âmbito das reclamações. É no juízo hermenêutico típico da reclamação – no "balançar de olhos" entre objeto e parâmetro da reclamação – que surgirá com maior nitidez a oportunidade para evolução interpretativa no controle de constitucionalidade. Com base na alegação de afronta a determinada decisão do STF, o Tribunal poderá reapreciar e redefinir o conteúdo e o alcance de sua própria decisão. E, inclusive, poderá ir além, superando total ou parcialmente a decisão-parâmetro da reclamação, se entender que, em virtude de evolução hermenêutica, tal decisão não se coaduna mais com a interpretação atual da Constituição" (Rcl 4.374, rel. Min. Gilmar Mendes, j. 18-4-2013, Plenário, *DJe* de 4-9-2013).

5.7. Competência para julgamento

A CRFB/88 disciplina expressamente a competência do STF para julgar reclamação constitucional quando sua competência ou decisões são usurpadas e quando súmula vinculante é desobedecida. Todavia também há expressamente na CRFB/88 a competência do STJ para julgar reclamações constitucionais quando sua competência carece de ser preservada e a autoridade de suas decisões precisa ser garantida.

Ou seja, a reclamação mostra-se como instrumento constitucional mandamental para postular, perante o próprio órgão que proferiu uma decisão, o seu exato e integral cumprimento, em face da tentativa ou efetiva desobediência à decisão proferida por esse órgão ou até mesmo violação à competência taxativamente prevista na Constituição Federal de 1988.

Nesse diapasão, o STF já se manifestou favorável a disciplina e julgamento de reclamação para preservação da competência e da autoridade dos julgados do Tribunal de Justiça, desde que expressamente prevista na Constituição do Estado. Vejamos:

"O STF, ao julgar a ADI 2.212 (...), alterou o entendimento – firmado em período anterior à ordem constitucional vigente (v.g., Rp 1.092, Pleno, Djaci Falcão, *RTJ* 112/504) – do monopólio da reclamação pelo STF e assentou a adequação do instituto com os preceitos da Constituição de 1988: de acordo com a sua natureza jurídica (situada no âmbito do direito de petição previsto no art. 5º, XXIV, da CRFB) e com os princípios da simetria (art. 125, *caput* e § 1º) e da efetividade das decisões judiciais, é permitida a previsão da reclamação na Constituição estadual" (ADI 2.480, rel. Min. Sepúlveda Pertence, j. 2-4-2007, Plenário, *DJ* de 15-6-2007).

Reclamante	Matéria	Juízo competente	Previsão normativa
Qualquer pessoa que esteja sendo lesada em seu direito por decisão judicial ou administrativa que usurpe a competência do STF, desobedeça ou não observe suas decisões definitivas de mérito	Preservação de sua competência e garantia da autoridade de suas decisões	STF (originária)	Art. 102, I, *l*, da CRFB/88
Qualquer pessoa que esteja sendo lesada em seu direito por decisão judicial ou administrativa que contrarie súmula vinculante	Ato administrativo ou decisão judicial que contrariar a súmula vinculante	STF (originária)	Art. 103-A, § 3º, da CRFB/88
Qualquer pessoa que esteja sendo lesada em seu direito por decisão judicial ou administrativa que usurpe a competência do STJ, desobedeça ou não observe suas decisões definitivas de mérito	A preservação de sua competência e garantia da autoridade de suas decisões	STJ (originária)	art. 105, I, *f*, da CRFB/88
Qualquer pessoa que esteja sendo lesada em seu direito por decisão judicial ou administrativa que usurpe a competência do TJ, desobedeça ou não observe suas decisões definitivas de mérito	Preservação de sua competência e garantia da autoridade de suas decisões	Tribunal de Justiça (originária)	Conforme previsão na Constituição Estadual, seguindo o Princípio da Simetria Constitucional e reconhecida jurisprudência do STF

5.8. Coletânea de súmulas do STF

Súmula 368. Não há embargos infringentes no processo de reclamação.

Súmula 734. Não cabe reclamação quando já houver transitado em julgado o ato judicial que se alega tenha desrespeitado decisão do STF.

5.9. Roteiro para elaboração da peça processual

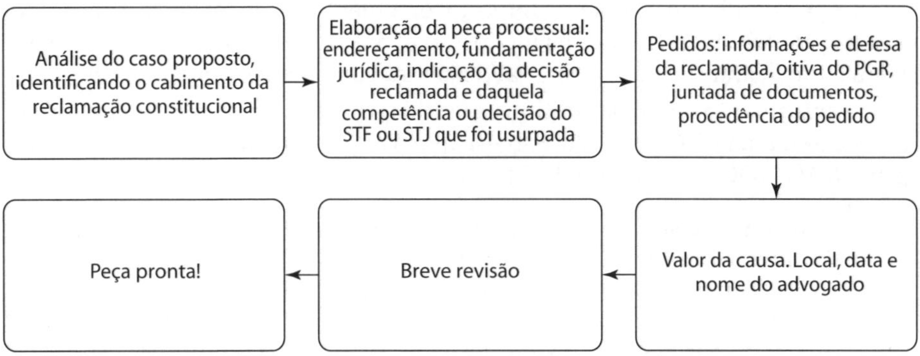

5.10. Reclamação no ranking dos Exames de Ordem da FGV

A FGV nunca aplicou a peça processual Reclamação, contudo, em 2007, a banca Cespe apresentou um caso jurídico que se resolveria por meio de Reclamação. Excepcionalmente, trouxemos este caso para exemplificar a elaboração da referida peça processual, mesmo não sendo a banca atual do Exame de Ordem.

5.11. Caso aplicado no Exame de Ordem 2007.3 – Cespe[1]

Um contingente de servidores públicos do Município A, inconformado com a política salarial adotada pelo governo municipal, decidiu, após ter realizado paralisação grevista sem qualquer sucesso, tomar providências para fazer valer um suposto direito a reajuste de 15% sobre o vencimento básico percebido. O referido valor corresponderia a um aumento remuneratório real, equiparando ao reajuste obtido, nos últimos três anos, por diversas classes profissionais.

Os servidores públicos procuraram a entidade sindical correspondente e esta decidiu ajuizar, na Justiça comum, ação ordinária a fim de satisfazer o pleito apresentado. Dada a premência do tempo em ver reconhecido, pelo Judiciário, o reajuste de 15%, a entidade sindical formulou, na própria petição inicial, pedido de antecipação de tutela, sob a alegação de que, na situação, estavam em jogo verbas de caráter nitidamente alimentar, o que reforçaria a necessidade de um provimento judicial mais célere.

---

1 Esta obra traz um exemplo de peça aplicada pela Banca Cespe, pois até o fechamento da edição a Banca FGV não havia cobrado a peça RECLAMAÇÃO na 2ª fase do Exame de Ordem.

Ao fazer uma primeira análise, o juiz do feito decidiu indeferir o pedido de tutela antecipada. Após pedido de reconsideração formulado pela entidade sindical, o juiz decidiu reverter seu primeiro posicionamento e optou por deferir o pedido de tutela antecipada, determinando a imediata implantação em folha de pagamento do reajuste de 15% sobre o vencimento básico dos servidores públicos.

Inconformado com a decisão judicial, o Município decidiu contratar serviços advocatícios para promover as medidas cabíveis e reverter a situação o quanto antes, em virtude do iminente impacto orçamentário do reajuste concedido. O advogado tentou, por todos os modos possíveis, suspender a decisão que concedeu a tutela antecipada no tribunal de justiça competente, sem ter obtido êxito.

A antecipação de tutela continua mantida, em toda sua extensão, e o mérito da ação ainda não foi apreciado. Sabe-se que o Supremo Tribunal Federal, no julgamento da ADC-MC 4, assim decidiu:

> Medida cautelar deferida, em parte, por maioria de votos, para se suspender, *ex nunc*, e com efeito vinculante, até o julgamento final da ação, a concessão de tutelar antecipada contra a Fazenda Pública, que tenha por pressuposto a constitucionalidade ou inconstitucionalidade do art. 1º da Lei n. 9.494, de 10-9-1997, sustando-se, igualmente *ex nunc*, os efeitos futuros das decisões já proferidas, nesse sentido.

5.12. Elaboração da peça processual atendendo às exigências do caso acima, aplicado pela banca Cespe, em 2007

EXCELENTÍSSIMO SENHOR MINISTRO PRESIDENTE DO COLENDO SUPREMO TRIBUNAL FEDERAL

(5 linhas)

Município A, pessoa jurídica de direito público interno, com sede à rua..., aqui representado por seu advogado infra-assinado, conforme procuração anexa, com escritório situado à rua... que indica para os fins dos arts. 319 e 320 do CPC, com base no art. 102, I, "l", da CRFB/88 e especialmente nos arts. 988 a 993 do CPC, vem apresentar RECLAMAÇÃO em face da decisão do Juízo do Tribunal de Justiça do Estado..., que descumpriu decisão do SUPREMO TRIBUNAL FEDERAL proferida na medida cautelar da ADC n. 4, pelos motivos e fundamentos a seguir expostos;

I – DA DECISÃO OBJETO DA RECLAMAÇÃO

O STF em julgamento de medida cautelar, em sede de ADC 4, proferiu a seguinte decisão; "Medida cautelar deferida, em parte, por maioria de votos, para se suspender, "ex nunc", e com efeito vinculante, até o julgamento final da ação, a concessão de tutelar antecipada contra a Fazenda Pública, que tenha por pressuposto a constitucionalidade ou inconstitucionalidade do art. 1.º da Lei n. 9.494, de 10 de setembro de 1997, sustando-se, igualmente "ex nunc", os efeitos futuros das decisões já proferidas, nesse sentido".

É sabido por todos os operadores do direito que decisões do STF, como a acima transcrita, geram efeitos vinculantes aos órgãos do Poder Judiciário e à Administração Pública federal, estadual, distrital e municipal, direta e indireta. Contudo, mesmo sabendo da decisão vinculante do STF, o juízo de primeiro grau optou por conceder a tutela antecipada, ordenando o pagamento imediato do reajuste de 15% sobre o vencimento básico dos servidores. Insatisfeito com a decisão, o município A tentou reverter a decisão na segunda instância, mas suas tentativas foram infrutíferas, pois o Tribunal de Justiça manteve a concessão da tutela antecipada referente ao pagamento do reajuste dos servidores, afrontando a decisão do STF proferida na ADC 4.

II – MEDIDA CAUTELAR

O CPC ampara o presente pedido de medida cautelar, desde que estando provados os requisitos essenciais.

O "fumus boni iuris" é verificado nos fatos e fundamentos apresentados, nos quais decisão de Tribunal inferior desobedece à decisão proferida pelo Supremo Tribunal Federal.

O "periculum in mora" encontra respaldo na oneração permanente dos cofres públicos com a manutenção da presente medida judicial reclamada.

III – DO DIREITO

A Reclamação, dentre outros casos, será cabível para garantir a autoridade das decisões do STF, conforme determina o art. 102, I, "l", da CRFB/88, estando suas regras procedimentais previstas nos arts. 988 a 993 do CPC.

As decisões do STF proferidas em medida cautelar na Ação Declaratória de Constitucionalidade têm o poder de determinar que os juízes e os Tribunais suspendam o julgamento dos processos que envolvam a aplicação da lei ou do ato normativo objeto da ação até seu julgamento definitivo, tudo conforme o art. 21 da Lei n. 9.868/99.

No caso em questão, as duas instâncias estaduais desobedeceram a posição vinculante do STF; o juízo de primeira instância que concedeu tutela antecipada contra a Fazenda Pública Municipal, e o Tribunal que foi provocado a reverter a decisão e a manteve, em grave violação à autoridade da decisão do STF. Em face do exposto, deve o STF cassar a decisão judicial para que outra seja proferida com a obediência à autoridade do STF.

IV – DOS PEDIDOS

Em face do exposto, requer:

a) concessão da medida cautelar, suspendendo a decisão reclamada;

b) a juntada dos documentos anexos;

c) a oitiva da autoridade reclamada;

d) a oitiva do procurador-geral da República;

e) a cassação definitiva da decisão reclamada.

Dá-se à causa o valor de R$ 1.000,00 para meros efeitos fiscais e procedimentais.

Nesses termos, pede deferimento.

Local..., Data...

Advogado... OAB/UF

5.13. Considerações finais

Apesar de nunca ter sido aplicada pela FGV, a peça processual da Reclamação é de fácil identificação e elaboração. O modelo acima foi construído para atender à exigência do Exame Cespe, que inclusive demandou o requerimento de medida cautelar. Sugerimos que você treine utilizando o modelo e a sequência de argumentações, aproveitando aquelas generalistas que podem ser encaixadas em outras peças processuais de Reclamação.

6. RECURSOS

Quando o juízo profere uma decisão judicial que provavelmente deixa insatisfeita uma das partes, ela tentará reverter a decisão por meio de um dos recursos previstos no direito processual.

Recurso é, segundo Gabriel Rezende Filho (*Direito Processual Civil*), todo meio empregado pela parte litigante a fim de defender seu direito, e é psicologicamente, uma tendência humana.

Humberto Theodoro Jr. (*Curso de Direito Processual Civil*) esclarece que recurso pode ser definido como **meio impugnativo apto a provocar, dentro da relação processual ainda em curso, o reexame de decisão judicial, que ainda não transitou em julgado**, pela mesma autoridade judicial ou por autoridade hierarquicamente superior, visando obter a reforma, a invalidação, a integração ou esclarecimento da decisão.

Os objetivos principais dos recursos, ainda segundo Humberto Theodoro Jr., são:

a) **reforma**: quando visa modificar a decisão judicial, por um pronunciamento mais favorável ao recorrente;
b) **invalidação**: quando a intenção é anular ou cassar a decisão eivada de vícios processuais, para que outra seja proferida;
c) **esclarecimento ou integração:** o objetivo é esclarecer a decisão obscura ou imprecisa e suprir omissões do julgador.

Os **efeitos dos recursos** podem ser **suspensivos**, quando se suspendem os efeitos da decisão questionada, impedindo a realização dos seus efeitos até o julgamento do recurso; e **devolutivos**, que consiste na regra comum a todos os recursos, pelo fato de ele forçar a devolução do caso à instância superior, que reexaminará o mérito.

Para a admissão de um recurso, deverão ser cumpridas várias exigências processuais, que são indispensáveis para que seja apreciado pelo órgão competente.

O **juízo de admissibilidade** é exercido, regra geral, pelo juízo *a quo* (que proferiu a decisão) e o **juízo de mérito**, pelo juízo *ad quem* (destinatário do recurso). No juízo de admissibilidade é preciso comprovar a legitimidade, o interesse, a tempestividade, o cabimento e o preparo do recurso. No juízo de mérito, a lide será devolvida (efeito devolutivo) ao juízo competente para analisar o recurso.

Na elaboração dos recursos, em regra, é necessário apresentar uma Peça de Interposição, cujo pedido será de **conhecimento e recebimento do recurso**, e o recurso propriamente dito, em que deverá ser pedido que seja **conhecido e provido o recurso**.

O novo Código de Processo Civil apresenta as seguintes espécies de recursos: **apelação, agravo de instrumento, agravo interno, embargos de declaração, recurso ordinário, recurso especial, recurso extraordinário, agravo em recurso especial ou extraordinário, embargos de divergência.**

7. APELAÇÃO

7.1. Definição, natureza jurídica, competência e características

Proferida a sentença judicial e ficando uma das partes insatisfeita, esta poderá, no prazo de 15 dias, interpor o recurso de apelação, conforme disciplinam os arts. 1.009 a 1.014 do CPC.

As questões resolvidas na fase de conhecimento, se a decisão a seu respeito não comportar agravo de instrumento, não são cobertas pela preclusão e devem ser suscitadas em preliminar de apelação, eventualmente interposta contra a decisão final, ou nas contrarrazões. Caso sejam suscitadas em contrarrazões, o recorrente será intimado para, em 15 dias, manifestar-se a respeito delas.

A apelação é dirigida ao juiz da causa, por meio da peça de interposição, juntamente com a petição com as razões do recurso que deve ser dirigida ao órgão colegiado competente para o julgamento do recurso. O art. 1.010 do CPC disciplina que a apelação, interposta por petição dirigida ao juízo de primeiro grau, conterá: os nomes e a qualificação das partes; a exposição do fato e do direito; as razões do pedido de reforma ou de decretação de nulidade; o pedido de nova decisão.

O apelado será intimado para apresentar contrarrazões no prazo de 15 dias. Se o apelado interpuser apelação adesiva, o juiz intimará o apelante para apresentar contrarrazões. Após as formalidades, os autos serão remetidos ao tribunal pelo juiz, independentemente de juízo de admissibilidade.

A apelação será recebida em seus efeitos devolutivo e suspensivo, conforme os arts. 1.012 e 1.013 do CPC. As questões de fato não propostas no juízo inferior poderão ser suscitadas na apelação, se a parte provar que deixou de fazê-lo por motivo de força maior.

7.2. Roteiro para elaboração da peça processual

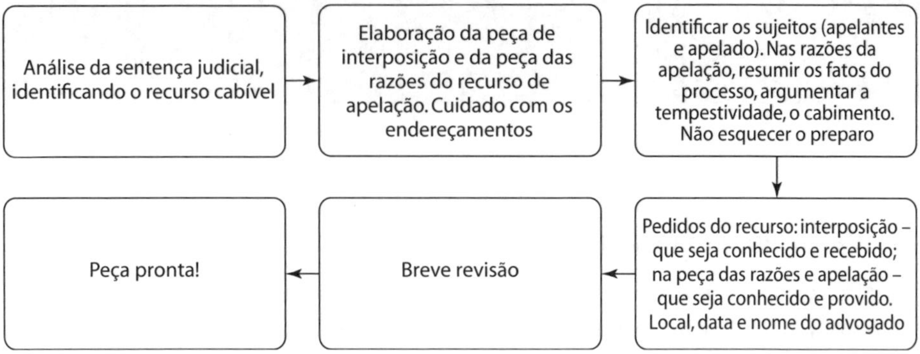

7.3. Apelação no ranking dos Exames de Ordem da FGV

Desde o Exame IV (exame mais antigo que utilizamos como referência), nas provas prático-profissionais de Direito Constitucional a Apelação foi aplicada apenas no Exame XI. A ação principal no enunciado era um mandado de segurança, cujo pedido fora julgado improcedente, cabendo o recurso de apelação. O enunciado foi bem construído e disponibilizou todos os aspectos para o candidato, inclusive a fundamentação jurídica, já que o mérito da apelação seria o mesmo da ação principal. Apesar de ter sido aplicada apenas uma vez, construir uma peça de apelação não é uma tarefa difícil. Vamos ao caso!

7.4. Caso aplicado no XI Exame de Ordem – FGV

Fábio é universitário, domiciliado no Estado K e pretende ingressar no ensino superior por meio de nota obtida pelo Exame Nacional, organizado pelo Ministério da Educação. Após a divulgação dos resultados, Fábio é surpreendido com seu baixo desempenho nas questões discursivas, a transparecer que não corrigiram adequadamente sua prova, ou deixaram de lançar ou somar as notas das questões, o que inviabiliza seu ingresso na entidade preferida. Não há previsão de vista de prova e nem de recurso administrativo no edital, sendo certo que existe agente público do Ministério da Educação responsável pelo exame em cada Estado da Federação, denominado Coordenador Estadual do Exame Nacional, sediado na capital. Fábio requereu vista de prova e revisão ao Coordenador Estadual do Exame Nacional, tendo o seu pedido sido indeferido, por ausência de previsão editalícia. Inconformado, Fábio contrata advogado que impetra mandado de segurança, objetivando ter vista da prova, tendo a liminar sido indeferida, sem interposição de recurso. Após trinta dias de tramitação, surge sentença que julga improcedente o pedido, confirmando a legalidade da recusa de acesso à prova por falta de previsão no edital. A decisão restou clara, sem qualquer vício de omissão, contradição ou obscuridade. Foram opostos embargos de declaração, os quais foram rejeitados. Fábio, por meio do seu advogado, apresenta o recurso pertinente.

Redija a peça recursal cabível ao tema.

7.5. Gabarito comentado pela FGV

A ação proposta foi o mandado de segurança regulado pela Lei n. 12.016/2009 e previsto no art. 5º, LXIX, da CRFB ("Conceder-se-á mandado de segurança para proteger direito líquido e certo, não amparado por *habeas corpus* ou *habeas data*, quando o responsável pela ilegalidade ou abuso de poder for autoridade pública ou agente de pessoa jurídica no exercício de atribuições do Poder Público"). O impetrante foi Fábio e o impetrado, o Coordenador Estadual do Exame Nacional, autoridade coatora.

Sendo o pedido julgado improcedente por sentença, o recurso cabível é o de apelação.

(Art. 14 da LMS: "Da sentença, denegando ou concedendo o mandado, cabe apelação. § 1º Concedida a segurança, a sentença estará sujeita obrigatoriamente ao duplo grau de jurisdição. § 2º *Estende-se à autoridade coatora o direito de recorrer*").

O recorrente será Fábio e o recorrido, a autoridade coatora.

Os fundamentos do recurso de apelação serão os mesmos deduzidos na ação:

a) princípio da legalidade (art. 5º, II, da CRFB – ninguém será obrigado a fazer ou deixar de fazer alguma coisa senão em virtude de lei);
b) princípio da publicidade (art. 37, *caput*, da CRFB);
c) direito de petição (art. 5º, XXXIV, da CRFB).

A petição é dirigida ao Juízo da sentença. Assim, tendo em vista que a autoridade coatora é federal, a petição é dirigida ao Juízo Federal vinculado à Seção Judiciária do Estado K para encaminhamento a instância de revisão, no caso o Tribunal Regional Federal.

As razões recursais são dirigidas ao Tribunal Regional Federal.

O recurso deve conter a postulação de reforma da sentença com a procedência do pedido.

No caso de mandado de segurança, não existe condenação em honorários e nem em custas, consoante determinação legal e jurisprudência assente.

7.6. Elaboração da peça processual atendendo às exigências do caso aplicado no XI Exame de Ordem – FGV

PEÇA DE INTERPOSIÇÃO

EXCELENTÍSSIMO SENHOR DOUTOR JUIZ FEDERAL DA... VARA FEDERAL... DA SEÇÃO JUDICIÁRIA DO ESTADO K (Juízo recorrido)

(3 linhas)

Processo n.; ...

(2 linhas)

Fábio, já qualificado nos autos do Mandado de Segurança acima identificado, que impetra em face do Coordenador Estadual do Exame Nacional, insatisfeito com a sentença proferida nos autos ("vide" fls. ...), vem, por seu advogado, conforme procuração anexa, com escritório à rua..., endereço que indica para os fins dos arts. 319 e 320 do CPC, interpor, tempestivamente, a presente APELAÇÃO nos termos dos arts. 1.009 a 1.014 do CPC, com o fim que seja recebido e admitido, juntando a guia de recolhimento e, depois de cumpridas as formalidades processuais necessárias, sejam os autos remetidos ao Tribunal Regional Federal.

Nesses termos, pede deferimento.
Local..., Data...
Advogado... OAB/UF

PEÇA DE RAZÕES DO RECURSO

AO TRIBUNAL REGIONAL FEDERAL DA... REGIÃO FEDERAL
APELANTE; Fábio
APELADO; Coordenador Estadual do Exame Nacional

RAZÕES DA APELAÇÃO

I – TEMPESTIVIDADE

O presente recurso de apelação encontra-se tempestivo, pois foi interposto no prazo de 15 dias, conforme determina o art. 1.003, § 5.º, do CPC.

II – DOS FATOS

Fábio, ora apelante, submeteu-se ao Exame Nacional, organizado pelo Ministério da Educação, e, após a divulgação dos resultados, verificou que não corrigiram adequadamente sua prova, ou deixaram de lançar ou somar as notas das questões, o que inviabilizou seu ingresso na entidade preferida.

Fábio requereu vista de prova e revisão desta ao Coordenador Estadual do Exame Nacional, tendo o seu pedido sido indeferido, por ausência de previsão editalícia.

Inconformado, Fábio impetrou mandado de segurança, objetivando ter vista da prova, tendo a liminar sido indeferida, sem interposição de recurso.

Após 30 dias de tramitação, foi proferida sentença, julgando improcedente o pedido, confirmando a legalidade da recusa de acesso à prova por falta de previsão no edital.

Diante da sentença negando o direito do apelante à vista e ao recurso da prova Exame Nacional, Fábio vem apelar da decisão, publicada no Diário de Justiça sob o n. ...(vide anexo fls...).

III – DO DIREITO

A decisão apelada deve ser reformada por ferir diversos direitos e princípios, que veremos a seguir:

O princípio da legalidade, segundo o qual ninguém será obrigado a fazer ou deixar de fazer alguma coisa senão em virtude de lei, conforme o art. 5.º, II, da CRFB/88. Fábio tem assegurado o direito à vista e recurso da prova, não podendo ser impedido deste direito, com a simples alegação de não haver a previsão editalícia.

O princípio da publicidade, previsto no art. 37, "caput", também foi duramente violado ao impedir que o apelante tenha acesso à sua prova e aos critérios utilizados para a correção e aplicação da nota.

Concomitantemente às violações acima citadas, o apelante teve negado seu direito fundamental de petição, assegurado no art. 5.º, XXXIV, da CRFB/88, ao ter o pedido de recurso e vista negado pelo Coordenador Estadual do Exame Nacional.

IV – DOS PEDIDOS

Em face do exposto, o apelante requer que o recurso seja conhecido e provido para reformar a sentença recorrida, acolhendo os pedidos formulados na petição inicial.

Nesses termos, pede deferimento.

Local..., Data...

Advogado... OAB/UF

7.7. Considerações finais

Elabore e treine o seu modelo de apelação a partir do modelo proposto, memorize os requisitos e, caso ela seja cobrada no seu exame, utilize os argumentos de mérito e outras informações que a FGV terá que disponibilizar. Preocupe-se com os requisitos essenciais e a ordem de disposição deles e elabore sempre seu próprio modelo de peça processual.

8. AGRAVO DE INSTRUMENTO E AGRAVO INTERNO

8.1. Definição, natureza jurídica, competência e características

Quando, no curso do processo, o juízo expede uma decisão interlocutória, a parte insatisfeita poderá interpor agravo de instrumento.

O art. 1.015 do CPC lista um rol exemplificativo de decisões interlocutórias que podem ser questionadas por agravo de instrumento, vejamos: decisões interlocutórias que versarem sobre tutelas provisórias; mérito do processo; rejeição da alegação de convenção de arbitragem; incidente de desconsideração da personalidade jurídica; rejeição do pedido de gratuidade da justiça ou acolhimento do pedido de sua revogação; exibição ou posse de documento ou coisa; exclusão de litisconsorte; rejeição do pedido de limitação do litisconsórcio; admissão ou inadmissão de intervenção de terceiros; concessão, modificação ou revogação do efeito suspensivo aos embargos à execução; redistribuição do ônus da prova; proferidas na fase de liquidação de sentença ou de cumprimento de sentença, no processo de execução e no processo de inventário e noutros casos expressamente referidos em lei.

Segundo o CPC, o agravo de instrumento será dirigido diretamente ao tribunal competente por meio de petição com os nomes das partes; a exposição do fato e do direito; as razões do pedido de reforma ou de invalidação da decisão e o próprio pedido; o nome e o endereço completo dos advogados constantes do processo.

Para instruir a petição de agravo de instrumento, o agravante deverá juntar obrigatoriamente cópias da petição inicial, da contestação, da petição que ensejou a decisão agravada, da própria decisão agravada, da certidão da respectiva intimação ou outro documento oficial que comprove a tempestividade e das procurações outorgadas aos advogados do agravante e do agravado; declaração de inexistência de qualquer dos documentos referidos no inciso I do art. 1.017 do CPC, feita pelo advogado do agravante, sob pena de sua responsabilidade pessoal e facultativamente, com outras peças que o agravante reputar úteis. Acompanhará a petição o comprovante do pagamento das respectivas custas e do porte de retorno, quando devidos, conforme tabela publicada pelos tribunais.

Recebido o agravo de instrumento no tribunal e distribuído imediatamente, se não for o caso de aplicação do art. 932, III e IV do CPC, o relator, no prazo de cinco dias poderá atribuir efeito suspensivo ao recurso ou deferir, em antecipação de tutela, total ou parcialmente, a pretensão recursal, comunicando ao juiz sua decisão; ordenará a intimação do agravado pessoalmente, por carta com aviso de recebimento, quando não tiver procurador constituído, ou pelo *Diário da Justiça* ou por carta com aviso de recebimento dirigida ao seu advogado, para que responda no prazo de 15 dias, facultando-lhe juntar a documentação que entender necessária ao julgamento do recurso; determinará a intimação do Ministério Público, preferencialmente por meio eletrônico, quando for o caso de sua intervenção, para que se manifeste no prazo de 15 dias.

Segundo o art. 1.020 do CPC, o relator solicitará dia para julgamento em prazo não superior a um mês da intimação do agravado.

O CPC inovou com o **agravo interno** que será interposto contra decisão do relator, perante o respectivo órgão colegiado, devendo observar as regras do regimento interno do tribunal.

O art. 1.021 do CPC também estabelece que na petição de agravo interno o recorrente impugnará especificadamente os fundamentos da decisão agravada, sendo que o agravo será dirigido ao relator, que intimará o agravado para manifestar-se sobre o recurso no prazo de 15 dias, ao final do qual, não havendo retratação, o relator levá-lo-á a julgamento pelo órgão colegiado, com inclusão em pauta.

Quando o agravo interno for declarado manifestamente inadmissível ou improcedente em votação unânime, o órgão colegiado, em decisão fundamentada, condenará o agravante a pagar ao agravado multa fixada entre 1% e 5% do valor atualizado da causa. Vale a leitura detalhada dos arts. 1.015 a 1.021 do CPC.

Importante destacar que a Lei n. 9.868/99 prevê que da decisão do relator que indeferir liminarmente petição inicial inepta, não fundamentada ou manifestamente improcedente em sede de ADI, ADO e ADC, caberá agravo interno. A Lei n. 9.882/99 também prevê a mesma possibilidade de agravo interno, em sede de ADPF.

8.2. Roteiro para elaboração da peça processual

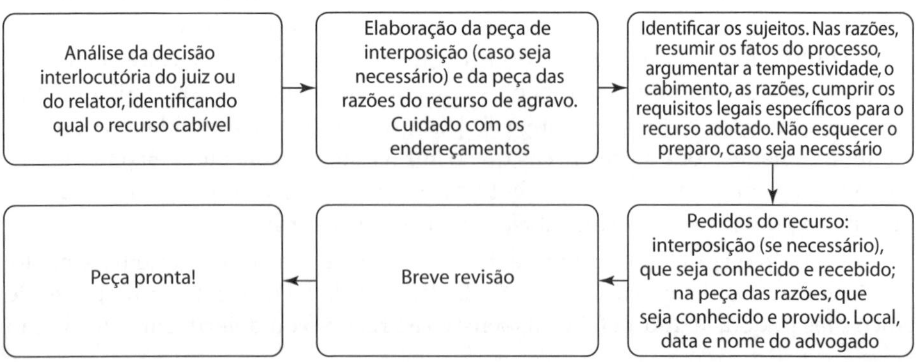

8.3. Agravo de Instrumento e Agravo Interno no ranking dos Exames de Ordem da FGV

Não há registro de aplicação de Agravo de Instrumento ou Agravo Interno nas provas prático-profissionais aplicadas pela FGV. Portanto devemos trabalhar com o "esqueleto" das peças processuais, memorizar os requisitos essenciais e em quais casos a lei prevê a possibilidade de interposição dos referidos recursos. Abaixo apresentamos os modelos básicos para ambos os recursos.

8.4. Elaboração de peça processual (modelo básico de agravo interno)

PEÇA DE INTERPOSIÇÃO

EXMO. SR. DR. DESEMBARGADOR RELATOR DA... CÂMARA CÍVEL DO TRIBUNAL DE JUSTIÇA DO ESTADO...

(3 linhas)

Processo n.: ...

(2 linhas)

NOME DO AGRAVANTE, já qualificado nos autos da AÇÃO acima identificada, que ajuíza em face do NOME DO AGRAVADO, insatisfeito com a decisão monocrática proferida pelo RELATOR nos autos ("vide" fls...), vem, por seu advogado, conforme procuração anexa, com escritório à rua..., endereço que indica para os fins do art. 319 do CPC, interpor, tempestivamente, nos termos do art. 1.003, § 5.º, do CPC, o presente AGRAVO INTERNO, com fundamento no art. 1.021 do CPC, consubstanciado nos fatos e fundamentos jurídicos a seguir aduzidos:

Nesses termos, pede deferimento.
Local..., Data...
Advogado... OAB/UF

PEÇA DAS RAZÕES

COLENDA CÂMARA CÍVEL DO TRIBUNAL DE JUSTIÇA DO ESTADO... – juízo competente para julgar

RECORRENTE:...

RECORRIDO:...

RAZÕES DO RECURSO

I – DA TEMPESTIVIDADE

II – DO CABIMENTO DO RECURSO

III – DO PREPARO

IV – DOS FATOS

V – DO DIREITO

VI – DO PEDIDO

Diante do exposto, o recorrente requer que sejam conhecidas as razões apresentadas para em seguida ser provido o recurso, e reformada a decisão...

Nesses termos, pede deferimento.
Local..., Data...
Advogado... OAB/UF

8.5. Elaboração de peça processual (modelo básico de agravo de instrumento)

PEÇA DE INTERPOSIÇÃO

EXMO. SR. DESEMBARGADOR PRESIDENTE DO TRIBUNAL DE JUSTIÇA DO ESTADO...

(3 linhas)

Processo n.: ...

(2 linhas)

NOME DO AGRAVANTE, já qualificado nos autos da AÇÃO acima identificada, que ajuíza em face do NOME DO AGRAVADO, insatisfeito com a decisão interlocutória proferida nos autos ("vide" fls...), vem, por seu advogado, conforme procuração anexa, com escritório à rua..., endereço que indica para os fins do art. 319 do CPC, interpor, tempestivamente, nos termos do art. 1.003, § 5.º, do CPC, o presente AGRAVO DE INSTRU-

MENTO, com o fim que seja conhecido e provido, conforme as razões a seguir expostas.

Cumprindo a ordem do art. 1.016 do CPC, o agravante informa o nome e endereço dos advogados constantes nos autos da ação.

Pelo agravante:...

Pelo agravado:...

Nesses termos, pede deferimento.
Local..., Data...
Advogado... OAB/UF

PEÇA DAS RAZÕES

COLENDA CÂMARA CÍVEL DO TRIBUNAL DE JUSTIÇA DO ESTADO... – juízo competente para julgar

RECORRENTE:...

RECORRIDO:...

RAZÕES DO RECURSO

RAZÕES DO AGRAVO

I – DA TEMPESTIVIDADE

II – DOS RECURSOS DOS FATOS

III – DO CABIMENTO DO AGRAVO DE INSTRUMENTO

IV – DA DOCUMENTAÇÃO

V – DO DIREITO E DAS RAZÕES DA REFORMA DA DECISÃO

VI – DO PEDIDO

Diante do exposto, requer o agravante que seja reconsiderada a decisão publicada sob o n. ... com o fim de...

Nesses termos, pede deferimento.

Local..., Data...

Advogado... OAB/UF

8.6. Considerações finais

Tenha muita atenção na leitura dos artigos do CPC referentes aos agravos de instrumento e agravo interno (arts. 1.015 a 1.021), pois eles dispõem sobre todas as regras necessárias para que você identifique o cabimento do recurso e construa a peça, com o endereçamento adequado, pedidos e argumentações. Conhecendo os artigos do CPC e tendo um modelo básico, será muito mais fácil identificar a peça no caso hipotético a ser apresentado pela FGV.

9. EMBARGOS DE DECLARAÇÃO E EMBARGOS DE DIVERGÊNCIA

9.1. Definição, natureza jurídica, competência e características dos Embargos de Declaração

Os **embargos de declaração** estão previstos nos arts. 1.022 a 1.026 do CPC, e são cabíveis quando a decisão judicial, seja **decisão interlocutória, sentença ou acórdão**, apresentar **obscuridade** ou **contradição**, quando for **omitido** ponto sobre o qual devia pronunciar-se o juiz ou tribunal, e ainda para corrigir erro material.

O prazo para opor embargos de declaração é de cinco dias, e sua propositura interrompe o prazo para interposição de outros recursos.

Não há peça de interposição, não há preparo, e o recurso é endereçado diretamente ao juízo monocrático ou ao relator que proferiu a decisão, devendo indicar o ponto obscuro, contraditório ou omisso.

Os embargos de declaração manifestamente protelatórios, assim declarados pelo juízo, ensejarão ao embargante multa não excedente a 2% sobre o valor da causa, e caso haja reincidência de oposição de embargos protelatórios, a multa será majorada até 10%, não podendo o embargante interpor qualquer recurso se pendente o pagamento da multa, tudo conforme o art. 1.026, §§ 2º e 3º, do CPC.

9.2. Roteiro para elaboração da peça processual

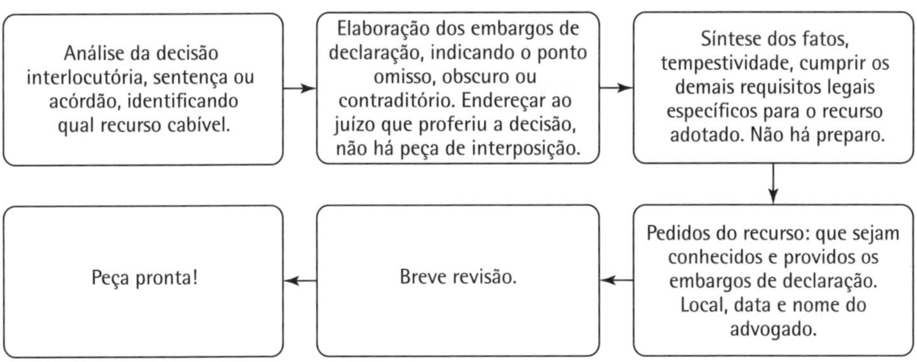

9.3. Elaboração de peça processual de Embargos de Declaração (modelo básico)

EXCELENTÍSSIMO SENHOR DOUTOR JUIZ DE DIREITO DA... VARA DA COMARCA... DO ESTADO... (ou TRIBUNAL DE JUSTIÇA DO ESTADO, ou JUIZ FEDERAL, ou TRIBUNAL REGIONAL FEDERAL)

(5 linhas)

NOME DO EMBARGANTE..., já devidamente qualificado nos autos, por seu advogado infra-assinado, conforme procuração anexa, com escritório no endereço... que indica para fins do art. 319 do CPC, à presença de V. Exa., nos termos no art. 1.022 do CPC, nos autos da AÇÃO..., n. ..., que ajuíza em face de... (ou que é interposta contra si, por...), vem opor EMBARGOS DE DECLARAÇÃO, pelas razões a seguir expostas:

I – DA TEMPESTIVIDADE

II – DO RESUMO DOS FATOS

III – DA OMISSÃO, OU DA OBSCURIDADE,
OU DA CONTRADIÇÃO, OU DO ERRO MATERIAL

IV – DO PEDIDO

Diante do exposto, o embargante requer e aguarda que os presentes Embargos de Declaração sejam conhecidos e providos, para que a decisão judicial (ou decisão interlocutória, ou sentença, ou acórdão) embargada seja sanada no tocante à sua omissão (ou obscuridade, ou contradição, ou erro material).

Nesses termos, pede deferimento.
Local..., Data...
Advogado... OAB/UF

9.4. Definição, natureza jurídica, competência e características dos Embargos de Divergência

Uma inovação trazida pelo CPC foram os **embargos de divergência**, previstos nos arts. 1.043 e 1.044, com as alterações da Lei n. 13.256/2016. Entre as funções dos embargos de divergência destaca-se a uniformização da jurisprudência *interna* do Supremo Tribunal Federal e do Superior Tribunal de Justiça. O exercício dessa função é dependente da iniciativa da parte, que opõe os embargos de divergência objetivando a reforma ou a anulação do acórdão recorrido.

Segundo o art. 1.043, incisos I e III do CPC, os embargos de divergência são o **recurso cabível** para questionar **acórdão de órgão fracionário que em recurso extraordinário ou em recurso especial** divergir do julgamento de qualquer outro órgão do mesmo tribunal, sendo os acórdãos, embargado e paradigma, de mérito; ou em recurso extraordinário ou em recurso especial, divergir do julgamento de qualquer outro órgão do mesmo tribunal, sendo um acórdão de mérito e outro que não tenha conhecido do recurso, embora tenha apreciado a controvérsia. Destaca-se que o art. 1.043 do CPC foi parcialmente revogado pela Lei n. 13.256/2016.

Nos **embargos de divergência,** poderão ser confrontadas teses jurídicas contidas em julgamentos de recursos e de ações de competência originária. A divergência que autoriza a interposição de embargos de divergência pode verificar-se na aplicação do direito material ou do direito processual.

Cabem embargos de divergência quando o acórdão paradigma for da mesma turma que proferiu a decisão embargada, desde que sua composição tenha sofrido alteração em mais da metade de seus membros.

O recorrente provará a divergência com certidão, cópia ou citação de repositório oficial ou credenciado de jurisprudência, inclusive em mídia eletrônica, em que foi publicado o acórdão divergente, ou com a reprodução de julgado disponível na rede mundial de computadores, indicando a respectiva fonte, e mencionará as circunstâncias que identificam ou assemelham os casos confrontados.

A interposição de embargos de divergência no Superior Tribunal de Justiça interrompe o prazo para interposição de recurso extraordinário por qualquer das partes. Se os embargos de divergência forem desprovidos ou não alterarem a conclusão do julgamento anterior, o recurso extraordinário interposto pela outra parte antes da publicação do julgamento dos embargos de divergência será processado e julgado independentemente de ratificação.

9.5. Elaboração de peça processual de Embargos de Divergência (modelo básico)

PEÇA DE INTERPOSIÇÃO

EXMO. SR. PRESIDENTE DO COLENDO SUPERIOR TRIBUNAL DE JUSTIÇA (ou SUPREMO TRIBUNAL FEDERAL)

(3 linhas)

Recurso Especial ou Extraordinário n.: ... (ou Recurso Especial n. ......)

(2 linhas)

Nome..., já devidamente qualificado nos autos da ação..., por seu advogado infra-assinado, conforme procuração anexa, com escritório no endereço... que indica para fins do art. 319 do CPC, vem à presença de V. Exa., nos termos dos arts. 1.043 e 1.044, interpor EMBARGOS DE DIVERGÊNCIA, esperando que sejam conhecidos e recebidos, juntando-se guia de recolhimento anexa e, após cumpridas as formalidades processuais necessárias, sejam os autos remetidos ao Supremo Tribunal Federal (ou Superior Tribunal de Justiça).

Nesses termos, pede deferimento.
Local..., Data...
Advogado... OAB/UF

PEÇA DAS RAZÕES

AO SUPREMO TRIBUNAL FEDERAL (ou SUPERIOR TRIBUNAL DE JUSTIÇA) – juízo competente para julgar

RECORRENTE:...

RECORRIDO:...

RAZÕES DO RECURSO

I – DA TEMPESTIVIDADE

II – DO CABIMENTO DO RECURSO

III – DO PREPARO

IV – DOS FATOS

V – DO DIREITO

VI – DO PEDIDO

Diante do exposto, o embargante requer que sejam conhecidas as razões e divergências apresentadas para que, em seguida, sejam providos os embargos de divergência, para reformar a decisão...

Nesses termos, pede deferimento.

Local..., Data...

Advogado... OAB/UF

9.6. Embargos de Declaração e Embargos de Divergência no ranking dos Exames de Ordem da FGV e considerações finais

As duas peças processuais ainda são inéditas em provas prático-profissionais de Direito Constitucional aplicadas pela FGV, sendo os Embargos de Divergência, especialmente, um recurso muito novo que foi introduzido pela nova lei processual civil – Lei n. 13.105/2015. Contudo não devemos deixar de treinar as referidas peças pelo menos nos modelos básicos, além de estudar os artigos do CPC que disciplinam essas espécies de recurso.

10. RECURSO ORDINÁRIO CONSTITUCIONAL

10.1. Definição, natureza jurídica, competência e características do Recurso Ordinário Constitucional (apelação constitucional)

O recurso ordinário constitucional está previsto nos arts. 102, II, e 105, II, da Constituição Federal de 1988, e regulamentado pelos arts. 1.027 e 1.028 do CPC vigente. Visa submeter direito subjetivo violado, comprovado por matéria de direito e de fato à apreciação do Supremo Tribunal Federal ou do Superior Tribunal de Justiça, conforme o caso. Todavia, há casos em que o recurso ordinário constitucional é interposto em face de decisão de juiz federal de primeira instância.

10.2. Competência do Supremo Tribunal Federal para julgar recurso ordinário

Segundo o art. 102, II, *a*, da CRFB/88, o STF julgará, por recurso ordinário, as decisões denegatórias proferidas em *habeas corpus*, mandado de segurança, *habeas data* e mandado de injunção, decididos em única instância pelos Tribunais Superiores, ou seja, são os casos de competência originária dos Tribunais Superiores, e o STF será o segundo grau de jurisdição.

Alerta-se que apenas os impetrantes dos referidos remédios constitucionais, caso seja denegatória a decisão, poderão interpor o recurso ordinário constitucional previsto no art. 102, II, *a*, da CRFB/88.

O art. 102, II, *b*, da CRFB/88 disciplina que caberá recurso ordinário constitucional ao Supremo Tribunal Federal, em face de sentença proferida em julgamento de crime político, cuja competência originária é de juiz federal, conforme dispõe o art. 109, IV, da CRFB/88. Neste caso, o recurso ordinário constitucional é interposto em face de decisão de juízo de primeira instância da Justiça Federal.

O prazo para a interposição do recurso ordinário constitucional é de 15 dias, há necessidade de pagamento do preparo e custas judiciais com o porte de remessa e de retorno, exceto nas ações cuja gratuidade é garantida pela CRFB/88.

Há a peça de interposição e a peça das razões do recurso, sendo o endereçamento da peça de interposição para o Presidente do Tribunal recorrido (decisão denegatória dos Tribunais Superiores), ou juízo de primeiro grau federal (juízo recorrido), e o endereçamento da peça das razões do recurso ordinário para o Supremo Tribunal Federal.

10.3. Competência do Superior Tribunal de Justiça para julgar recurso ordinário

Segundo o art. 105, II, *a*, da CRFB/88, é competência do Superior Tribunal de Justiça julgar recurso ordinário contra decisões denegatórias proferidas em única ou última instância pelos Tribunais Regionais Federais ou pelos tribunais dos Estados, do Distrito Federal e Territórios, em sede de *habeas corpus*.

No caso do art. 105, II, *b*, da CRFB/88, cabe ao STJ julgar o recurso ordinário interposto em face de decisão denegatória proferida em mandado de segurança decidido em única instância pelos Tribunais Regionais Federais ou pelos tribunais dos Estados, do Distrito Federal e Territórios, ou seja, nos casos em que a competência originária pertence aos Tribunais inferiores e o segundo grau de jurisdição pertence ao STJ.

Já o art. 105, II, *c*, da CRFB/88 estabelece que o STJ irá julgar recurso ordinário em face de decisão denegatória proferida em julgamentos de causas em que forem partes Estado estrangeiro ou organismo internacional, de um lado, e, de outro, município ou pessoa residente ou domiciliada no País, decisões, portanto, proferidas por juízes federais de primeira instância, conforme estabelece o art. 109, II, da CRFB/88.

O recurso ordinário constitucional interposto perante o STJ apresentará peça de interposição e peça das razões do recurso, endereçadas respectivamente ao Presidente do Tribunal recorrido (decisão denegatória dos Tribunais Inferiores), ou juízo de primeiro grau federal (juízo recorrido), no caso da peça de interposição; e ao Superior Tribunal de Justiça, no caso das razões do recurso.

No caso de recurso ordinário interposto junto ao STJ em sede de *habeas corpus*, das decisões denegatórias proferidas pelos Tribunais Regionais Federais ou pelos Tribunais dos Estados e do Distrito Federal, o prazo para interposição é de cinco dias, conforme o art. 30 da Lei n. 8.038/90, não havendo recolhimento do preparo e custas, em razão da gratuidade da ação original. Sugerimos a leitura dos arts. 30 a 35 da Lei n. 8.038/90, tais artigos tratam do Recurso Ordinário em *Habeas Corpus* e Recurso Ordinário em Mandado de Segurança.

Nos casos de recursos ordinários interpostos junto ao STJ, do art. 105, II, *b* e *c*, da CRFB/88, o prazo é de 15 dias, conforme o art. 1.003, § 5º, do CPC, havendo a necessidade de recolhimento do preparo e das custas com o porte de remessa e retorno.

10.4. Roteiro para elaboração da peça processual

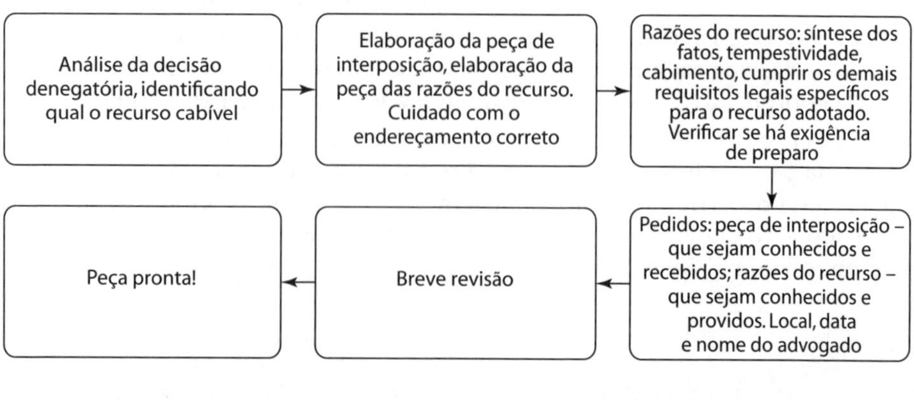

10.5. Recurso Ordinário no ranking dos Exames de Ordem aplicados pela FGV

A FGV já aplicou caso exigindo a peça processual Recurso Ordinário nos Exames IV, XIV e XXX. No primeiro caso, o Recurso Ordinário seria apresentado ao Superior Tribunal de Justiça, já que a decisão questionada era competência originária de Tribunal de Justiça (tribunal inferior) em Mandado de Segurança. No segundo caso, o Recurso Ordinário seria submetido ao Supremo Tribunal Federal, cuja decisão denegatória fora decidida em única instância pelo Superior Tribunal de Justiça (tribunais superiores) em Mandado de Segurança. E, no terceiro caso, o Recurso Ordinário deveria ser apresentado ao Superior Tribunal de Justiça, ou seja, o Exame XXX repetiu o modelo do Exame IV, lembrando que endereçamento da peça de interposição do ROC é sempre para o presidente do tribunal recorrido e o endereçamento da peça das razões para o tribunal competente.

Vejamos, na sequência, os casos aplicados nos Exames XIV (ROC para o STF) e XXX (ROC para o STJ) com os respectivos gabaritos da FGV e as peças processuais elaboradas conforme os casos hipotéticos, além de um modelo básico do Recurso Ordinário.

10.6. Caso aplicado no XIV Exame de Ordem – FGV

João e José são pessoas com deficiência física, tendo concluído curso de nível superior. Diante da abertura de vagas para preenchimento de cargos vinculados ao Ministério da Agricultura, postularam a sua inscrição no número que deveria ser reservado, por força de disposição em lei federal, aos deficientes físicos com o grau de deficiência de João e José, o que restou indeferido por ato do próprio Ministro de Estado, aduzindo que a citada lei apesar de vigente há dois anos e com plena eficácia, não se aplicaria àquele concurso, pois não houve previsão no seu edital. Irresignados, os candidatos apresentaram mandado de segurança originariamente no âmbito do Superior Tribunal de Justiça, tendo a seção competente, por maioria de votos, denegado a segurança, dando razão ao Ministro de Estado. Houve embargos de declaração, improvidos. Ainda inconformados, apresentaram o recurso cabível contra a decisão do colendo Superior Tribunal de Justiça.

10.7. Gabarito comentado pela FGV

O enunciado indica a competência originária do Superior Tribunal de Justiça para julgamento dos mandados de segurança impetrados contra atos de Ministro de Estado, a teor do art. 105, I, *b*, da CRFB ("Art. 105. Compete ao Superior Tribunal de Justiça: I – processar e julgar, originariamente: (...) b) os mandados de segurança e os *habeas data* contra ato de Ministro de Estado, dos Comandantes da Marinha, do Exército e da Aeronáutica ou do próprio Tribunal; (Redação dada pela Emenda Constitucional n. 23, de 1999").

Ocorrendo a denegação da segurança, como afirmado, por unanimidade ou por maioria, cabe a apresentação de recurso ordinário ao Supremo Tribunal Federal, consoante o art. 102, II, *a*, da CRFB ("II – julgar, em recurso ordinário: a) o *habeas corpus*, o mandado de segurança, o *habeas data* e o mandado de injunção decididos em única instância pelos Tribunais Superiores, se denegatória a decisão"). Essa regra é replicada no art. 539 do CPC.

O recurso deve ser dirigido ao Presidente do STJ para encaminhamento ao STF para julgamento.

Os fundamentos do recurso devem ser:

a) reserva de vagas para os portadores de deficiência – art. 37, VIII, da CRFB ("VIII – a lei reservará percentual dos cargos e empregos públicos para as pessoas portadoras de deficiência e definirá os critérios de sua admissão"); ou art. 2º, III, *c*, da Lei n. 7.853/89 ou art. 5º, § 2º, da Lei n. 8.112/90 ou Convenção Internacional sobre os direitos das pessoas com deficiência, art. 27, 1, *g*.
b) preservação do princípio da legalidade, art. 5º, II, da CRFB: "ninguém será obrigado a fazer ou deixar de fazer alguma coisa senão em virtude de lei";
c) princípio da isonomia, art. 5º, *caput*, da CRFB ("Todos são iguais perante a lei, sem distinção de qualquer natureza, garantindo-se aos brasileiros e aos estrangeiros residentes no País a inviolabilidade do direito à vida, à liberdade, à igualdade, à segurança e à propriedade").

Aplicam-se ao recurso ordinário as regras de procedimento previstas no CPC. Assim, devem ser apresentadas razões. Os recorrentes são os impetrantes, no caso os portadores de necessidades especiais e o recorrido, o Ministro de Estado.

Deve haver pedido de reforma da decisão atacada. Deve ser requerida a intervenção do Ministério Público e a remessa dos autos ao STF.

10.8. Elaboração de peça processual atendendo às exigências do caso aplicado no XIV Exame de Ordem – FGV

PEÇA DE INTERPOSIÇÃO

EXMO. SR. PRESIDENTE DO SUPERIOR TRIBUNAL DE JUSTIÇA.

(3 linhas)

Processo n.: ...

(2 linhas)

João Fulano de Tal e José Beltrano de Tal, já devidamente qualificados nos autos do Mandado de Segurança n. .... ajuizado contra o Ministro de Estado da Agricultura, perante o Superior Tribunal de Justiça, por seu advogado infra-assinado, conforme procuração anexa, com escritório no endereço... que indica para fins do art. 319 do CPC, vem à presença de V. Exa., nos termos no art. 102, II, "a" da CRFB/88, interpor RECURSO ORDINÁRIO CONSTITUCIONAL, esperando que seja conhecido e recebido, juntando-se guia de recolhimento e, após cumpridas as formalidade processuais necessárias, sejam os autos remetidos ao Supremo Tribunal Federal.

Nesses termos, pede deferimento.
Local..., Data...
Advogado... OAB/UF

PEÇA DAS RAZÕES

AO SUPREMO TRIBUNAL FEDERAL

RECORRENTES: João Fulano de Tal e José Beltrano de Tal

RECORRIDO: Ministro de Estado da Agricultura

RAZÕES DO RECURSO

I – DA TEMPESTIVIDADE

O presente recurso encontra-se tempestivo, pois foi interposto no prazo de 15 dias estabelecido pelo art. 1.003, § 5.º, do CPC.

II – DO CABIMENTO DO RECURSO

O recurso interposto consiste em recurso ordinário com cabimento baseado no art. 102, II, "a", da CRFB/88 – que prescreve ser competência recursal do Supremo Tribunal Federal julgar, em recurso ordinário – a) o "habeas corpus", o mandado de segurança, o "habeas data" e o mandado de injunção decididos em única instância pelos Tribunais Superiores, se denegatória a decisão.

Trata-se originalmente de decisão do Ministro de Estado da Agricultura que negou direito assegurado, tanto pela Constituição Federal de 1988, quanto pela lei, aos recorrentes que comprovadamente são pessoas com deficiência e que pretendem ingressar no serviço público pela via do concurso público, o que desencadeou o ajuizamento do Mandado de Segurança n. ... contra a decisão do Ministro de Estado, perante o Superior Tribunal de Justiça. Na decisão do Mandado de Segurança foi negado o direito dos autores como pessoas com deficiência o que fundamenta o cabimento do presente Recurso Ordinário ao Supremo Tribunal Federal para que se corrija tal violação ao direito fundamental dos recorrentes.

III – DO PREPARO

Atendendo ao comando do art. 1.007 do CPC, este recurso está acompanhado da devida guia de recolhimento das custas processuais e do porte de remessa e de retorno.

IV – DOS FATOS

Os recorrentes – pessoas com deficiência física – tendo concluído curso de nível superior e diante da abertura de vagas para preenchimento de cargos vinculados ao Ministério da Agricultura, postularam a sua inscrição no número que deveria ser reservado, por força de disposição constitucional e legal, aos deficientes físicos com o grau de deficiência deles, já que preenchiam todos os demais requisitos. Inscrição que foi indeferida por ato do Ministro de Estado da Agricultura, aduzindo que a citada lei, apesar de vigente há dois anos e com plena eficácia, não se aplicaria àquele concurso, pois não houve previsão no seu edital.

Insatisfeitos com o indeferimento, os candidatos ajuizaram mandado de segurança originariamente no âmbito do Superior Tribunal de Justiça, tendo a seção competente, por maioria de votos, denegado a segurança, dando razão ao Ministro de Estado. Houve embargos de declaração, improvidos. Ainda inconformados, interpuseram o presente recurso ordinário contra a decisão denegatória do colendo Superior Tribunal de Justiça com o intuito de reformá-la e assegurar o direito fundamental pleiteado.

V – DO DIREITO

Os recorrentes como pessoas com deficiência são especialmente protegidos pela Constituição Federal de 1988 e pela Convenção Internacional dos Direitos das Pessoas com deficiência e seu protocolo facultativo, ratificado com "status" constitucional em 2008, sob o Decreto Legislativo n. 186/2008.

Quanto ao direito de pessoas com deficiência ingressarem no serviço público pela via do concurso público, o texto constitucional prescreve a reserva de vagas para as pessoas com deficiência, conforme o art. 37, VIII da CRFB/88 – "VIII – a lei reservará percentual dos cargos e empregos públicos para as pessoas portadoras de deficiência e definirá os critérios de sua admissão", texto reproduzido nas legislações infraconstitucionais que regem o servidor público e seu ingresso na Administração Pública. Tal dispositivo, inclusive, atende ao princípio da isonomia que orienta tratamento igual entre os iguais e desigual entre os desiguais, justamente para promover a igualdade material, princípio este expresso no art. 5.º, "caput" da CRFB/88. As pessoas com deficiência, historicamente renegadas e excluídas dos direitos fundamentais, fazem jus ao tratamento favorecido da norma, como condição para o exercício da isonomia.

Portanto, não pode o edital omitir dispositivo constitucional e legal, por mero posicionamento divergente de qualquer autoridade, pois todos estão sujeitos ao ordenamento jurídico-constitucional. Os termos de elaboração do edital sujeitos às regras constitucionais e legais tornam-se vinculados a elas, não cabendo aqui se falar em discricionariedade do administrador público.

Ademais, o princípio da legalidade, que rege os atos da Administração Pública, deve ser preservado, sob pena de se corroborar a prática inconstitucional. O Ministro de Estado da Agricultura e os recorrentes estão todos submetidos ao dispositivo que determina que "ninguém será obrigado a fazer ou deixar de fazer alguma coisa senão em virtude de lei", expresso no art. 5º, II, da CRFB/88, fundamento jurídico suficiente para embasar o presente recurso.

VI – DO PEDIDO

Diante do exposto, o recorrente requer a intimação do Ministério Público, que sejam conhecidas as razões apresentadas no presente recurso ordinário para, em seguida, ser provido o recurso e finalmente reformada a decisão proferida pelo Superior Tribunal de Justiça para fim de ver assegurado o direito pleiteado pelos recorrentes.

Nesses termos, pede deferimento.
Local..., Data...
Advogado... OAB/UF

10.9. Caso aplicado no XXX Exame de Ordem – FGV

Após a tramitação do respectivo processo administrativo, foi indeferido o pedido de reconsideração formulado pela sociedade empresária WW, relativo à decisão proferida pelo Secretário de Estado de Ordem Pública do Estado Alfa, que proibira a exploração de sua atividade econômica. Essa atividade consistia no reparo e no conserto de veículos automotores, sob a forma de unidade móvel, em que a estrutura da oficina, instalada em micro-ônibus, se deslocava até o local de atendimento a partir de solicitação via aplicativo instalado em aparelhos de computador ou de telefonia móvel.

Ao fundamentar a sua decisão originária, cujos argumentos foram reiterados no indeferimento do pedido de reconsideração, o Secretário de Estado de Ordem Pública informou que embasara o seu entendimento no fato de a referida atividade não estar regulamentada em lei. Nesse caso, a Lei Estadual n. 123/2018, que dispunha sobre suas competências, autorizava expressamente que fosse vedada a sua exploração.

Por ver na referida decisão um verdadeiro atentado à ordem constitucional, a sociedade empresária WW impetrou mandado de segurança contra o ato do

Secretário de Estado perante o Órgão Especial do Tribunal de Justiça, órgão jurisdicional competente para processá-lo e julgá-lo originariamente, conforme dispunha a Constituição do Estado Alfa. Para surpresa da impetrante, apesar de o Tribunal ter reconhecido a existência de prova pré-constituída comprovando o teor da decisão do Secretário de Estado, a ordem foi indeferida, situação que permaneceu inalterada até o exaurimento da instância ordinária. A situação se tornara particularmente dramática na medida em que a proibição de exploração da atividade econômica iria inviabilizar a própria continuidade da pessoa jurídica, que não conseguiria saldar seus débitos e continuar atuando no mercado, o que exigiria a imediata demissão de dezenas de empregados. A partir da narrativa acima, elabore a petição do recurso cabível contra a decisão proferida pelo Tribunal de Justiça do Estado Alfa.

10.10. Gabarito comentado pela FGV

O recurso a ser manejado é o ordinário. A petição deve ser endereçada ao Presidente do Tribunal de Justiça do Estado Alfa.

O recorrente é a sociedade empresária WW. A legitimidade da recorrente decorre do fato de ser parte na relação processual, enquanto o seu interesse processual está associado ao fato de não ter tido a sua pretensão acolhida.

O recorrido é o Estado Alfa. A legitimidade do Estado Alfa decorre do fato de ser o titular do direito envolvido.

O cabimento do recurso ordinário, a ser julgado pelo Superior Tribunal de Justiça, decorre do disposto no art. 105, inciso II, alínea *b*, da CRFB/88, já que a decisão do Tribunal de Justiça em única instância denegou a ordem.

O examinando deve indicar, no mérito, que a lei estadual, na qual se embasou o Secretário de Estado, incursionou em matéria afeta ao interesse local, de competência legislativa dos Municípios, nos termos do art. 30, inciso I, da CRFB/88, sendo formalmente inconstitucional. Além disso, é materialmente inconstitucional, na medida em que permitiu fosse vedado o exercício de uma atividade econômica por não estar disciplinada em lei, enquanto a regra é a liberdade, ressalvados os limitadores legais, nos termos do art. 170, parágrafo único, da CRFB/88. A inconstitucionalidade da Lei Estadual n. 123/2018 deve ser incidentalmente reconhecida.

O ato do Secretário de Estado violou direito líquido e certo da recorrente de explorar a atividade econômica, o que justificaria o acolhimento do mandado de segurança, nos termos do art. 5º, LXIX, da CRFB/1988.

O examinando deve sustentar que, além do fundamento relevante do direito da recorrente, há o risco de ineficácia da medida final se a liminar não for deferida, tendo em vista a urgência da situação, já que a vedação ao exercício de sua atividade econômica pode impedir a continuidade da pessoa jurídica.

A peça deve conter os requerimentos de

(i) concessão de tutela provisória ou liminar para a concessão de efeito suspensivo ativo ao recurso ordinário, permitindo a continuidade do exercício da atividade econômica enquanto não apreciado o mérito; e

(ii) reforma do acórdão recorrido, com a concessão da ordem, atribuindo-se caráter definitivo à tutela liminar. O examinando ainda deve qualificar-se como advogado.

10.11. Elaboração de peça processual atendendo às exigências do caso aplicado no XXX Exame de Ordem – FGV

PEÇA DE INTERPOSIÇÃO

EXMO. SR. DR. DESEMBARGADOR PRESIDENTE DO TRIBUNAL DE JUSTIÇA DO ESTADO ALFA

(3 linhas)

Processo n.: ...

(2 linhas)

Sociedade Empresária WW, já devidamente qualificado nos autos do Mandado de Segurança n. tal, por seu advogado infra-assinado, conforme procuração anexa, com escritório no endereço... que indica para fins do art. 319 do CPC, vem à presença de V.Exa., nos termos do art. 105, II, "b", CRFB/88, interpor RECURSO ORDINÁRIO CONSTITUCIONAL, esperando que seja conhecido e recebido, juntando-se guia de recolhimento e, após cumpridas as formalidade processuais necessárias, sejam os autos remetidos ao Superior Tribunal de Justiça.

Nesses termos, pede deferimento.
Local..., Data...
Advogado... OAB/UF

PEÇA DAS RAZÕES

SUPERIOR TRIBUNAL DE JUSTIÇA

RECORRENTE: Sociedade Empresária WW

RECORRIDO: Estado Alfa

RAZÕES DO RECURSO

I – DA TEMPESTIVIDADE

O presente recurso encontra-se tempestivo, pois foi interposto no prazo de 15 dias estabelecido pelo art. 1.003, § 5.º, do CPC.

II – DO CABIMENTO DO RECURSO

O recurso interposto consiste em recurso ordinário com cabimento baseado no art. 105, II, "b", da CRFB/88 – que prescreve ser competência recursal do Superior Tribunal de Justiça julgar, em recurso ordinário, os mandados de segurança decididos em única instância pelos Tribunais Regionais Federais ou pelos tribunais dos Estados, do Distrito Federal e Territórios, quando denegatória a decisão.

Trata-se originalmente de decisão administrativa do Secretário de Ordem Pública do Estado Alfa que vedou o exercício de atividade econômica da empresa WW, o que desencadeou um processo administrativo e, findado sem êxito, levou ao ajuizamento de um Mandado de Segurança pela empresa WW contra decisão do referido Secretário de Estado. No trâmite do Mandado de Segurança, o Tribunal de Justiça indeferiu o pedido da recorrente (empresa WW), situação que sustenta o cabimento do presente recurso.

III – DO PREPARO

Atendendo ao comando do art. 1.007 do CPC, este recurso está acompanhado da devida guia de recolhimento das custas processuais e do porte de remessa e de retorno.

IV – DOS FATOS

A empresa WW atua no ramo de reparo e conserto de veículos automotores, sob a forma de unidade móvel, em que a estrutura da oficina, instalada em micro-ônibus, se desloca até o local de atendimento a partir de solicitação via aplicativo instalado em aparelhos de computador ou de telefonia móvel.

Ocorre que decisão administrativa proferida pelo Secretário de Estado de Ordem Pública do Estado Alfa proibiu a exploração de sua atividade econômica. Da decisão administrativa, a empresa WW interpôs recurso administrativo, cujo pedido de reconsideração foi indeferido.

Ao fundamentar a sua decisão originária, cujos argumentos foram reiterados no indeferimento do pedido de reconsideração, o Secretário de Estado de Ordem Pública in-formou que embasara o seu entendimento no fato de a referida atividade não estar regulamentada em lei. Nesse caso, a Lei Estadual n. 123/2018, que dispunha sobre suas competências, autorizava expressamente que fosse vedada a sua exploração.

A decisão do Secretário de Ordem Pública é verdadeira afronta à ordem constitucional, e crédula na interpretação correta do direito pelo Tribunal de Justiça a sociedade empresária WW impetrou mandado de segurança contra o ato do Secretário de Estado perante o Órgão Especial do Tribunal de Justiça, órgão jurisdicional competente para processá-lo e julgá-lo originariamente, conforme dispõe o art. tal da Constituição do Estado Alfa.

O Tribunal de Justiça reconheceu a existência de prova pré-constituída comprovando o teor da decisão do Secretário de Estado, contudo indeferiu a ordem mandamental, para surpresa e indignação da impetrante que se vê na urgência de solucionar a questão sob pena de ter sua própria existência inviabilizada, com a demissão de funcionários e a impossibilidade de saldar compromissos financeiros e contratuais. A proibição desta atividade econômica – única finalidade da empresa – a empurra para verdadeira extinção. O que fundamenta e justifica a interposição do presente recurso ordinário com pedido liminar.

V – DO DIREITO

No caso relatado, a decisão proferida pelo Secretário de Ordem Pública e que viola o direito pleiteado é baseada na Lei Estadual n. 123/2018, que inconstitucionalmente legisla sobre interesse local, matéria de competência específica de Município como prevê o art. 30, I, da CRFB/88.

Para agravar, a referida lei permitiu a vedação ao exercício de uma atividade econômica por não estar disciplinada em lei, afrontando o princípio e direito fundamental à liberdade, e ignorando o comando do art. 170, parágrafo único, da CRFB/88.

Portanto, a decisão do Secretário de Ordem Pública baseia-se em lei estadual formal e materialmente inconstitucional, devendo tais vícios serem reconhecidos no controle de constitucionalidade incidental.

O ato do Secretário de Estado violou direito líquido e certo da empresa WW de explorar a atividade econômica, o que justificaria o acolhimento do mandado de segurança, nos termos do art. 5.º, LXIX, da CRFB/88.

VI – DA MEDIDA LIMINAR

Tendo em vista que a decisão do Secretário de Ordem Pública do Estado Alfa mantida pelo Tribunal de Justiça provocou a paralisação total das atividade da sociedade empresária WW e o risco de inviabilização da própria pessoa jurídica, com inadimplência de compromissos financeiros e demissão abrupta de dezenas de funcionários, afetando a rotina de fornecedores, clientes e principalmente de trabalhadores e suas famílias, a empresa WW, amparada pelo Direito Processual Civil, apresenta pedido liminar, por existirem os requisitos essenciais para a concessão.

O "fumus boni iuris" é verificado nos fatos e fundamentos apresentados, nos quais a empresa WW exerce atividade econômica lícita e, de maneira arbitrária e inconstitucional, é interrompida de sua prática econômica por decisão equivocada de Secretário de Ordem Pública baseada em lei estadual inconstitucional, tanto no âmbito material quanto formal.

O "periculum in mora" encontra respaldo na situação apresentada de inatividade da empresa desde a decisão do Secretário que não for sanada pelo Tribunal de Justiça e que clama por uma solução urgente para que sejam minimizados os prejuízos não somente à pessoa Jurídica WW, mas também a outras empresas e principalmente pessoas físicas que dependem do pleno funcionamento desta atividade econômica. Uma decisão tardia perde sua eficácia em garantir o direito fundamental de liberdade econômica tão bem assegurado pelo art. 170, parágrafo único.

VII – DO DIREITO

Diante do exposto, o recorrente requer:

a) a intimação do Ministério Público;

b) concessão de medida liminar para que seja dado efeito suspensivo ativo ao recurso ordinário, permitindo a continuidade do exercício da atividade econômica enquanto não apreciado o mérito;

c) que sejam conhecidas as razões apresentadas no presente recurso ordinário para, em seguida, ser provido o recurso e finalmente reformado o acórdão recorrido, com a concessão da ordem, atribuindo-se caráter definitivo à tutela liminar.

Nesses termos, pede deferimento.

Local..., Data...

Advogado... OAB/UF

10.12. Elaboração de peça processual – recurso ordinário constitucional (modelo básico – ROC para STF e ROC para STJ)

PEÇA DE INTERPOSIÇÃO

EXMO. SR. PRESIDENTE DO SUPERIOR TRIBUNAL DE JUSTIÇA (ou EXMO. SR. DR. DESEMBARGADOR PRESIDENTE DO TRIBUNAL DE JUSTIÇA DO ESTADO..., ou EXMO. SR. DR. JUIZ FEDERAL DA... VARA FEDERAL DA... REGIÃO) – juízo recorrido.

(3 linhas)

Processo n.: ...

(2 linhas)

Nome..., já devidamente qualificado nos autos da ação..., por seu advogado infra-assinado, conforme procuração anexa, com escritório no endereço... que indica para fins do art. 319 do CPC, vem à presença de V. Exa., nos termos no art. ... (citar o artigo da CRFB/88 cabível para o recurso ordinário proposto), interpor RECURSO ORDINÁRIO CONSTITUCIONAL, esperando que seja conhecido e recebido, juntando-se guia de recolhimento anexa e, após cumpridas as formalidade processuais necessárias, sejam os autos remetidos ao Supremo Tribunal Federal (ou Superior Tribunal de Justiça).

Nesses termos, pede deferimento.
Local..., Data...
Advogado... OAB/UF

PEÇA DAS RAZÕES

AO SUPREMO TRIBUNAL FEDERAL (ou SUPERIOR TRIBUNAL DE JUSTIÇA) – juízo competente para julgar

RECORRENTE:...

RECORRIDO:...

RAZÕES DO RECURSO

I – DA TEMPESTIVIDADE

II – DO CABIMENTO DO RECURSO

III – DO PREPARO

IV – DOS FATOS

V – DO DIREITO

VI – DO PEDIDO

Diante do exposto, o recorrente requer que sejam conhecidas as razões apresentadas para em seguida ser provido o recurso, para reformar a decisão...

Nesses termos, pede deferimento.

Local..., Data...

Advogado... OAB/UF

10.13. Considerações finais

Com exceção dos Recursos Ordinário e Extraordinário, a FGV ainda não implantou uma tradição de cobrança de recursos, e, portanto, temos poucos, ou nenhum, casos como referência para usarmos como modelo. Contudo temos modelo básico e a partir dele sugerimos o treino, sendo indispensável a leitura atenta do Código de Processo Civil e demais leis pertinentes. A FGV pontua os requisitos básicos: peça de interposição; peças das razões ou contrarrazões do recurso; endereçamento; fundamentação do cabimento do recurso, tudo conforme exigência da lei. Tenha atenção a todos os pontos destacados.

Quanto ao Recurso Ordinário, a apresentação dos modelos acima, cobrados pela FGV, além do modelo básico, nos auxilia para uma preparação mais eficiente. Caso venha repetido em um próximo Exame, você já treinou os modelos e já conhece os requisitos para uma excelente elaboração. Leia os artigos que disciplinam as peças processuais!

11. RECURSO ESPECIAL

11.1. Definição, natureza jurídica, competência e características

O **recurso especial é um recurso constitucional**, previsto no art. 105, III, *a*, *b* e *c* da CRFB/88, e consiste em um tipo de recurso não ordinário que visa analisar aspectos bem específicos de matéria de direito, não se envolvendo em questões de matéria de fato. Seu trâmite processual está previsto nos arts. 1.029 a 1.035 do CPC e nos arts. 255 a 257 do Regimento Interno do STJ.

A **função do recurso especial** é a **manutenção da unidade e da autoridade da lei federal**, interpretada por diversos órgãos judiciários na Federação, que porventura possam estar deturpando a correta interpretação da norma emanada da esfera federal. O motivador da interposição de recurso especial é justamente a **controvérsia em relação à legislação federal**, não havendo preocupação neste recurso com questões de fato, ou de direito estadual, ou distrital, ou municipal.

O recurso especial é dirigido ao Superior Tribunal de Justiça (representado pelo Presidente ou Vice-Presidente) e tem prazo de interposição de 15 dias, conforme o art. 1.003, § 5º, do CPC. Há o recolhimento do preparo e das custas com o porte de remessa e retorno.

No recurso especial, há tanto a peça de interposição quanto a peça das razões do recurso especial, sendo a primeira endereçada ao Presidente (ou Vice-Presidente) do Tribunal recorrido, e a segunda endereçada ao Superior Tribunal de Justiça, interpostas perante o Presidente (ou Vice-Presidente) do Tribunal recorrido, conforme dispõe o art. 1.029 do CPC, e em caso de admissão será remetido ao Superior Tribunal de Justiça.

Importante observar que o recurso especial é cabível para questionar acórdão de Tribunal de Justiça de Estado, ou do DF, ou Tribunal Regional Federal, não cabendo recurso especial para impugnar sentença de juízo singular ou decisão de Turma Recursal de Juizados Especiais.

Caberá recurso especial, conforme o art. 105, III, *a*, *b*, *c*, da CRFB/88, em causas decididas em única ou última instância, pelos Tribunais Regionais Federais ou pelos tribunais dos Estados, do Distrito Federal e Territórios, quando a decisão recorrida contrariar tratado ou lei federal, ou negar-lhes vigência; quando julgar válido ato de governo local (não confundir com lei local) contestado em face de lei federal; ou quando der a lei federal interpretação divergente da que lhe haja atribuído outro tribunal.

Em resumo, o art. 105, III, *a, b, c*, da CRFB/88 estabelece que cabe o recurso especial, quando norma federal for interpretada de maneira a negar-lhe a vigência, quando ato de governo estadual, distrital ou municipal, seja Executivo, Legislativo ou Judiciário, que contrarie a norma federal, for julgado válido ou quando Tribunais diferentes divergirem em relação a interpretação e aplicação de norma federal.

11.2. Coletânea de súmulas do STJ

Súmula 7. A pretensão de simples reexame de prova não enseja recurso especial.

Súmula 13. A divergência entre julgados do mesmo tribunal não enseja recurso especial.

Súmula 83. Não se conhece do recurso especial pela divergência, quando a orientação do tribunal se firmou no mesmo sentido da decisão recorrida.

Súmula 86. Cabe recurso especial contra acordão proferido no julgamento de agravo de instrumento.

Súmula 126. É inadmissível recurso especial, quando o acordão recorrido assenta em fundamentos constitucional e infraconstitucional, qualquer deles suficiente, por si só, para mantê-lo, e a parte vencida não manifesta recurso extraordinário.

Súmula 203. Não cabe recurso especial contra decisão proferida por órgão de segundo grau dos Juizados Especiais.

11.3. Roteiro para elaboração da peça processual

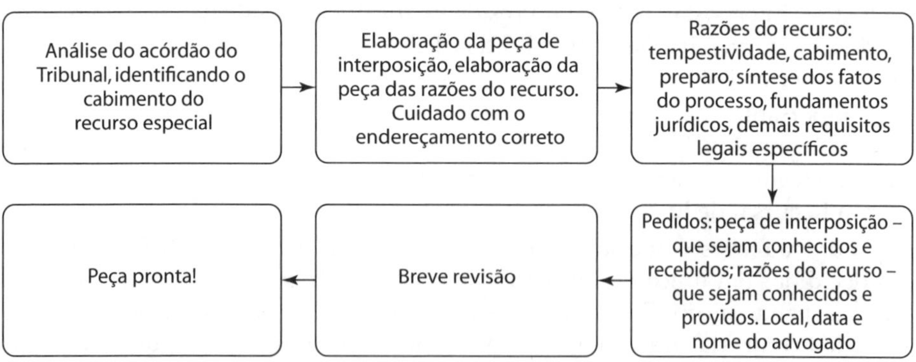

11.4. Recurso Especial no ranking dos Exames de Ordem aplicados pela FGV

A FGV ainda não inaugurou a aplicação do Recurso Especial em provas prático-profissionais de Direito Constitucional do Exame de Ordem. Por esse motivo, elaboramos um modelo básico que servirá de estrutura para treino e posterior construção da sua peça processual, caso seja este o recurso cobrado no seu exame.

11.5. Elaboração de peça processual – recurso especial (modelo básico)

PEÇA DE INTERPOSIÇÃO

EXMO. SR. DR. DESEMBARGADOR PRESIDENTE (ou VICE-PRESIDENTE) DO TRIBUNAL DE JUSTIÇA DO ESTADO... (ou EXMO. SR. DR. DESEMBARGADOR PRESIDENTE DO TRIBUNAL DE JUSTIÇA DO DFT, ou EXMO. SR. DR. DESEMBARGADOR PRESIDENTE DO TRIBUNAL REGIONAL FEDERAL) – juízo recorrido.

(3 linhas)

Processo n.: ...

(2 linhas)

Nome..., já devidamente qualificado nos autos, por seu advogado infra-assinado, conforme procuração anexa, com escritório no endereço... que indica para fins do art. 319 do CPC, vem à presença de V. Exa., nos termos do art. ... (citar qual a alínea cabível para o recurso especial proposto – art. 105, III, "a", "b", "c", da CRFB/88), interpor RECURSO ESPECIAL em face do acórdão n. ..., ao Egrégio Superior Tribunal de Justiça, pelo motivos e fatos a seguir expostos, requerendo e aguardando que seja conhecido e recebido, juntando-se guia de recolhimento anexa e, após cumpridas as formalidades processuais necessárias, sejam os autos remetidos ao Superior Tribunal de Justiça.

Nesses termos, pede deferimento.
Local..., Data...
Advogado... OAB/UF

PEÇA DAS RAZÕES DO RECURSO ESPECIAL

AO SUPERIOR TRIBUNAL DE JUSTIÇA – juízo competente para julgar

RECORRENTE:...

RECORRIDO:...

RAZÕES DO RECURSO

I – DA TEMPESTIVIDADE

II – DO CABIMENTO DO RECURSO

III – DO PREPARO

IV – DOS FATOS

V – DO DIREITO

VI – DO PEDIDO

Diante do exposto, o recorrente requer que sejam conhecidas as razões do recurso especial para em seguida ser provido o recurso, para reformar a decisão...

Nesses termos, pede deferimento.
Local..., Data...
Advogado... OAB/UF

11.6. Considerações finais

Atente que o rol previsto no art. 105, III, *a*, *b* e *c* é taxativo, não cabendo interpretações extensivas. Portanto o cabimento ou não do Recurso Especial pode ser verificado por exclusão das hipóteses previstas no dispositivo constitucional. Caso identifique que é aplicável o referido recurso, os artigos do CPC (1.029 a 1.035) vão ajudá-lo a construir a peça processual. Treine antes com o modelo básico acima para otimizar o estudo.

12. RECURSO EXTRAORDINÁRIO

12.1. Definição, natureza jurídica, competência e características

O **recurso extraordinário é um recurso constitucional** previsto no art. 102, III, *a, b, c, d*, da CRFB/88. Sua regulamentação está nos arts. 1.029 a 1.035 do CPC, e arts. 321 a 329 do Regimento Interno do Supremo Tribunal Federal. Os arts. 1.036 a 1.042 do CPC, atualizados pela Lei n. 13.256/2016, também tratam de aspectos do Recurso Extraordinário.

A **finalidade do recurso extraordinário é manter a unidade e a supremacia constitucional.** O recurso extraordinário é competência do STF, e só subirá depois de esgotados todos os recursos ordinários admissíveis (Súmula 281 do STF).

O prazo para interposição do recurso extraordinário é de 15 dias, conforme disciplina o art. 1.003, § 5º, do CPC. Há recolhimento de preparo e das custas com porte de remessa e retorno. O recorrente deverá requerer a intimação do procurador-geral da República.

Há a peça de interposição e a peça das razões recursais, sendo a primeira endereçada ao Presidente (ou Vice-Presidente) do Tribunal recorrido, e a segunda endereçada ao Supremo Tribunal Federal, e caso admitido o recurso extraordinário, tudo será remetido ao STF.

Há a necessidade do **prequestionamento da matéria constitucional**, no qual o recorrente deverá provar que o direito questionado já foi apreciado e discutido pelo Tribunal de origem, portanto, a discussão pelo STF é extraordinária.

Além do prequestionamento em matéria constitucional, outra **preliminar indispensável é a repercussão geral.** A repercussão geral é um instrumento processual inserido na Constituição Federal de 1988, por meio da EC n. 45/2004, cujo objetivo é possibilitar que o Supremo Tribunal Federal selecione os recursos extraordinários que irá analisar, de acordo com critérios de relevância jurídica, política, social ou econômica. O uso desse filtro recursal resulta numa diminuição do número de processos encaminhados à Suprema Corte.

Cabe ao recorrente arguir, preliminarmente, na peça das razões do recurso, a repercussão geral, que será apreciada pelo Supremo Tribunal Federal. A repercussão geral só será reconhecida se comprovada a **relevância sob o ponto de vista político, social, jurídico ou econômico**, e se **transcender do direito subjetivo alegado pelas partes do processo.** Se o STF verificar a existência da relevância e da transcendência, reconhece a repercussão geral e o recurso será admitido pelo STF, para, em seguida, apreciar o mérito. A decisão proveniente dessa análise será aplicada posteriormente pelas instâncias inferiores, em casos idênticos.

Atualmente, a preliminar de repercussão geral é analisada pelo Plenário do STF, por meio de um sistema informatizado, com votação eletrônica, ou seja, sem necessidade de reunião física dos membros do Tribunal. Para recusar a análise de um recurso extraordinário são necessários pelo menos oito votos, caso contrário, o tema deverá ser julgado pela Corte. Após o relator do recurso lançar no sistema sua manifestação sobre a relevância do tema, os demais ministros têm 20 dias para votar. As abstenções nessa votação são consideradas favoráveis à ocorrência de repercussão geral na matéria.

Importante lembrar que o dispositivo constitucional acerca da repercussão geral é norma de eficácia limitada, e foi regulamentado pela Lei n. 11.418/2006, que incluiu ao antigo CPC (arts. 543-A e 543-B) e manteve-se no CPC/2015 (art. 1.035).

O art. 1.035 do CPC determina que o STF, em decisão irrecorrível, não conhecerá do recurso extraordinário quando a questão constitucional nele versada não tiver repercussão geral. Será considerada repercussão geral a existência de questões relevantes do ponto de vista econômico, político, social ou jurídico que ultrapassem os interesses subjetivos do processo, devendo ser demonstradas pelo recorrente e apreciadas exclusivamente pelo Supremo Tribunal Federal.

Caberá recurso extraordinário perante o Supremo Tribunal Federal, em causas decididas em única ou última instância pelos Tribunais, ou excepcionalmente de decisão de Turma Recursal de Juizado Especial, quando contrariar dispositivo constitucional; quando declarar a inconstitucionalidade de tratado ou lei federal; quando julgar válidos lei ou ato de governo local contestado em face da CRFB/88; e quando julgar válida a lei local em face de lei federal.

Em resumo, é cabível recurso extraordinário quando a **norma de dispositivo constitucional é contrariada,** ou porque não foi aplicada, ou porque foi aplicada indevidamente; quando **um Tribunal, no controle difuso, incidentalmente declarar lei federal ou tratado internacional inconstitucional**; quando **lei ou ato de governo**, ou estadual, ou distrital, ou municipal **for contestado em relação a dispositivo constitucional**; quando **uma lei**, ou estadual, ou distrital, ou municipal **for julgada válida em relação à lei federal,** tratando, neste caso, de verdadeiro **conflito federativo de competência legislativa,** sendo relevante matéria de ordem constitucional.

12.2. Coletânea de súmulas do STF

Súmula 279. Para simples reexame de prova não cabe recurso extraordinário.

Súmula 280. Por ofensa a direito local não cabe recurso extraordinário.

Súmula 281. É inadmissível o recurso extraordinário, quando couber na Justiça de origem, recurso ordinário da decisão impugnada.

Súmula 282. É inadmissível o recurso extraordinário, quando não ventilada, na decisão recorrida, a questão federal suscitada.

Súmula 283. É inadmissível o recurso extraordinário, quando a decisão recorrida assenta em mais de um fundamento suficiente e o recurso não abrange todos eles.

Súmula 284. É inadmissível o recurso extraordinário, quando a deficiência na sua fundamentação não permitir a exata compreensão da controvérsia.

Súmula 640. É cabível recurso extraordinário contra decisão proferida por juiz de primeiro grau nas causas de alçada, ou por turma recursal de juizado especial cível e criminal.

Súmula 728. É de três dias o prazo para a interposição de recurso extraordinário contra decisão do tribunal superior eleitoral, contado, quando for o caso, a partir da publicação do acórdão, na própria sessão de julgamento, nos termos do art. 12 da Lei n. 6.055/74, que não foi revogado pela Lei n. 8.950/94.

Súmula 735. Não cabe recurso extraordinário contra acórdão que defere medida liminar.

12.3. Roteiro para elaboração da peça processual

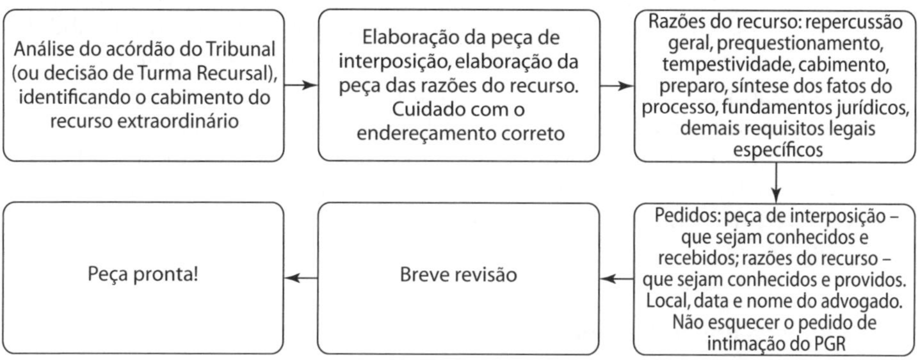

12.4. Recurso Extraordinário no ranking dos Exames de Ordem aplicados pela FGV

O Recurso Extraordinário é o recurso mais cobrado em provas da FGV para o Exame de Ordem, tendo sido aplicado nos Exames VIII, X e XII. É de fácil identificação, pois o rol de situações que propiciam sua propositura é taxativo na CRFB/88, sendo possível traçar uma linha de trabalho da banca já que temos exemplos anteriores. Apresentamos aqui apenas o caso aplicado no XII Exame, mas sugerimos que você estude os demais casos e treine a peça utilizando, caso queira, o modelo básico como referência.

12.5. Caso aplicado no XII Exame de Ordem – FGV

Após mais de 40 dias de intensa movimentação popular, em protestos que chegaram a reunir mais de um milhão de pessoas nas ruas de diversas cidades do Estado, e que culminaram em atos de violência, vandalismo e depredação de patrimônio público e particular, o Governador do Estado X edita o Decreto n. 1.968.

A pretexto de disciplinar a participação da população em protestos de caráter público, e de garantir a finalidade pacífica dos movimentos, o decreto dispõe que, além da prévia comunicação às autoridades, o aviso deve conter a identificação completa de todos os participantes do evento, sob pena de desfazimento da manifestação. Além disso, prevê a revista pessoal de todos, como forma de preservar a segurança dos participantes e do restante da população.

Na qualidade de advogado do Partido Político "Frente Brasileira Unida", de oposição ao Governador, você ajuizou uma Ação Direta de Inconstitucionalidade, perante o Tribunal de Justiça do Estado X, alegando a violação a normas da Constituição do Estado referentes a direitos e garantias individuais e coletivos (que reproduzem disposições constantes da Constituição da República).

O Plenário do Tribunal de Justiça local, entretanto, por maioria, julgou improcedente o pedido formulado, de declaração de inconstitucionalidade dos dispositivos do decreto estadual, por entender compatíveis as previsões constantes daquele ato com a Constituição do Estado, na interpretação que restou prevalecente na corte. Alguns dos desembargadores registraram em seus votos, ainda, a impossibilidade de propositura de ação direta tendo por objeto um decreto estadual.

Entendendo que a decisão da corte estadual, apesar de não conter obscuridade, omissão ou contradição, foi equivocada, e que não apenas as disposições do Decreto são inconstitucionais como também a própria interpretação dada pelo Tribunal de Justiça é incompatível com o ordenamento jurídico nacional, os dirigentes do Partido pedem que você proponha a medida judicial cabível a impugnar aquela decisão.

12.6. Gabarito comentado pela FGV

A peça a ser elaborada consiste em um recurso extraordinário contra decisão proferida em sede de ação direta de inconstitucionalidade, nos termos do art. 102, III, *c*, da CRFB/88.

No caso, a ação direta de controle tendo como parâmetro a Constituição do Estado, tem previsão no art. 125, § 2º, da Constituição da República. É possível a interposição de recurso extraordinário contra decisão proferida pelo Tribunal de Justiça no julgamento da mesma, a fim de que seja apreciada, pelo Supremo Tribunal Federal, a norma da Constituição da República repetida na Constituição Estadual, mas interpretada, pelo Tribunal de Justiça local, em sentido incompatível com o da Constituição da República.

O recurso deve ser endereçado ao Presidente do Tribunal de Justiça local, com as razões recursais dirigidas ao Supremo Tribunal Federal.

O partido político é o recorrente. Recorrido é o órgão do qual emanou a norma impugnada (isto é, o governador do estado).

Apesar de não constar do voto vencedor a impossibilidade de controle de constitucionalidade de decreto por meio de ação direta, o examinando deve demonstrar o cabimento da via eleita para a impugnação do decreto estadual, pois, a despeito de se tratar de um decreto, não é um ato de regulamentação da lei, mas ato normativo primário, que inova autonomamente na ordem jurídica. O examinando deve indicar, em sua peça, todos os elementos que permitam o seu conhecimento e também o seu provimento, afastando, desde o início, argumentos desfavoráveis à pretensão que defende.

O examinando deve demonstrar o cumprimento do requisito da repercussão geral, que encontra previsão no art. 102, § 3º, da Constituição, e que deve ser demonstrado pela existência de questões relevantes do ponto de vista econômico, político, social ou jurídico, que ultrapassem os interesses subjetivos da causa, ou seja, a questão suscitada não pode ser benéfica somente para o caso concreto proposto, mas para o interesse da coletividade, na forma do art. 543-A, § 1º, do CPC.

No caso apresentado, a repercussão geral pode ser demonstrada pela ofensa a direitos fundamentais titularizados por toda a coletividade, uma vez que a norma cria restrição excessiva ao exercício de direito constitucionalmente assegurado, e o faz sem previsão em lei.

No mérito, o examinando deve demonstrar que o decreto impugnado viola o princípio da legalidade, na formulação do art. 5º, II, da Constituição da República, uma vez que não se pode criar restrição a direito senão em virtude de lei.

O decreto viola o art. 5º, XVI, da Constituição, que assegura o direito de reunião em locais abertos ao público, independentemente de autorização, desde que não frustrem outra reunião anteriormente convocada para o mesmo local, sendo apenas exigido prévio aviso à autoridade competente. Ou seja, qualquer outra exigência que venha a ser formulada como condição de exercício do direito é inconstitucional.

Ainda ocorre a violação ao art. 5º da CRFB, que trata do princípio da liberdade de expressão.

Por fim, deve ser indicada a violação ao princípio da razoabilidade/proporcionalidade, pois, ainda que se entendesse possível a restrição ao direito de reunião, a restrição veiculada pelo decreto, no caso analisado, falha nos subprincípios da necessidade (que impõe a utilização, dentre as possíveis, da medida menos gravosa para atingir determinado objetivo) e da proporcionalidade em sentido estrito (que impõe a análise da relação custo/benefício da norma avaliada, de modo que o ônus imposto pela norma seja inferior ao benefício por ela engendrado, sob pena de inconstitucionalidade).

O examinando, ao final, deve formular pedido de reforma da decisão recorrida, para fim de ver declarada a inconstitucionalidade do decreto editado pelo governador do estado, bem como requerer a notificação do Ministério Público.

12.7. Elaboração da peça processual atendendo às exigências do caso aplicado no XII Exame de Ordem – FGV

PEÇA DE INTERPOSIÇÃO

EXMO. SR. DR. DESEMBARGADOR PRESIDENTE DO TRIBUNAL DE JUSTIÇA DO ESTADO X

(3 linhas)

Processo n.: ...

(2 linhas)

Partido Frente Brasileira Única, já devidamente qualificado nos autos da Ação Direta de Inconstitucionalidade n. ..., por seu advogado infra-assinado, conforme procuração anexa, com escritório no endereço... que indica para fins do art. 319 do CPC, vem à presença de V. Exa., nos termos do art. art. 102, III, "c", da CRFB/88, interpor tempestivamente RECURSO EXTRAORDINÁRIO em face do acórdão n. ..., ao Egrégio Supremo Tribunal Federal, pelos motivos e fatos expostos a seguir, requerendo e aguardando que seja conhecido e recebido, juntando-se guia de recolhimento e, após cumpridas as formalidades processuais necessárias, sejam os autos remetidos ao Supremo Tribunal Federal.

Nesses termos, pede deferimento.
Local..., Data...
Advogado... OAB/UF

PEÇA DAS RAZÕES DO RECURSO EXTRAORDINÁRIO

AO SUPREMO TRIBUNAL FEDERAL

RECORRENTE: Partido Frente Brasileira Única

RECORRIDO: Governador do Estado X

RAZÕES DO RECURSO

I – DA TEMPESTIVIDADE

O presente recurso encontra-se tempestivo, pois foi interposto no prazo de 15 dias estabelecido pelo art. 1.003, § 5.º, do CPC.

II – DO CABIMENTO DO RECURSO

O recurso interposto consiste em recurso extraordinário com cabimento baseado no art. 102, III, "c", da CRFB/88 – que prescreve ser competência recursal do Supremo Tribunal Federal julgar, em recurso extraordinário – as causas decididas em única ou última instância – quando a decisão recorrida julgar válida lei ou ato de governo local contestado em face da Constituição Federal.

Trata-se originalmente de Decreto estadual que não se limitou a regulamentar lei, mas disciplinou de forma autônoma o direito de reunião em locais públicos, divergindo dos dispositivos da Constituição Federal de 1988 e da Constituição do referido estado, tendo sido ajuizada no âmbito do Tribunal de Justiça local uma Ação Direta de Inconstitucionalidade em face da própria Constituição estadual (que reproduz dispositivos da Constituição Federal), com base no art. 125, § 2.º da CRFB/88, na qual foi julgada improcedente pelo Tribunal, e cuja decisão entendeu ser válido o Decreto estadual em face dos comandos da Constituição estadual (reprodução de dispositivos da Constituição Federal).

O direito de reunião e de liberdade de expressão são protegidos explicitamente pela CRFB/88 (art. 5.º, XVI e IV) e qualquer norma infraconstitucional que imponha obstáculos além daqueles previstos no próprio texto constitucional viola frontalmente a ordem jurídica brasileira. Equivocada está a decisão do Tribunal de Justiça do estado X que desconsidera a supremacia da Constituição Federal de 1988 e reconhece como compatível com a ordem constitucional os dispositivos do Decreto n. 1.968.

Por este motivo é cabível o presente recurso extraordinário para que se corrija tal violação à Constituição Federal.

III – DO PREPARO

Atendendo ao comando do art. 1.007 do CPC, este recurso está acompanhado da devida guia de recolhimento das custas processuais e do porte de remessa e de retorno.

IV – DO PREQUESTIONAMENTO CONSTITUCIONAL

A matéria constitucional, que é elementar para o presente recurso extraordinário, foi prequestionada na ação de origem, tendo em vista que foi ajuizada justamente, no tribunal inferior, uma Ação Direta de Inconstitucionalidade em face da Constituição Estadual, sendo levada ao Tribunal de Justiça a discussão quanto à inconstitucionalidade do Decreto n. 1.968.

Não havendo êxito em demonstrar a inconstitucionalidade do Decreto n. 1.968, tendo sido julgado válido ao ser contestado em face do ordenamento jurídico-constitucional

(Constituição Estadual que reproduz dispositivo da Constituição Federal), resta como solução imprescindível a discussão extraordinária por este Supremo Tribunal Federal.

V – DA REPERCUSSÃO GERAL

A matéria é relevantíssima e possui indiscutível repercussão geral, atendendo ao requisito previsto no art. 102, § 3.° da CRFB/88 e art. 1.035 do CPC, motivo pelo qual é cabível a interposição deste Recurso Extraordinário.

O direito de reunião e o de liberdade de expressão transcendem a esfera de direitos individuais, sendo titularizados por toda a coletividade. O questionamento do Decreto n. 1.968 que restringe a prática de tais direitos fundamentais não se limita aos interesses subjetivos da causa, mas visa assegurar a integridade de interesses que podem atingir natureza transindividual.

Reconhecer que um decreto – a pretexto de disciplinar a participação da população em protestos, pacificar os movimentos e assegurar a integridade das pessoas – possa dispor como obrigatórios a prévia comunicação às autoridades; o aviso; a identificação completa e a revista pessoal de todos os participantes do evento, sob pena de desfazimento da manifestação, viola não somente os dispositivos expressos na Constituição Federal, como também abre precedentes para uma série de abusos e arbitrariedades passíveis de serem praticadas pelas autoridade responsáveis, gerando repercussões relevantes do ponto de vista econômico, político, social e jurídico.

VI – DO RESUMO DOS FATOS

O Partido Político "Frente Brasileira Unida" ajuizou perante o Tribunal de Justiça do Estado X Ação Direta de Inconstitucionalidade n. ...., alegando a violação a normas da Constituição do Estado referentes a direitos e garantias individuais e coletivos (que reproduzem disposições constantes da Constituição da República).

O Plenário do Tribunal de Justiça local, entretanto, por maioria, julgou improcedente o pedido formulado, de declaração de inconstitucionalidade dos dispositivos do decreto estadual, por entender compatíveis as previsões constantes daquele ato com a Constituição do Estado, na interpretação que restou prevalecente na corte.

Da decisão do Tribunal de Justiça que julgou válido o Decreto n. 1.968 em face da Constituição Estadual (que reproduz disposições constantes da Constituição da República), o Partido Político "Frente Brasileira Unida" interpôs o presente Recurso Extraordinário.

VII – DO DIREITO

O Decreto n. 1.968 viola diversos dispositivos constitucionais. Incialmente podemos apontar a violação ao art. 5.º, XVI, da Constituição Federal, que assegura o direito de reunião em locais abertos ao público, independentemente de autorização, desde que não frustrem outra reunião anteriormente convocada para o mesmo local, sendo apenas exigido prévio aviso à autoridade competente. Ou seja, qualquer outra exigência que venha a ser formulada como condição de exercício do direito é inconstitucional.

Ainda ocorre a violação ao princípio da liberdade de expressão e ao princípio da legalidade, ambos localizados no art. 5.º, incisos IV e II, da CRFB/88, respectivamente.

Por fim, deve ser indicada a violação ao princípio da razoabilidade/proporcionalidade, pois, ainda que se entendesse possível a restrição ao direito de reunião, a restrição imposta pelo decreto, no caso analisado, falha nos subprincípios da necessidade (que impõe a utilização, dentre as possíveis, da medida menos gravosa para atingir determinado objetivo) e da proporcionalidade em sentido estrito (que impõe a análise da relação custo/benefício da norma avaliada, de modo que o ônus imposto pela norma seja inferior ao benefício por ela engendrado, sob pena de inconstitucionalidade).

VIII – DO PEDIDO

Diante do exposto, o recorrente requer a intimação do procurador-geral da República, que sejam conhecidas as razões do recurso extraordinário para, em seguida, ser provido o recurso e finalmente reformada a decisão proferida pelo Tribunal de Justiça do estado X para fim de ver declarada a inconstitucionalidade do decreto editado pelo governador do estado.

Nesses termos, pede deferimento.
Local..., Data...
Advogado... OAB/UF

12.8. Elaboração de peça processual – recurso extraordinário (modelo básico)

PEÇA DE INTERPOSIÇÃO

EXMO. SR. DR. DESEMBARGADOR PRESIDENTE (ou VICE-PRESIDENTE) DO TRIBUNAL DE JUSTIÇA DO ESTADO... (ou EXMO. SR. DR. DESEMBARGADOR PRESIDENTE DO TRIBUNAL DE JUSTIÇA DO DFT, ou EXMO. SR. DR. DESEMBARGADOR PRESIDENTE DO TRIBUNAL REGIONAL FEDERAL) – juízo recorrido.

(3 linhas)

Processo n.: ...

(2 linhas)

Nome..., já devidamente qualificado nos autos da ação..., por seu advogado infra-assinado, conforme procuração anexa, com escritório no endereço... que indica para fins do art. 319 do CPC, vem à presença de V. Exa., nos termos do art. ... (citar qual a alínea cabível para o recurso extraordinário proposto – art. 102, III, "a", "b", "c", "d", da CRFB/88), interpor tempestivamente RECURSO EXTRAORDINÁRIO em face do acórdão n. ..., ao Egrégio Supremo Tribunal Federal, pelos motivos e fatos expostos a seguir, requerendo e esperando que seja conhecido e recebido, juntando-se guia de recolhimento anexa e, após cumpridas as formalidades processuais necessárias, sejam os autos remetidos ao Supremo Tribunal Federal.

Nesses termos, pede deferimento.
Local..., Data...
Advogado... OAB/UF

PEÇA DAS RAZÕES DO RECURSO EXTRAORDINÁRIO

AO SUPREMO TRIBUNAL FEDERAL – juízo competente para julgar

RECORRENTE:...

RECORRIDO:...

RAZÕES DO RECURSO

I – DA TEMPESTIVIDADE

II – DO CABIMENTO DO RECURSO

III – DO PREPARO

IV – DO PREQUESTIONAMENTO CONSTITUCIONAL

V – DA REPERCUSSÃO GERAL

VI – DO RESUMO DOS FATOS

VII – DO DIREITO

VIII – DO PEDIDO

Diante do exposto, o recorrente requer a intimação do procurador-geral da República, que sejam conhecidas as razões do recurso extraordinário para, em seguida, ser provido o recurso e finalmente reformada a decisão... questionada.

Nesses termos, pede deferimento.
Local..., Data...
Advogado... OAB/UF

12.9. Considerações finais

Neste capítulo preferimos deixar, além da peça processual que atende ao caso exigido no XII Exame, uma peça de modelo básico de Recurso Extraordinário para que você utilize a estrutura nos treinos. Algumas argumentações contidas nos itens "Do Preparo", "Da Repercussão Geral", "Da Tempestividade" podem ser adotadas quase sem alteração em qualquer recurso extraordinário. Lembre-se de que é importante construir um modelo básico para cada uma das peças, e no dia do seu exame o seu trabalho será apenas especificar o caso e sua fundamentação, conforme for cobrado pela banca.

13. *HABEAS CORPUS*

13.1. Apresentação

O *habeas corpus*, previsto no art. 5º, LXVIII, da Constituição Federal e, regulamentado pelos arts. 647 a 667 do Código de Processo Penal, é remédio constitucional que visa evitar ou cessar violência ou coação à liberdade de locomoção, por ilegalidade ou abuso de poder.

Não há um consenso doutrinário a respeito da origem do *habeas corpus*, surgindo as seguintes correntes: a) **majoritária:** surgiu na Inglaterra com a Magna Carta de 1215; b) **minoritária:** surgiu no direito romano: os romanos já conheciam o *interdictum de homine libero exhibendo*, como ordem em que o pretor dava de trazer o cidadão ao seu julgamento, apreciando a legalidade da prisão efetuada.

No Brasil, o *habeas corpus* repressivo surgiu no Código de Processo Criminal do Império de 1832, com previsão expressa no art. 340; já o *habeas corpus* preventivo surgiu com a Lei n. 2.033, de 20 de setembro de 1871. A primeira Constituição que fez previsão do *habeas corpus* foi a de 1891, que admitia *habeas corpus* para proteger direitos pessoais, inclusive liberdade de locomoção.

Teoria Brasileira do *Habeas Corpus* é o período entre a Constituição de 1891 e a reforma constitucional de 1926 em que o *habeas corpus* foi usado para proteger todo e qualquer direito fundamental.

13.2. Características e requisitos

O *habeas corpus* é ação judicial constitucional de caráter sumaríssimo (não admite dilação probatória), gratuita (isenta de custas), de procedimento especial, de natureza penal (envolve a liberdade de locomoção) e popular (qualquer pessoa pode ajuizar o *habeas corpus*).

É remédio constitucional e garantia individual. O *habeas corpus*, apesar de previsto na lei processual penal como recurso, é ação impugnativa autônoma, ou seja, é meio de impugnação judicial que, quando proposta, visa à instauração de nova relação processual.

Cabe ressaltar que nada impede que o *habeas corpus* seja usado como substitutivo de recurso ou de forma cumulativa com um recurso. O *habeas corpus*, quando impetrado de forma concomitante com o recurso cabível contra o ato impugnado, será admissível apenas se for destinado à tutela direta da liberdade de locomoção ou se traduzir pedido diverso do objeto do recurso próprio e que reflita mediatamente na liberdade do paciente (*Informativo* n. 669/2020 do STJ).

Para a propositura do *habeas corpus*, não é necessária intervenção de advogado. O pedido formulado pelo autor tem de ser previsto e aceito pelo ordenamento jurídico. O interesse de agir é demonstrado pela: a) **necessidade**: é preciso que haja um constrangimento ou simples ameaça na liberdade de locomoção; b) **adequação**: *o habeas corpus* deve ser apto a corrigir ou remover a situação ilegal ou abusiva causada na liberdade de locomoção de uma pessoa.

Não há prazo para a propositura do *habeas corpus*. É possível desistência no *habeas corpus*. Não é admitida a impetração apócrifa, ou seja, sem identificação e assinatura do impetrante. A autoridade competente para julgá-lo não está vinculada ao pedido e causa de pedir formulado pelo impetrante, podendo julgar aquém ou além do que foi pleiteado. O julgamento do *habeas corpus* tem preferência sobre todos os demais procedimentos. No caso de empate no julgamento do *habeas corpus* prevalecerá a decisão mais favorável ao paciente.

13.3. Objeto e espécies

O *habeas corpus* tem como objeto de tutela a liberdade de locomoção, ou seja, o direito de ir, vir, ficar, permanecer e deslocar.

São espécies de *habeas corpus*: a) **preventivo:** proposto quando alguém se achar ameaçado de sofrer violência ou coação em sua liberdade de locomoção por ilegalidade ou abuso de poder. A cessação da ameaça depende do salvo-conduto (art. 660, § 4º, do CPP). Se já foi expedido mandado de prisão, a ordem judicial de cessação é o contramandado de prisão; b) **repressivo:** proposto quando alguém estiver sofrendo violência ou coação em sua liberdade de locomoção por ilegalidade ou abuso de poder. A cessação do constrangimento depende do alvará de soltura; e c) **de ofício:** é concedido quando alguém no curso de processo criminal estiver sofrendo violência ou coação em sua liberdade de locomoção por ilegalidade ou abuso de poder (art. 654, § 2º, do CPP).

13.4. Competência

Existem duas espécies: a) **competência originária**: o *habeas corpus* é proposto diretamente em tribunal, de acordo com as regras previstas na Constituição Federal; b) **competência não originária:** autoridade competente para julgamento do *habeas corpus* é autoridade superior à tida como coatora, nos termos do art. 650, § 1º, do CPP. A determinação da competência levará em conta o local em que ocorreu a coação ilegal e a qualidade da autoridade coatora (art. 649 do CPP).

13.5. Legitimidade das partes

a) **Ativa**: qualquer pessoa em seu favor ou de outrem, bem como pelo Ministério Público (art. 32 da Lei Orgânica n. 8.625/93). O analfabeto pode impetrar com assinatura a rogo; não basta impressão digital. O membro do Ministério Público, como fiscal da lei, juiz e delegado, não pode impetrar enquanto no exercício funcional. Pessoa jurídica pode impetrar *habeas corpus* em favor de pessoa física.

b) **Passiva**: o *habeas corpus* é impetrado em face de autoridade pública ou particular (exemplo: retenção em hospital por não pagamento das despesas).

No *habeas corpus*, impetrante é a pessoa que requer o *habeas corpus*; paciente é o que sofre coação; detentor é a pessoa que tem o paciente sob custódia; coator é a que exerce violência ou coação.

13.6. Cabimento

a) **Custas processuais:** não cabe *habeas corpus* para resolver sobre ônus das custas, por não estar mais em causa a liberdade de locomoção, nos termos da Súmula 395 do STF.

b) **Pena de multa:** não cabe contra decisão condenatória a pena de multa, ou relativa a processo em curso por infração penal em que a pena pecuniária seja a única cominada, nos termos da súmula, pois não envolve liberdade de locomoção.

c) ***Habeas corpus* coletivo:** aceito pela jurisprudência do STF para determinar a substituição da prisão preventiva pela domiciliar – sem prejuízo da aplicação concomitante das medidas alternativas previstas no art. 319 do CPP – de todas as mulheres presas, gestantes, puérperas, ou mães de crianças e deficientes sob sua guarda, nos termos do art. 2º do ECA e da Convenção de Direitos das Pessoas com Deficiências (Decreto Legislativo n. 186/2008 e Lei n. 13.146/2015), enquanto perdurar tal condição, excetuados os casos de crimes praticados por elas mediante violência ou grave ameaça, contra seus descendentes ou, ainda, em situações excepcionalíssimas, as quais deverão ser devidamente fundamentadas pelos juízes que denegarem o benefício.

d) **Extinção da pena privativa de liberdade:** não cabe, nos termos da Súmula 695 do STF.

e) **Imposição da pena de exclusão de militar ou de perda da patente ou de função pública:** não cabe, nos termos da Súmula 694 do STF.

f) **Extradição:** não cabe contra omissão do relator da extradição, se fundada em fato ou direito estrangeiro cuja prova não constava dos autos, nem foi ele provocado a respeito.

g) **Coação indireta na liberdade de locomoção:** a) intimação para depor em CPI: é possível *habeas corpus*, pois a intimação traz em si a ideia da condução coercitiva; b) quebra de sigilo bancário ou fiscal: é possível *habeas corpus*, pois com a quebra pode advir medida restritiva à liberdade de locomoção.

h) **Trancamento de ação civil pública ou ação de improbidade administrativa:** não é possível, pois não se faz em jogo a liberdade de locomoção.

i) **Após trânsito em julgado:** é possível, desde que a matéria do caso concreto não demande dilação probatória.

j) **Punição disciplinar militar:** apesar de existir na Constituição Federal, em seu art. 142, § 2º, proibição expressa, podemos dizer que é possível, desde que não interfira no mérito da punição disciplinar militar. É orientação do STJ que a legalidade da imposição de punição constritiva da liberdade, em procedimento administrativo castrense pode ser discutida em sede de *habeas corpus*.

k) **Afastamento de prefeito**: é cabível impetração de *habeas corpus* para que seja analisada a legalidade de decisão que determina o afastamento de prefeito do cargo, quando a medida for imposta conjuntamente com a prisão (*Informativo* 561/15 do STJ).

l) **Medidas protetivas na Lei Maria da Penha:** cabe *habeas corpus* para apurar eventual ilegalidade na fixação de medida protetiva de urgência consistente na proibição de aproximar-se de vítima de violência doméstica e familiar. O eventual descumprimento de medidas protetivas arroladas na Lei Maria da Penha pode gerar sanções de natureza civil (art. 22, § 4º, da Lei n. 11.340/2006 c/c o art. 461, §§ 5º e 6º, do CPC), bem como a decretação de prisão preventiva, de acordo com o art. 313, III, do CPP (*Informativo* 574/2015 do STJ).

m) **Concessão de *sursis*:** não prejudica a análise de *habeas corpus* no qual se pleiteia o trancamento de ação penal, pois durante todo o período de prova o acusado fica submetido ao cumprimento das condições impostas, cuja inobservância enseja o restabelecimento do curso do processo (*Informativo* 557/2015 do STJ).

n) **Fundamento:** hipóteses exemplificativas do art. 648 do CPP:

i) **falta de justa causa:** a coação será considerada ilegal quando exercida sem um motivo lícito;

ii) **excesso de prazo**: quando alguém estiver preso por mais tempo do que determina a lei: é possível ajuizar *habeas corpus* quando ocorrer excesso de prazo na instrução processual penal, salvo se a demora tiver sido causada pela defesa, pelo grande número de acusados envolvidos ou por greve dos serventuários da Justiça;

iii) **incompetência:** quando quem ordenar a coação não tiver competência para fazê-lo;

iv) **cessação:** quando houver cessado o motivo que autorizou a coação;

v) **fiança:** quando não for alguém admitido a prestar fiança, nos casos em que a lei a autoriza;

vi) **nulidade:** quando o processo for manifestamente nulo: se a nulidade surgiu na citação, ou antes da citação, a anulação será *ab initio* e o processo será integralmente renovado. Porém se a nulidade surgiu após a citação, a anulação será a partir do ato viciado e o processo será renovado em parte;

vii) **extinção da punibilidade:** quando extinta a punibilidade.

o) **Recursos:** é possível "recurso de ofício", quando o juiz de primeiro grau concede a ordem de *habeas corpus*, nos termos do art. 574, I, do CPP; cabe recurso em sentido estrito, quando o juiz de primeiro grau conceder ou negar a ordem de *habeas corpus*, nos termos do art. 581, X, do CPP. É possível recurso ordinário constitucional ao STF quando o *habeas corpus* tiver sido julgado em única instância pelos tribunais superiores (art. 102, II, *a*, da CRFB); ao STJ quando a decisão for proferida em única ou última instância pelos Tribunais Regionais Federais ou pelos Tribunais dos Estados e do Distrito Federal (art. 105, II, *a*, da CRFB). É possível recurso especial e extraordinário, nos casos de concessão de *habeas corpus*, desde que preenchidos os requisitos. O prazo para interposição de recurso ordinário em *habeas corpus*, ainda que se trate de matéria não criminal, é de 5 dias (*Informativo* 646/2019).

p) **Transação penal:** a transação penal, prevista no art. 76 da Lei n. 9.099/1995, prevê a possibilidade de o autor da infração penal celebrar acordo com o Ministério Público (ou querelante), mediante a imposição de pena restritiva de direitos ou multa, obstando, assim, o oferecimento da denúncia (ou queixa). Trata-se de instituto cuja aplicação, por natureza e como regra, ocorre na fase pré-processual. Por conseguinte, visa impedir a instauração da *persecutio criminis in iudicio*. E é por esse motivo que não se revela viável, após a celebração do acordo, pretender discutir em ação autônoma a existência de justa causa para ação penal, ou seja, a concessão do benefício da transação penal impede a impetração de *habeas corpus* em que se busca o trancamento da ação penal (*Informativo* 657/2019 do STJ).

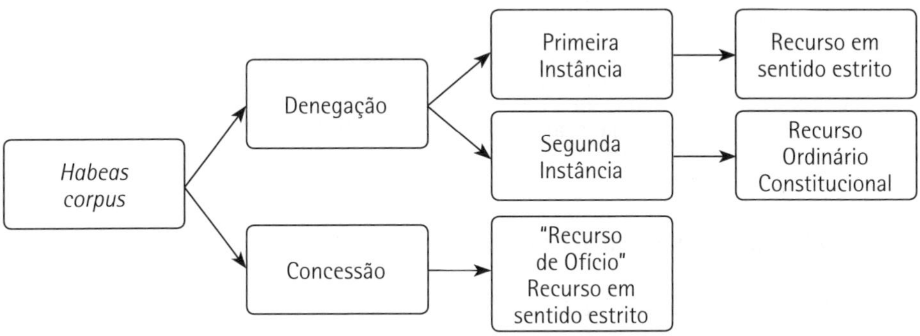

13.7. Processamento do *habeas corpus* em primeira instância

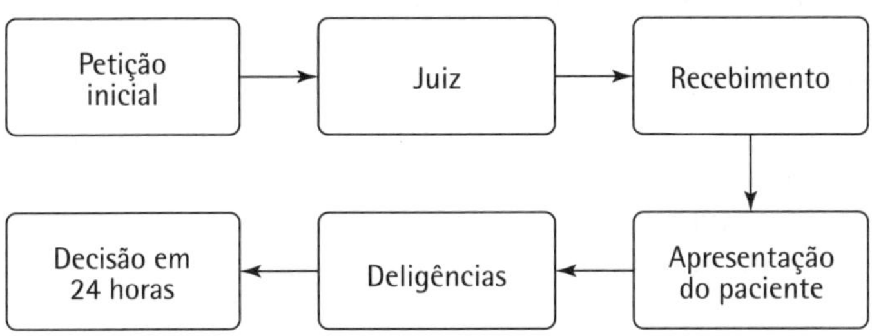

13.8. Processamento do *habeas corpus* em segunda instância

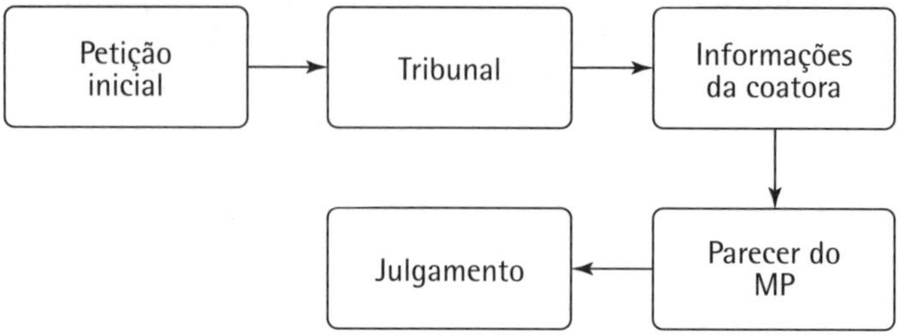

13.9. Dicas da peça prática

Endereçamento: em primeiro lugar, o candidato deve verificar se é caso de competência originária (hipóteses previstas na CRFB); caso não seja competência originária, o candidato deve endereçar para autoridade superior à tida como coatora.

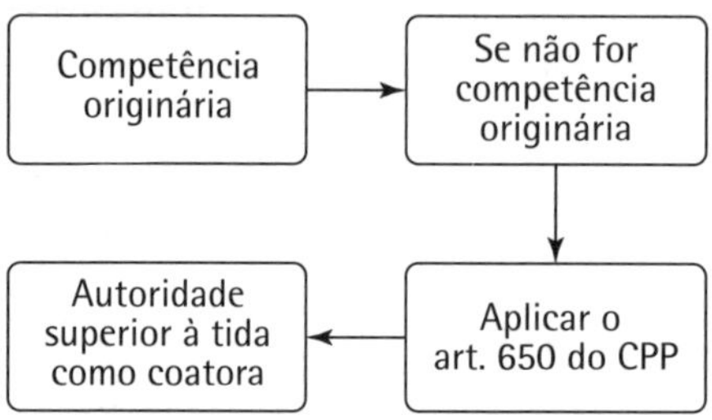

13.9.1. Casos de competência originária

13.9.1.1. STF – art. 102, I, *d* e *i*

O *habeas corpus*, sendo paciente o presidente da República, o vice-presidente, os membros do Congresso Nacional, seus próprios ministros e o procurador-geral da República, os Ministros de Estado e os Comandantes da Marinha, do Exército e da Aeronáutica, ressalvado o disposto no art. 52, I, da CRFB, os membros dos Tribunais Superiores, os do Tribunal de Contas da União e os chefes de missão diplomática de caráter permanente.

O *habeas corpus*, quando o coator for Tribunal Superior ou quando o coator ou o paciente for autoridade ou funcionário cujos atos estejam sujeitos diretamente à jurisdição do Supremo Tribunal Federal, ou se trate de crime sujeito à mesma jurisdição em uma única instância.

13.9.1.2. STJ – art. 105, I, *c*

Os *habeas corpus*, quando o coator ou paciente for qualquer das pessoas mencionadas na alínea *a* do art. 105, I, da CRFB, ou quando o coator for tribunal sujeito à sua jurisdição, Ministro de Estado ou Comandante da Marinha, do Exército ou da Aeronáutica, ressalvada a competência da Justiça Eleitoral.

13.9.1.3. TRF – art. 108, I, *d*

Os *habeas corpus*, quando a autoridade coatora for juiz federal.

13.9.1.4. Tribunais Estaduais – art. 125, § 1º, da CRFB

A competência dos tribunais será definida na Constituição do Estado, sendo a lei de organização judiciária de iniciativa do Tribunal de Justiça.

13.9.2. Casos de competência não originária

Autoridade coatora	Regra de endereçamento
Delegado da polícia estadual	Excelentíssimo Senhor Doutor Juiz de Direito da... Vara Criminal/Júri da Comarca de...
Delegado da polícia federal	Excelentíssimo Senhor Doutor Juiz Federal da... Vara Criminal/Júri da Seção Judiciária de...
Juiz de Direito	Excelentíssimo Senhor Doutor Desembargador Presidente do Egrégio Tribunal de Justiça do Estado de...
Juiz Federal	Excelentíssimo Senhor Doutor Desembargador Federal Presidente do Egrégio Tribunal Regional Federal da... Região
Tribunal Estadual	Excelentíssimo Senhor Doutor Ministro Presidente do Colendo STJ
Tribunal Regional Federal	Excelentíssimo Senhor Doutor Ministro Presidente do Colendo STJ
Particular	Excelentíssimo Senhor Doutor Juiz de Direito/Federal da... Vara Criminal/ Júri da Comarca/Seção Judiciária de...
Promotor de justiça	Excelentíssimo Senhor Doutor Desembargador Presidente do Egrégio Tribunal de Justiça do Estado de...
Membro do MPU que oficie perante Tribunal	Excelentíssimo Senhor Doutor Ministro Presidente do Colendo STJ

Governador, desembargador, membros dos Tribunais de contas dos estados, do Distrito Federal e dos municípios, dos Tribunais regionais federais, eleitorais e do trabalho	Excelentíssimo Senhor Doutor Ministro Presidente do Colendo STJ
Membro do MPU que oficie na primeira instância	Excelentíssimo Senhor Doutor Desembargador Federal do Egrégio Tribunal Regional Federal da... Região
Juiz do Juizado Especial Criminal	Excelentíssimo Senhor Doutor Juiz Presidente da Egrégia Turma Recursal do Juizado Especial Criminal Federal/Estadual da Seção Judiciária/Comarca de...
Turma Recursal federal	Excelentíssimo Senhor Doutor Desembargador Federal do Egrégio Tribunal Regional Federal da... Região
Turma Recursal estadual	Excelentíssimo Senhor Doutor Desembargador Presidente do Egrégio Tribunal de Justiça do Estado de...

PREÂMBULO

É o parágrafo introdutório da peça prática de *habeas corpus*. O candidato figura como impetrante na condição de advogado. Deve ser feito conforme modelo abaixo:

... (NOME), advogado inscrito na Ordem dos Advogados do Brasil sob n. ..., Seção..., com escritório na... (endereço), vem, à presença de Vossa Excelência, com fundamento no art. 5º, LXVIII, da Constituição Federal c/c os arts. 647 e s. do Código de Processo Penal, impetrar ordem de *HABEAS CORPUS*... (PREVENTIVO OU REPRESSIVO), COM PEDIDO DE LIMINAR, contra ato do... (autoridade coatora), em favor de... (nome do paciente), ... (nacionalidade), ... (estado civil), ... (profissão), residente e domiciliado na ... (endereço), pelos fundamentos de fato e de direito a seguir aduzidos:

Em face do modelo, são os seguintes os requisitos do preâmbulo:

a) **nome e qualificação do impetrante**: ... (NOME), advogado inscrito na Ordem dos Advogados do Brasil sob n. ..., Seção..., com escritório na... (endereço);

b) **fundamento legal da peça:** art. 5º, LXVIII, da Constituição Federal c/c os arts. 647 e s. do Código de Processo Penal;

c) **verbo da peça:** impetrar;

d) **nome da peça**: ordem de *HABEAS CORPUS*... (PREVENTIVO OU REPRESSIVO), COM PEDIDO DE LIMINAR;

e) **ato da autoridade coatora:** contra ato do... (autoridade coatora);

f) **identificação do paciente:** em favor de... (nome do paciente), ... (nacionalidade), ... (estado civil), ... (profissão), residente e domiciliado na ... (endereço);

g) **frase final**: "pelos fundamentos de fato e de direito a seguir aduzidos".

DOS FATOS

O candidato deve realizar a leitura do enunciado e fazer um texto narrativo, sem inventar dados.

DO DIREITO

O candidato deve seguir um roteiro estrutural na argumentação da tese:

a) **apontamento da tese:** o candidato deve mencionar a tese (nulidade, extinção da punibilidade, falta de justa causa ou abuso de autoridade). Após citar a tese, o candidato deve expor o motivo, ou seja, narrar o porquê da tese. Por fim, o candidato deve fazer referência ao fundamento legal e/ou constitucional;

b) **demonstração da tese:** o candidato deve arrolar os argumentos que indicarem os artigos de lei e princípios jurídicos violados com a ocorrência da tese exposta no parágrafo inicial;

c) **conclusão:** retomar o parágrafo em que foi apontada a tese, com outras palavras.

DA LIMINAR

É possível liminar em *habeas corpus* em caráter excepcional, apesar de não estar prevista em lei. A finalidade: proteger a pessoa humana que sofre constrangimento na sua liberdade de locomoção, por meio da antecipação da liberdade ou de medidas urgentes para resguardo do direito de ir, vir, ficar, permanecer e deslocar. Os requisitos para concessão da liminar são: a) *fumus boni iuris*: fumaça do bom direito; b) *periculum in mora*: perigo da demora. O candidato deve requerer a liminar em *habeas corpus* conforme modelo abaixo.

Embora não prevista em lei, a concessão da liminar em *habeas corpus* vem sendo admitida pela jurisprudência, sempre que presentes os requisitos, a seguir demonstrados: a) *fumus boni iuris*, está evidenciado pela existência de disposição legal e princípios constitucionais que... (mencionar a tese); b) *periculum in mora*, por sua vez, está caracterizado, pois, caso não seja... (o que se pede em favor do paciente), de forma urgente e imediata, ocorrerá lesão grave e de difícil reparação, consistente... (explicitar o dano que irá acontecer se não for obtida a liminar).

Dessa forma, presentes os requisitos do *fumus boni iuris* e *periculum in mora*, como restou comprovado acima, a liminar deve ser concedida, como direito subjetivo do paciente, para boa aplicação da lei penal e respeito aos valores supremos da sociedade.

DO PEDIDO

a) Diante do exposto, vem requerer que, após solicitadas as informações à autoridade coatora, seja concedida a ordem impetrada, com base nos arts. 647 e

648, inciso..., do Código de Processo Penal, decretando-se..., como medida de inteira justiça.

b) Decretando-se:

- extinção da punibilidade: decretando-se a extinção da punibilidade do fato imputado ao paciente na ação penal, já que... (motivo da extinção) ...;
- nulidade: ... decretando-se a anulação... (*ab initio* ou a partir do ato...);
- falta de justa causa: ... decretando-se trancamento da ação penal (se não houver sentença) ou cassação da sentença (se houver sentença);
- abuso de autoridade: ... decretando-se... (depende da situação colocada no problema).

c) Pedidos complementares:

- prisão preventiva: revogação da prisão preventiva decretada contra o paciente e a expedição do alvará de soltura em seu favor;
- prisão em flagrante: relaxamento da prisão em flagrante imposta ao paciente e expedição do alvará de soltura em seu favor;
- iminência de ser preso: expedição do contramandado de prisão;
- HC preventivo: expedição do salvo-conduto.

ENCERRAMENTO

O candidato deve indicar o final da peça da seguinte forma:

Termos em que pede deferimento.

(2 linhas)

Local, ... de... de...

(2 linhas)

Advogado

OAB – sob n. ...

13.10. Exercício da peça prática

Enunciado: *A*, por meio de notícia veiculada em vários jornais, difamou *B*. Este, após 4 anos da publicação da notícia, promoveu uma ação penal contra *A*, ação essa que se encontra em curso. Qual a providência a ser tomada pelo advogado de *A*?

Rascunho da peça: a) infração penal: crime de difamação previsto no art. 139 do CP; b) ação penal: privada; c) pena concreta: não tem; d) pena abstrata: detenção de três meses a um ano e multa; e) rito processual: sumaríssimo, pois a pena máxima prevista em lei é inferior a 2 anos; f) momento processual: não definido; apenas diz que a ação penal se encontra em curso; g) cliente: *A*; h) situação prisional: solto; i) tese: extinção da punibilidade pela ocorrência da prescrição nos termos do art. 109 do CP; j) peça: *habeas corpus;* k) competência: tribunal de justiça; l) pedido: extinção da punibilidade.

EXCELENTÍSSIMO SENHOR DOUTOR DESEMBARGADOR PRESIDENTE DO EGRÉGIO TRIBUNAL DE JUSTIÇA DO ESTADO DE SÃO PAULO

(10 linhas)

... (nome), advogado inscrito na Ordem dos Advogados do Brasil sob n. ..., Seção..., com escritório na... (endereço), vem, à presença de Vossa Excelência, com fundamento no art. 5.º, LXVIII, da Constituição Federal c/c os arts. 647 e s. do Código de Processo Penal, impetrar ordem de "HABEAS CORPUS", com pedido de liminar, contra ato do Meritíssimo Juiz de Direito da Vara Criminal, em favor de A (nacionalidade), ... (estado civil), ... (profissão), residente e domiciliado na ... (endereço), pelos motivos de fato e de direito a seguir aduzidos:

(2 linhas)

I – DOS FATOS

"A" praticou crime de difamação previsto no Código Penal contra "B", ora paciente, por meio de notícia veiculada em vários jornais. Diante dos fatos, "B" moveu ação penal contra "A", após 4 anos da publicação da notícia (fls.).

(2 linhas)

II – DO DIREITO

No caso em tela, há extinção da punibilidade pela ocorrência de prescrição nos termos do art. 109 c/c o art. 107, IV, ambos do Código Penal.

O paciente promoveu a ação penal 4 anos após a publicação da notícia, ultrapassando o prazo prescricional previsto no CP.

O paciente perdeu o direito de promover a ação privada e provocar a prestação jurisdicional porque não exerceu o direito de queixa no prazo legal.

Dessa forma, o Estado perdeu o direito de punir, cessando a punibilidade do fato, em razão da prescrição.

(2 linhas)

III – DA LIMINAR

Embora não prevista em lei, a concessão da liminar em "habeas corpus" vem sendo admitida pela jurisprudência, sempre que presentes os requisitos, a seguir demonstrados; a) "fumus boni iuris", está evidenciado pela existência de disposição legal e princípios constitucionais que revelam a ocorrência da extinção da punibilidade; b) "periculum in mora", por sua vez, está caracterizado, pois, caso não seja decretada a extinção da punibilidade em favor do paciente, de forma urgente e imediata, ocorrerá lesão grave e de difícil reparação, consistente no constrangimento ilegal em sua liberdade de locomoção.

Dessa forma, presentes os requisitos do "fumus boni iuris" e "periculum in mora", como restou comprovado acima, a liminar deve ser concedida, como direito subjetivo do paciente, para boa aplicação da lei penal e respeito aos valores supremos da sociedade.

IV – DO PEDIDO

Diante do exposto, vem requerer que, após solicitadas as informações à autoridade coatora, seja concedida a ordem impetrada, com base nos arts. 647 e 648, VII, do Código de Processo Penal, decretando-se a extinção da punibilidade do fato imputado ao paciente na ação penal, como medida de inteira justiça.

(2 linhas)

Termos em que pede deferimento.

(2 linhas)

Local, ... de ... de...

(2 linhas)

OAB – sob n. ...

14. *HABEAS DATA*

14.1. Apresentação

O *habeas data* é previsto no art. 5º, LXXII, da Constituição Federal, e regulamentado pela Lei n. 9.507/97 que entrou em vigor no dia 13 de novembro de 1997.

O *habeas data* surgiu com a Constituição Federal de 1988 para proteger direito à informação que consta em banco de dados público ou de caráter público

O pedido de *habeas data* poderá ser renovado se a decisão denegatória não lhe houver apreciado o mérito. Os processos de *habeas data* terão prioridade sobre todos os atos judiciais, **exceto *habeas corpus* e mandado de segurança**. São gratuitos o procedimento administrativo para acesso a informações e retificação de dados e para anotação de justificação, bem como a ação de *habeas data*.

14.2. Características e requisitos

A propositura do *habeas data* depende da recusa do banco de dados, nos termos da Súmula 2 do STJ. Equivale à recusa a omissão do banco de dados, nos termos do art. 7º da Lei n. 9.507/97.

Neste caso, a petição inicial deverá ser instruída com prova: da recusa ao acesso às informações ou do decurso de mais de 10 dias sem decisão; da recusa em fazer-se a retificação ou do decurso de mais de 15 dias, sem decisão; ou da recusa em fazer-se a anotação ou do decurso de mais de 15 dias sem decisão.

14.3. Objeto e finalidade

Para assegurar o conhecimento de informações relativas à pessoa do impetrante, constantes de registro ou banco de dados de entidades governamentais ou de caráter público; para a retificação de dados, quando não se prefira fazê-lo por processo sigiloso, judicial ou administrativo; para a anotação nos assentamentos do interessado, de contestação ou explicação sobre dado verdadeiro, mas justificável e que esteja sob pendência judicial ou amigável.

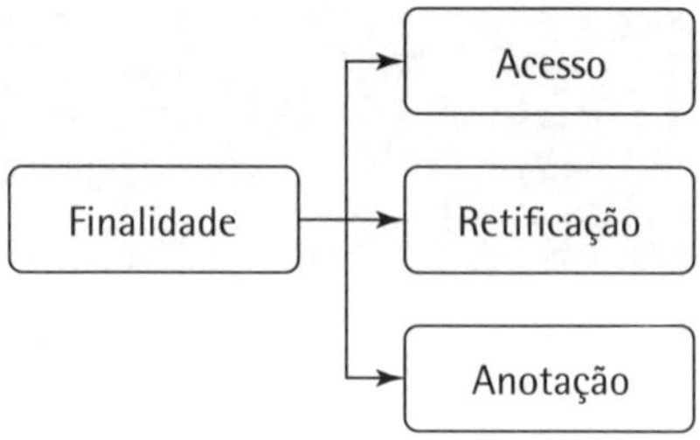

As finalidades do *habeas data* (acesso, retificação e anotação) estão previstas no art. 8º da Lei n. 9.507/97. Na Constituição Federal, estão mencionadas apenas duas finalidades possíveis para a utilização do *habeas data*, quais sejam o acesso e retificação.

Em face dessa omissão constitucional, surgiu o questionamento a respeito da constitucionalidade da finalidade de anotação, prevista apenas na Lei n. 9.507/97, surgindo duas correntes: a) **pela constitucionalidade**, pois o legislador apenas ampliou o texto constitucional, com objetivo de proteção dos direitos fundamentais; b) **pela inconstitucionalidade**, a lei não pode ir além da Constituição, em razão da supremacia constitucional. Diante da divergência doutrinária, **prevalece a corrente que sustenta a constitucionalidade** da finalidade de anotação no *habeas data*.

14.4. Competência

Em primeiro lugar, o candidato deve verificar se é caso de competência originária (impetração direta em tribunal). Se não for caso de competência originária, o *habeas data* será julgado por um juiz. Neste caso, verificar em primeiro lugar se é caso de juiz especial (trabalhista ou eleitoral). Se não for caso de juiz especial, verificar se o caso é enquadrado no art. 109 da CRFB (contra ato de autoridade federal, excetuados os casos de competência dos tribunais federais), caso em que será endereçado ao juiz federal. Verificado que não é caso de juiz federal, o *habeas data* será julgado por juiz estadual.

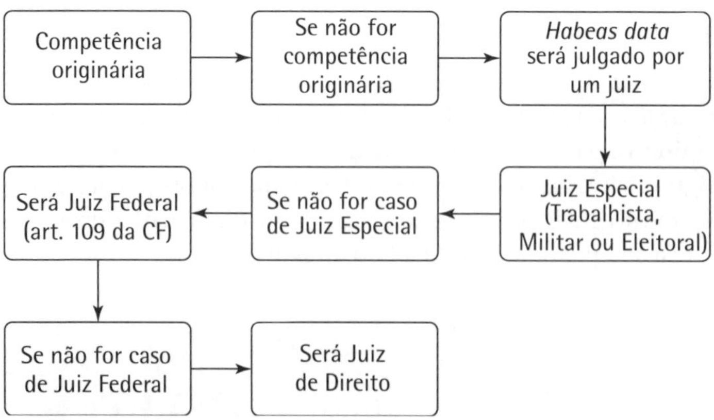

São regras de competência originária: a) ao Supremo Tribunal Federal, contra atos do presidente da República, das Mesas da Câmara dos Deputados e do Senado Federal, do Tribunal de Contas da União, do procurador-geral da República e do próprio Supremo Tribunal Federal; b) ao Superior Tribunal de Justiça, contra atos de Ministro de Estado, dos Comandantes da Marinha, do Exército e da Aeronáutica ou do próprio Tribunal; c) aos Tribunais Regionais Federais contra atos do próprio Tribunal ou de juiz federal; e d) a tribunais estaduais, segundo o disposto na Constituição do Estado.

Órgão do Judiciário	Competência	Fundamento
Supremo Tribunal Federal	Atos do presidente da República, das Mesas da Câmara dos Deputados e do Senado Federal, do Tribunal de Contas da União, do procurador-geral da República e do próprio Supremo Tribunal Federal	Art. 102, I, *d*, da CRFB
Supremo Tribunal Federal	As ações contra o Conselho Nacional de Justiça e contra o Conselho Nacional do Ministério Público	Art. 102, I, *r*, da CRFB
Superior Tribunal de Justiça	Atos de Ministro de Estado, dos Comandantes da Marinha, do Exército e da Aeronáutica ou do próprio Tribunal	Art. 105, I, *b*, da CRFB
Tribunais Regionais Federais	Atos do próprio Tribunal ou de juiz federal	Art. 108, I, *c*, da CRFB
Juiz federal	Ato de autoridade federal, excetuados os casos de competência dos tribunais federais	Art. 109, VIII, da CRFB
Juiz do trabalho	Os mandados de segurança, *habeas corpus* e *habeas data*, quando o ato questionado envolver matéria sujeita à sua jurisdição	Art. 114, IV, da CRFB
Tribunais estaduais	A competência dos tribunais será definida na Constituição do estado, sendo a lei de organização judiciária de iniciativa do Tribunal de Justiça	Art. 125, § 1º, da CRFB
Juiz estadual	Residual	Residual

14.5. Legitimidade das partes

a) **Ativa**: qualquer pessoa física ou jurídica. O impetrante somente pode ajuizar *habeas data* para obter informações próprias. No caso de pessoa falecida, é admitida a legitimidade dos herdeiros do *de cujus* e do cônjuge supérstite.

b) **Passiva**: a pessoa jurídica responsável pelo banco de dados público (informações gerenciadas pela Administração Pública) ou de caráter público (informações gerenciadas por particular autorizado pelo Poder Público). Se for banco de dados eletrônico o polo passivo será o provedor. A Caixa Econômica Federal, empresa pública sob o controle do Poder Público, tem legitimidade para figurar no polo passivo do *habeas data*, para fins de fornecer dados sobre descontos efetuados em conta-corrente (art. 7º da Lei n. 9.507/97 e art. 5º, LXXII, *a*, da CRFB/88) – *Informativo* 334/2007 do STJ.

14.6. Cabimento

a) **Impossibilidade de utilização de ação exibitória como substitutiva de *habeas data***: não é cabível ação de exibição de documentos que tenha por objeto a obtenção de informações detidas pela Administração Pública que não foram materializadas em documentos (eletrônicos ou não), ainda que se alegue demora na prestação dessas informações pela via administrativa (*Informativo* 575/2016 STJ).

b) **Acesso a dados do registro de procedimento fiscal**: **o *habeas data* não é via adequada para obter acesso a dados contidos em Registro de Procedimento Fiscal (RPF).** Isso porque o RPF, por definição, é documento de uso privativo da Receita Federal; não tem caráter público, nem pode ser transmitido a terceiros (*Informativo* 548/2014).

c) **Inquérito sigiloso**: não é cabível o *habeas data* para obrigar o ministro da Justiça a fornecer informações sobre inquérito conduzido pela Polícia Federal que transita em segredo de justiça, cujo objetivo é elucidar a prática de infração penal. A quebra de sigilo poderá causar prejuízo à apuração da autoria e materialidade do delito, além de o caso não se enquadrar em nenhuma das hipóteses de cabimento do *habeas data* previstas no art. 7º da Lei n. 9.507/97 (*Informativo* 222/2014).

d) **Análise de critérios de correção de prova discursiva de concurso público:** o *habeas data* é remédio constitucional que tem por fim assegurar ao indivíduo o conhecimento de informações relativas a sua pessoa registradas em banco de dados de entidades governamentais ou de caráter público, para eventual retificação. A Lei n. 9.507/97, art. 7º, elenca as hipóteses em que se justifica sua impetração e, entre elas, **não existe revolver os critérios utilizados na correção de provas em concurso público realizado por fundação universitária** (*Informativo* 288/2006).

e) **Cópia de Processo Administrativo**: O *habeas data* é meio hábil para se proteger o direito à informação ao possibilitar seu conhecimento ou sua retificação (art. 5º, LXXII, da CRFB/88). No caso, busca-se extrair **cópia integral de autos de processo administrativo**, hipótese incompatível com o uso daquele instrumento processual (art. 7º da Lei n. 9.507/97). Seria adequada, no caso, a utilização do mandado de segurança (*Informativo* 319/2007). As justificativas para o não cabimento do *habeas data* para a obtenção de cópia de autos de processo administrativo são: a) não encontra previsão no que dispõe o art. 7º, I, da Lei n. 9.507/97; b) o direito supostamente violado diz respeito ao devido processo legal.

14.7. Recurso

Da sentença que conceder ou negar o *habeas data* cabe apelação. Quando a sentença conceder o *habeas data*, o recurso terá efeito meramente devolutivo.

Quando o *habeas data* for concedido e o Presidente do Tribunal ao qual competir o conhecimento do recurso ordenar ao juiz a suspensão da execução da sentença, desse seu ato caberá agravo para o Tribunal a que presida.

14.8. Procedimento

14.8.1. Administrativo

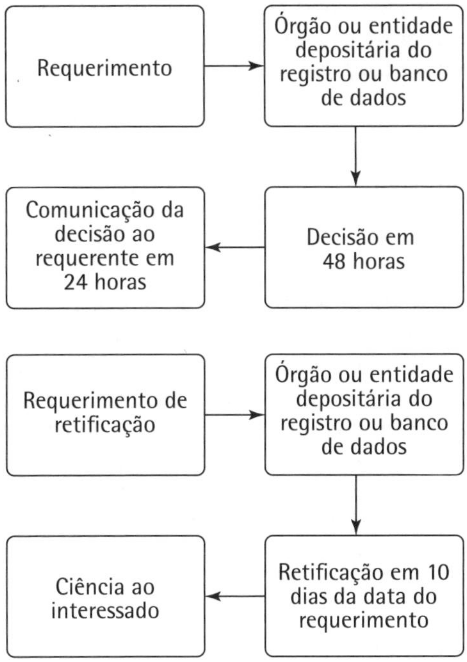

14.8.2. Judicial em primeira instância

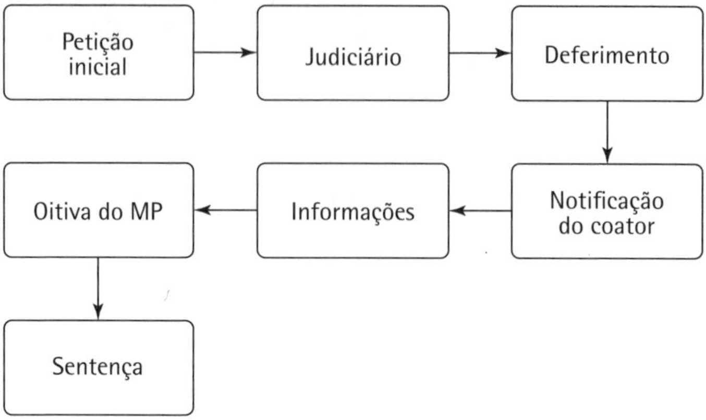

14.8.3. Processo judicial em segunda instância

Nos casos de competência do STF e dos demais Tribunais, caberá ao relator a instrução do processo. Na instância superior, deverão ser levados a julgamento na primeira sessão que se seguir à data em que, feita a distribuição, forem conclusos ao relator. O prazo para a conclusão não poderá exceder de 24 horas, a contar da distribuição.

14.9. Dicas da peça prática

ENDEREÇAMENTO

O candidato deve realizar raciocínio por exclusão: em primeiro lugar deve verificar se é caso de competência originária (caso concreto ser julgado direto em Tribunal). Se não for caso de competência originária, o *habeas data* será julgado por juiz. Se não for caso de juiz especial, para descobrir qual juiz, verificar primeiro se é caso de juiz federal (enquadrar o caso concreto no art. 109 da CRFB). Se não for competência do juiz federal, a competência é do juiz estadual.

Órgão do Judiciário	Competência	Fundamento	Endereçamento
Supremo Tribunal Federal	Atos do presidente da República, das Mesas da Câmara dos Deputados e do Senado Federal, do Tribunal de Contas da União, do procurador-geral da República e do próprio Supremo	Art. 102, I, *d*, da CRFB	Excelentíssimo Senhor Doutor Ministro Presidente do Colendo Supremo Tribunal Federal

	Tribunal Federal, Conselho Nacional de Justiça e Conselho Nacional do MP		
Superior Tribunal de Justiça	Atos de Ministro de Estado, dos Comandantes da Marinha, do Exército e da Aeronáutica ou do próprio Tribunal	Art. 105, I, *b*, da CRFB	Excelentíssimo Senhor Doutor Ministro Presidente do Colendo Superior Tribunal de Justiça
Tribunais Regionais Federais	Atos do próprio Tribunal ou de juiz federal	Art. 108, I, *c*, da CRFB	Excelentíssimo Senhor Doutor Desembargador Federal Presidente do Egrégio Tribunal Regional Federal da... Região
Tribunal de Justiça	Definição na Constituição de cada Estado	Art. 125, § 1º, da CRFB	Excelentíssimo Senhor Doutor Desembargador Presidente do Egrégio Tribunal de Justiça do Estado de...

Juiz	Forma de endereçamento
Se for juiz estadual	Excelentíssimo Senhor Doutor Juiz de Direito da... Vara... do Foro... da Comarca de...
Se for juiz federal	Excelentíssimo Senhor Doutor Juiz de Direito da... Vara... da Seção Judiciária de...

COMPETÊNCIA RECURSAL

Das decisões dos Tribunais Regionais Eleitorais somente caberá recurso quando: denegarem *habeas corpus*, mandado de segurança, *habeas data* ou mandado de injunção (art. 121, § 4º, V, da CRFB); compete ao Supremo Tribunal Federal, precipuamente, a guarda da Constituição, cabendo-lhe julgar, em recurso ordinário o *habeas corpus*, o mandado de segurança, o *habeas data* e o mandado de injunção decididos em única instância pelos Tribunais Superiores, se denegatória a decisão (art. 102, II, *a*, da CRFB); compete ao Supremo Tribunal Federal, precipuamente, a guarda da Constituição, cabendo-lhe julgar, mediante recurso extraordinário, as causas decididas em única ou última instância, quando a decisão recorrida: a) contrariar dispositivo desta Constituição; b) declarar a inconstitucionalidade de tratado ou lei federal; c) julgar válida lei ou ato de governo local contestado em face desta Constituição;

d) julgar válida lei local contestada em face de lei federal (art. 102, III, da CRFB); compete ao Superior Tribunal de Justiça julgar, em recurso especial, as causas decididas, em única ou última instância, pelos Tribunais Regionais Federais ou pelos tribunais dos Estados, do Distrito Federal e Territórios, quando a decisão recorrida: a) contrariar tratado ou lei federal, ou negar-lhes vigência; b) julgar válido ato de governo local contestado em face de lei federal; c) der a lei federal interpretação divergente da que lhe haja atribuído outro tribunal (art. 105, III, da CRFB).

PREÂMBULO

É o parágrafo introdutório da peça prática do *habeas data*. Deve ser feito conforme modelo abaixo:

(NOME DO AUTOR), nacionalidade, estado civil, profissão, portador da cédula de identidade n. ..., inscrito no CPF/MF sob n., residente e domiciliado na... (ENDEREÇO), vem respeitosamente à presença de Vossa Excelência, por meio do seu advogado (documento anexo), com escritório profissional na... (ENDEREÇO), com fundamento no art. 5º, LXXII, da Constituição Federal c/c a Lei n. 9.507/97 e aplicação subsidiária do CPC, propor *HABEAS DATA* em face de... (entidade depositária do registro ou banco de dados), ... (QUALIFICAÇÃO), com sede funcional na ... (ENDEREÇO), pelos fundamentos de fato e de direito a seguir aduzidos:

Em face do modelo, são os seguintes os requisitos do preâmbulo:

a) **nome e qualificação do autor**: (NOME DO AUTOR), nacionalidade, estado civil, profissão, portador da cédula de identidade n. ..., inscrito no CPF/MF sob n., residente e domiciliado na... (ENDEREÇO);

b) **capacidade postulatória**: por meio do seu advogado (documento anexo), com escritório profissional na... (ENDEREÇO);

c) **fundamento legal da peça:** art. 5º, LXXII, da Constituição Federal c/c a Lei n. 9.507/97 e aplicação subsidiária do CPC;

d) **nome da peça**: *HABEAS DATA*;

e) **nome e qualificação da entidade depositária do registro ou banco de dados:** indicar o nome e a sede funcional: com sede funcional na... (ENDEREÇO);

f) **frase final**: "pelos fundamentos de fato e de direito a seguir aduzidos":

DOS FATOS

O candidato deve realizar a leitura do enunciado e fazer um texto narrativo, sem inventar dados.

DO DIREITO

É dividido em quatro partes:

a) competência: o candidato deve justificar endereçamento feito para órgão jurisdicional adequado, conforme modelo abaixo:

Da Competência

De acordo com o art. 5º, LXXII, c/c o art. 20 da Lei n. 9.507/97, a competência é definida em razão da hierarquia funcional do agente público.

No caso é..., o que justifica que a presente ação seja ajuizada perante a Justiça..., nos termos do... (indicar fundamento legal).

b) legitimidade das partes: o candidato deve demonstrar que as partes que ocupam os polos (ativo e passivo) estão adequadas, conforme modelo abaixo:

Da Legitimidade Ativa

A legitimidade ativa para a impetração do *habeas data* está prevista no art. 5º, LXIX, *a*, na Constituição da República Federativa do Brasil e no art. 7º, I, da Lei n. 9.507/97. Da leitura dos referidos artigos, o legitimado ativo para propor o *habeas data* é qualquer pessoa física ou jurídica, desde que seja observado o caráter personalíssimo. No caso de pessoa falecida, é admitida a legitimidade dos herdeiros do *de cujus* e do cônjuge supérstite.

No caso em tela, o(a) autor(a) da presente ação preenche o requisito subjetivo, pois é... impetrante, que visa assegurar o conhecimento de informação de caráter personalíssimo, em face do que houve... (recusa ou omissão) pelo... (identificar órgão ou entidade depositária do banco de dados).

Da Legitimidade Passiva

De acordo com o art. 5º, LXXII, da Constituição Federal c/c o art. 1º da Lei n. 9.507/97, o legitimado passivo é a pessoa responsável pelo banco de dados, que pode ser público (informações gerenciadas pela Administração Pública) ou de caráter público (informações gerenciadas por particular autorizado pelo Poder Público).

No caso em tela, afirma-se que o legitimado passivo é... (identificar o(s) réu (s)), tendo o poder-dever de conceder as informações pleiteadas pela impetrante.

c) interesse de agir: deve indicar que houve omissão ou recusa do órgão ou entidade depositária do banco de dados, conforme modelo abaixo:

É cabível a impetração do presente *habeas data* com fulcro no art. 5º, LXXII, *a*, da Constituição Federal e art. 7º, inciso... (conforme a finalidade), da Lei n. 9.507/95, por se tratar de... (recusa ou omissão) na prestação de informações acerca do impetrante.

No caso em tela, está presente a condição da ação necessária do interesse de agir para a impetração do *habeas data*, visto que a impetrante procurou obter a informação de caráter pessoal pela via administrativa... (explicar como foi feito o pedido na via administrativa e se houve recusa ou omissão pelo órgão ou entidade depositária do banco de dados).

d) mérito: demonstrar que, diante da recusa ou omissão do órgão administrativo, é justificada a propositura do *habeas data* para pedir acesso, retificação ou anotação. O candidato pode adotar o seguinte modelo:

Na hipótese dos autos, houve... (recusa ou omissão) ao direito do impetrante de receber informações constantes... (especificar órgão ou entidade depositária do banco de dados).

Diante da... (recusa ou omissão), houve violação ao direito fundamental de... (acesso, retificação ou anotação), razão pela qual o impetrante vem a juízo pleitear a devida prestação das informações por ele requeridas.

No caso em tela, a informação pleiteada pela impetrante... (manifestar a importância da informação ao impetrante).

Ressalta-se que o direito à informação é previsto no art. 5º, XXXIII, da CRFB, além do que a atividade pública exercida pelo... (identificar o órgão ou entidade depositária dos dados) é regida pelo princípio da publicidade previsto no art. 37 da CRFB.

DO PEDIDO

Diante do exposto, requer-se:

a) que seja notificada a autoridade coatora dos termos da presente ação para que sejam prestadas as informações, no prazo de dez dias nos termos do art. 9º da Lei n. 9.507/97;

b) a intimação do representante do Ministério Público para que seja ouvido dentro de cinco dias, nos termos do art. 12 da Lei n. 9.507/97;

c) juntada de documentos anexos;

d) a procedência da pretensão do *habeas data*, para que seja assegurado ao impetrante... (especificar a finalidade de acesso, retificação ou anotação), nos termos do art. 5º, LXXII, c/c o art. 7º, inciso... (especificar o inciso conforme a finalidade) da Lei n. 9.507/97, marcando data e hora para que sejam entregues as informações requeridas pelo impetrante;

e) condenação da autora ao pagamento de honorários advocatícios, custas e despesas processuais e demais consectários legais.

DAS PROVAS

O candidato deve construir a seguinte frase: O autor pretende provar o alegado por todos os meios de prova em direito admitidos, especialmente... (mencionar as que forem indicadas no enunciado). Se acaso houver indicação de prova testemunhal, o candidato não pode esquecer de indicar o rol de testemunhas.

VALOR DA CAUSA

Dá-se à causa o valor de...

ENCERRAMENTO

O candidato deve indicar o final da peça da seguinte forma:

Termos em que pede deferimento.

(2 linhas)

Local, ... de... de...

(2 linhas)

Advogado

OAB – sob n. ...

14.10. Exercício da peça prática

(Exame Unificado 2010.3) Tício, brasileiro, casado, engenheiro, na década de setenta, participou de movimentos políticos que faziam oposição ao Governo então instituído. Por força de tais atividades, foi vigiado pelos agentes estatais e, em diversas ocasiões, preso para averiguações. Seus movimentos foram monitorados pelos órgãos de inteligência vinculados aos órgãos de Segurança do Estado, organizados por agentes federais. Após longos anos, no ano de 2010, Tício requereu acesso à sua ficha de informações pessoais, tendo o seu pedido indeferido, em todas as instâncias administrativas. Esse foi o último ato praticado pelo Ministro de Estado da Defesa, que lastreou seu ato decisório, na necessidade de preservação do sigilo das atividades do Estado, uma vez que os arquivos públicos do período desejado estão indisponíveis para todos os cidadãos. Tício, inconformado, procura aconselhamentos com seu sobrinho Caio, advogado, que propõe apresentar ação judicial para acessar os dados do seu tio. Na qualidade de advogado contratado por Tício, redija a peça cabível ao tema, observando: a) competência do Juízo; b) legitimidade ativa e passiva; c) fundamentos de mérito constitucionais e legais vinculados; d) os requisitos formais da peça inaugural.

GABARITO:

O tema *acesso às informações pessoais* foi alçado em nível constitucional pela Constituição de 1988, que previu, no seu art. 5º, LXXII ("conceder-se-á *habeas data*: a) para assegurar o conhecimento de informações relativas à pessoa do impetrante, constantes de registros ou bancos de dados de entidades governamentais ou de caráter público; b) para a retificação de dados, quando não se prefira fazê-lo por processo sigiloso, judicial ou administrativo"). O tema foi influência das Constituições europeias que surgiram na Espanha e em Portugal também após regimes autoritários como no Brasil, como nos informa José Afonso da Silva, no seu *Comentário Contextual à Constituição* (p. 168). O acesso é pertinente a dados pessoais, não podendo ocorrer o requerimento para acesso de dados de terceiras pessoas. A legitimidade ativa é daquele que deseja o acesso aos seus próprios dados, no caso Tício, e a passiva, da autoridade coatora, no enunciado o Ministro de Estado da Defesa. A lei que regula o *habeas data* é a de n. 9.507/97 e estabelece os requisitos da petição inicial, além do requisito formal, que foi preenchido no caso em tela, consistente no prévio requerimento administrativo. Remete os requisitos da peça inicial às regras do Código de Processo Civil, naquilo que não regula, como o requerimento de provas e a notificação da autoridade que praticou o ato. No caso em exame, a competência será do Superior Tribunal de Justiça (art. 20, I, *b*), da Lei n. 9.507/97, que repete norma do art. 105, I, *b*, da Constituição Federal.

EXCELENTÍSSIMO SENHOR DOUTOR MINISTRO PRESIDENTE DO COLENDO SUPERIOR TRIBUNAL DE JUSTIÇA

(10 linhas)

TÍCIO, brasileiro, casado, engenheiro, portador da cédula de identidade n. ..., inscrito no CPF/MF sob n. ..., residente e domiciliado na... (ENDEREÇO), vem respeitosamente à presença de Vossa Excelência, por meio do seu advogado, com escritório profissional na... (ENDEREÇO), com fundamento no art. 5.º, LXXIII, da Constituição Federal c/c o art. 7.º, I, da Lei n. 9.507/97, e aplicação subsidiária do CPC, propor "HABEAS DATA" em face do Ministro de Estado de Defesa, com sede funcional localizado na... (ENDEREÇO), pelos fundamentos de fato e de direito a seguir aduzidos:

I – DOS FATOS

Tício, ora impetrante, participou de movimentos políticos que faziam oposição ao Governo então instituído, tendo sido vigiado pelos órgãos de inteligência vinculados aos órgãos de Segurança do Estado, organizados por agentes federais.

Após longos anos, no ano de 2010, Tício requereu acesso à sua ficha de informações pessoais, tendo o seu pedido indeferido, em todas as instâncias administrativas.

O indeferimento praticado pelo Ministro de Estado da Defesa foi fundamentado na necessidade de preservação do sigilo das atividades do Estado, uma vez que os arquivos públicos do período desejado estão indisponíveis para todos os cidadãos.

II – DO DIREITO

Da competência

De acordo com o art. 5.º, LXXII, c/c o art. 20 da Lei n. 9.507/97, a competência é definida em razão da hierarquia funcional do agente público.

No caso é ato do Ministro do Estado de Defesa, o que justifica que a presente ação seja ajuizada perante o Superior Tribunal de Justiça, nos termos do art. 5.º, LXXII, c/c o art. 20, I, "b", da Lei n. 9.507/97.

Da legitimidade ativa

A legitimidade ativa para a impetração do "habeas data" está prevista no art. 5.º, LXXII, "a", na Constituição da República Federativa do Brasil e no art. 7.º, I, da Lei n. 9.507/97. Da leitura dos referidos artigos, o legitimado ativo para propor o "habeas data" é qualquer pessoa física ou jurídica, desde que seja observado o caráter personalíssimo.

No caso em tela, o autor da presente ação preenche o requisito subjetivo, pois é Tício, impetrante, que visa assegurar o conhecimento de informação de caráter personalíssimo, em face do que houve recusa pelo Ministro do Estado de Defesa.

Da legitimidade passiva

De acordo com o art. 5.º, LXXII, da Constituição Federal c/c o art. 1.º da Lei n. 9.507/97, o legitimado passivo é a pessoa responsável pelo banco de dados, que pode ser público (informações gerenciadas pela Administração Pública) ou de caráter público (informações gerenciadas por particular autorizado pelo Poder Público).

No caso em tela, afirma-se que o legitimado passivo é o Ministro do Estado de Defesa, tendo o poder-dever de conceder as informações pleiteadas pela impetrante.

Do interesse de agir

É cabível a impetração do presente "habeas data" com fulcro no art. 5.º, LXXII, "a", da Constituição Federal e art. 7.º, I, da Lei n. 9.507/95, por se tratar de recusa na prestação de informações acerca do impetrante.

No caso em tela, está presente a condição da ação necessária ao interesse de agir para a impetração do "habeas data", visto que o impetrante procurou obter a informação de caráter pessoal pela via administrativa, teve seu requerimento indeferido em razão de preservação do sigilo das atividades do Estado, uma vez que os arquivos públicos do período desejado estão indisponíveis para todos os cidadãos.

III – DO MÉRITO

Na hipótese dos autos, houve recusa ao direito do impetrante de receber informações constantes nos arquivos do Ministério da Defesa.

Diante da recusa, houve violação ao direito fundamental de acesso, razão pela qual o impetrante vem a juízo pleitear a devida prestação das informações por ele requeridas.

No caso em tela, a informação pleiteada pela impetrante é importante para fins de indenização por danos contra o Estado.

Ressalta-se que o direito à informação é previsto no art. 5.º, XXXIII, da CRFB, além do que a atividade pública exercida pelo Ministério da Defesa é regida pelo princípio da publicidade previsto no art. 37 da CRFB.

IV – DO PEDIDO

Diante do exposto, requer-se:

a) que seja notificada a autoridade coatora dos termos da presente ação para que sejam prestadas as informações, no prazo de dez dias, nos termos do art. 9.º da Lei n. 9.507/97;

b) a intimação do Representante do Ministério Público para que seja ouvido dentro de cinco dias, nos termos do art. 12 da Lei n. 9.507/97;

c) juntada de documentos anexos;

d) a procedência da pretensão do "habeas data", para que seja assegurado ao impetrante o acesso à informação, nos termos do art. 5.º, LXXII, c/c o art. 7.º, I, da Lei n. 9.507/97, marcando data e hora para que sejam entregues as informações requeridas pelo impetrante;

e) condenação da autora ao pagamento de honorários advocatícios, custas e despesas processuais e demais consectários legais.

V – DAS PROVAS

O autor pretende provar o alegado por todos os meios de prova em Direito admitidos.

VI – DO VALOR DA CAUSA

Dá-se à causa o valor de...

(2 linhas)

Termos em que pede deferimento.

(2 linhas)

Local, ... de... de...

(2 linhas)

OAB – sob n. ...

15. MANDADO DE INJUNÇÃO

15.1. Apresentação

O mandado de injunção está previsto no art. 5º, LXXI, da Constituição Federal. É regulamentado pela Lei n. 13.300/2016 e sofre aplicação subsidiária da Lei do Mandado de Segurança e do CPC.

É remédio constitucional proposto sempre que a omissão total ou parcial de norma regulamentadora torne inviável o exercício dos direitos e liberdades constitucionais e das prerrogativas inerentes à nacionalidade, à soberania e à cidadania. Considera-se parcial a regulamentação quando forem insuficientes as normas editadas pelo órgão legislador competente.

15.2. Características e requisitos

É ação civil, de caráter essencialmente mandamental, e procedimento especial. São requisitos: a) que não haja ou seja insuficiente norma regulamentadora do direito, liberdade ou prerrogativa prevista em norma constitucional; b) que o impetrante seja beneficiário direto do direito, liberdade ou prerrogativa; c) inviabilidade do direito, liberdade ou prerrogativa prevista na Constituição.

15.3. Objeto e finalidade

O mandado de injunção possui duas finalidades: a) imediata: viabilizar direito prejudicado com a falta ou insuficiência da norma regulamentadora; b) mediata: combater a síndrome da inefetividade do Poder Público em não regulamentar a Constituição. O objeto é norma constitucional de eficácia limitada.

15.4. Mandado de injunção coletivo

O mandado de injunção coletivo é proposto por legitimados previstos na Lei n. 13.300/2016, que agem em nome próprio, na defesa de interesses alheios. Os direitos, as liberdades e as prerrogativas protegidos por mandado de injunção coletivo são os pertencentes, indistintamente, a uma coletividade indeterminada de pessoas ou determinada por grupo, classe ou categoria.

Sobre a admissibilidade do mandado de injunção coletivo: a) até o advento da Lei n. 13.300/2016, o mandado de injunção coletivo, embora não tivesse previsão expressa no texto da CRFB/88, era admitido pelo STF por analogia ao disposto no art. 5º, LXX, da CRFB (o mandado de segurança coletivo pode ser impetrado por: i) partido político com representação no Congresso Nacional; ii) organização sindical, entidade de classe ou associação legalmente constituída e em funcionamento há pelo menos um ano, em defesa dos interesses de seus membros ou associados); b) com o advento da Lei n. 13.300/2016, embora ainda sem previsão constitucional expressa, o mandado de injunção coletivo passou a ser previsto de forma expressa na Lei n. 13.300/2016.

A lei regulamentadora do mandado de injunção, na parte da legitimidade ativa do mandado de injunção coletivo, inclui, além dos legitimados para propor o mandado de segurança coletivo (o que aliás já era admitido na jurisprudência do STF), os seguintes legitimados:

- Ministério Público, quando a tutela requerida for especialmente relevante para a defesa da ordem jurídica, do regime democrático ou dos interesses sociais ou individuais indisponíveis;
- Defensoria Pública, quando a tutela requerida for especialmente relevante para a promoção dos direitos humanos e a defesa dos direitos individuais e coletivos dos necessitados, na forma do inciso LXXIV do art. 5º da Constituição Federal.

MANDADO DE SEGURANÇA COLETIVO Art. 5º, LXX, da CRFB	MANDADO DE INJUNÇÃO COLETIVO Art. 12 da Lei n. 13.300/2016
Partido político com representação no Congresso Nacional	Partido político com representação no Congresso Nacional: para assegurar o exercício de direitos, liberdades e prerrogativas de seus integrantes ou relacionados com a finalidade partidária
Organização sindical	Organização sindical: para assegurar o exercício de direitos, liberdades e prerrogativas em favor da totalidade ou de parte de seus membros ou associados, na forma de seus estatutos e desde que pertinentes a suas finalidades, dispensada, para tanto, autorização especial
Entidade de classe	Entidade de classe: para assegurar o exercício de direitos, liberdades e prerrogativas em favor da totalidade ou de parte de seus membros ou associados, na forma de seus estatutos e desde que pertinentes a suas finalidades, dispensada, para tanto, autorização especial
Associação legalmente constituída e em funcionamento há pelo menos um ano, em defesa dos interesses de seus membros ou associados	Associação legalmente constituída e em funcionamento há pelo menos um ano: para assegurar o exercício de direitos, liberdades e prerrogativas em favor da totalidade ou de parte de seus membros ou associados, na forma de seus estatutos e desde que pertinentes a suas finalidades, dispensada, para tanto, autorização especial

	Ministério Público, quando a tutela requerida for especialmente relevante para a defesa da ordem jurídica, do regime democrático ou dos interesses sociais ou individuais indisponíveis
	Defensoria Pública, quando a tutela requerida for especialmente relevante para a promoção dos direitos humanos e a defesa dos direitos individuais e coletivos dos necessitados, na forma do inciso LXXIV do art. 5º da Constituição Federal

No mandado de injunção coletivo, a sentença fará coisa julgada limitadamente às pessoas integrantes da coletividade, do grupo, da classe ou da categoria substituídos pelo impetrante. O mandado de injunção coletivo não induz litispendência em relação aos individuais, mas os efeitos da coisa julgada não beneficiarão o impetrante que não requerer a desistência da demanda individual no prazo de 30 dias a contar da ciência comprovada da impetração coletiva, nos termos do art. 13 da Lei n. 13.300/2016.

15.5. Competência originária

a) **STF:** quando a elaboração da norma regulamentadora for atribuição do presidente da República, do Congresso Nacional, da Câmara dos Deputados, do Senado Federal, das Mesas de uma dessas Casas Legislativas, do Tribunal de Contas da União, de um dos Tribunais Superiores, ou do próprio Supremo Tribunal Federal (art. 102, I, *q*, da CRFB).

b) **STJ:** quando a elaboração da norma regulamentadora for atribuição de órgão, entidade ou autoridade federal, da Administração direta ou indireta, excetuados os casos de competência do STF e dos órgãos da Justiça Militar, da Justiça Eleitoral, da Justiça do Trabalho e da Justiça Federal (art. 105, I, *h*, da CRFB).

c) **Competência recursal eleitoral:** das decisões dos Tribunais Regionais Eleitorais somente caberá recurso quando denegarem mandado de injunção (art. 121, § 4º, V, da CRFB).

d) **Competência da Justiça Federal:** quando a regulamentação for de competência de autoridades, órgãos ou entidades federais, não incluídas na competência originária.

e) **Competência da Justiça Especial (trabalhista/militar/eleitoral):** quando a elaboração da norma regulamentadora for atribuição de órgão, entidade ou autoridade federal nos assuntos de sua competência.

f) **Competência da Justiça Estadual:** quando a elaboração da norma regulamentadora for atribuição de órgão, entidade ou autoridade estadual, na forma como disciplinada pelas Constituições estaduais.

g) **Competência recursal:** compete ao STF julgar, em recurso ordinário, o mandado de injunção decidido em única instância pelos Tribunais Superiores, se denegatória a decisão (art. 102, II, *a*, da CRFB/88).

Tratando-se de mandado de injunção, diante de omissão apontada em relação à norma emanada do Conselho Nacional de Trânsito (Contran), órgão autônomo vinculado ao Ministério das Cidades e presidido pelo titular do Departamento Nacional de Trânsito, a competência para processar e julgar o mandado de injunção é da Justiça Federal nos termos do art. 109, I, da CRFB (*Informativo* 286/2006 do STJ).

15.6. Legitimidade das partes

a) **Ativa**: qualquer pessoa física ou jurídica interessada (que se afirme titular dos direitos, das liberdades ou das prerrogativas objeto do mandado de injunção) pode ajuizar mandado de injunção; no caso de mandado de injunção coletivo, os legitimados são os previstos no art. 12 da Lei n. 13.300/2016.

b) **Passiva:** o Poder, o órgão ou a autoridade com atribuição para editar a norma regulamentadora. No caso de omissão, o responsável pela elaboração da norma regulamentadora necessária ao exercício do direito constitucional inviabilizado. Tem de ser pessoa estatal. Órgão ou entidade privada não tem legitimidade passiva, nem mesmo na condição de litisconsorte passivo com pessoa estatal.

Somente pessoas estatais podem figurar no polo passivo da relação processual instaurada com a impetração do mandado de injunção, eis que apenas a elas é imputável provimentos normativos (*Informativo* 167/2003 do STJ).

Tipo de omissão	Legitimado passivo
Lei federal	Congresso Nacional
Lei estadual	Assembleia Legislativa
Lei federal de iniciativa privativa do presidente da República (omissão na apresentação do projeto pelo titular da legitimidade privativa)	Presidente da República
Lei estadual de iniciativa privativa do governador do estado (omissão na apresentação do projeto pelo titular da legitimidade privativa)	Governador do estado

15.7. Mandado de injunção estadual

É possível, desde que haja previsão na respectiva Constituição estadual.

15.8. Cabimento

É pacífica a jurisprudência do STF no sentido de que o mandado de injunção não comporta a concessão de medida liminar.

Não cabe mandado de injunção diante de falta de norma regulamentadora de norma infraconstitucional.

Em relação ao direito de greve: a lei de greve do serviço público ainda não foi regulamentada, mas, após o julgamento no STF do Mandado de Injunção 708-DF, *DJe* 30-10-2008, determinou-se a aplicação das Leis n. 7.701/88 e 7.783/89 enquanto persistir essa omissão quanto à existência de lei específica, nos termos previstos no art. 37, VII, da CRFB. O Superior Tribunal de Justiça, consequentemente, passou a ter competência para apreciar os processos relativos à declaração sobre a paralisação do trabalho decorrente de greve de servidores públicos civis, bem como às respectivas medidas acautelatórias, quando as greves forem nacionais ou abrangerem mais de uma Unidade da Federação. Também no citado mandado de injunção, o STF, ao interpretar o art. 7º da Lei n. 7.783/89, entendeu que com a deflagração da greve ocorre a suspensão do contrato de trabalho (*Informativo* 448/2010 do STJ).

O art. 14 da Lei n. 13.300/2016 remete o Mandado de Injunção às normas referentes ao Mandado de Segurança, razão pela qual é incabível a condenação em honorários por força do entendimento insculpido na Súmula 105/STJ: "Na ação de Mandado de Segurança não se admite condenação em honorários advocatícios" (REsp 1797474/TO – rel. Min. Herman Benjamin, 2ª Turma do STJ, *Dje* 31-5-2019).

15.9. Procedimento judicial

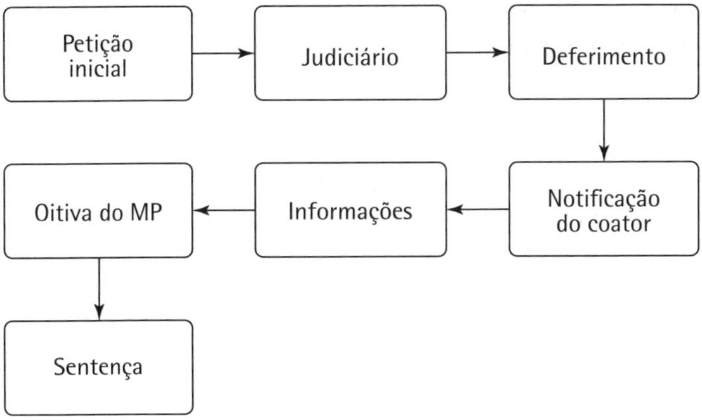

A petição inicial será desde logo indeferida quando a impetração for manifestamente incabível ou manifestamente improcedente. Da decisão do juiz de primeira instância que indefere a petição inicial, caberá apelação. Da decisão de relator que indeferir a petição inicial, caberá agravo, em cinco dias, para o órgão colegiado competente para o julgamento da impetração.

15.10. Conteúdo da sentença

Reconhecido o estado de mora legislativa, será deferida a injunção para: I – determinar prazo razoável para que o impetrado promova a edição da norma regulamentadora (essa determinação será dispensada quando comprovado que o impetrado deixou de atender, em mandado de injunção anterior, ao prazo estabelecido para a edição da norma); II – estabelecer as condições em que se dará o exercício dos direitos, das liberdades ou das prerrogativas reclamados ou, se for o caso, as condições em que poderá o interessado promover ação própria visando exercê-los, caso não seja suprida a mora legislativa no prazo determinado.

15.11. Eficácia subjetiva da sentença

É limitada às partes e produzirá efeitos até o advento da norma regulamentadora. Poderá ser conferida eficácia *ultra partes* ou *erga omnes* à decisão, quando isso for inerente ou indispensável ao exercício do direito, da liberdade ou da prerrogativa objeto da impetração. Transitada em julgado a decisão, seus efeitos poderão ser estendidos aos casos análogos por decisão monocrática do relator.

15.12. Efeitos da decisão (STF)

a) **Não concretista:** ao Poder Judiciário caberia apenas o reconhecimento da inércia legislativa e consequente comunicação ao órgão competente para a elaboração da norma regulamentadora necessária ao exercício do direito constitucional inviabilizado.

b) **Concretista geral:** o juiz legisla *erga omnes* (ex.: MI 670, 708 e 712). O Judiciário, mediante sentença, regularia a omissão em caráter geral.

c) **Concretista individual:** o juiz implementa o direito para a pessoa reclamante (ex.: MI 721). O Poder Judiciário deve criar a regulamentação para o caso específico.

d) **Concretista intermediária:** o juiz fixa prazo para o órgão omisso regulamentar a matéria; se não o fizer no prazo, o juiz implementa o direito para a pessoa. Expirado o prazo assinalado pelo Poder Judiciário, ficaria este autorizado a suprir a lacuna para o caso concreto, isto é, somente para o impetrante. O STF, por longos anos, defendeu a aplicação da teoria não concretista. No ano de 2007, o STF passou a rever sua posição quanto aos efeitos da decisão no mandado de injunção, com adoção ora da concretista geral ora da concretista individual.

15.13. Renovação

O indeferimento do pedido por insuficiência de prova não impede a renovação da impetração fundada em outros elementos probatórios. Sem prejuízo dos efeitos já produzidos, a decisão poderá ser revista, a pedido de qualquer interessado, quando sobrevierem relevantes modificações das circunstâncias de fato ou de direito.

15.14. Eficácia da norma regulamentadora superveniente

Produzirá efeitos *ex nunc* em relação aos beneficiados por decisão transitada em julgado, salvo se a aplicação da norma editada lhes for mais favorável.

15.15. Norma regulamentadora antes da sentença

Estará prejudicada a impetração se a norma regulamentadora for editada antes da decisão, caso em que o processo será extinto sem resolução de mérito.

15.16. Dicas da peça prática

ENDEREÇAMENTO

a) Verificar em primeiro lugar se é competência do STF ou STJ, conforme as hipóteses previstas na Constituição Federal.
b) Verificar se é competência do juiz especial (eleitoral, trabalhista ou militar).
c) Verificar se é competência da Justiça Federal.
d) Será competência da Justiça Estadual.

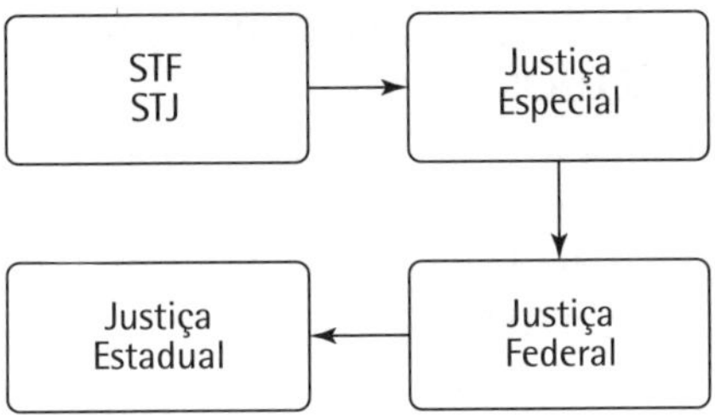

Tribunal	Forma de endereçamento
Se for STF	Excelentíssimo Senhor Doutor Ministro Presidente do Colendo Supremo Tribunal Federal
Se for STJ	Excelentíssimo Senhor Doutor Ministro Presidente do Colendo Superior Tribunal de Justiça
Juiz	**Forma de endereçamento**
Se for juiz estadual	Excelentíssimo Senhor Doutor Juiz de Direito da... Vara... do Foro... da Comarca de...
Se for juiz federal	Excelentíssimo Senhor Doutor Juiz Federal da... Vara... da Seção Judiciária de...

PREÂMBULO

É o parágrafo introdutório da peça prática do mandado de injunção. Deve ser feito conforme modelo abaixo:

(NOME DO AUTOR), nacionalidade, estado civil, profissão, portador da cédula de identidade n. ..., inscrito no CPF/MF sob n., residente e domiciliado na... (ENDEREÇO), vem respeitosamente à presença de Vossa Excelência, por meio do seu advogado (documento anexo), com escritório profissional na... (ENDEREÇO), com fundamento no art. 5º, LXXI, da Constituição Federal c/c a Lei n. 13.300/2016 e aplicação subsidiária do CPC e da Lei n. 12.016/2009, propor MANDADO DE INJUNÇÃO em face do ato omissivo/insuficiente... (especificar qual o ato omissivo/insuficiente) de... (NOME DO RÉU), cuja sede funcional é localizada na... (ENDEREÇO), pelos fundamentos de fato e de direito a seguir aduzidos:

Em face do modelo, são os seguintes os requisitos do preâmbulo:

a) **nome e qualificação do autor**: (NOME DO AUTOR), nacionalidade, estado civil, profissão, portador da cédula de identidade n. ..., inscrito no CPF/MF sob n. ..., residente e domiciliado na... (ENDEREÇO);

b) **capacidade postulatória**: por meio do seu advogado (documento anexo), com escritório profissional na... (ENDEREÇO);

c) **fundamento legal da peça:** art. 5º, LXXI, da Constituição Federal c/c a Lei n. 13.300/2016 e aplicação subsidiária do CPC e da Lei n. 12.016/2009;

d) **nome da peça**: MANDADO DE INJUNÇÃO (se for coletivo: MANDADO DE INJUNÇÃO COLETIVO);

e) **indicar o ato omissivo**: em face do ato omissivo/insuficiente... (especificar qual o ato omissivo/insuficiente);

f) **nome e qualificação do réu:** ... (NOME DO RÉU), cuja sede funcional é localizada na... (ENDEREÇO);

g) **frase final**: "pelos fundamentos de fato e de direito a seguir aduzidos:".

DOS FATOS

O candidato deve realizar a leitura do enunciado e fazer um texto narrativo, sem inventar dados.

DO DIREITO

I – DA JUSTIFICATIVA DA COMPETÊNCIA: o candidato deve demonstrar a escolha correta do juízo competente para processar e julgar o mandado de injunção. A justificativa deve ser feita conforme o modelo abaixo:

De acordo com o artigo... (indicar o artigo conforme a competência no caso concreto), a competência é definida pela... (especificar a hipótese da competência).

No caso... (mencionar o ato omissivo/insuficiente) é... (identificar o órgão omisso/insuficiente), o que justifica que a presente ação seja ajuizada perante... (especificar o juízo competente), nos termos do... (indicar fundamento legal).

II – DA JUSTIFICATIVA DA LEGITIMIDADE PASSIVA: o candidato deve demonstrar que a parte que figura no polo passivo está correta em face da legislação, conforme modelo abaixo:

DA LEGITIMIDADE PASSIVA

Na hipótese dos autos, o legitimado passivo é... (identificar o(s) réu (s)), o que é justificado já que é órgão omisso/insuficiente, ou seja, não cumpriu o encargo de regulamentar... (especificar o ato omissivo/insuficiente).

DO MÉRITO

O candidato deve demonstrar a presença dos requisitos de cabimento do mandado de injunção: a) falta ou insuficiência de norma regulamentadora de norma constitucional (essa norma é de eficácia limitada); b) inviabilização do direito previsto na CRFB pela falta de norma regulamentadora (nesse caso ressaltar o prejuízo).

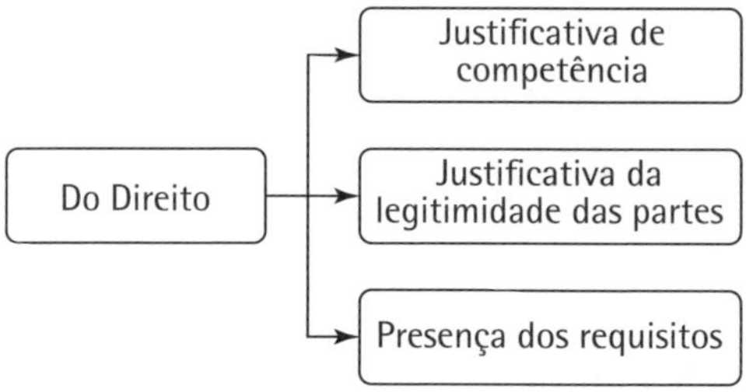

Diante do exposto, requer-se:

a) notificação da autoridade coatora no endereço fornecido na inicial, para que, querendo, preste as informações no prazo de 10 dias, nos termos do art. 5º, I, da Lei n. 13.300/2016;

b) intimação do representante do Ministério Público para que opine dentro do prazo improrrogável de 10 dias, nos termos do art. 7º da Lei n. 13.300/2016;

c) no Mérito, a procedência da presente demanda, para que a omissão normativa seja sanada mediante... (especificar a forma de suprir a omissão);

d) juntada de documentos anexos;

e) condenação da ré ao pagamento de honorários advocatícios, custas e despesas processuais e demais consectários legais.

DAS PROVAS

O candidato deve construir a seguinte frase:

O autor pretende provar o alegado por todos os meios de prova em Direito admitidos, especialmente... (mencionar as que forem indicadas no enunciado). Se acaso houver indicação de prova testemunhal, o candidato não pode esquecer de indicar o rol de testemunhas.

VALOR DA CAUSA

Dá-se à causa o valor de... para efeitos procedimentais.

ENCERRAMENTO

O candidato deve indicar o final da peça da seguinte forma:

Termos em que pede deferimento.

(2 linhas)

Local, ... de... de...

(2 linhas)

Advogado

OAB – sob n. ...

15.17. Exercício da peça prática

O Sindicato dos Servidores da Polícia Militar do Estado de São Paulo procura você como advogado para postular medida judicial cabível para que seja reconhecido o exercício de greve da categoria, com base na Lei federal n. 7.783/89, dada a falta da norma regulamentadora da disposição contida no inciso VII do art. 37 da Constituição Federal (exercício baseado no julgado do MI 670).

EXCELENTÍSSIMO SENHOR DOUTOR MINISTRO PRESIDENTE DO COLENDO SUPREMO TRIBUNAL FEDERAL

(10 linhas)

O Sindicato da Polícia Civil do Estado de São Paulo, entidade sindical da Polícia Civil do Estado de São Paulo, com sede na... (ENDEREÇO), vem respeitosamente à presença do Colendo STF, por meio do seu advogado (documento anexo), com escritório profissional na... (ENDEREÇO), com fundamento no art. 5.º, LXXI, da Constituição Federal c/c a Lei n. 13.300/2016 e aplicação subsidiária do CPC e da Lei n. 12.016/2009, propor MANDADO DE INJUNÇÃO COLETIVO em face da falta de norma regulamentadora da disposição contida no inciso VII do art. 37 da Constituição Federal em face do Congresso Nacional, cuja sede funcional é localizada na... (ENDEREÇO), pelos fundamentos de fato e de direito a seguir aduzidos:

I – DOS FATOS

Em face da omissão normativa revelada com a falta da norma regulamentadora da disposição contida no inciso VII do art. 37 da CRFB, o Sindicato dos Servidores da Polícia Militar do Estado de São Paulo decide propor o presente mandado de injunção para viabilizar o direito de greve prejudicado com a referida ausência.

II – DO DIREITO

II.1 – DA JUSTIFICATIVA DA COMPETÊNCIA

De acordo com a legislação brasileira, a competência para processar e julgar o mandado de injunção é definida pelo ato do órgão ou entidade pública encarregado da viabilização de direitos previstos na Constituição Federal.

No caso, existe a omissão de regulamentação da disposição contida no inciso VII do art. 37 da Constituição Federal, portanto, de uma lei federal, que é de competência do Congresso Nacional, o que justifica que a presente ação seja ajuizada perante o STF, nos termos do art. 102, I, "q", da Constituição Federal.

II.2 – DA JUSTIFICATIVA DA LEGITIMIDADE PASSIVA

Na hipótese dos autos, o legitimado passivo é o Congresso Nacional, o que é justificado já que é órgão omisso, ou seja, não cumpriu o encargo de regulamentar a disposição contida no inciso VII do art. 37 da Constituição Federal.

II.3 – DO MÉRITO

a) Falta de norma regulamentadora de norma constitucional

Na hipótese dos autos, não há norma regulamentadora da disposição contida no inciso VII do art. 37 da Constituição Federal para viabilizar o direito de greve.

Após exaustivas e infrutíferas negociações com o governo do Estado, que se recusou a atender reivindicações mínimas da categoria, viu-se na obrigação de deflagrar um movimento grevista na Polícia Civil paulista.

b) Inviabilização do direito previsto na CRFB pela falta de norma regulamentadora

A omissão normativa inviabiliza o direito de greve da categoria. A mora do legislador em regulamentar o direito de greve assegurado pelo constituinte originário não pode permanecer, em razão do prejuízo ao impetrante.

Todavia, o referido direito previsto na Constituição Federal (art. 37, VII, da CRFB), depende de lei regulamentadora que, ainda não se encontrada editada e, destarte, não restou outra medida senão a propositura do presente mandado de injunção.

III – DO PEDIDO

Diante do exposto, requer-se:

a) notificação da autoridade coatora no endereço fornecido na inicial, para que, querendo, preste as informações no prazo de dez dias, nos termos do art. 5.º, I, da Lei n. 13.300/2016;

b) intimação do Representante do Ministério Público para que opine dentro do prazo improrrogável de 10 dias, nos termos do art. 7.º da Lei n. 13.300/2016;

c) no Mérito, a procedência da presente demanda, para que a omissão normativa seja sanada mediante a viabilização do direito de greve previsto no art. 37, VII, da CRFB;

d) juntada de documentos anexos;

e) condenação da ré ao pagamento de honorários advocatícios, custas e despesas processuais e demais consectários legais.

IV – DAS PROVAS

O autor pretende provar o alegado por todos os meios de prova em Direito admitidos.

V – DO VALOR DA CAUSA

Dá-se à causa o valor de... para efeitos procedimentais.

Termos em que pede deferimento.

(2 linhas)

Local, ... de... de...

(2 linhas)

Advogado

OAB – sob n. ...

(XXII Exame da OAB) Servidores públicos do Estado Beta, que trabalham no período da noite, procuram o Sindicato ao qual são filiados, inconformados por não receberem adicional noturno do Estado, que se recusa a pagar o referido benefício em razão da inexistência de lei estadual que regulamente as normas constitucionais que asseguram o seu pagamento. O Sindicato resolve, então, contratar escritório de advocacia para ingressar com o adequado remédio judicial, a fim de viabilizar o exercício em concreto, por seus filiados, da supramencionada prerrogativa constitucional, sabendo que há a previsão do valor de vinte por cento, a título de adicional noturno, no art. 73 da Consolidação das Leis do Trabalho. Considerando os dados acima, na condição de advogado(a) contratado(a) pelo Sindicato, utilizando o instrumento constitucional adequado, elabore a medida judicial cabível. (Valor: 5,00) Obs.: a peça deve abranger todos os fundamentos de Direito que possam ser utilizados para dar respaldo à pretensão. A simples menção ou transcrição do dispositivo legal não confere pontuação.

GABARITO:

Fundamentação constitucional: o enunciado indica o cabimento de um Mandado de Injunção Coletivo ajuizado pelo Sindicato, na medida em que visa à defesa dos interesses dos seus filiados na proteção do direito ao adicional noturno, conforme o disposto no art. 5º, LXXI, da CRFB/88 ("conceder-se-á mandado de injunção sempre que a falta de norma regulamentadora torne inviável o exercício dos direitos e liberdades constitucionais e das prerrogativas inerentes à nacionalidade, à soberania e à cidadania").

Fundamentação legal: Lei n. 13.300, de 23 de junho de 2016.

As partes: o impetrante será o Sindicato, na forma do art. 12, III, da Lei n. 13.300/2016, dispensada a autorização dos filiados. O impetrado será o governador do Estado Beta, pois é a parte legítima para integrar o polo passivo da presente ação constitucional, haja vista que, no processo legislativo estadual, é quem detém competência privativa para iniciar o processo legislativo no presente caso, vez que as regras constitucionais estaduais de competência devem observar, por simetria, o que determina a CRFB/88. No caso, o art. 61, § 1º, II, *a*, da CRFB/88.

Competência: do Tribunal de Justiça do Estado Beta, uma vez que a Constituição da República Federativa do Brasil repartiu a competência para julgamento com base na fonte de onde deveria ter emanado a norma faltante e procurou concentrar a competência para processamento e julgamento do Mandado de Injunção nos Tribunais Superiores, sendo que no plano estadual, a competência do Mandado de Injunção pode ser definida pelas Constituições dos Estados (art. 125, § 1º, da CRFB/88), observando-se o princípio da simetria entre os entes federativos.

Fundamentos da mora legislativa: o direito ao benefício de adicional noturno é concedido aos servidores públicos que exercem atividade laboral noturna e é garantido em razão de previsão constitucional contida no art. 7º, IX, e no art. 39, § 3º, ambos da CRFB/88, devendo cada ente federativo regulamentar o referido benefício por meio de lei.

Pedidos: os pedidos devem ser de reconhecimento da omissão e do estado de mora legislativa, a fim de que seja concedida a ordem de injunção coletiva para: (i) ser determinado prazo razoável para que o governador promova a edição da norma regulamentadora; (ii) seja suprida a omissão normativa garantindo-se a efetividade do direito à percepção do adicional noturno no percentual de 20% em relação à hora normal de trabalho, conforme disposições, aplicáveis por analogia, contidas no art. 73 da Consolidação das Leis do Trabalho, com eficácia para todos os servidores estaduais no exercício de atividade laboral noturna, caso não seja suprida a mora legislativa no prazo determinado (art. 8º, I e II, e art. 13, ambos da Lei n. 13.300/2016).

16. AÇÃO POPULAR

16.1. Apresentação

A ação popular é uma ação constitucional de procedimento especial prevista no art. 5º, LXXIII, da Constituição Federal. No Brasil, surgiu na Constituição de 1934, tendo sido regulamentada pela Lei n. 4.717/65.

16.2. Finalidade

É proposta por qualquer cidadão visando à anulação ou à declaração de nulidade de atos lesivos ao patrimônio da União, do Distrito Federal, dos estados, dos municípios, de entidades autárquicas, de sociedades de economia mista, de sociedades mútuas de seguro, nas quais a União represente os segurados ausentes, de empresas públicas, de serviços sociais autônomos, de instituições ou fundações para cuja criação ou custeio o tesouro público haja concorrido ou concorra com mais de 50% do patrimônio ou da receita ânua, de empresas incorporadas ao patrimônio da União, do Distrito Federal, dos estados e dos municípios, e de quaisquer pessoas jurídicas ou entidades subvencionadas pelos cofres públicos.

16.3. Características e requisitos

Instrumento processual de participação política do cidadão, destinado eminentemente à defesa do patrimônio público, bem como da moralidade administrativa, do meio ambiente e do patrimônio histórico e cultural, a ação popular prescreve em cinco anos.

Aplicam-se à ação popular as regras do CPC, naquilo em que não contrariem os dispositivos da Lei n. 4.717/65, nem a natureza específica da ação.

O pedido imediato na ação popular tem natureza dúplice, ou seja, desconstitutivo-condenatória, pois visa invalidar o ato ilegal e lesivo a qualquer um dos bens ou valores enumerados no inciso LXXIII do art. 5º da CRFB e a condenação dos responsáveis e dos beneficiários diretos ao ressarcimento ou às perdas e danos correspondentes. Na ação popular, tem-se como imprescindível a comprovação do binômio ilegalidade-lesividade, como pressuposto elementar para a procedência da ação popular e de consequente condenação dos requeridos a ressarcimento ao erário em face dos prejuízos comprovadamente atestados ou nas perdas e danos correspondentes (arts. 11 e 14 da Lei n. 4.717/65) – *Informativo* 557/2015.

São requisitos da ação popular: a) ser cidadão; b) ilegalidade ou imoralidade; c) lesão ou ameaça de lesão ao patrimônio público.

16.4. Objeto e espécies

Patrimônio público ou de entidade de que o Estado participe, a moralidade administrativa, o meio ambiente e o patrimônio histórico e cultural.

A Lei n. 4.717/65, em seu art. 1º, § 1º, define o patrimônio público como bens e direitos de valor econômico, artístico, estético, histórico ou turístico.

A ação popular é instrumento hábil na defesa da moralidade administrativa, ainda que não exista dano econômico material ao patrimônio público.

A ação popular pode ser preventiva, quando visa evitar danos, e repressiva, quando visa reparar os danos causados ao patrimônio público.

16.5. Competência

É definida conforme a origem do ato impugnado. Para fins de competência, equiparam-se atos da União, do Distrito Federal, do estado ou dos municípios, os atos das pessoas criadas ou mantidas por essas pessoas jurídicas de direito público, bem como os atos das sociedades de que elas sejam acionistas e os das pessoas ou entidades por elas subvencionadas ou em relação às quais tenham interesse patrimonial.

Quando o pleito interessar simultaneamente à União e a qualquer outra pessoa ou entidade, será competente o juiz das causas da União, se houver; quando interessar simultaneamente ao estado e ao município, será competente o juiz das causas do Estado, se houver.

A propositura da ação prevenirá a jurisdição do juízo para todas as ações que forem posteriormente intentadas contra as mesmas partes e sob os mesmos fundamentos.

16.6. Legitimidade das partes

a) **Ativa:** ser cidadão. No conceito de cidadão há divergência doutrinária: a) majoritária: é o que tem Título de Eleitor está em dia com as obrigações eleitorais e não está em situação de privação dos direitos políticos; b) minoritária: é qualquer pessoa.

> A condição de eleitor é, tão somente, meio de prova da cidadania, essa sim relevante para a definição da legitimidade, mostrando-se desinfluente para tal desiderato o domicílio eleitoral do autor da ação, que condiz mesmo com a necessidade de organização e fiscalização eleitorais (*Informativo* 476/11).

b) **Passiva:** será proposta contra as pessoas públicas ou privadas, contra as autoridades, funcionários ou administradores que houverem autorizado, aprovado, ratificado ou praticado o ato impugnado, ou que, por omissas, tiverem dado oportunidade à lesão, seus beneficiários diretos e os responsáveis pela avaliação inexata.

> A pessoa jurídica de direito público ou de direito privado, cujo ato seja objeto de impugnação, poderá abster-se de contestar o pedido, ou poderá atuar ao lado do autor, desde que isso se afigure útil ao interesse público, a juízo do respectivo representante legal ou dirigente.

16.7. Ministério Público

É parte pública autônoma, ou seja, acompanhará a ação, cabendo-lhe apressar a produção da prova e promover a responsabilidade, civil ou criminal, dos que nela incidirem, sendo-lhe vedado, em qualquer hipótese, assumir a defesa do ato impugnado ou dos seus autores.

16.8. Cabimento

a) **Liminar:** na defesa do patrimônio público, caberá a suspensão liminar do ato lesivo impugnado.

b) **Litisconsórcio:** é facultado a qualquer cidadão habilitar-se como litisconsorte ou assistente do autor da ação popular.

c) **Desistência do autor popular:** se o autor desistir da ação ou der motivo à absolvição da instância, serão publicados editais, ficando assegurado a qualquer cidadão, bem como ao representante do Ministério Público, dentro do prazo de 90 dias da última publicação feita, promover o prosseguimento da ação.

d) **Recurso:** a sentença que concluir pela carência ou pela improcedência da ação está sujeita ao duplo grau de jurisdição, não produzindo efeito senão depois de confirmada pelo tribunal (Não se admite o cabimento da remessa necessária, tal como prevista no art. 19 da Lei n. 4.717/65, nas ações coletivas que versem sobre direitos individuais homogêneos – *Informativo* 612/2017; a sentença que concluir pela carência ou pela improcedência de ação de improbidade administrativa não está sujeita ao reexame necessário previsto no art. 19 da Lei de **Ação Popular** (Lei n. 4.717/65) – *Informativo* 546/2014); da que julgar a ação procedente caberá apelação, com efeito suspensivo. Das sentenças e decisões proferidas contra o autor da ação e suscetíveis de recurso, poderá recorrer qualquer cidadão e também o Ministério Público.

> A sentença que concluir pela carência ou pela improcedência de ação de improbidade administrativa não está sujeita ao reexame necessário previsto no art. 19 da Lei de Ação Popular (Lei n. 4.717/65), porque essa espécie de ação segue um rito próprio e tem objeto específico, disciplinado na Lei n. 8.429/92 (*Informativo* 546/14).

e) **Prazo:** o prazo de 5 (cinco) anos para o ajuizamento da ação popular não se aplica às ações coletivas de consumo (*Informativo* 648/2019).

16.9. Rito

A ação obedecerá ao procedimento ordinário com regras específicas: além da citação dos réus, a intimação do representante do Ministério Público.

O prazo de contestação é de 20 dias, prorrogáveis por mais 20, a requerimento do interessado, se particularmente difícil a produção de prova documental, e será comum a todos os interessados, correndo da entrega em cartório do mandado cumprido, ou, quando for o caso, do decurso do prazo assinado em edital.

Caso não requerida, até o despacho saneador, a produção de prova testemunhal ou pericial, o juiz ordenará vista às partes por 10 dias, para alegações, sendo-lhe os autos conclusos, para sentença, 48 horas após a expiração desse prazo; havendo requerimento de prova, o processo tomará o rito ordinário.

A sentença, quando não prolatada em audiência de instrução e julgamento, deverá ser proferida dentro de 15 dias do recebimento dos autos pelo juiz. A sentença que, julgando procedente a ação popular, decretar a invalidade do ato impugnado, condenará ao pagamento de perdas e danos os responsáveis pela sua prática e os beneficiários dele, ressalvada a ação regressiva contra os funcionários causadores de dano, quando incorrerem em culpa.

Caso decorridos 60 dias da publicação da sentença condenatória de segunda instância, sem que o autor ou terceiro promova a respectiva execução, o representante do Ministério Público a promoverá nos 30 dias seguintes, sob pena de falta grave.

A sentença terá eficácia de coisa julgada oponível *erga omnes*, exceto no caso de haver sido a ação julgada improcedente por deficiência de prova; neste caso, qualquer cidadão poderá intentar outra ação com idêntico fundamento, valendo-se de nova prova.

16.10. Dicas da peça prática

ENDEREÇAMENTO

Juiz federal ou estadual, conforme a origem do ato lesado. Cabe ressaltar que de acordo com o *Informativo* 433 do STF é competência originária do STF para processar e julgar a ação popular nos seguintes casos: a) as causas e os conflitos entre a União e os Estados, a União e o Distrito Federal, ou entre uns e outros, inclusive as respectivas entidades da Administração indireta (art. 102, I, *f*, da CRFB); b) a ação em que todos os membros da magistratura sejam direta ou indiretamente interessados, e aquela em que mais da metade dos membros do tribunal de origem estejam impedidos ou sejam direta ou indiretamente interessados (art. 102, I, *n*, da CRFB).

Órgão do Judiciário	Forma de endereçamento
Se for juiz estadual	Excelentíssimo Senhor Doutor Juiz de Direito da... Vara... do Foro... da Comarca de...
Se for juiz federal	Excelentíssimo Senhor Doutor Juiz Federal da... Vara... da Seção Judiciária de...
Se for STF	Excelentíssimo Senhor Doutor Ministro Presidente do Colendo Supremo Tribunal Federal

PREÂMBULO

É o parágrafo introdutório da peça prática da ação popular. Deve ser feito conforme modelo abaixo:

(NOME DO AUTOR), nacionalidade, estado civil, profissão, portador da cédula de identidade n. ..., inscrito no CPF/MF sob n. ..., residente e domiciliado na... (ENDEREÇO), cidadão inscrito na Justiça Eleitoral com o Título de Eleitor n. ..., vem respeitosamente à presença de Vossa Excelência, por meio do seu advogado, com escritório profissional na... (ENDEREÇO), com fundamento no art. 5º, LXXIII, da Constituição Federal c/c o artigo... da Lei n. 4.717/65, com aplicação subsidiária do CPC, propor AÇÃO POPULAR COM OU SEM PEDIDO DE LIMINAR em face de... (mencionar a pessoa jurídica, os responsáveis e os beneficiários do ato lesivo), qualificação de cada um, pelos fundamentos de fato e de direito a seguir aduzidos:

Em face do modelo, são os seguintes os requisitos do preâmbulo:

a) **nome e qualificação do autor**: (NOME DO AUTOR), nacionalidade, estado civil, profissão, portador da cédula de identidade n. ..., inscrito no CPF/MF sob n. ..., residente e domiciliado na... (ENDEREÇO);

b) **Mencionar a qualidade de cidadão do autor:** cidadão inscrito na Justiça Eleitoral com o Título de Eleitor n. ...;

c) **capacidade postulatória**: por meio do seu advogado (documento anexo), com escritório profissional na... (ENDEREÇO);

d) **fundamento legal da peça:** art. 5º, LXXIII, da Constituição Federal c/c o artigo... da Lei n. 4.717/65, com aplicação subsidiária do CPC;

e) **nome da peça**: AÇÃO POPULAR COM OU SEM PEDIDO DE LIMINAR;

f) **nome e qualificação do réu: se for pessoa física:** (NOME DO AUTOR), nacionalidade, estado civil, profissão, portador da cédula de identidade n. ..., inscrito no CPF/MF sob n. ..., residente e domiciliado na... (ENDEREÇO); **se for pessoa jurídica:** (NOME DA PESSOA JURÍDICA) com sede funcional localizada na... (ENDEREÇO). Se for pessoa jurídica de direito privado acrescentar o CNPJ e afirmar que é nesse ato representado por seu (diretor, sócio...), conforme contrato social anexo, (qualificação completa do representante da pessoa jurídica);

g) **frase final**: "pelos fundamentos de fato e de direito a seguir aduzidos:".

DOS FATOS

O candidato deve realizar a leitura do enunciado e fazer um texto narrativo, sem inventar dados.

DO DIREITO

I – DA JUSTIFICATIVA DA COMPETÊNCIA

De acordo com o art. 5º da Lei n. 4.717/65 ("Conforme a origem do ato impugnado, é competente para conhecer da ação, processá-la e julgá-la o juiz que, de acordo com a organização judiciária de cada Estado, o for para as causas que interessem à União, ao Distrito Federal, ao Estado ou ao Município"), a competência é definida pela origem do ato lesivo.

No caso, a origem do ato lesivo é..., o que justifica que a presente ação seja ajuizada perante a Justiça..., nos termos do... (indicar fundamento legal).

II – DA JUSTIFICATIVA DA LEGITIMIDADE DAS PARTES

DA LEGITIMIDADE ATIVA

De acordo com a Constituição Federal e o art. 1º, § 3º, da Lei n. 4.717/65 ("a prova da cidadania, para ingressar em juízo, será feita com o título eleitoral, ou com documento que a ele corresponda"), o legitimado ativo para propor ação popular é o cidadão, ou seja, nacional que esteja no pleno gozo dos direitos políticos.

No caso em tela, o(a) autor(a) da presente ação preenche o requisito subjetivo de ser cidadão, pois possui o Título de Eleitor (documento anexo), está em dia com as suas obrigações eleitorais (documento anexo) e não está numa situação de privação dos seus direitos políticos (documento anexo).

DA LEGITIMIDADE PASSIVA

De acordo com a Constituição Federal e o art. 6º da Lei n. 4.717/65, os legitimados passivos são as pessoas que dão causa ao dano, abrangendo a pessoa jurídica em nome de quem foi praticado o ato lesivo, os funcionários ou administradores que autorizaram, aprovaram, ratificaram ou praticaram os atos ilegais e lesivos, e os beneficiários do ato impugnado.

No caso em tela, ... (indicação dos réus demonstrando a participação e/ou responsabilidade de cada um).

III – DO MÉRITO

No caso em tela, ocorreu... (mencionar o ato ilegal e/ou imoral e lesivo ao patrimônio público), nos termos do artigo... (indicar o fundamento legal nos arts. 3º e 4º da Lei n. 4.717/65).

Mencionar que o referido ato ofendeu... (patrimônio público ou de entidade de que o Estado participe, moralidade administrativa, meio ambiente, patrimônio histórico ou patrimônio cultural).

Demonstrar por que o ato é contrário ao Direito. Mencionar a infração das normas específicas que regem sua prática ou o desvio dos princípios gerais que norteiam a Administração Pública.

Mencionar que o ato é lesivo ao patrimônio público e por quê.

Concluir afirmando que diante da ocorrência do ato ilegal/imoral e lesivo, deve ocorrer sua invalidação e consequente condenação pelos prejuízos causados ao patrimônio público.

DO PEDIDO

Diante do exposto, requer-se:

a) a citação do réu, para, querendo, contestar a presente ação, no prazo de 20 dias, sob pena de aplicação dos efeitos da revelia, nos termos do art. 7º da Lei n. 4.717/65;
b) intimação do representante do Ministério Público nos termos do art. 7º da Lei n. 4.717/65;
c) a procedência da pretensão para decretar a invalidade do ato lesivo... (o que foi violado);
d) condenação dos responsáveis ao ressarcimento dos danos causados;
e) juntada de documentos anexos;
f) condenação da ré ao pagamento de honorários advocatícios, custas e despesas processuais e demais consectários legais.

DAS PROVAS

O candidato deve construir a seguinte frase: O autor pretende provar o alegado por todos os meios de prova em Direito admitidos, especialmente... (mencionar as que forem indicadas no enunciado). Se acaso houver indicação de prova testemunhal, o candidato não pode esquecer de indicar o rol de testemunhas.

VALOR DA CAUSA

Dá-se à causa o valor de...

ENCERRAMENTO

O candidato deve indicar o final da peça da seguinte forma:

Termos em que pede deferimento.

(2 linhas)

Local, ... de... de...

(2 linhas)

Advogado

OAB – sob n. ...

16.11. Exercício da peça prática

(XV Exame da OAB) Esculápio da Silva, brasileiro, casado, engenheiro, domiciliado na capital do Estado de WYK, é comunicado por amigos que a Administração do Estado está providenciando um plano de obras custosas e pretendendo que elas sejam entregues, independentemente de licitação, a empresas com vínculos pessoais com dirigentes do seu partido político. Os valores correspondentes às obras são incluídos no orçamento, observado o devido processo legislativo. Quando da realização das obras, aduz a necessidade de urgência diante de evento artístico de grande repercussão a realizar-se em aproximadamente um ano, o que inviabilizaria a realização de procedimento licitatório e designa três empresas para repartir as verbas orçamentárias, cabendo a cada uma realizar parte da obra preconizada. As empresas Mastodonte S.A., Mamute S.A. e Dente de Sabre S.A. aceitam, de bom grado, o encargo e assinam os contratos com a Administração. O valor das obras corresponde a um bilhão de reais. Inconformado com esse fato, Esculápio da Silva, cidadão que gosta de participar ativamente da defesa da Administração Pública e está em dia com seus direitos políticos, procura orientação jurídica e, após, resolve ajuizar a competente ação. Na qualidade de advogado, elabore a peça cabível, observando: a) competência do juízo; b) legitimidade ativa e passiva; c) fundamentos de mérito constitucionais e legais vinculados; d) os requisitos formais da peça; e) tutela de urgência. (Valor: 5,0)

GABARITO:

A ação popular pode ser proposta por qualquer cidadão para proteção contra atos que causem danos ao erário. No caso vertente, havendo irregularidades na licitação, possível a ação popular lastreada na violação dos princípios regentes da Administração Pública (CRFB, art. 37, *caput*), quais sejam, legalidade, impessoalidade, moralidade, publicidade e eficiência, bem como o do inciso XXI – ressalvados os casos especificados na legislação, as obras, serviços, compras e alienações serão contratados mediante processo de licitação pública que assegure igualdade de condições a todos os concorrentes, com cláusulas que estabeleçam obrigações de pagamento, mantidas as condições efetivas da proposta, nos termos da lei, o qual somente permitirá as exigências de qualificação técnica e econômica indispensáveis à garantia do cumprimento das obrigações. O autor será o cidadão indicado no enunciado e os réus serão: o Estado e as empresas beneficiárias (art. 6º da Lei n. 4.717/65). Os requisitos da petição inicial seguem os mesmos do rito ordinário (CPC, art. 282). Há intervenção obrigatória do Ministério Público (art. 6º, § 4º, da Lei n. 4.717/65). O juízo competente é aquele com competência fazendária (art. 5º da Lei n. 4.717/65). Consoante o enunciado o Juízo competente é o da Comarca sede, que tem competência fazendária.

EXCELENTÍSSIMO SENHOR DOUTOR JUIZ DE DIREITO DA... VARA DA FAZENDA PÚBLICA DA COMARCA DE...

(10 linhas)

Esculápio da Silva, brasileiro, casado, engenheiro, portador da cédula de identidade n. ..., inscrito no CPF/MF sob n. ..., residente e domiciliado na... (ENDEREÇO), cidadão inscrito na Justiça Eleitoral com o Título de Eleitor n. ..., vem respeitosamente à presença de Vossa Excelência, por meio do seu advogado, com escritório profissional na... (ENDEREÇO), com fundamento no art. 5º, LXXIII, da Constituição Federal c/c a Lei n. 4.717/65 e aplicação subsidiária do CPC, propor AÇÃO POPULAR COM PEDIDO DE LIMINAR em face do Estado de WYK e dos beneficiários Empresa Mastodonte S.A., pessoa jurídica de direito privado, Inscrição Estadual..., CNPJ..., com sede à Rua..., n. ... – Bairro – Cidade/RN, neste ato representada pelo(a) Sr.(a)..., portador(a) do CPF n. ..., RG...; Empresa Mamute S.A., pessoa jurídica de direito privado, Inscrição Estadual..., CNPJ..., com sede à Rua..., n. ... – Bairro – Cidade/RN, neste ato representada pelo(a) Sr.(a)..., portador(a) do CPF n. ..., RG...; e Empresa Dente de Sabre S.A, pessoa jurídica de direito privado, Inscrição Estadual..., CNPJ..., com sede à Rua..., n. ... – Bairro – Cidade/RN, neste ato representada pelo(a) Sr.(a)..., portador(a) do CPF n. ..., RG..., pelos fundamentos de fato e de direito a seguir aduzidos:

I – DOS FATOS

Esculápio da Silva é comunicado por amigos que a Administração do Estado está providenciando um plano de obras custosas e pretendendo que elas sejam entregues, independentemente de licitação, a empresas com vínculos pessoais com dirigentes do seu partido político. Os valores correspondentes às obras são incluídos no orçamento, observado o devido processo legislativo.

Quando da realização das obras, aduz a necessidade de urgência diante de evento artístico de grande repercussão a realizar-se em aproximadamente um ano, o que inviabilizaria a realização de procedimento licitatório e designa três empresas para repartir as verbas orçamentárias, cabendo a cada uma realizar parte da obra preconizada.

As empresas Mastodonte S.A., Mamute S.A. e Dente de Sabre S.A. aceitaram, de bom grado, o encargo e assinaram os contratos com a Administração. O valor das obras corresponde a um bilhão de reais.

II – DO DIREITO

II.1 – DA JUSTIFICATIVA DA COMPETÊNCIA

De acordo com o art. 5.º da Lei n. 4.717/65 ("Conforme a origem do ato impugnado, é competente para conhecer da ação, processá-la e julgá-la o juiz que, de acordo com a organização judiciária de cada Estado, o for para as causas que interessem à União, ao Distrito Federal, ao Estado ou ao Município"), a competência é definida pela origem do ato lesivo.

No caso, a origem do ato lesivo é estadual, o que justifica que a presente ação seja ajuizada perante a Justiça Estadual, nos termos do art. 5.º da Lei n. 4.717/65.

II.2 – DA JUSTIFICATIVA DA LEGITIMIDADE DAS PARTES

DA LEGITIMIDADE ATIVA

De acordo com a Constituição Federal e o art. 1.º, § 3.º, da Lei n. 4.717/65 ("a prova da cidadania, para ingressar em juízo, será feita com o título eleitoral, ou com documento que a ele corresponda"), o legitimado ativo para propor ação popular é o cidadão, ou seja, nacional que esteja no pleno gozo dos direitos políticos.

No caso em tela, o(a) autor(a) da presente ação preenche o requisito subjetivo de ser cidadão, pois possui o Título de Eleitor (documento anexo), está em dia com as suas obrigações eleitorais (documento anexo) e não está numa situação de privação dos seus direitos políticos (documento anexo).

DA LEGITIMIDADE PASSIVA

De acordo com a Constituição Federal e o art. 6.º, da Lei n. 4.717/65, os legitimados passivos são as pessoas que dão causa ao dano, abrangendo a pessoa jurídica em nome de quem foi praticado o ato lesivo, os funcionários ou administradores que autorizaram, aprovaram, ratificaram, ou praticaram os atos ilegais e lesivos, e os beneficiários do ato impugnado.

No caso em tela, o Estado WYK foi responsável pelo ato lesivo ao patrimônio público, ao providenciar um plano de obras custosas e pretendendo que elas sejam entregues, independentemente de licitação, a empresas com vínculos pessoais com dirigentes do seu partido político.

As empresas Mastodonte S.A., Mamute S.A. e Dente de Sabre S.A. foram beneficiárias, já que aceitaram, de bom grado, o encargo e assinaram os contratos com a Administração. O valor das obras corresponde a um bilhão de reais.

II.3 – DO MÉRITO

No caso em tela, ocorreu o ato ilegal e lesivo ao patrimônio público, já que foram cometidas irregularidades na licitação, nos termos dos arts. 3.º e 4.º da Lei n. 4.717/65.

A irregularidade cometida no ato violou a moralidade administrativa, já que ao não realizar a licitação a Administração Pública agiu com vistas a resultados divorciados do específico interesse público que deveria atender nos termos do art. 37, XXI, da CRFB.

Conforme pode ser extraído da previsão constitucional, a licitação é uma verdadeira obrigação, a Administração Pública não tem a opção de realizar ou não a licitação. Ela tem o poder-dever de realizá-la em respeito ao interesse público.

A não realização de licitação quando obrigatório o certame público configura improbidade administrativa, que pode encontrar tipificação tanto no catálogo da norma do art. 10 da Lei n. 8.429/92, como da norma do art. 11 da Lei n. 8.429/92.

Diante da ocorrência do ato ilegal/imoral e lesivo, deve ocorrer sua invalidação e consequente condenação pelos prejuízos causados ao patrimônio público.

III – DO PEDIDO

Diante do exposto, requer-se:

a) a citação do réu, para, querendo, contestar a presente ação, no prazo de 20 dias, sob pena de aplicação dos efeitos da revelia, nos termos do art. 7.º da Lei n. 4.717/65;

b) intimação do representante do Ministério Público nos termos do art. 7.º da Lei n. 4.717/65;

c) a procedência de pretensão para decretar a invalidade do ato lesivo ao patrimônio público;

d) condenação dos responsáveis ao ressarcimento dos danos causados;

e) juntada de documentos anexos;

f) condenação da ré ao pagamento de honorários advocatícios, custas e despesas processuais e demais consectários legais.

IV – DAS PROVAS

O autor pretende provar o alegado por todos os meios de prova em Direito admitidos.

V – DO VALOR DA CAUSA

Dá-se à causa o valor de...

Termos em que pede deferimento.

(2 linhas)

Local, ... de... de...

(2 linhas)

Advogado
OAB – sob n. ...

(XXV Exame da OAB) Em matéria jornalística amplamente divulgada pela mídia, o prefeito do Município Alfa, situado no Estado Beta, é acusado pela imprensa local de negligenciar a saúde pública, deixando de realizar os investimentos constitucionais obrigatórios nos estabelecimentos médico-hospitalares situados na região. Com o objetivo de tirar proveito da situação para se autopromover, o prefeito elabora a seguinte estratégia: após obter expressa aprovação do Secretário Municipal do Meio Ambiente, em procedimento administrativo formalmente instaurado, às custas do erário e sob o subterfúgio de publicidade institucional, providencia a instalação de um grande painel de publicidade (*outdoor*) na encosta de um dos morros da cidade, o que era vedado pela legislação ambiental federal. Trata-se de área de proteção ambiental e notório ponto turístico, tendo ampla visibilidade. No *outdoor*, são elencadas todas as ações e investimentos da prefeitura relacionados à área da saúde durante a gestão do atual prefeito. Logo após a conclusão das obras, ambientalistas filiados a uma Organização Não Governamental (ONG) de proteção ao meio ambiente comparecem ao local e detectam, dentre outras consequências prejudiciais, que a iluminação usada no *outdoor* durante o período noturno traria resultados nocivos à biodiversidade, ameaçando a sobrevivência de espécies animais notívagas da região. Essa nocividade se tornaria irreversível caso a iluminação viesse a ser utilizada por algumas semanas. Carlos, maior de idade, brasileiro nato no pleno gozo de seus direitos políticos, morador do Município Alfa, fica estarrecido ao tomar ciência do fato e indignado com a inércia das autoridades locais competentes. Diante disso, comparece a um escritório de advocacia indagando se poderia, devidamente representado em juízo por advogado(a) legalmente habilitado(a), adotar pessoalmente alguma providência judicial diante das irregularidades apontadas. Com base no caso concreto apresentado acima, utilizando o instrumento constitucional adequado, redija a petição inicial da medida judicial cabível. (Valor: 5,00). Obs.: a peça deve abranger todos os fundamentos de Direito que possam ser utilizados para dar respaldo à pretensão. A simples menção ou transcrição do dispositivo legal não confere pontuação.

GABARITO COMENTADO PELA FGV

A medida judicial a ser apresentada é a Ação Popular (art. 5º, LXXIII, da CRFB/88 e art. 1º da Lei Federal n. 4.717/65), uma vez que Carlos, por estar no pleno gozo de seus direitos políticos, é cidadão, detendo legitimidade para pleitear a declaração de nulidade do ato ilegal lesivo ao meio ambiente, atuando, destarte, na defesa dos interesses da coletividade. O processamento e o julgamento da Ação Popular dar-se-ão perante a Justiça Estadual de primeiro grau do Estado. Beta, conforme regulamentado pelo art. 5º da Lei Federal n. 4.717/65. São legitimados passivos da ação, nos termos do art. 6º do referido diploma legal, o agente que praticou o ato, a entidade lesada e os beneficiários do ato lesivo. Nesta esteira, devem figurar no polo passivo tanto o prefeito do município Alfa, responsável pela expedição do ato como o secretário do meio ambiente que, em procedimento administrativo formal, aquiesceu expressamente com a construção e instalação do *outdoor* em área de proteção ambiental. Figurará ainda no polo passivo o município Alfa, pessoa jurídica de direito público interno. No mérito, deverá ser arguido que o ato é nulo por ser ilegal, editado em contrariedade com a legislação federal vigente, e que foi praticado em nítido desvio de finalidade, uma vez que, a pretexto de informar a população sobre supostos gastos com a saúde pública, o prefeito se valeu de ato lesivo ao meio ambiente – afrontando o art. 225 da CRFB/88 – e ofensivo aos princípios da moralidade e da impessoalidade que regem a Administração Pública, nos termos do art. 37, *caput*, da CRFB/88, para obter promoção pessoal. Outrossim, deve ser mencionado o § 1º desse dispositivo legal, que traz o seguinte comando: "A publicidade dos atos, programas, obras, serviços e campanhas dos órgãos públicos deverá ter caráter educativo, informativo ou de orientação social, dela não podendo constar nomes, símbolos ou imagens que caracterizem promoção pessoal de autoridades ou servidores públicos". Ademais, uma vez presentes os requisitos legais (riscos de danos irreversíveis à biodiversidade em decorrência da iluminação inapropriada – *periculum in mora* – e fundamento relevante – *fumus boni iuris*), revela-se perfeitamente cabível o pedido liminar de desativação da iluminação e/ou remoção do *outdoor*, na forma do art. 5º, § 4º, da Lei Federal n. 4.717/65. Deverão ser formulados os seguintes pedidos: 1. deferimento de medida liminar para desativação da iluminação e/ou remoção do *outdoor*, nos termos do art. 5º, § 4º, da Lei Federal n. 4.717/65; 2. decretação de nulidade do ato que autorizou a instalação do *outdoor*, por conter vícios de ilegalidade e de desvio de finalidade, conforme alíneas c e e do art. 2º da Lei Federal n. 4.717/65; 3. ressarcimento financeiro ao erário e reparação dos danos ambientais causados. Deve ser atribuído valor à causa e a petição deve ser encerrada com identificação e assinatura do(a) advogado(a).

COMENTÁRIOS

DA JUSTIFICATIVA DA COMPETÊNCIA

De acordo com o art. 5º da Lei n. 4.717/65 ("Conforme a origem do ato impugnado, é competente para conhecer da ação, processá-la e julgá-la o juiz que, de acordo com a organização judiciária de cada Estado, o for para as causas que interessem à União, ao Distrito Federal, ao Estado ou ao Município"), a competência é definida pela origem do ato lesivo.

No caso, a origem do ato lesivo é estadual, o que justifica que a presente ação seja ajuizada perante a Justiça Estadual, nos termos do art. 5º da Lei n. 4.717/65.

DA JUSTIFICATIVA DA LEGITIMIDADE ATIVA

De acordo com a Constituição Federal e o art. 1º, § 3º, da Lei n. 4.717/65 ("A prova da cidadania, para ingressar em juízo será feita com o título eleitoral, ou com documento que a ele corresponda"), o legitimado ativo para propor ação popular é o cidadão, ou seja, nacional que esteja no pleno gozo dos direitos políticos.

No caso em tela, Carlos preenche o requisito subjetivo de ser cidadão, pois possui o Título de Eleitor (documento anexo), está em dia com as suas obrigações eleitorais (documento anexo) e não está numa situação de privação dos seus direitos políticos (documento anexo).

Em razão de Carlos estar no pleno gozo de seus direitos políticos, ele é cidadão, detendo legitimidade para pleitear a declaração de nulidade do ato ilegal lesivo ao meio ambiente, atuando, destarte, na defesa dos interesses da coletividade.

(XXVIII EXAME DA OAB) A sociedade empresária K, concessionária do serviço de manutenção de uma estrada municipal, na qual deveria realizar investimentos sendo remunerada com o valor do pedágio pago pelos usuários do serviço, decidiu ampliar suas instalações de apoio. Após amplos estudos, foi identificado o local que melhor atenderia às suas necessidades. Ato contínuo, os equipamentos foram alugados e foi providenciado o cerco do local com tapumes. De imediato, foi fixada a placa, assinada por engenheiro responsável, indicando a natureza da obra a ser realizada e a data do seu início, o que ocorreria trinta dias depois, prazo necessário para a conclusão dos preparativos. João da Silva, usuário da rodovia e candidato ao cargo de deputado estadual no processo eleitoral que estava em curso, ficou surpreso com a iniciativa da sociedade empresária K, pois era público e notório que o local escolhido era uma área de preservação ambiental permanente do Município Alfa. Considerando esse dado, formulou requerimento, dirigido à concessionária, solicitando que a obra não fosse realizada. A sociedade empresária K indeferiu o requerimento, sob o argumento de que o local escolhido fora aprovado pelo Município, que concedeu a respectiva licença, assinada pelo prefeito Pedro dos Santos, permitindo o início das obras. O local, ademais, era o que traria maiores benefícios aos usuários. João da Silva, irresignado com esse estado de coisas, contratou seus serviços, como advogado(a). Ele afirmou que quer propor uma ação judicial para que seja declarada a nulidade da licença concedida e impedida a iminente realização das obras no local escolhido, que abriga diversas espécies raras da flora e da fauna silvestre. Levando em consideração as informações expostas, elabore a medida judicial adequada, com todos os fundamentos jurídicos que confiram sustentação à pretensão.

GABARITO COMENTADO PELA FGV

A peça adequada nessa situação é a petição inicial de Ação Popular. A petição deve ser endereçada ao Juízo Cível ou ao Juízo de Fazenda Pública da Comarca do município Alfa, já que os dados constantes do enunciado não permitem identificar a organização judiciária do local. O examinando deve indicar, na qualificação das partes, o autor João e, como demandados, o prefeito municipal Pedro dos Santos, o município Alfa e a sociedade empresária K. A legitimidade ativa de João da Silva decorre do fato de ser cidadão, conforme dispõe o art. 5º, inciso LXXIII, da CRFB/88 ou o art. 1º, *caput*, da Lei n. 4.717/65, qualidade intrínseca à sua condição de candidato ao cargo de deputado estadual. A legitimidade passiva do prefeito Pedro dos Santos decorre do fato de ter concedido a licença de construção (Lei n. 4.717/65, art. 6º, *caput*); a do município Beta, por se almejar obstar os efeitos de uma licença que concedeu por intermédio do prefeito (Lei n. 4.717/65, art. 6º, § 3º); e da sociedade empresária K, do fato de ser a beneficiária da licença concedida (Lei n. 4.717/65, art. 6º, *caput*), estando na iminência de realizar a obra. Como o ato é lesivo ao meio ambiente, é possível a sua anulação via ação popular (CRFB/88, art. 5º, inciso LXXIII). O examinando deve indicar, no mérito, que a licença concedida pelo prefeito Pedro dos Santos é atentatória ao meio ambiente, pois o local abriga uma área de preservação ambiental permanente do município Alfa. Não merece ser acolhido o argumento de que o possível benefício dos usuários justifica a lesão ao meio ambiente. Os atos do poder concedente e do concessionário devem ser praticados em harmonia com a ordem jurídica, que protege o meio ambiente, nos termos do art. 225, *caput*, da CRFB/88, inclusive no âmbito da atividade econômica, conforme dispõe o art. 170, inciso VI, da CRFB/88. A licença, portanto, afrontou a concepção mais ampla de legalidade, prevista no art. 37, *caput*, da CRFB/88. A sociedade empresária K, enquanto concessionária do serviço público, deve observar a legalidade em igual intensidade, não podendo causar danos ao meio ambiente, ainda que amparada por um ato estatal que nitidamente a afronta. Em consequência, a licença concedida é nula, em razão da ilegalidade do objeto, já que a realização da obra importará em afronta ao ato normativo que considerou o local uma área de preservação ambiental permanente (Lei n. 4.717/65, art. 2º, parágrafo único, alínea c). O examinando deve requerer a aconcessão de provimento liminar, para impedir que a sociedade empresária K inicie as obras no local. O *fumus boni iuris* decorre da flagrante ilegalidade da licença de construção, e o *periculum in mora*, da iminência de serem causados danos irreversíveis ao meio ambiente, considerando as raras espécies da fauna e da flora silvestre existentes no local. O examinando ainda deve pedir a declaração de nulidade da licença concedida pelo município Alfa, assinada pelo prefeito Pedro dos Santos e a proibição de realização de obras na área de preservação ambiental permanente. O examinando ainda deve:

- juntar aos autos o título de eleitor de João da Silva;
- atribuir valor à causa; e
- qualificar-se como advogado, assinando a respectiva petição.

COMENTÁRIOS

DA JUSTIFICATIVA DA COMPETÊNCIA

De acordo com o art. 5º da Lei n. 4.717/65 ("Conforme a origem do ato impugnado, é competente para conhecer da ação, processá-la e julgá-la o juiz que, de acordo com a organização judiciária de cada Estado, o for para as causas que interessem à União, ao Distrito Federal, ao Estado ou ao Município"), a competência é definida pela origem do ato lesivo.

No caso, a origem do ato lesivo é estadual, o que justifica que a presente ação seja ajuizada perante a Justiça Estadual, nos termos do art. 5º da Lei n. 4.717/65.

DA JUSTIFICATIVA DA LEGITIMIDADE ATIVA

De acordo com a Constituição Federal e o art. 1º, § 3º, da Lei n. 4.717/65 ("A prova da cidadania, para ingressar em juízo será feita com o título eleitoral, ou com documento que a ele corresponda"), o legitimado ativo para propor ação popular é o cidadão, ou seja, nacional que esteja no pleno gozo dos direitos políticos (qualidade intrínseca à sua condição de candidato ao cargo de deputado estadual).

No caso em tela, João preenche o requisito subjetivo de ser cidadão, pois possui o Título de Eleitor (documento anexo), está em dia com as suas obrigações eleitorais (documento anexo) e não está numa situação de privação dos seus direitos políticos (documento anexo).

Em razão de João estar no pleno gozo de seus direitos políticos, ele é cidadão, detendo legitimidade para pleitear a declaração de nulidade do ato ilegal lesivo ao meio ambiente, atuando, destarte, na defesa dos interesses da coletividade.

17. MANDADO DE SEGURANÇA

17.1. Apresentação

O mandado de segurança está previsto no art. 5º, LXIX, da Constituição Federal, e regulamentado pela Lei n. 12.016, que entrou em vigor no dia 10 de agosto de 2009. No Brasil, o mandado de segurança é remédio constitucional criado com a Constituição de 1934, que visa proteger direito líquido e certo, não amparado por *habeas corpus* ou *habeas data*, quando o responsável pela ilegalidade ou abuso de poder for autoridade pública ou agente de pessoa jurídica no exercício de atribuições do Poder Público.

O mandado de segurança visa reparar, afastar ou corrigir ilegalidade (desconformidade com a lei) ou abuso de poder (revela-se pela omissão, desvio de poder – ato com finalidade diversa da prevista em lei; ou pelo excesso de poder – prática do ato além dos limites permitidos), praticado por autoridade ou agentes no exercício de função pública ao direito líquido e certo.

17.2. Características e requisitos

O mandado de segurança é uma ação constitucional de natureza civil, de caráter sumaríssimo e decisão exequível; possui caráter subsidiário, pois protege direito líquido e certo não amparado por *habeas corpus* e *habeas data*; ademais é instrumento de liberdade civil e política, pois é usado para que os indivíduos se defendam de atos ilegais ou praticados com abuso de poder.

A impetração do mandado de segurança depende do preenchimento dos seguintes requisitos: a) direito líquido e certo: comprovado de plano; b) ilegalidade ou abuso de poder; c) lesão ou ameaça de lesão; d) ato comissivo ou omissivo de autoridade pública ou agente no exercício de função pública.

O prazo para impetração do mandado de segurança é de 120 dias, a partir da ciência do ato impugnado. Pela Súmula 632 do STF é constitucional lei que fixa o prazo de decadência para a impetração do mandado de segurança. Cabe ressalvar que no mandado de segurança preventivo não há falar em prazo decadencial do direito de impetração do remédio.

No mandado de segurança, não há exame aprofundado de provas. Qualquer incerteza sobre os fatos decreta o descabimento da reparação da lesão por meio do mandado, devendo a parte pleitear seus direitos por meio de ação que comporte dilação probatória.

Os processos de mandado de segurança e os respectivos recursos terão prioridade sobre todos os atos judiciais, salvo *habeas corpus*.

17.3. Objeto e espécies

É direito não amparado por *habeas corpus* nem por *habeas data*. São espécies: a) **preventivo**: serve para afastar ameaça ou justo receio de lesão a direito; b) **repressivo**: serve para afastar constrangimento ou ato lesivo a direito.

17.4. Legitimidade de partes

a) **Ativa:** o legitimado a impetrar o mandado de segurança é o titular do direito individual ou coletivo líquido e certo, podendo ser pessoa física ou jurídica ou formal.

É possível, também, impetrar mandado de segurança:

i) o Ministério Público, nos termos do art. 32 da Lei Orgânica n. 8.625/93, participa no mandado de segurança ora como parte, ora como fiscal da lei. O juiz ouvirá o representante do Ministério Público, que opinará, dentro do prazo improrrogável de 10 dias;

ii) órgão com capacidade processual;

iii) universalidade reconhecida por lei. É necessário capacidade postulatória. Quando o direito ameaçado ou violado couber a várias pessoas, qualquer delas poderá requerer o mandado de segurança.

b) **Passiva:** autoridade pública ou agente de pessoa jurídica no exercício de atribuições do Poder Público. Autoridade pública é pessoa física que desempenha função pública na qualidade de agente político ou administrativo. Será a superior que pratica ou ordena de forma concreta e específica a execução ou inexecução do ato impugnado. Não a que expediu normas ou recomendações gerais, nem o executor material da ordem. Considera-se autoridade coatora aquela que tenha praticado o ato impugnado ou da qual emane a ordem para a sua prática. O titular de direito líquido e certo decorrente de direito, em condições idênticas, de terceiro, poderá impetrar mandado de segurança a favor do direito originário, se o seu titular não o fizer, no prazo de 30 dias, quando notificado judicialmente.

i) **Ato complexo:** no caso de ato complexo, há dois posicionamentos: (a) autoridade inferior; (b) última autoridade que, com sua vontade, integrou o ato complexo.

ii) **Ato colegiado:** no caso de ato colegiado é o presidente do órgão. No caso de ato composto é a autoridade superior.

iii) **Equiparação:** equiparam-se às autoridades coatoras os representantes ou órgãos de partidos políticos e os administradores de entidades autárquicas, bem como os dirigentes de pessoas jurídicas ou as pessoas naturais no exercício de atribuições do Poder Público, somente no que disser respeito a essas atribuições.

iv) **Atos de gestão comercial:** não cabe mandado de segurança contra os atos de gestão comercial praticados pelos administradores de empresas públicas, de sociedade de economia mista e de concessionárias de serviço público.

17.5. Cabimento no mandado de segurança

a) **Condenação em honorários advocatícios**: não cabe, nos termos da Súmula 512 do STF e 105 do STJ.

b) **Contra ato judicial**: é possível, desde que não haja recurso específico ou, havendo recurso, não tenha efeito suspensivo.

c) **Contra decisão judicial transitada em julgado:** não cabe diante do trânsito em julgado.

d) **Contra ato disciplinar**: é possível quando a autoridade for incompetente ou não houver observância das formalidades previstas em lei.

e) **Contra lei em tese**: não cabe, pois norma geral e abstrata não gera lesão a direitos subjetivos.

f) **Contra lei de efeitos concretos**: cabe, pois há providências concretas de execução de ato.

g) **Litisconsórcio:** é permitido o litisconsórcio no mandado de segurança, nos termos do CPC. Cabe ressaltar que o ingresso de litisconsorte ativo não será admitido após o despacho da petição inicial.

h) **Liminar:** é cabível sempre que houver relevância do fundamento do pedido e quando a demora puder acarretar dano irreparável para o impetrante, nos termos do art. 7º da Lei n. 12.016/2009. Da decisão do juiz de primeiro grau, que conceder ou denegar a liminar, caberá agravo de instrumento.

i) **Cabimento em matéria criminal:** algumas situações que admitem mandado de segurança (não é rol taxativo): vista de inquérito por advogado; acompanhar cliente na fase de inquérito; entrevista reservada do advogado com o cliente; obtenção de certidões; direito de juntada de documentos; obter efeito suspensivo de recurso; não admissibilidade do assistente de acusação; apreensão de objetos sem relação com o crime; processar correição parcial denegada; restituição de coisa apreendida por terceiro de boa-fé; acompanhar perícia; para oferecer quesitos em prova pericial; contra medida de sequestro; recusa de expedição de certidão negativa de antecedentes.

j) **Desistência:** admite desistência a qualquer tempo, sem depender do consentimento do impetrado.

k) **Recurso:** da sentença, denegando ou concedendo o mandado, cabe apelação. Concedida a segurança, a sentença estará sujeita obrigatoriamente ao duplo grau de jurisdição. Estende-se à autoridade coatora o direito de recorrer; das decisões em mandado de segurança proferidas em única instância pelos tribunais cabe recurso especial e extraordinário, nos casos legalmente previstos, e recurso ordinário, quando a ordem for denegada.

l) **Pagamento de vencimentos e vantagens pecuniárias:** assegurados em sentença concessiva de mandado de segurança a servidor público da Administração direta ou autárquica federal, estadual e municipal somente será efetuado relativamente às prestações que se vencerem a contar da data do ajuizamento da inicial.

m) **Suspensão de liminares:** quando, a requerimento de pessoa jurídica de direito público interessada ou do Ministério Público e para evitar grave lesão à ordem, à saúde, à segurança e à economia públicas, o presidente do tribunal ao qual couber o conhecimento do respectivo recurso suspender, em decisão fundamentada, a execução da liminar e da sentença, dessa decisão caberá agravo, sem efeito suspensivo.

n) **Teoria da encampação:** é aplicada no mandado de segurança quando presentes, cumulativamente, os seguintes requisitos: a) existência de vínculo hierárquico entre a autoridade que prestou informações e a que ordenou a prática do ato impugnado; b) manifestação a respeito do mérito nas informações prestadas; e c) ausência de modificação de competência estabelecida na Constituição Federal (Súmula 628 do STJ).

17.6. Competência

A competência é determinada pela categoria da autoridade coatora e sua sede funcional.

17.7. Processamento

a) Primeira instância

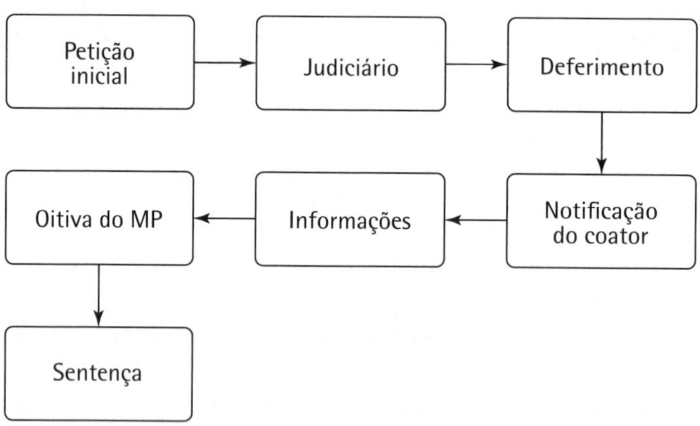

b) Segunda instância: na instância superior, deverão ser levados a julgamento na primeira sessão que se seguir à data em que forem conclusos ao relator. O prazo para a conclusão dos autos não poderá exceder a cinco dias. Nos casos de competência originária dos tribunais, caberá ao relator a instrução do processo, sendo assegurada a defesa oral na sessão do julgamento. Da decisão do relator que conceder ou denegar a medida liminar caberá agravo ao órgão competente do tribunal que integre. Nas decisões proferidas em mandado de segurança e nos respectivos recursos, quando não publicado, no prazo de 30 dias, contado da data do julgamento, o acórdão será substituído pelas respectivas notas taquigráficas, independentemente de revisão.

17.8. Mandado de segurança coletivo

Pode ser impetrado por partido político com representação no Congresso Nacional, na defesa de seus interesses legítimos relativos a seus integrantes ou à finalidade partidária, ou por organização sindical, entidade de classe ou associação legalmente constituída e em funcionamento há, pelo menos, um ano, em defesa de direitos líquidos e certos da totalidade, ou de parte dos seus membros ou associados, na forma dos seus estatutos e desde que pertinentes às suas finalidades, dispensada, para tanto, autorização especial.

Os direitos protegidos pelo mandado de segurança coletivo podem ser: I – coletivos, assim entendidos os transindividuais, de natureza indivisível, de que seja titular grupo ou categoria de pessoas ligadas entre si ou com a parte contrária por uma relação jurídica básica; II – individuais homogêneos, assim entendidos os decorrentes de origem comum e da atividade ou situação específica da totalidade ou de parte dos associados ou membros do impetrante.

A sentença fará coisa julgada limitadamente aos membros do grupo ou categoria substituídos pelo impetrante. O mandado de segurança coletivo não induz litispendência para as ações individuais, mas os efeitos da coisa julgada não beneficiarão o impetrante a título individual se não requerer a desistência de seu mandado de segurança no prazo de 30 dias a contar da ciência comprovada da impetração da segurança coletiva.

A liminar só poderá ser concedida após a audiência do representante judicial da pessoa jurídica de direito público, que deverá se pronunciar no prazo de 72 horas.

17.9. Dicas da peça prática

Na petição inicial do mandado de segurança, é necessário indicar, além da autoridade coatora, a pessoa jurídica que esta integra, à qual se acha vinculada ou na qual exerce atribuições.

No caso em que o documento necessário à prova do alegado se ache em repartição ou estabelecimento público ou em poder de autoridade que se recuse a fornecê-lo por certidão ou de terceiro, o juiz ordenará, preliminarmente, por ofício, a exibição desse documento em original ou em cópia autêntica e marcará, para o cumprimento da ordem, o prazo de 10 dias.

ENDEREÇAMENTO

Em primeiro lugar, o candidato deve verificar se é caso de competência originária (impetração direta em tribunal). Se não for caso de competência originária, o mandado de segurança será julgado por um juiz. Neste caso, verificar em primeiro lugar se é caso de juiz especial (trabalhista ou eleitoral). Se não for caso de juiz especial, verificar se o caso é enquadrado no art. 109 da CRFB (contra ato de autoridade federal, excetuados os casos de competência dos tribunais federais), caso em que será endereçado ao juiz federal. Verificado que não é caso de juiz federal, o mandado de segurança será julgado por juiz estadual.

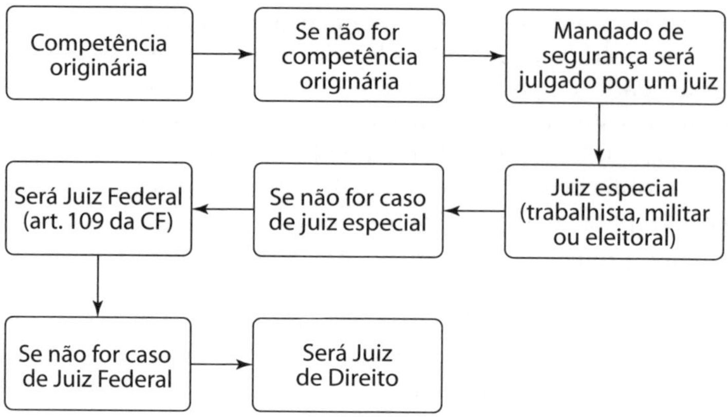

Órgão do Judiciário	Competência	Fundamento
Supremo Tribunal Federal	Atos do presidente da República, das Mesas da Câmara dos Deputados e do Senado Federal, do Tribunal de Contas da União, do procurador-geral da República e do próprio Supremo Tribunal Federal, Conselho Nacional de Justiça e Conselho Nacional do MP	Excelentíssimo Senhor Doutor Ministro Presidente do Colendo Supremo Tribunal Federal
Superior Tribunal de Justiça	Atos de Ministro de Estado, dos Comandantes da Marinha, do Exército e da Aeronáutica ou do próprio Tribunal	Excelentíssimo Senhor Doutor Ministro Presidente do Colendo Superior Tribunal de Justiça
Tribunais Regionais Federais	Atos do próprio Tribunal ou de juiz federal	Excelentíssimo Senhor Doutor Desembargador Federal Presidente do Egrégio Tribunal Regional Federal da... Região

Tribunal de Justiça	Definição na Constituição de cada Estado	Excelentíssimo Senhor Doutor Desembargador Presidente do Egrégio Tribunal de Justiça do Estado de...

Juiz	Forma de endereçamento
Se for juiz estadual	Excelentíssimo Senhor Doutor Juiz de Direito da... Vara... do Foro... da Comarca de...
Se for juiz federal	Excelentíssimo Senhor Doutor Juiz Federal da... Vara... da Seção Judiciária de...

PREÂMBULO

É o parágrafo introdutório da peça prática do mandado de segurança. Deve ser feito conforme modelo abaixo:

(NOME DO AUTOR), nacionalidade, estado civil, profissão, portador da cédula de identidade n. ..., inscrito no CPF/MF sob n. ..., residente e domiciliado na... (ENDEREÇO), vem respeitosamente à presença de Vossa Excelência, por meio do seu advogado (documento anexo), com escritório profissional na... (ENDEREÇO), com fundamento no art. 5º, LXIX (se for mandado de segurança coletivo, LXX), da Constituição Federal c/c a Lei n. 12.016/2009 e aplicação subsidiária do CPC, propor MANDADO DE SEGURANÇA contra ato praticado por..., autoridade coatora, com endereço na... pelos fundamentos de fato e de direito a seguir aduzidos:

Em face do modelo, são os seguintes os requisitos do preâmbulo:

a) **nome e qualificação do autor**: (NOME DO AUTOR), nacionalidade, estado civil, profissão, portador da cédula de identidade n. ..., inscrito no CPF/MF sob n. ..., residente e domiciliado na... (ENDEREÇO);

Pessoa Jurídica: NOME COMPLETO DA EMPRESA, pessoa jurídica de direito privado, Inscrição Estadual..., CNPJ..., com sede à Rua..., n. ... – Bairro – Cidade/RN, neste ato representada pelo (a) Sr. (a)... portador(a) do CPF n. ..., RG...;

b) **capacidade postulatória**: por meio do seu advogado (documento anexo), com escritório profissional na... (ENDEREÇO);

c) **fundamento legal da peça:** com fundamento no art. 5º, LXIX (se for mandado de segurança coletivo LXX), da Constituição Federal c/c a Lei n. 12.016/2009 e aplicação subsidiária do CPC;

d) **nome da peça**: MANDADO DE SEGURANÇA (COM PEDIDO DE LIMINAR, se for o caso);

e) **nome e qualificação do réu:** contra ato praticado por..., autoridade coatora, com endereço na... (ENDEREÇO);

f) **frase final**: "pelos fundamentos de fato e de direito a seguir aduzidos:".

DOS FATOS

O candidato deve realizar a leitura do enunciado e fazer um texto narrativo, sem inventar dados.

DO DIREITO

É dividido em quatro partes:

a) competência: o candidato deve justificar endereçamento feito para órgão jurisdicional adequado, conforme modelo abaixo:

Da Competência

No mandado de segurança a competência é definida pela natureza da autoridade coatora. No caso, a autoridade coatora é..., o que justifica que a presente ação seja ajuizada perante a Justiça..., nos termos do... (indicar fundamento legal).

b) legitimidade das partes: o candidato deve demonstrar que as partes que ocupam os polos (ativo e passivo) estão adequadas, conforme modelo abaixo:

Da legitimidade ativa

A legitimidade ativa para a impetração do mandado de segurança está prevista no art. 5º, LXIX, da Constituição da República Federativa do Brasil e no art. 1º da Lei n. 12.016/2009. Da leitura dos referidos artigos, o legitimado ativo para propor o mandado de segurança é qualquer pessoa física ou jurídica, titular do direito líquido e certo.

No caso em tela, o(a) autor(a) da presente ação preenche o requisito subjetivo, pois é... impetrante, que visa assegurar o conhecimento de direito líquido e certo, em face de ter havido... (ilegalidade ou abuso de poder) praticado por ato de... (indicar autoridade coatora).

Da legitimidade passiva

De acordo com o art. 5º, LXIX, da Constituição Federal c/c os arts. 1º e 6º, § 3º, da Lei n. 12.016/2009, o legitimado passivo é a autoridade pública ou agente no exercício de função pública que tenha praticado o ato impugnado ou da qual emane a ordem para a sua prática.

No caso em tela, afirma-se que o legitimado passivo é... (identificar o(s) réu(s)), já que... (justificar).

c) mérito: demonstrar os requisitos que ensejam o mandado de segurança, relacionando-os ao caso concreto, conforme modelo abaixo:

No caso em tela, justifica-se o cabimento do presente mandado de segurança, pela presença dos requisitos, senão vejamos:

a) prática de ato omissivo ou comissivo pela autoridade coatora;

b) ilegalidade ou abuso de poder;

c) lesão ou ameaça de lesão;

d) direito líquido e certo.

Dessa forma, presentes os requisitos ensejadores do mandado de segurança, a ordem deve ser concedida no sentido de... (especificar de acordo com o caso concreto).

DO PEDIDO

Diante do exposto, requer-se:

a) que seja concedida a liminar no sentido de... (conforme o caso);

b) que seja notificada a autoridade coatora dos termos da presente ação para que sejam prestadas as informações, no prazo de 10 dias nos termos do art. 7º da Lei n. 12.016/2009;

c) que se dê ciência do feito ao órgão de representação judicial da pessoa jurídica interessada, enviando-lhe cópia da inicial sem documentos, para que, querendo, ingresse no feito, nos termos do art. 7º da Lei n. 12.016/2009;

d) a intimação do Representante do Ministério Público para que seja ouvido dentro de 10 dias, nos termos do art. 12 da Lei n. 12.016/2009;

e) juntada de documentos anexos;

f) a procedência da pretensão do mandado de segurança, para que seja assegurado ao Impetrante... (especificar a finalidade), nos termos do art. 5º, LXIX;

g) condenação da ré nas custas e despesas processuais.

VALOR DA CAUSA

Dá-se à causa o valor de...

ENCERRAMENTO

O candidato deve indicar o final da peça da seguinte forma:

Termos em que pede deferimento.

(2 linhas)

Local, ... de... de...

(2 linhas)

Advogado

OAB – sob n. ...

17.10. Exercício da peça prática

(XV Exame da OAB) João, sócio-diretor da empresa MM Ltda., foi surpreendido com uma notificação do Município X para pagar multa de R$ 10.000,00 (dez mil reais) e encerrar as atividades empresariais na cidade em um período de até 90 (noventa) dias. Atônito, João, ao ler a notificação, descobre que foi aberto um processo administrativo para apurar denúncia de violação ao Decreto Municipal n. 5.678, de 2014, sem lastro em prévia lei municipal, que veda a instalação de lojas de produtos eletrônicos em bairros de perfil residencial, determina a aplicação de multa e estabelece um prazo de até 90 (noventa) dias para o encerramento das atividades empresariais no Município. Após a abertura do processo e instrução com registro fotográfico, foi proferida decisão, pelo Secretário de Posturas do Município, sem prévia oitiva da empresa, determinando a aplicação da multa, no valor indicado, bem como fixando o prazo de 90 (noventa) dias para o encerramento das atividades empresariais, sob pena de interdição e lacre do estabelecimento, na forma do Decreto Municipal. A notificação vem acompanhada de cópia integral daquele processo administrativo. Você foi contratado como advogado para ajuizar a medida necessária à defesa dos interesses do cliente – afastar a exigência da multa e garantir a permanência das atividades empresariais. Elabore a peça adequada, considerando-se aquela que tem, em tese, o rito mais célere e considerando que, desde o recebimento da notificação, já se passaram 60 (sessenta) dias, tendo transcorrido *in albis* o prazo para eventual recurso administrativo. (Valor: 5,00)

GABARITO:

A peça a ser elaborada consiste em uma petição inicial de mandado de segurança. O examinando deve endereçar a petição a algum Juízo de Fazenda Pública da Comarca X (admitindo-se, ainda, o endereçamento a "Juízo Cível" ou "Juízo", uma vez que os dados constantes do enunciado não permitem identificar a organização judiciária local). O examinando deve indicar, na qualificação das partes, o impetrante (MM Ltda.) e a autoridade coatora (o Secretário de Posturas). Devem ser indicados ainda os fundamentos para a concessão da medida liminar, quais sejam: o fundamento relevante e o risco de ineficácia da medida final, caso não seja deferida a liminar. No mérito, devem ser apontados os fundamentos pelos quais se pretende impugnar a autuação sofrida. Em primeiro lugar, o examinando deve indicar a flagrante violação ao contraditório e à ampla defesa e devido processo legal, garantias inscritas no art. 5º da Constituição, uma vez que tramitou um processo administrativo com aplicação de penalidade sem que fosse dada oportunidade à oitiva da empresa, a fim de apresentar defesa. O Decreto viola ainda o princípio da razoabilidade/proporcionalidade, tendo em vista que a própria exigência e, sobretudo, as cominações previstas nele são manifestamente excessivas, configurando intervenções desmedidas sobre o patrimônio e sobre a atividade econômica exercida pelo particular. Por fim, o Decreto viola o princípio da legalidade, uma vez que, consoante a fórmula consagrada no art. 5º, II, da Constituição, "ninguém será obrigado a fazer ou deixar de fazer alguma coisa senão em virtude de lei". Dessa forma, eventual restrição à livre concorrência e à livre-iniciativa somente podem ser veiculadas por lei em sentido formal, não pelo Decreto. Devem ser formulados pedidos de notificação da autoridade coatora, para prestar informações de ciência do feito ao órgão de representação judicial da pessoa jurídica interessada, de concessão da medida liminar, de anulação da multa e de anulação do ato que determinou o encerramento das atividades empresariais. Por fim, devem ser juntados os documentos comprobatórios do direito do autor, consubstanciados na cópia integral do processo administrativo. Deve ser requerida a notificação do Ministério Público e atribuído valor à causa.

LEITURA DO ENUNCIADO:

a) Impetrante: João, sócio-diretor da empresa MM Ltda.;

b) Ato coator: notificação do município X para pagar multa de R$ 10.000,00 e encerrar as atividades empresariais na cidade em um período de até 90 dias;

c) Fundamento do ato coator: Decreto Municipal n. 5.678/2014, sem lastro em prévia lei municipal, que veda a instalação de lojas de produtos eletrônicos em bairros de perfil residencial, determina a aplicação de multa e estabelece um prazo de até 90 dias para o encerramento das atividades empresariais no município.

EXCELENTÍSSIMO SENHOR DOUTOR JUIZ DE DIREITO DA... VARA... (CÍVEL OU FAZENDA PÚBLICA – os dados constantes do enunciado não permitem identificar a organização judiciária local) DA COMARCA DE...

(10 linhas)

MM Ltda., pessoa jurídica de direito privado, Inscrição Estadual..., CNPJ..., com sede à Rua..., n. ... – Bairro – Cidade/RN, neste ato representada pelo Sr. João, sócio-diretor, portador do CPF n. ..., RG..., vem respeitosamente à presença de Vossa Excelência, por meio do seu advogado (documento anexo), com escritório profissional na... (ENDEREÇO), com fundamento no art. 5.º, LXIX (se for mandado de segurança coletivo LXX), da Constituição Federal c/c a Lei n. 12.016/2009 e aplicação subsidiária do CPC, propor MANDADO DE SEGURANÇA contra ato praticado por Secretário de Posturas, autoridade coatora, com endereço na... pelos fundamentos de fato e de direito a seguir aduzidos:

I – DOS FATOS

João, sócio-diretor da empresa MM Ltda., foi surpreendido com uma notificação do município X para pagar multa de R$ 10.000,00 e encerrar as atividades empresariais na cidade em um período de até 90 dias.

Atônito, João, ao ler a notificação, descobre que foi aberto um processo administrativo para apurar denúncia de violação ao Decreto Municipal n. 5.678, de 2014, sem lastro em prévia lei municipal, que veda a instalação de lojas de produtos eletrônicos em bairros de perfil residencial, determina a aplicação de multa e estabelece um prazo de até 90 dias para o encerramento das atividades empresariais no município.

Após a abertura do processo e instrução com registro fotográfico, foi proferida decisão, pelo Secretário de Posturas do município, sem prévia oitiva da empresa, determinando a aplicação da multa, no valor indicado, bem como fixando o prazo de 90 dias para o encerramento das atividades empresariais, sob pena de interdição e lacre do estabelecimento, na forma do Decreto Municipal. A notificação vem acompanhada de cópia integral daquele processo administrativo.

II – DO DIREITO

a) Da Competência

No mandado de segurança, a competência é definida pela natureza da autoridade coatora. No caso, a autoridade coatora é o Secretário de Posturas, o que justifica que a presente ação seja ajuizada perante a Justiça Estadual.

b) Da legitimidade ativa

A legitimidade ativa para a impetração do mandado de segurança está prevista no art. 5.º, LXIX, da Constituição da República Federativa do Brasil e no art. 1.º da Lei n. 12.016/2009. Da leitura dos referidos artigos, o legitimado ativo para propor o mandado de segurança é qualquer pessoa física ou jurídica, titular do direito líquido e certo.

No caso em tela, o autor da presente ação preenche o requisito subjetivo, pois é MM Ltda., representada por João, impetrante, que visa assegurar o conhecimento do direito líquido e certo, em face de ter havido ilegalidade praticada por ato do Secretário de Posturas.

c) Da legitimidade passiva

De acordo com o art. 5.º, LXIX, da Constituição Federal c/c os arts. 1.º e 6.º, § 3.º, da Lei n. 12.016/2009, o legitimado passivo é a autoridade pública ou agente no exercício de função pública que tenha praticado o ato impugnado ou da qual emane a ordem para a sua prática.

No caso em tela, afirma-se que o legitimado passivo é o Secretário de Posturas (identificar o(s) réu(s)), já que praticou o ato coator na hipótese dos autos.

III – DO MÉRITO

No caso em tela, justifica-se o cabimento do presente mandado de segurança, pela presença dos requisitos, senão vejamos:

a) prática de ato omissivo ou comissivo pela autoridade coatora; o ato praticado pela autoridade coatora é a notificação de uma multa fundamentada num decreto sem lastro em prévia lei municipal;

b) ilegalidade ou abuso de poder; o ato coator consistente na cobrança de multa se constitui em ilegalidade, visto que viola os princípios do contraditório, ampla defesa, proporcionalidade e legalidade.

No caso em tela, houve violação ao princípio do contraditório e da ampla defesa, já que tramitou um processo administrativo com aplicação de penalidade sem que fosse dada oportunidade à oitiva da empresa, a fim de apresentar defesa.

Houve violação ao princípio da proporcionalidade, já que a própria exigência e, sobretudo, as cominações previstas são manifestamente excessivas, configurando intervenções desmedidas sobre o patrimônio e sobre a atividade econômica exercida pelo particular.

No caso em tela, houve violação ao princípio legalidade, uma vez que, consoante a fórmula consagrada no art. 5.º, II, da Constituição, "ninguém será obrigado a fazer ou deixar de fazer alguma coisa senão em virtude de lei". Dessa forma, eventual restrição à livre concorrência e à livre-iniciativa somente podem ser veiculadas por lei em sentido formal, não pelo decreto.

c) lesão ou ameaça de lesão; o prejuízo consiste no pagamento da multa ilegal de R$ 10.000,00, além do encerramento das atividades empresariais;

d) direito líquido e certo; direito de afastar a exigência da multa ilegal e garantir a permanência das atividades empresariais.

Dessa forma, presentes os requisitos ensejadores do mandado de segurança, a ordem deve ser concedida no sentido de anular a multa e o ato que determinou o encerramento das atividades empresariais.

IV – DA LIMINAR

Conforme o art. 7.º, II, da Lei n. 12.016/2009, é possível a concessão da liminar, sempre que presentes os requisitos a seguir demonstrados:

a) "fumus boni iuris" (relevante fundamento) está evidenciado pela existência de disposição legal e princípios constitucionais que evidenciam a violação aos princípios do contraditório, ampla defesa, proporcionalidade e legalidade;

b) "periculum in mora" (ineficácia da medida), por sua vez, está caracterizado, pois, caso não seja concedida a liminar em favor do impetrante, de forma urgente e imediata, ocorrerá lesão grave e de difícil reparação, consistente na não permanência das atividades empresariais.

Dessa forma, presentes os requisitos do "fumus boni iuris" e "periculum in mora", como restou comprovado acima, a liminar deve ser concedida, como direito subjetivo do impetrante, para boa aplicação da lei penal e respeito aos valores supremos da sociedade.

V – DO PEDIDO

Diante do exposto, requer-se:

a) a concessão da liminar "inaudita altera pars", com base no art. 7.º, III, da Lei n. 12.016/2009, no sentido de suspender o ato do Secretário de Posturas;

b) que seja notificada a autoridade coatora dos termos da presente ação para que sejam prestadas as informações, no prazo de dez dias nos termos do art. 7.º da Lei n. 12.016/2009;

c) que se dê ciência do feito ao órgão de representação judicial da pessoa jurídica interessada, enviando-lhe cópia da inicial sem documentos, para que, querendo, ingresse no feito, nos termos do art. 7.º da Lei n. 12.016/2009;

d) a intimação do representante do Ministério Público para que seja ouvido dentro de 10 dias, nos termos do art. 12 da Lei n. 12.016/2009;

e) juntada de documentos anexos;

f) a procedência da pretensão do mandado de segurança, para que seja anulada a multa, bem como do ato que determinou o encerramento das atividades empresariais, nos termos do art. 5.º, LXIX;

g) condenação da ré nas custas e despesas processuais.

VI – DO VALOR DA CAUSA

Dá-se à causa o valor de...

(2 linhas)

Termos em que pede deferimento.

(2 linhas)

Local, ... de... de...

(2 linhas)

OAB – sob n. ...

(XXIII Exame da OAB) Edson, idoso aposentado por invalidez pelo regime geral de previdência social, recebe um salário mínimo por mês. Durante mais de três décadas, esteve exposto a agentes nocivos à saúde, foi acometido por doença que exige o uso contínuo de medicamento controlado, cuja ministração fora da forma exigida pode colocar em risco a sua vida. Em razão de sua situação pessoal, todo dia 5 comparece ao posto de saúde existente na localidade em que reside, retirando a quantidade necessária do medicamento para os próximos trinta dias. No último dia 5, foi informado, pelo Diretor do referido posto, que a central de distribuição não entregara o medicamento, já que o Município, em razão da crise financeira, não pagava os fornecedores havia cerca de seis meses. Inconformado com a informação recebida, Edson formulou, logo no dia seguinte, requerimento endereçado ao Secretário Municipal de Saúde, autoridade responsável pela administração das dotações orçamentárias destinadas à área de saúde e pela aquisição dos medicamentos encaminhados à central de distribuição, órgão por ele dirigido. Na ocasião, esclareceu que a ausência do medicamento poderia colocar em risco sua própria vida. Em resposta escrita, o Secretário reconheceu que Edson tinha necessidade do medicamento, o que fora documentado pelos médicos do posto de saúde, e informou que estavam sendo adotadas as providências necessárias à solução da questão, mas que tal somente ocorreria dali a 160 (cento e sessenta) dias, quando o governador do estado prometera repassar receitas a serem aplicadas à saúde municipal. Nesse meio-tempo, sugeriu que Edson procurasse o serviço de emergência sempre que o seu estado de saúde apresentasse alguma piora. Edson, de posse de toda a prova documental que por si só basta para demonstrar os fatos narrados, em especial a resposta do Secretário Municipal de Saúde, procura você, uma semana depois, para contratar seus serviços como advogado(a), solicitando o ajuizamento da medida judicial que ofereça resultados mais céleres, sem necessidade de longa instrução probatória, para que consiga obter o medicamento de que necessita. Levando em consideração as informações expostas, ciente da desnecessidade da dilação probatória, elabore a medida judicial adequada, com todos os fundamentos jurídicos que conferem sustentação ao direito de Edson. (Valor: 5,00) Obs.: a peça deve abranger todos os fundamentos de Direito que possam ser utilizados para dar respaldo à pretensão. A simples menção ou transcrição do dispositivo legal não confere pontuação.

GABARITO: A peça adequada nessa situação é a Petição Inicial de Mandado de Segurança. A petição deve ser endereçada ao Juízo Cível da Comarca X ou ao Juízo de Fazenda Pública da Comarca X, já que os dados constantes do enunciado não permitem identificar a organização judiciária do local. O examinando deve indicar, na qualificação das partes, o impetrante Edson e, como autoridade coatora, o Secretário Municipal de Saúde. A legitimidade ativa de Edson decorre do fato de necessitar do medicamento para preservar sua saúde, sendo titular do direito que postula. A legitimidade passiva do Secretário, por sua vez, é justificada pelo fato de ser o responsável pela aquisição dos medicamentos e de dirigir a central de distribuição. O examinando deve indicar, no mérito, que a saúde é direito de todos e dever do Poder Público, nos termos do art. 196, *caput*, da CRFB/88. Acresça-se que o serviço de saúde oferecido pelo município deve assegurar o "atendimento integral", conforme prevê o art. 198, II, da CRFB/88, o que inclui o fornecimento de medicamentos. Em razão das características pessoais de Edson, como a ausência do medicamento pode colocar em risco a sua vida, é evidente a sua exigibilidade como forma de materializar a dignidade humana, contemplada no art. 1º, III, da CRFB/88. Portanto, deve ser assegurada a efetividade do direito social à saúde. Essa base normativa justifica a escolha do instrumento processual (MS) previsto no art. 5º, LXIX, da CRFB/88 e/ou no art. 1º, *caput*, da Lei n. 12.016/2009. Há direito líquido e certo lastreado em prova pré-constituída, já que o próprio Secretário de Saúde reconheceu que Edson necessita do medicamento, bem como que o seu fornecimento está suspenso. O examinando deve sustentar que, além do fundamento relevante do direito de Edson, há o risco de ineficácia da medida final se a liminar não for deferida, tendo em vista a urgência da situação, já que Edson corre risco de vida. A peça deve conter os pedidos de (i) concessão da medida liminar, para que a autoridade coatora restabeleça o fornecimento do medicamento de que Edson necessita; e, ao final, (ii) procedência do pedido, com confirmação da concessão da ordem, atribuindo-se caráter definitivo à tutela liminar. O examinando deve ainda se qualificar como advogado e atribuir valor à causa.

(XXIV Exame da OAB) Após anos de defasagem salarial, milhares de trabalhadores que integravam o mesmo segmento profissional reuniram-se na sede do Sindicato W, legalmente constituído e em funcionamento há vinte anos, que representava os interesses da categoria, em assembleia geral convocada especialmente para deliberar a respeito das medidas a serem adotadas pelos sindicalizados. Ao fim de ampla discussão, decidiram que, em vez da greve, que causaria grande prejuízo à população e à economia do país, iriam se encontrar nas praças da capital do Estado Alfa, com o objetivo de debater publicamente os interesses da categoria de forma organizada e ordeira, e ainda fariam passeatas semanais pelas principais ruas da capital. Em situações dessa natureza, a lei dispõe que seria necessária a prévia comunicação ao comandante da Polícia Militar.

No mesmo dia em que recebeu a comunicação dos encontros e das passeatas semanais, que teriam início em dez dias, o comandante da Polícia Militar, em decisão formalmente comunicada ao Sindicato W, decidiu indeferi-los, sob o argumento de que atrapalhariam o direito ao lazer nas praças e a tranquilidade das pessoas, os quais são protegidos pela ordem jurídica. Inconformado com a decisão do comandante da Polícia Militar, o Sindicato W procurou um advogado e solicitou o manejo da ação judicial cabível, que dispensasse instrução probatória, considerando a farta prova documental existente, para que os trabalhadores pudessem cumprir o que foi deliberado na assembleia da categoria, no prazo inicialmente fixado, sob pena de esvaziamento da força do movimento. (Valor: 5,00). Obs.: a peça deve abranger todos os fundamentos de direito que possam ser utilizados para dar respaldo à pretensão. A simples menção ou transcrição do dispositivo legal não confere pontuação.

GABARITO DA FGV: A peça adequada nesta situação é a petição inicial de Mandado de Segurança Coletivo. A petição deve ser endereçada ao Juízo Cível da Comarca X ou ao Juízo de Fazenda Pública da Comarca X, já que os dados constantes do enunciado não permitem identificar a organização judiciária do local. O examinando deve indicar, na qualificação das partes, o Sindicato W, impetrante e, como autoridade coatora, o comandante da Polícia Militar. A legitimidade ativa do Sindicato W decorre do fato de ser uma organização sindical legalmente constituída e em funcionamento há mais de um ano, estando em defesa de direitos líquidos e certos de parte dos trabalhadores da categoria, conforme é da essência dos sindicatos profissionais, tal qual autorizado pelo art. 21 da Lei n. 12.016/2009 ou pelo art. 5º, LXX, *b*, da CRFB/88. A legitimidade passiva do comandante da Polícia Militar decorre do fato de ter exarado decisão impedindo a realização das reuniões e das passeatas, o que violaria direito líquido e certo dos trabalhadores sindicalizados, daí a incidência do art. 1º da Lei n. 12.016/2012. O examinando deve esclarecer que a Constituição da República ampara os direitos fundamentais à livre manifestação do pensamento (art. 5º, IV), à liberdade de expressão (art. 5º, IX) e à reunião pacífica (art. 5º, XVI). Neste último caso, a comunicação ao Comandante da Polícia Militar visava apenas evitar a frustração de reunião anteriormente convocada para o mesmo local. Como a reunião independe de autorização, o indeferimento violou direito líquido e certo de parte dos associados do Sindicato W. Como estamos perante direitos coletivos, é cabível a impetração do mandado de segurança coletivo, nos termos do art. 21, parágrafo único, da Lei n. 12.016/2012, sendo certo que há prova pré-constituída, consistente na decisão publicada no *Diário Oficial*.

O examinando deve sustentar que, além do fundamento relevante do direito dos trabalhadores sindicalizados, há o risco de ineficácia da medida final se a liminar não for deferida, tendo em vista a urgência da situação, já que as reuniões nas praças e as passeatas começariam em poucos dias, de modo que o seu adiamento esvaziaria a força do movimento. A peça deve conter os pedidos de (i) concessão da medida liminar, para que a autoridade coatora se abstenha de adotar qualquer medida que impeça a realização das reuniões e das passeatas; e, ao final, (ii) procedência do pedido, com confirmação da concessão da ordem, atribuindo-se caráter definitivo à tutela liminar. O examinando ainda deve se qualificar como advogado e atribuir valor à causa.

(XXIX Exame da OAB) João, cidadão politicamente atuante e plenamente consciente dos deveres a serem cumpridos pelos poderes constituídos em suas relações com a população, decidiu fiscalizar a forma de distribuição dos recursos aplicados na área de educação no Município Alfa, sede da Comarca X e vizinho àquele em que residia, considerando as dificuldades enfrentadas pelos moradores do local. Para tanto, compareceu à respectiva Secretaria Municipal de Educação e requereu o fornecimento de informações detalhadas a respeito das despesas com educação no exercício anterior, a discriminação dos valores gastos com pessoal e custeio em geral e os montantes direcionados a cada unidade escolar, já que as contratações eram descentralizadas. O requerimento formulado foi indeferido por escrito, pelo Secretário Municipal de Educação, sob o argumento de que João não residia no Município Alfa; os gastos com pessoal eram sigilosos, por dizerem respeito à intimidade dos servidores; as demais informações seriam disponibilizadas para o requerente e para o público em geral, via Internet, quando estivesse concluída a estruturação do "portal da transparência", o que estava previsto para ocorrer em 2 (dois) anos. João não informou de que modo usaria as informações. Inconformado com o indeferimento do requerimento que formulara, João contratou os seus serviços como advogado(a) poucos dias após a prolação da decisão e solicitou o ajuizamento da medida cabível, de modo que pudesse obter, com celeridade, as informações almejadas, o que permitiria sua divulgação à população interessada, permitindo-lhe avaliar a conduta do Prefeito Municipal, candidato à reeleição no processo eleitoral em curso. Elabore a petição da medida judicial adequada, considerando-se como tal aquela que não exija instrução probatória.

GABARITO DA FGV:

A peça adequada, nesta situação, é a petição inicial de mandado de segurança. A petição deve ser endereçada ao Juízo Cível da Comarca X ou ao Juízo de Fazenda Pública da Comarca X, já que os dados constantes do enunciado não permitem identificar a organização judiciária do local. O examinando deve indicar, na qualificação das partes, o impetrante João e, como autoridade coatora, o Secretário Municipal de Educação do município Alfa. A legitimidade ativa de João decorre do fato de ter o direito de acesso à informação, sendo titular do direito que postula. A legitimidade passiva do Secretário, por sua vez, é justificada pelo fato de ser o responsável pelo indeferimento do requerimento formulado. O examinando deve indicar, no mérito, que é assegurado a todos o acesso à informação, nos termos do art. 5º, inciso XIV, da CRFB/88 e o direito de receber dos órgãos públicos as informações de interesse coletivo ou geral, conforme dispõe o art. 5º, inciso XXXIII, da CRFB/88. Os usuários, ademais, têm assegurado o seu acesso ao teor dos atos de governo, nos termos do art. 37, § 3º, inciso II, da CRFB/88, informação que deve ser fornecida no prazo estabelecido pelo art. 11 da Lei n. 12.527/11, independentemente de qualquer esclarecimento a respeito dos motivos determinantes da solicitação, nos termos do art. 10, § 3º, da Lei n. 12.527/11. As informações relativas aos gastos com pessoal não dizem respeito à intimidade dos servidores, pois refletem a maneira de gasto do dinheiro público, apresentando indiscutível interesse público. O fato de João não residir no município é irrelevante, pois os entes federados não podem criar distinções entre brasileiros, nos termos do art. 19, inciso III, da CRFB/88. Essa base normativa justifica a escolha do instrumento processual (MS) previsto no art. 5º, inciso LXIX, da CRFB/88 ou no art. 1º, *caput*, da Lei n. 12.016/09. Há direito líquido e certo lastreado em prova pré-constituída, o que decorre do indeferimento, por escrito, do requerimento formulado por João. O examinando deve sustentar que, além do fundamento relevante do direito de João, há o risco de ineficácia da medida final se a liminar não for deferida, tendo em vista a urgência da situação, já que as informações servirão para que a população interessada avalie o desempenho do prefeito municipal, candidato à reeleição. A peça deve conter os requerimentos de (i) concessão da medida liminar, para que a autoridade coatora forneça os dados solicitados por João; e, ao final, (ii) procedência do pedido, com confirmação da concessão da ordem, atribuindo-se caráter definitivo à tutela liminar. O examinando ainda deve qualificar-se como advogado e atribuir valor à causa.

17.11. Tutelas provisórias nos remédios constitucionais

- **Competência:** Poder Judiciário.
- **Provisoriedade:** exigem confirmação posterior por sentença.
- **Cognição judicial:** sumária.
- **Requisito da concessão:** o juiz pode, conforme o caso, exigir caução real ou fidejussória idônea para ressarcir os danos que a outra parte possa vir a sofrer, podendo a caução ser dispensada se a parte economicamente hipossuficiente não puder oferecê-la.

17.11.1. Espécies

17.11.1.1. Tutela de urgência

CABIMENTO

Ocorrência de elementos que evidenciem a probabilidade do direito e o perigo de dano ou o risco ao resultado útil do processo.

ESPÉCIES

a) **Tutela cautelar:** é aquela que se não for concedida de imediato prejudicará a efetividade de um futuro processo. A tutela de urgência de natureza cautelar pode ser efetivada mediante arresto, sequestro, arrolamento de bens, registro de protesto contra alienação de bem e qualquer outra medida idônea para asseguração do direito.

b) **Tutela antecipada:** é aquela que se não for concedida de imediato prejudicará o direito material. A tutela de urgência de natureza antecipada não será concedida quando houver perigo de irreversibilidade dos efeitos da decisão.

FORMA DE CONCESSÃO

Liminarmente ou após justificação prévia.

MOMENTO

Podem ser requeridas em caráter preparatório ou no curso de um processo já em andamento.

17.11.1.2. Tutela de evidência: não existe medida em caráter antecedente

a) **Evidência processual:** cabe quando ficar caracterizado o abuso do direito de defesa ou o manifesto propósito protelatório da parte; neste caso, é necessário apressar o andamento do processo em virtude do intuito protelatório da parte.

b) **Evidência material:** é o caso de abreviar o andamento do processo em razão da evidência do direito material alegado. Essa evidência ocorre em três casos: i) as alegações de fato puderem ser comprovadas apenas documentalmente e houver tese firmada em julgamento de casos repetitivos ou em súmula vinculante; ii) se tratar de pedido reipersecutório fundado em prova documental adequada do contrato de depósito, caso em que será decretada a ordem de entrega do objeto custodiado, sob cominação de multa; iii) a petição inicial for instruída com prova documental suficiente dos fatos constitutivos do direito do autor, a que o réu não oponha prova capaz de gerar dúvida razoável.

17.11.2. Tutela de urgência na peça prática do remédio constitucional (exceto *habeas corpus*)

a) Localização na peça: vem após o tópico Dos Fatos e antes do tópico Do Direito, conforme modelo abaixo:

Endereçamento
Preâmbulo
Dos Fatos
Da Tutela de Urgência
Do Direito
Do Pedido
Das Provas
Do Valor da Causa
Do Encerramento

b) Montagem do tópico na peça prática: o candidato deve abordar no tópico quatro itens fundamentais:

– **cabimento da medida**: afirmar que é cabível a tutela de urgência no caso concreto, com fundamento no requisito de cabimento da medida, indicando o fundamento legal;

– **demonstração dos requisitos da medida:** afirmar a presença dos requisitos da medida, conforme as circunstâncias do caso concreto;

– **conclusão do tópico:** diante da presença dos requisitos, é necessária a concessão da medida.

c) Pedido de tutela de urgência na peça prática: é o primeiro na ordem dos pedidos da peça prática. Toda vez que aparecer tutela de urgência no caso, o candidato deve seguir modelo abaixo:

Diante do exposto, requer-se:

a) a concessão da tutela de urgência de natureza... (cautelar ou antecipada), no sentido de... (especificar conforme o caso concreto);

b) demais pedidos da peça prática.

18. AÇÃO DE IMPUGNAÇÃO DE MANDATO ELETIVO

18.1. Características e objeto

Ação (pedido ao Estado-juiz) constitucional (prevista na Constituição Federal), pública (dirigida em face do Estado), eleitoral (visa assegurar a legitimidade das eleições) e de natureza desconstitutiva (mecanismo processual para cassação de mandatos).

É uma ação que possui a sigla AIME prevista no art. 14, § 10, da Constituição Federal, que tem por objeto o mandado eletivo.

18.2. Legitimidade das partes

a) **Ativa:** candidatos, partido político, coligações e Ministério Público. É posição prevalecente na jurisprudência a ilegitimidade do eleitor.

b) **Passiva:** é o candidato diplomado.

18.3. Competência

A ação é julgada pela Justiça Eleitoral.

Competência	Endereçamento	Cabimento	Tipo de eleição
Tribunal Superior Eleitoral	Excelentíssimo Senhor Doutor Ministro do Colendo Tribunal Superior Eleitoral	Presidente da República; vice-presidente da República	Nacional
Tribunal Regional Eleitoral	Excelentíssimo Senhor Doutor Desembargador Presidente do Egrégio Tribunal Regional Eleitoral do Estado de...	Governador; vice-governador; deputado estadual; deputado distrital; denador	Estadual
Junta Eleitoral	Excelentíssimo Senhor Doutor Juiz Eleitoral da... Zona Eleitoral da Comarca de...	prefeito; vice-prefeito; vereador	Municipal

18.4. Prazo

Quinze dias contados da diplomação. O prazo tem natureza decadencial, não é interrompido nos sábados, domingos e feriados; exclui o dia do começo e inclui o do vencimento. Pode ser prorrogado se o termo final cair em dia sem expediente forense.

18.5. Cabimento

A ação de impugnação de mandato eletivo não exige para o seu ajuizamento prova pré-constituída, mas tão somente indícios idôneos do cometimento de abuso do poder econômico, corrupção ou fraude.

É necessário demonstrar a potencialidade lesiva no caso concreto objeto da AIME.

A prova que se impõe seja produzida com a inicial são os documentos disponíveis, sem prejuízo da juntada de documentos novos, nos casos permitidos em lei, e de toda a dilação probatória facultada pelo procedimento ordinário, com a utilização de todos os meios lícitos de demonstração da veracidade dos fatos relevantes alegados, a requerimento das partes ou iniciativa do juiz.

Garantido o exercício do contraditório e da ampla defesa, é perfeitamente viável o uso da prova emprestada de um processo para instruir outro, mesmo que apenas uma das partes tenha participado daquele em que a prova fora produzida.

Os fundamentos da ação são as provas de abuso do poder econômico, corrupção ou fraude:

a) **abuso do poder econômico:** utilização excessiva, antes ou durante a campanha eleitoral, de recursos materiais ou humanos que representem valor econômico, buscando beneficiar candidato, partido ou coligação, afetando assim a normalidade e a legitimidade das eleições (TSE);

b) **corrupção:** condutas relacionadas a dar, oferecer, prometer, solicitar ou receber, para si ou para outrem, dinheiro, dádiva, ou qualquer outra vantagem, para obter ou dar voto e para conseguir ou prometer abstenção, ainda que a oferta não seja aceita, nos termos do art. 299 do Código Eleitoral;

c) **fraude:** é burlar o processo eleitoral para favorecer um candidato em detrimento de outros, de forma a comprometer a legitimidade do pleito. A fraude eleitoral a ser apurada na ação de impugnação de mandato eletivo não se deve restringir àquela sucedida no exato momento da votação ou da apuração dos votos, podendo-se configurar, também, por qualquer artifício ou ardil que induza o eleitor a erro, com possibilidade de influenciar sua vontade no momento do voto, favorecendo candidato ou prejudicando seu adversário (Agravo de Instrumento n. 4.661).

No caso de abuso de poder político, só pode ser considerado fundamento da AIME quando ocorrer em conjunto com o abuso do poder econômico.

18.6. **Procedimento**

Previsto na Lei Complementar n. 64/90 para o registro de candidaturas, com a aplicação subsidiária, conforme o caso, das disposições do Código de Processo Civil.

Deve ser realizada em segredo de justiça, mas o seu julgamento deve ser público, respondendo o autor, na forma da lei, se temerária ou de manifesta má-fé.

Em consulta, o TSE manifestou que a nova redação do art. 93, IX, da CRFB, dada pela EC n. 45/2004, não determina que todos os processos tramitem publicamente, mas apenas que os julgamentos sejam públicos.

Embora a regra seja a publicidade dos processos judiciais, é possível que exceções sejam previstas, mormente no próprio texto constitucional. Permanece em vigor o disposto no art. 14, § 11, da CRFB que impõe o segredo de justiça ao trâmite da ação de impugnação de mandato (Res. n. 23.210, de 11-2-2010, rel. Min. Felix Fischer).

A decisão proferida na ação de impugnação de mandato eletivo tem eficácia imediata, não se lhe aplicando a regra do art. 216 do Código Eleitoral ("Art. 216. Enquanto o Tribunal Superior não decidir o recurso interposto contra a expedição do diploma, poderá o diplomado exercer o mandato em toda a sua plenitude").

18.7. **Dicas da peça prática**

ENDEREÇAMENTO

O candidato deve identificar a competência para processar e julgar a ação de impugnação de acordo com o juízo de diplomação, nos termos do art. 2º da Lei Complementar n. 64/90.

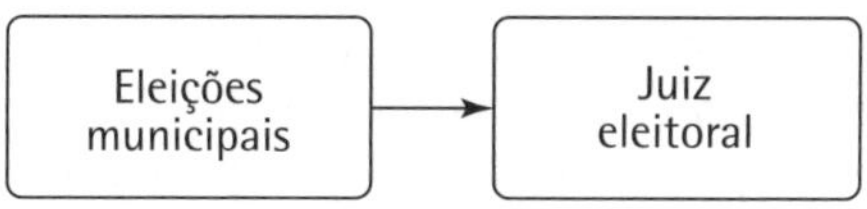

EXCELENTÍSSIMO SENHOR DOUTOR JUIZ ELEITORAL DA... ZONA ELEITORAL DA COMARCA DE...

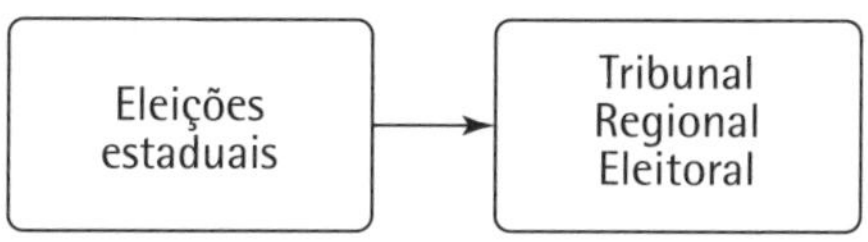

EXCELENTÍSSIMO SENHOR DOUTOR JUIZ PRESIDENTE DO EGRÉGIO TRIBUNAL REGIONAL ELEITORAL DE...

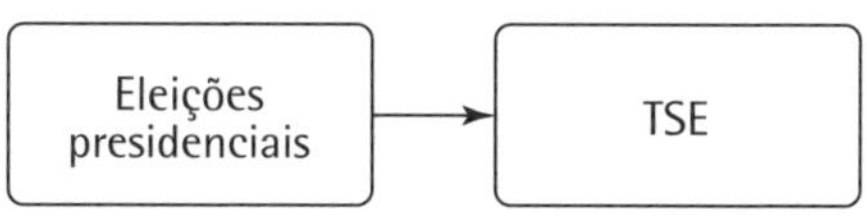

EXCELENTÍSSIMO SENHOR DOUTOR MINISTRO DO TRIBUNAL SUPERIOR ELEITORAL

PREÂMBULO

No parágrafo introdutório da peça prática de ação de impugnação do mandato eletivo, é necessário mencionar os seguintes requisitos: a) nome e qualificação das partes; b) capacidade postulatória; c) fundamento legal (art. 14, § 10, da Constituição Federal c/c os arts. 3º a 6º da Lei Complementar n. 64/90 e Resolução do TSE n. 23.218); d) nome da peça (ação de impugnação de mandato eletivo); e) frase final ("pelos motivos de fato e de direito a seguir aduzidos").

(NOME DO AUTOR), nacionalidade, estado civil, profissão, portador da cédula de identidade n. ..., inscrito no CPF/MF sob n. ..., residente e domiciliado na... (ENDEREÇO), cidadão inscrito na Justiça Eleitoral com o Título de Eleitor n. ..., vem respeitosamente à presença de Vossa Excelência, por meio do seu advogado, com escritório profissional na... (ENDEREÇO), com fundamento no art. 14, § 10, da Constituição Federal c/c os arts. 3º a 6º da Lei Complementar n. 64/90 e Resolução do TSE n. 23.218, propor AÇÃO DE IMPUGNAÇÃO DE MANDATO ELETIVO em face de... (NOME DO CANDIDATO DIPLOMADO), nacionalidade, estado civil, profissão, portador da cédula de identidade n. ..., inscrito no CPF/MF sob n., residente e domiciliado na... (ENDEREÇO), pelos fundamentos de fato e de direito a seguir aduzidos:

DOS FATOS

Narrar os acontecimentos, sem inventar dados ou copiar o problema.

DO DIREITO

Na parte Do Direito, o candidato deve justificar não apenas a competência e a legitimidade das partes, indicando os fundamentos legais respectivos, mas também, demonstrar a presença do abuso do poder econômico, corrupção ou fraude durante o processo eleitoral. O candidato ao exame da OAB não pode esquecer de finalizar o tópico do direito mencionando que a ação de impugnação de mandato eletivo deve ser concedida para invalidar o diploma do candidato, no sentido de garantir a normalidade e legitimidade do pleito eleitoral.

DO DIREITO

I – Da Competência

A competência na ação de impugnação do mandato eletivo é determinada pelo juízo de diplomação. No presente caso concreto, a competência é do..., pois é responsável pela expedição do diploma de... (mencionar o cargo).

II – Da Tempestividade

A presente ação é tempestiva, pois foi ajuizada no prazo de 15 dias contados da diplomação, nos termos do art. 14, §§ 10 e 11, c/c a LC n. 64/90, conforme documento anexo (documento 2).

III – Da Legitimidade das Partes

(Nome do autor) possui legitimidade ativa, já que é... (candidato, partido político, coligações e Ministério Público) (documento 3).

(Nome do réu) é réu, pois é (o agente público responsável diretamente pela prática do ato e/ou o(s) candidato(s) beneficiado(s) pelo mesmo).

IV – Do Mérito

Fulano de Tal, diplomado no dia... pelo... (mencionar Juízo eleitoral da Diplomação), sendo eleito ao cargo de..., pelo partido...

Ocorre que o referido diploma eleitoral foi obtido de... (explicar o abuso do poder econômico e/ou fraude e/ou corrupção; deve demonstrar comprometimento da legitimidade da eleição, por vício de abuso do poder econômico, corrupção ou fraude).

O candidato deve utilizar fundamentos jurídicos no sentido de reforçar sua tese, como, por exemplo, o art. 21, III, da Declaração Universal dos Direitos da ONU: a vontade do povo será a base da autoridade do governo, esta vontade será expressa em eleições periódicas e legítimas, por sufrágio universal, por voto secreto ou processo equivalente que assegure a liberdade de voto;

Dessa forma, conforme restou comprovado, é necessário retirar o mandato eletivo do candidato vencedor que se utilizou de fraude, corrupção ou abuso do poder econômico.

PEDIDO

O candidato não deve esquecer de mencionar os dispositivos legais que fundamentam o pedido alegado na ação de impugnação do mandato eletivo. O pedido principal é que seja invalidado o diploma do candidato, no sentido de garantir sua lisura do pleito.

DIANTE DO EXPOSTO, requer:

a) recebimento da presente ação de impugnação de mandato eletivo;

b) seja notificado o réu, nos termos do art. 39 da Res. TSE n. 23.221 c/c o art. 4º da LC n. 64/90, para, querendo, contestá-la no prazo de sete dias;

c) intimação do Ministério Público;

d) a produção de todos os meios de prova em direito admitidas para comprovar o alegado;

e) a juntada dos documentos e mídia juntados com esta petição;

f) notificação das testemunhas abaixo arroladas (se houver) e outras provas que se fizerem necessárias e oportunamente requeridas;

g) ao final, instruído o feito e ouvido o órgão do Ministério Público, seja acolhida a presente impugnação para cassar o mandato eletivo, em razão da ocorrência de...

h) condenação do réu em honorários advocatícios e custas judiciais.

DAS PROVAS

O candidato deve construir a seguinte frase: o autor pretende provar o alegado por todos os meios de prova em direito admitidos, especialmente... (mencionar as que forem indicadas no enunciado). Se acaso houver indicação de prova testemunhal, o candidato não pode esquecer de indicar o rol de testemunhas.

VALOR DA CAUSA

Dá-se à causa o valor de...

ENCERRAMENTO

O candidato deve indicar o final da peça da seguinte forma:

Termos em que pede deferimento.

(2 linhas)

Local, ... de... de...

(2 linhas)

Advogado

OAB – sob n. ...

18.8. Caso prático

Tício, candidato do partido JJ ao cargo de Prefeito da Cidade de Papas distribuiu camisetas aos eleitores do Município de Papas em troca de votos. A distribuição foi feita na presença do outro candidato Caio, pretendente ao mesmo cargo de Tício, e documentada em planilhas. Em outubro de 2015 foi feita a eleição e Tício restou vencedor, tendo sido diplomado no cargo de Prefeito da Cidade de Papas. Como advogado do candidato Caio, adversário do candidato "X" na eleição, tome a providência cabível para invalidar a diplomação de Tício.

EXCELENTÍSSIMO SENHOR DOUTOR JUIZ ELEITORAL DA... ZONA ELEITORAL DA COMARCA DE PAPAS

(10 linhas)

Caio, nacionalidade, estado civil, profissão, portador da cédula de identidade n. ..., inscrito no CPF/MF sob n. ..., residente e domiciliado na... (ENDEREÇO), cidadão inscrito na Justiça Eleitoral com o Título de Eleitor n. ..., vem respeitosamente à presença de Vossa Excelência, por meio do seu advogado, com escritório profissional na... (ENDEREÇO), com fundamento no art. 14, § 10, da Constituição Federal c/c os arts. 3.º a 6.º da Lei Complementar n. 64/90 e Resolução do TSE n. 23.218, propor AÇÃO DE IMPUGNAÇÃO DE MANDATO ELETIVO em face de Tício, nacionalidade, estado civil, profissão, portador da cédula de identidade n. ..., inscrito no CPF/MF sob n. ..., residente e domiciliado na... (ENDEREÇO), pelos fundamentos de fato e de direito a seguir aduzidos:

(2 linhas)

I – DOS FATOS

Tício, candidato do partido JJ ao cargo de prefeito da cidade de Papas distribuiu camisetas aos eleitores do município de Papas em troca de votos.

A distribuição foi feita na presença do outro candidato Caio, pretendente ao mesmo cargo de Tício, e documentada em planilhas.

Em outubro de 2015, foi feita a eleição e Tício restou vencedor, tendo sido diplomado no cargo de prefeito da cidade de Papas.

II – DO DIREITO

II.1 – Da competência

A competência na ação de impugnação do mandato eletivo é determinada pelo juízo de diplomação. No presente caso concreto, a competência é do juiz eleitoral, pois é responsável pela expedição do diploma de prefeito municipal.

II.2 – Da Tempestividade

A presente ação é tempestiva, pois foi ajuizada no prazo de 15 dias contados da diplomação, nos termos do art. 14, §§ 10 e 11, c/c a LC n. 64/90, conforme documento anexo (documento 2).

II.3 – Da Legitimidade das Partes

O candidato Caio possui legitimidade ativa, já que é candidato à eleição de prefeito da cidade de Papas.

O candidato Tício é réu, pois é o agente público responsável diretamente pela prática do ato de oferecer valor pecuniário, de forma a perturbar o livre exercício do direito ao voto.

II.4 – Do Mérito

Tício, diplomado no dia... pelo juiz eleitoral, sendo eleito ao cargo de prefeito municipal, pelo partido JJ.

Ocorre que o referido diploma eleitoral foi obtido com corrupção, já que o candidato diplomado ofereceu dinheiro para obter voto, comprometendo a legitimidade da eleição, por vício de corrupção.

Neste sentido o art. 21, III, da Declaração Universal dos Direitos da ONU; a vontade do povo será a base da autoridade do governo, esta vontade será expressa em eleições periódicas e legítimas, por sufrágio universal, por voto secreto ou processo equivalente que assegure a liberdade de voto.

Desta forma, conforme restou comprovado, é necessário retirar o mandato eletivo do candidato vencedor que se utilizou de fraude, corrupção ou abuso do poder econômico.

(2 linhas)

III – DO PEDIDO

DIANTE DO EXPOSTO, requer:

a) recebimento da presente ação de impugnação de mandato eletivo;

b) seja notificado o réu, nos termos do art. 39 da Res. TSE n. 23.221 c/c o art. 4.º da LC n. 64/90, para querendo contestá-la no prazo de sete dias;

c) intimação do Ministério Público;

d) a produção de todos os meios de prova em direito admitidos para comprovar o alegado;

e) a juntada dos documentos e mídia anexados a esta petição;

f) notificação das testemunhas abaixo arroladas (se houver) e outras provas que se fizerem necessárias e oportunamente requeridas;

g) ao final, instruído o feito e ouvido o órgão do Ministério Público, seja acolhida a presente impugnação para cassar o mandato eletivo, em razão da ocorrência de corrupção, já que o candidato diplomado ofereceu dinheiro para obter voto, comprometendo a legitimidade da eleição, por vício de corrupção;

h) condenação do réu em honorários advocatícios e custas judiciais.

(2 linhas)

IV – DAS PROVAS

O autor pretende provar o alegado por todos os meios de prova em Direito admitidos.

V – VALOR DA CAUSA

Dá-se à causa o valor de...

Termos em que pede deferimento.

(2 linhas)

Local, ... de... de...

(2 linhas)

OAB – sob n. ...

19. AÇÃO CIVIL PÚBLICA

19.1. Apresentação

É uma ação coletiva, disciplinada pela Lei n. 7.347/85, que possui duas espécies: **a) preventiva:** ajuizada antes da ocorrência da lesão ao bem jurídico tutelado; **b) repressiva:** ajuizada após consumação da lesão ao bem jurídico tutelado.

Aplica-se à ação civil pública, prevista nesta lei (n. 7.347/85), o Código de Processo Civil, aprovado pela Lei n. 13.105, de 16 de março de 2015, naquilo em que não contrarie suas disposições.

Na ação civil pública, não haverá adiantamento de custas, emolumentos, honorários periciais e quaisquer outras despesas, nem condenação da associação autora, salvo comprovada má-fé, em honorários de advogado, custas e despesas processuais.

19.2. Legitimidade das partes

a) **Ativa:** I – o Ministério Público; II – a Defensoria Pública; III – a União, os Estados, o Distrito Federal e os Municípios; IV – a autarquia, empresa pública, fundação ou sociedade de economia mista; V – a associação. Cada um dos legitimados pode impetrar a ação como litisconsorte ou isoladamente.

No caso da associação, para propor a ação civil pública, necessita reunir dois requisitos cumulativos: a) esteja constituída há pelo menos um ano nos termos da lei civil (o requisito da pré-constituição poderá ser dispensado pelo juiz, quando haja manifesto interesse social evidenciado pela dimensão ou característica do dano, ou pela relevância do bem jurídico a ser protegido); b) inclua, entre suas finalidades institucionais, a proteção ao patrimônio público e social, ao meio ambiente, ao consumidor, à ordem econômica, à livre concorrência, aos direitos de grupos raciais, étnicos ou religiosos ou ao patrimônio artístico, estético, histórico, turístico e paisagístico.

Em caso de desistência infundada ou abandono da ação por associação legitimada, o Ministério Público ou outro legitimado assumirá a titularidade ativa.

b) **Passiva:** qualquer pessoa física ou jurídica, que por ação ou omissão contribuíram para ocorrência da lesão ao bem jurídico tutelado.

19.3. Objeto e finalidade

A ação civil pública visa à condenação em dinheiro ou ao cumprimento de obrigação de fazer ou não fazer, e tem como objeto de proteção: I – meio ambiente;

II – consumidor; III – bens e direitos de valor artístico, estético, histórico, turístico e paisagístico; IV – qualquer outro interesse difuso ou coletivo; V – infração da ordem econômica; VI – ordem urbanística; VII – honra e dignidade de grupos raciais, étnicos ou religiosos; VIII – patrimônio público e social.

19.4. Não cabimento

Para veicular pretensões que envolvam tributos, contribuições previdenciárias, o Fundo de Garantia do Tempo de Serviço – FGTS ou outros fundos de natureza institucional cujos beneficiários podem ser individualmente determinados.

19.5. Competência

Local onde ocorrer o dano, cujo juízo terá competência funcional para processar e julgar a causa.

19.6. Ministério Público

O Ministério Público, se não intervier no processo como parte, atuará obrigatoriamente como fiscal da lei.

19.7. Litisconsórcio

Fica facultado ao Poder Público e a outras associações legitimadas nos termos deste artigo habilitar-se como litisconsortes de qualquer das partes; é possível litisconsórcio facultativo entre os Ministérios Públicos da União, do Distrito Federal e dos Estados na defesa dos interesses e direitos difusos e coletivos.

19.8. Prazo

Em cinco anos, por analogia ao prazo previsto no art. 21 da Lei da Ação Popular.

19.9. Concessão de liminar

Poderá o juiz conceder mandado liminar, com ou sem justificação prévia, em decisão sujeita a agravo.

19.10. Ação cautelar

Poderá ser ajuizada ação cautelar objetivando, inclusive, evitar dano ao patrimônio público e social, ao meio ambiente, ao consumidor, à honra e à dignidade de grupos raciais, étnicos ou religiosos, à ordem urbanística ou aos bens e direitos de valor artístico, estético, histórico, turístico e paisagístico.

19.11. Termo de ajustamento de conduta

Os órgãos públicos legitimados poderão tomar dos interessados compromisso de ajustamento de sua conduta às exigências legais, mediante cominações, que terá eficácia de título executivo extrajudicial.

19.12. Inquérito civil

O Ministério Público poderá instaurar, sob sua presidência, inquérito civil, ou requisitar, de qualquer organismo público ou particular, certidões, informações, exames ou perícias, no prazo que assinalar, o qual não poderá ser inferior a 10 dias úteis. Somente nos casos em que a lei impuser sigilo, poderá ser negada certidão ou informação, hipótese em que a ação poderá ser proposta desacompanhada daqueles documentos, cabendo ao juiz requisitá-los.

Se o órgão do Ministério Público, esgotadas todas as diligências, se convencer da inexistência de fundamento para a propositura da ação civil, promoverá o arquivamento dos autos do inquérito civil ou das peças informativas, fazendo-o fundamentadamente. Os autos do inquérito civil ou das peças de informação arquivadas serão remetidos, sob pena de se incorrer em falta grave, no prazo de três dias, ao Conselho Superior do Ministério Público. Até que, em sessão do Conselho Superior do Ministério Público, seja homologada ou rejeitada a promoção de arquivamento, poderão as associações legitimadas apresentar razões escritas ou documentos, que serão juntados aos autos do inquérito ou anexados às peças de informação.

A promoção de arquivamento será submetida a exame e deliberação do Conselho Superior do Ministério Público, conforme dispuser o seu Regimento. Deixando o Conselho Superior de homologar a promoção de arquivamento, designará, desde logo, outro órgão do Ministério Público para o ajuizamento da ação.

19.13. Decisão

Poderá ser declaratória, constitutiva ou condenatória, conforme o pedido, mas na maioria das vezes ela é condenatória.

19.14. Efeito suspensivo

O juiz poderá conferir efeito suspensivo aos recursos, para evitar dano irreparável à parte.

19.15. Coisa julgada

A sentença civil fará coisa julgada *erga omnes*, nos limites da competência territorial do órgão prolator, exceto se o pedido for julgado improcedente por insuficiência de provas, hipótese em que qualquer legitimado poderá intentar outra ação com idêntico fundamento, valendo-se de nova prova.

19.16. Controle de constitucionalidade

Não é possível controle concentrado, pois há meios próprios, nem é possível obter declaração incidental de inconstitucionalidade de lei ou ato normativo, pois a sentença prolatada na ação civil pública tem efeitos *erga omnes* ou *ultra partes*.

19.17. Execução

É promovida pelo autor da ação civil pública. No caso do MP, deve promover a execução, em razão do princípio da obrigatoriedade. Decorridos 60 dias do trânsito em julgado da sentença condenatória, sem que a associação autora lhe promova a execução, deverá fazê-lo o Ministério Público, facultada igual iniciativa aos demais legitimados. Embora mencione associação, inclui qualquer colegitimado. A execução será julgada pelo juízo que processou a causa no primeiro grau de jurisdição ou o Tribunal que a processou no caso de competência originária. O procedimento da execução depende da espécie da obrigação a ser cumprida, nos termos do CPC.

19.18. Dicas da peça prática

ENDEREÇAMENTO

EXCELENTÍSSIMO SENHOR DOUTOR JUIZ DE DIREITO DA... VARA CÍVEL DA COMARCA DE...

EXCELENTÍSSIMO SENHOR DOUTOR JUIZ FEDERAL DA... VARA CÍVEL DA SEÇÃO JUDICIÁRIA DE...

PREÂMBULO

No parágrafo introdutório da peça prática de ação civil pública, é necessário mencionar os seguintes requisitos: a) nome e qualificação das partes; b) capacidade postulatória; c) fundamento legal; d) nome da peça; e) frase final ("pelos motivos de fato e de direito a seguir aduzidos").

(NOME DO AUTOR), nacionalidade, estado civil, profissão, portador da cédula de identidade n. ..., inscrito no CPF/MF sob n. ..., residente e domiciliado na... (ENDEREÇO), , vem respeitosamente à presença de Vossa Excelência, por meio do seu advogado, com escritório profissional na... (ENDEREÇO), com fundamento no artigo... da Lei n. 7.347/85, propor AÇÃO CIVIL PÚBLICA em face de... (NOME DO RÉU), nacionalidade, estado civil, profissão, portador da cédula de identidade n. ..., inscrito no CPF/MF sob n. ..., residente e domiciliado na... (ENDEREÇO), pelos fundamentos de fato e de direito a seguir aduzidos:

DOS FATOS

Narrar os acontecimentos, sem inventar dados ou copiar o problema.

DO DIREITO

O candidato deve justificar não apenas a competência e a legitimidade das partes, mas argumentar no mérito a violação aos interesses transindividuais.

I – Da Competência

A competência na ação civil pública é determinada pelo foro do local onde ocorrer o dano, nos termos do art. 2º da Lei n. 7.347/85. No presente caso concreto, a competência é do..., pois é...

II – Da Legitimidade das Partes

(Nome do autor) possui legitimidade ativa, já que é... (documento 3).

(Nome do réu) é réu, pois é...

III – Do Mérito

É cabível a propositura da presente ação civil pública nos termos do art. 1º e s. da Lei n. 7.347/85, por se tratar de ato lesivo... (especificar o bem jurídico lesado).

PEDIDO

Diante do exposto, requer:

a) recebimento da presente ação civil pública;

b) a citação do réu (na pessoa de seu representante legal – mencionar se for pessoa jurídica), para contestar a presente ação, no prazo que lhe faculta a lei, cientificando-lhe que a ausência de defesa implicará revelia e reputar-se-ão como verdadeiros os fatos articulados nesta inicial;

c) intimação do Ministério Público para atuar como fiscal da lei;

d) a produção de todos os meios de prova em direito admitidos para comprovar o alegado;

e) a juntada dos documentos anexos;

f) notificação das testemunhas abaixo arroladas e outras provas que se fizerem necessárias e oportunamente requeridas (se houver);

g) a procedência da pretensão formulada pelo autor determinando... e ressarcimento ao erário dos eventuais prejuízos causados;

h) condenação do réu em honorários advocatícios e custas judiciais.

DAS PROVAS

O candidato deve construir a seguinte frase: O autor pretende provar o alegado por todos os meios de prova em Direito admitidos, especialmente... (mencionar as que forem indicadas no enunciado). Se acaso houver indicação de prova testemunhal, o candidato não pode esquecer de indicar o rol de testemunhas.

VALOR DA CAUSA

Dá-se à causa o valor de...

ENCERRAMENTO

O candidato deve indicar o final da peça da seguinte forma:

Termos em que pede deferimento.

(2 linhas)

Local, ... de... de...

(2 linhas)

Advogado

OAB – sob n. ...

19.19. Exercício da peça prática

João, Prefeito da cidade de Jordão dispensou procedimento licitatório para contratação de empresa responsável pela construção das ciclovias na cidade. A Transparência Municipal, em funcionamento há dois anos, procura o seu escritório de advocacia, por meio de seu representante legal, Márcio, para fins de ajuizamento de uma ação em face dos danos causados ao patrimônio público do Município de Jordão.

EXCELENTÍSSIMO SENHOR DOUTOR JUIZ DE DIREITO DA... VARA CÍVEL DA COMARCA DE JORDÃO

(10 linhas)

Associação Transparência Municipal, pessoa jurídica de direito privado, Inscrição Estadual..., CNPJ..., com sede à Rua..., n. ... – Bairro – Cidade/RN, neste ato representada pelo Sr. Márcio portador(a) do CPF n. ..., RG..., vem respeitosamente à presença de Vossa Excelência, por meio de seu advogado, com escritório profissional na... (ENDEREÇO), com fundamento no artigo... da Lei n. 7.347/85, propor AÇÃO CIVIL PÚBLICA em face de João, prefeito da cidade de Jordão, nacionalidade, estado civil, profissão, portador da cédula de identidade n. ..., inscrito no CPF/MF sob n., residente e domiciliado na... (ENDEREÇO), pelos fundamentos de fato e de direito a seguir aduzidos:

(2 linhas)

I – DOS FATOS

João, prefeito da cidade de Jordão dispensou procedimento licitatório para contratação de empresa responsável pela construção das ciclovias na cidade.

(2 linhas)

II – DO DIREITO

I – Da Competência

A competência na ação civil pública é determinada pelo foro do local onde ocorrer o dano, nos termos do art. 2.º da Lei n. 7.347/85. No presente caso concreto, a competência é do juízo do município de Jordão, pois é o local do dano.

II – Da Legitimidade das Partes

A Associação Transparência Fiscal possui legitimidade ativa, já que está em funcionamento há pelo menos dois anos, e tem como finalidade institucional a defesa do patrimônio público (documento 3).

João é réu, pois é responsável pela prática do ato lesivo, já que determinou a realização de obra pública, sem a licitação.

III – Do Mérito

É cabível a propositura da presente ação civil pública nos termos do art. 1.º e s. da Lei n. 7.347/85, por se tratar de ato lesivo ao patrimônio público.

Nos termos do art. 37, XXI, da CRFB, por meio do princípio da obrigatoriedade de licitação, todas as obras contratadas pelo Poder Público devem ser feitas por meio de licitação para que haja igualdade de condições entre os concorrentes.

A inobservância da obrigatoriedade de licitar reflete, no contexto do Estado de Direito, comprometimento com a gestão e a transparência dos gastos públicos.

(2 linhas)

III – DO PEDIDO

DIANTE DO EXPOSTO, requer:

a) recebimento da presente ação civil pública;

b) a citação do réu (na pessoa de seu representante legal – mencionar se for pessoa jurídica), para contestar a presente ação, no prazo que lhe faculta a lei, cientificando-lhe que a ausência de defesa implicará revelia e reputar-se-ão como verdadeiros os fatos articulados nesta inicial;

c) intimação do Ministério Público para atuar como fiscal da lei;

d) a produção de todos os meios de prova em direito admitidos para comprovar o alegado;

e) a juntada dos documentos anexos;

f) notificação das testemunhas abaixo arroladas e outras provas que se fizerem necessárias e oportunamente requeridas (se houver);

g) a procedência da pretensão formulada pelo autor determinando anulação da obra pública e ressarcimento ao erário dos eventuais prejuízos causados;

h) condenação do réu em honorários advocatícios e custas judiciais.

(2 linhas)

IV – DO VALOR DA CAUSA

Atribui-se à causa o valor de...

Termos em que pede deferimento.

(2 linhas)

Local, ... de... de...

(2 linhas)

OAB – sob n. ...

(XXI Exame da OAB) A Associação Alfa, constituída há 3 (três) anos, cujo objetivo é a defesa do patrimônio social e, particularmente, do direito à saúde de todos, mostrou-se inconformada com a negativa do Posto de Saúde Gama, gerido pelo Município Beta, de oferecer atendimento laboratorial adequado aos idosos que procuram esse serviço. O argumento das autoridades era o de que não havia profissionais capacitados e medicamentos disponíveis em quantitativo suficiente. Em razão desse estado de coisas e do elevado número de idosos correndo risco de morte, a Associação resolveu peticionar ao Secretário municipal de Saúde, requerendo providências imediatas para a regularização do serviço público de Saúde. O Secretário respondeu que a situação da Saúde é realmente precária e que a comunidade precisa ter paciência e esperar a disponibilização de repasse dos recursos públicos federais, já que a receita prevista no orçamento municipal não fora integralmente realizada. Reiterou, ao final e pelas razões já aventadas, a negativa de atendimento laboratorial aos idosos. Apesar disso, as obras públicas da área de lazer do bairro em que estava situado o Posto de Saúde Gama, nos quais eram utilizados exclusivamente recursos públicos municipais, continuaram a ser realizadas. Considerando os dados acima, na condição de advogado(a) contratado(a) pela Associação Alfa, elabore a medida judicial cabível para o enfrentamento do problema, inclusive com providências imediatas, de modo que seja oferecido atendimento adequado a todos os idosos que venham a utilizar os serviços do Posto de Saúde. A demanda exigirá dilação probatória. (Valor: 5,00) Obs.: a peça deve abranger todos os fundamentos de Direito que possam ser utilizados para dar respaldo à pretensão. A simples menção ou transcrição do dispositivo legal não confere pontuação.

GABARITO:

A peça adequada nesta situação é a petição inicial de uma Ação Civil Pública. A petição deve ser endereçada ao Juízo Cível da Comarca X ou ao Juízo de Fazenda Pública da Comarca X, já que os dados constantes do enunciado não permitem identificar a organização judiciária do local. O examinando deve indicar, na qualificação das partes, a Associação Alfa como demandante e o município Beta como demandado. A legitimidade ativa da Associação Alfa decorre do fato de ter sido constituída há mais de 1 ano e destinar-se à defesa do patrimônio social e do direito à saúde de todos, atendendo ao disposto no art. 5º, V, *a* e *b*, da Lei n. 7.347/85. A legitimidade passiva do município Beta é justificada por ser o responsável pela gestão do Posto de Saúde Gama. O cabimento da ação civil pública decorre do fato de o objetivo da demanda judicial ser a defesa de todos os idosos que procuram o atendimento do Posto de Saúde Gama, nos termos das finalidades estatutárias da Associação – defesa do patrimônio social e, particularmente, do direito à saúde de todos –, e não eventual defesa de direito ou interesse individual. Como se discute a qualidade do serviço público oferecido à população e esses idosos não podem ser individualizados, trata-se de típico interesse difuso, enquadrando-se no art. 1º, IV e VIII, da Lei n. 7.347/85. O que se verifica, na hipótese, é a necessidade de defesa do direito à vida e à saúde dos idosos que procuram os serviços do Posto de Saúde Gama, bem como de sua dignidade, amparados pelo art. 1º, III, pelo art. 5º, *caput*, pelo art. 6º e pelo art. 196, todos da CRFB/88. Na fundamentação, deve ser indicado que esses direitos estão sendo preteridos para a realização de obras públicas na área de lazer, o que é constitucionalmente inadequado em razão da maior importância dos referidos direitos. Afinal, sem vida e saúde, não há possibilidade de lazer. O município tem o dever de assegurar o direito à saúde dos idosos e de cumprir a competência constitucional conferida para fins de prestação do serviço público de saúde (art. 30, VII, art. 196 e art. 230, todos da CRFB/88). É importante que o examinando formule pedido de concessão de medida liminar, a fim de compelir o município a regularizar o sistema de saúde e prestar o atendimento laboratorial adequado aos idosos na localidade abrangida pelo posto de saúde. O examinando deve indicar a proteção constitucional dos direitos à vida e à saúde, bem como da dignidade humana, e o risco de ineficácia da medida final, se a liminar não for deferida, tendo em vista a urgência da situação, uma vez que os idosos estão sujeitos a complicações de saúde e a risco de morte, caso não recebam o tratamento de saúde adequado. Deve ser demonstrada, portanto, a presença do *fumus boni iuris* e do *periculum in mora*. Ao final, deve ser formulado pedido para que a medida pleiteada em caráter liminar seja tornada definitiva. Deve ser requerida a produção das provas necessárias à demonstração da narrativa inaugural. Por fim, deve-se apontar o valor da causa.

20. AÇÃO ORDINÁRIA

20.1. Linha básica da jurisdição

O princípio da separação de poderes, previsto no art. 2º da Constituição Federal, além de reconhecer a divisão funcional e orgânica do Poder, cria um sistema de freios e contrapesos, que evita a predominância de um poder sobre o outro, contendo o arbítrio estatal.

A Constituição Federal, ao prever o princípio da separação de poderes, reconhece a existência dos três órgãos constitucionais, quais sejam o Legislativo, o Executivo e o Judiciário.

A função típica do Judiciário é a jurisdição, que tem como característica a inércia, ou seja, depende de provocação da parte ou interessado. Noutros termos, o Judiciário analisa um caso a partir do exercício do direito de ação.

Flávio Luiz Yarshell diferencia jurisdição da tutela jurisdicional: a jurisdição é função estatal; já a tutela jurisdicional é a proteção que se proporciona como exercício da função estatal[2].

A propositura da ação viabiliza o princípio dispositivo previsto na Constituição Federal no art. 5º, XXXV (a lei não excluirá da apreciação do Poder Judiciário lesão ou ameaça a direito), e no art. 3º do CPC (não se excluirá da apreciação jurisdicional ameaça ou lesão a direito).

A propositura da ação no Judiciário dá origem ao processo, uma relação jurídica que se desenvolverá por meio de uma sequência de atos processuais (procedimento) até culminar na sentença.

O procedimento será desenvolvido por meio de uma sequência de atos que culminará na sentença de pronunciamento por meio da qual o juiz põe fim à fase cognitiva do procedimento comum, bem como extingue a execução. A sentença pode ser definitiva (com a resolução do mérito) ou terminativa (sem resolução do mérito).

Os fundamentos da sentença definitiva estão previstos no art. 487 do CPC: quando o juiz acolher ou rejeitar o pedido formulado na ação ou na reconvenção; decidir, de ofício ou a requerimento, sobre a ocorrência de decadência ou prescrição; homologar: a) o reconhecimento da procedência do pedido formulado na ação ou na reconvenção; b) a transação; c) a renúncia à pretensão formulada na ação ou na reconvenção.

---

2 YARSHELL, Flávio Luiz. *Tutela jurisdicional*. São Paulo: Atlas, 1999.

Os fundamentos da sentença terminativa estão previstos no art. 485 do CPC: I – indeferir a petição inicial; II – o processo ficar parado durante mais de um ano por negligência das partes; III – por não promover os atos e as diligências que lhe incumbir, o autor abandonar a causa por mais de 30 dias; IV – verificar a ausência de pressupostos de constituição e de desenvolvimento válido e regular do processo; V – reconhecer a existência de perempção, de litispendência ou de coisa julgada; VI – verificar ausência de legitimidade ou de interesse processual; VII – acolher a alegação de existência de convenção de arbitragem ou quando o juízo arbitral reconhecer sua competência; VIII – homologar a desistência da ação; IX – em caso de morte da parte, a ação for considerada intransmissível por disposição legal; e X – nos demais casos prescritos no Código de Processo Civil.

Se for sentença terminativa, o juiz antes de proferir decisão sem resolução de mérito deverá conceder à parte oportunidade para, se possível, corrigir o vício, nos termos do art. 317 do CPC.

Uma vez proferida a sentença, a parte pode interpor recurso, que dá continuidade à relação processual já instaurada com a propositura da ação. Após o esgotamento dos recursos, opera-se o trânsito em julgado.

Com o trânsito em julgado, pode a parte, se for sentença de mérito que contenha vício grave, ajuizar ação rescisória, nos termos do art. 966 e s. do CPC, no prazo de dois anos contados do trânsito em julgado da última decisão proferida no processo.

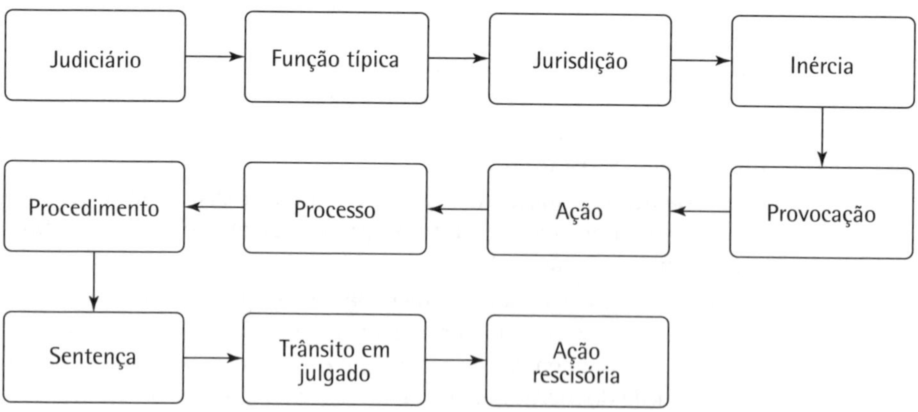

20.2. Processo e procedimento

O processo possui três aspectos: intrínseco (relação jurídica entre juiz, autor e réu), extrínseco (procedimento) e o substancial (contraditório e ampla defesa no debate da causa). Não há processo sem procedimento e não há processo que não se refira a um procedimento. Os tipos de processo variam conforme o tipo de tutela jurisdicional postulada pelo autor da ação.

Itens	Processo de conhecimento	Processo de execução	Processo cautelar
Pretensão	Reconhecimento do direito	Satisfação do direito	Resguardo do direito
Tipo de tutela	Cognitiva	Satisfativa	Protetiva
Objeto	Crise de certeza	Crise de inadimplemento	Crise de segurança

20.3. **Ação**

Em face da inércia da jurisdição, a atividade de julgar é provocada, pois não há jurisdição sem ação (*nemo judex sine actore*), ou ainda o juiz não pode proceder de ofício (*ne procedat ex officio*). O direito de provocar a jurisdição é a demanda. A materialização desta provocação se dá pelo exercício do direito de ação, previsto no art. 5º, XXXV, da CRFB.

A ação é um direito autônomo (desvinculada do direito material), abstrato (independe da obtenção de um provimento favorável), público (exercido em face do Estado) e instrumental (serve para efetivar direito material).

A ação é identificada pelas partes (pessoas que participam do contraditório perante o Estado-Juiz), causa de pedir (fatos e fundamentos jurídicos) e pedido (bem da vida e o tipo provimento jurisdicional).

O exercício do direito de ação depende do preenchimento de requisitos: a) possibilidade jurídica do pedido (a pretensão deduzida em juízo precisa estar prevista no ordenamento jurídico), b) interesse de agir (necessidade, adequação e utilidade); c) legitimidade *ad causam*. A falta das condições da ação gera carência de ação, e por consequência extinção do processo sem resolução do mérito.

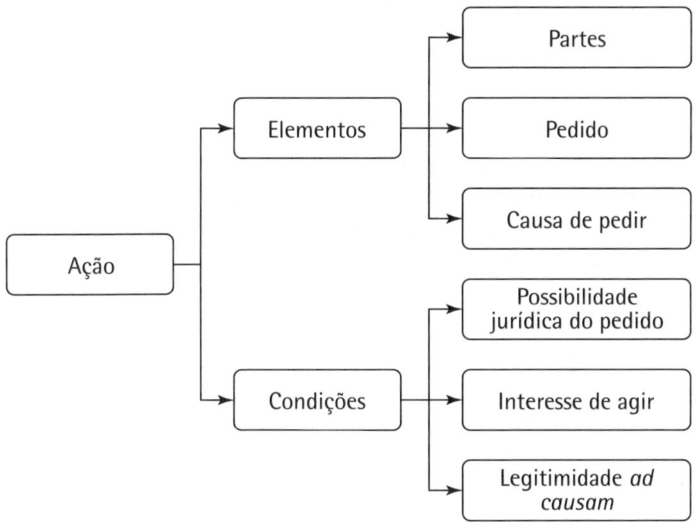

20.4. Ação de conhecimento

É uma ação em que o autor pede ao juiz o reconhecimento de um direito. O juiz examinará o caso concreto, verificando o acertamento do direito, no sentido de estar ou não o autor da ação com a razão alegada.

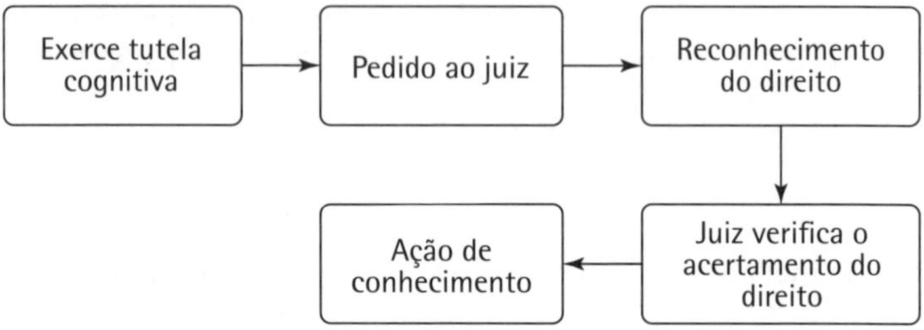

Se o juiz verificar que o autor está com a razão, dará a sentença julgando procedente a pretensão do autor, outorgando-lhe o provimento jurisdicional solicitado. Se o juiz verificar que o autor não está com a razão, dará a sentença julgando improcedente a pretensão do autor, não lhe outorgando o provimento jurisdicional solicitado.

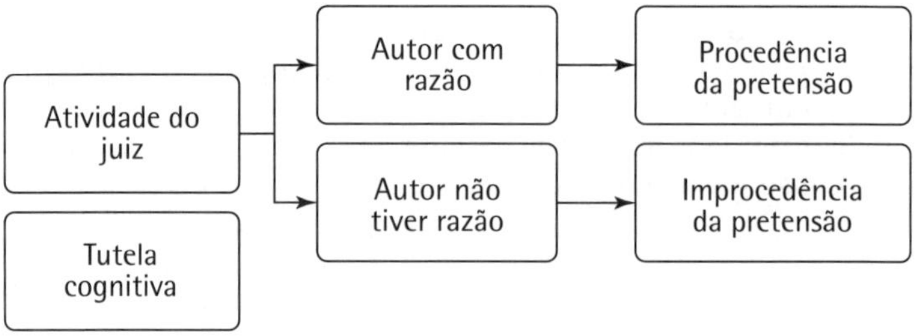

Na ação de conhecimento em que a atividade do juiz é uma tutela cognitiva, é possível identificar três espécies, conforme o tipo de tutela postulada: a) ação declaratória: é a que visa a declaração da existência ou inexistência de uma relação jurídica; seu objeto é a obtenção da certeza jurídica; b) ação constitutiva: é a que visa modificar, extinguir ou criar uma relação jurídica. Se criar é positiva; se desconstituir é negativa; seu objeto é a modificação de algo; c) ação condenatória: é a que visa obrigar alguém ao cumprimento de uma obrigação não adimplida; seu objeto é a formação de um título executivo judicial. Se condenar impondo ordem, sob pena de no descumprimento impor providências de satisfação do direito, é ação mandamental; se a determinação da sentença for cumprida pelo devedor, é ação executiva *lato sensu*.

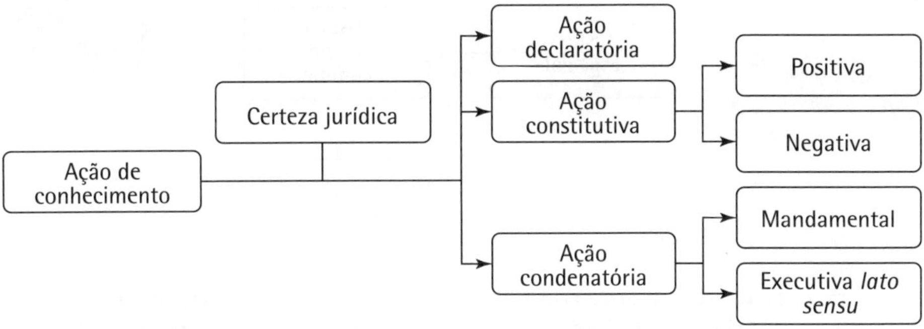

20.5. Procedimentos no processo de conhecimento

No processo de conhecimento, os procedimentos podem ser comuns ou especiais. O procedimento comum é aplicado a todas as causas, salvo disposição em contrário do Código de Processo Civil ou de lei. O procedimento comum aplica-se subsidiariamente aos demais procedimentos especiais e ao processo de execução.

O procedimento comum é dividido, de acordo com o ato predominante, em quatro fases: a) fase postulatória: abrange a petição inicial e a resposta do réu; b) fase de saneamento: o juiz coloca o processo em ordem com o despacho saneador; c) instrutória: fase da produção de provas; d) fase decisória: é a decisão do caso concreto.

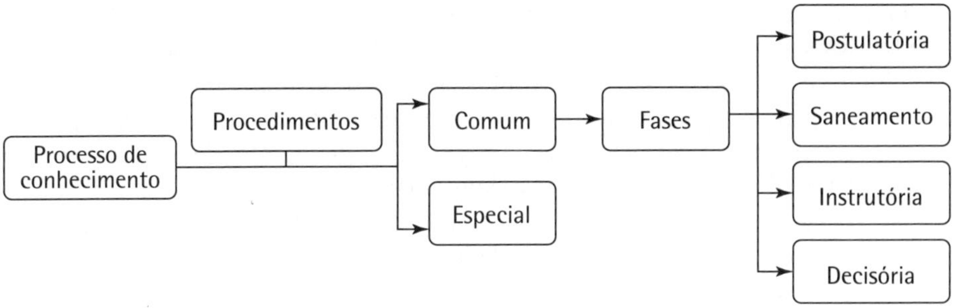

20.6. Dicas da peça prática

ENDEREÇAMENTO

É a indicação do juízo a que é dirigida a petição inicial. A identificação do juízo depende de um raciocínio por exclusão: a) verificar se é caso da Justiça Especial (trabalhista, militar ou eleitoral); b) se não for caso de Justiça Especial, verificar se é caso da Justiça Federal comum, nos termos do art. 109 da CRFB; c) se não for caso de Justiça Federal, a ação será julgada pela Justiça Estadual.

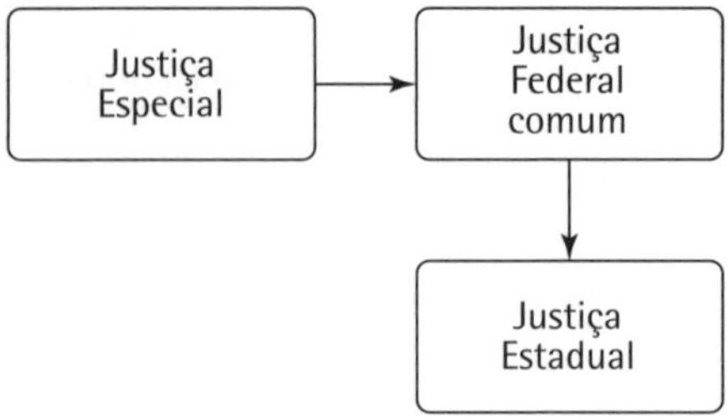

Após verificada a Justiça competente, o candidato deve verificar se a competência é originária (tribunal) ou não originária (juiz). Não esquecer que as hipóteses de competência originária estão previstas na Constituição Federal.

PREÂMBULO

É o parágrafo introdutório da peça prática da ação ordinária. Deve ser feito conforme o modelo abaixo:

(NOME DO AUTOR), nacionalidade, estado civil, profissão, portador da cédula de identidade n. ..., inscrito no CPF/MF sob n. ..., residente e domiciliado na... (ENDEREÇO), vem respeitosamente à presença de Vossa Excelência, por meio do seu advogado (documento anexo), com escritório profissional na... (ENDEREÇO), com fundamento no art. 5º, XXXV, da Constituição Federal c/c o CPC, propor... (AÇÃO ORDINÁRIA OU AÇÃO DE PROCEDIMENTO ORDINÁRIO) em face de... (NOME DO RÉU), nacionalidade, estado civil, profissão, portador da cédula de identidade n. ..., inscrito no CPF/MF sob n. ..., residente e domiciliado na... (ENDEREÇO), pelos fundamentos de fato e de direito a seguir aduzidos:

Em face do modelo, são os seguintes os requisitos do preâmbulo:

a) **nome e qualificação do autor**: (NOME DO AUTOR), nacionalidade, estado civil, profissão, portador da cédula de identidade n. ..., inscrito no CPF/MF sob n. ..., residente e domiciliado na... (ENDEREÇO);

b) **capacidade postulatória**: por meio do seu advogado (documento anexo), com escritório profissional na... (ENDEREÇO);

c) **fundamento legal da peça:** art. 5º, XXXV, da Constituição Federal c/c o CPC;

d) **nome da peça**: AÇÃO ORDINÁRIA OU AÇÃO DE PROCEDIMENTO ORDINÁRIO;

e) **nome e qualificação do réu:** (NOME DO RÉU), nacionalidade, estado civil, profissão, portador da cédula de identidade n. ..., inscrito no CPF/MF sob n. ..., residente e domiciliado na... (ENDEREÇO);

f) **frase final**: "pelos fundamentos de fato e de direito a seguir aduzidos:".

DOS FATOS

É a narrativa dos acontecimentos que envolveram o caso concreto.

DO DIREITO

São os fundamentos jurídicos. O candidato deve demonstrar que sua pretensão tem respaldo no ordenamento jurídico. Para facilitar, o candidato deverá observar o seguinte modelo:

a) apontar a tese: identificar a violação à ordem jurídica: por exemplo, se houve ato ilícito, descrever, de acordo com as circunstâncias do caso concreto, a ação ou omissão voluntária, negligência ou imprudência, que violou o direito e causou prejuízo;

b) justificar a tese: apontar a violação aos princípios jurídicos e às regras legais que fundamentam a violação à ordem jurídica;

c) conclusão: afirma que, diante da violação, deve ocorrer uma tutela jurisdicional específica que varia conforme o tipo de ação de conhecimento:

- ação declaratória: procedência para que seja declarado... (especificar o conteúdo da declaração).

Na ação declaratória, o objetivo é a existência ou inexistência de relação jurídica, ou ainda a autenticidade ou falsidade de documento. O interesse de agir, na ação declaratória, envolve a necessidade, concretamente demonstrada, de eliminar ou resolver a incerteza do direito ou relação jurídica. A incerteza deve resultar do próprio conflito de interesses (v. *RSTJ* 54/354).

- ação constitutiva: procedência para que seja constituída ou desconstituída... (especificar o conteúdo);
- ação condenatória: procedência para que seja condenada a reparação dos prejuízos causados... (especificar o conteúdo).

PEDIDO

Com as suas especificações, inclusive o das provas com que o autor pretende demonstrar a verdade dos fatos alegados.

Diante do exposto, requer:

a) recebimento da presente ação ordinária;

b) declarar a opção pela audiência de conciliação ou mediação nos termos do art. 319 do CPC;

c) juntada dos documentos em anexo;

d) procedência da ação, com a consequente... (conforme o caso concreto);

e) condenação nas verbas da sucumbência.

VALOR DA CAUSA

É a indicação do valor da causa, conforme modelo abaixo: Dá-se à causa o valor de...

AUDIÊNCIA DE CONCILIAÇÃO OU MEDIAÇÃO

Deve ser mencionada a opção do autor pela realização ou não de audiência de conciliação ou de mediação.

DAS PROVAS

O candidato deve construir a seguinte frase: O autor pretende provar o alegado por todos os meios de prova em Direito admitidos, especialmente... (mencionar as que forem indicadas no enunciado). Se acaso houver indicação de prova testemunhal, o candidato não pode esquecer de indicar o rol de testemunhas.

ENCERRAMENTO

O candidato deve indicar o final da peça da seguinte forma:

Termos em que pede deferimento.

(2 linhas)

Local, ... de... de...

(2 linhas)

Advogado

OAB – sob n. ...

20.7. Exercício da peça prática

(V Exame da OAB) Mévio, brasileiro, solteiro, estudante universitário, domiciliado na capital do Estado W, requereu o seu ingresso em programa de bolsas financiado pelo Governo Federal, estando matriculado em Universidade particular. Após apresentar a documentação exigida, é surpreendido com a negativa do órgão federal competente, que aduz o não preenchimento de requisitos legais. Entre eles, está a exigência de pertencer a determinada etnia, uma vez que o programa é exclusivo de inclusão social para integrantes de grupo étnico descrito no edital, podendo, ao arbítrio da Administração, ocorrer integração de outras pessoas, caso ocorra saldo no orçamento do programa. Informa, ainda, que existe saldo financeiro e que, por isso, o seu requerimento ficará no aguardo do prazo estabelecido em regulamento. O referido prazo não consta na lei que instituiu o programa, e o referido ato normativo também não especificou a limitação do financiamento para grupos étnicos. Com base na negativa da Administração Federal, a matrícula na Universidade particular ficou suspensa, prejudicando a continuação do curso superior. O valor da mensalidade por ano corresponde a R$ 20.000,00, sendo o curso de quatro anos de duração. O estudante pretende produzir provas de toda a espécie, receoso de que somente a prova documental não seja suficiente para o deslinde da causa. Isso foi feito em atendimento à consulta respondida pelo seu advogado Tício, especialista em Direito Público, que indicou a possibilidade de prova pericial complexa, bem como depoimentos de pessoas para comprovar a sua necessidade financeira e outros depoimentos para indicar possíveis beneficiários não incluídos no grupo étnico referido pela Administração. Aduz ainda que o pleito deve restringir-se no reconhecimento do seu direito constitucional e que eventuais perdas e danos deveriam ser buscadas em outro momento. Há urgência, diante da proximidade do início do semestre letivo. Na qualidade de advogado contratado por Mévio, elabore a peça cabível ao tema, observando: a) competência do juízo; b) legitimidade ativa e passiva; c) fundamentos de mérito constitucionais e legais vinculados; d) os requisitos formais da peça inaugural. (Valor: 5,0)

GABARITO:

O tema envolve, de início, o exame da competência para julgamento da causa que envolve a União Federal e Universidade particular havendo fatos encadeados que indicam a atuação conjunta dessas pessoas no polo passivo da demanda, o que indica a competência por atração da Justiça Federal da capital do Estado W, domicílio do autor (CRFB, art. 109, § 2º). Por outro lado, atuará no polo ativo o estudante Mévio e no polo passivo a União Federal, que negou o financiamento e a Universidade que suspendeu a matrícula, por força do primeiro ato. Esse litisconsórcio se afigura necessário para solver a situação do autor, de forma definitiva, condenando ambos os sujeitos passivos, nos limites das suas responsabilidades. A petição inicial será obediente ao rito ordinário pela complexidade da questão envolvida e por envolver a possibilidade de prova pericial complexa. Quanto aos fundamentos que devem servir de supedâneo para a peça exordial deve o candidato indicar: a) ofensa ao princípio da isonomia pois esse tipo de financiamento não pode beneficiar somente determinado grupo étnico; b) ofensa ao princípio da legalidade vez que há confronto entre o regulamento e o texto legal; c) ofensa aos princípios constitucionais da Administração Pública pois o ato da Administração não pode ser arbitrário podendo ser discricionário; d) ofensa ao direito constitucional à educação. No caso em exame, o valor da causa corresponderá ao benefício econômico postulado, que será de 20.000,00 vezes 4, devendo ser fixado em 80.000,00. Diante da urgência da medida, deverá o autor apresentar requerimento de tutela antecipada caracterizando os requisitos do art. 273 do CPC. Alternativamente, aceitando a ideia de que a atitude do novo advogado seria recusar a produção de provas, caberia mandado de segurança.

EXCELENTÍSSIMO SENHOR DOUTOR JUIZ FEDERAL DA... VARA FEDERAL CÍVEL DA SEÇÃO JUDICIÁRIA DE...

(10 linhas)

Mévio, nacionalidade, estado civil, profissão, portador da cédula de identidade n. ..., inscrito no CPF/MF sob n. ..., residente e domiciliado na... (ENDEREÇO), vem respeitosamente à presença de Vossa Excelência, por meio do seu advogado (documento anexo), com escritório profissional na... (ENDEREÇO), com fundamento no art. 5.º, XXXV, da CRFB c/c o CPC, propor AÇÃO ORDINÁRIA em face da União Federal, pessoa jurídica de direito público interno, com sede na... (ENDEREÇO), podendo ser citada na pessoa do... (identificar o representante legal) pelos fundamentos de fato e de direito a seguir aduzidos:

I – DOS FATOS

Mévio requereu o seu ingresso em programa de bolsas financiado pelo Governo Federal, estando matriculado em Universidade particular.

Após apresentar a documentação exigida, é surpreendido com a negativa do órgão federal competente, que aduz o não preenchimento de requisitos legais.

Entre eles, está a exigência de pertencer a determinada etnia, uma vez que o programa é exclusivo de inclusão social para integrantes de grupo étnico descrito no edital, podendo, ao arbítrio da Administração, ocorrer integração de outras pessoas, caso ocorra saldo no orçamento do programa.

Informa, ainda, que existe saldo financeiro e que, por isso, o seu requerimento ficará no aguardo do prazo estabelecido em regulamento. O referido prazo não consta na lei que instituiu o programa, e o referido ato normativo também não especificou a limitação do financiamento para grupos étnicos.

Com base na negativa da Administração Federal, a matrícula na Universidade particular ficou suspensa, prejudicando a continuação do curso superior.

II – DO DIREITO

Na hipótese dos autos, houve negativa de financiamento que, por sua vez, violou princípios jurídicos considerados essenciais na ordem jurídica, em prejuízo ao direito constitucional à educação.

É flagrante a violação ao princípio da isonomia, pilar do Estado Democrático de Direito, já que um tipo de financiamento não pode beneficiar somente determinado grupo étnico. A prática de atos preconceituosos em razão da etnia ofende não só a Constituição em face de seu princípio da isonomia, mas também ofende a essência do próprio ser humano.

Além da violação ao princípio da isonomia, houve, no caso concreto, ofensa ao princípio da legalidade, vez que há confronto entre o regulamento e o texto legal, já que na lei não há previsão de limitação ao financiamento de grupos étnicos.

O regulamento cria limitações não previstas em lei, violando o princípio da legalidade consagrado no inciso II do art. 5.º da Constituição Federal, dispondo que ninguém será obrigado a fazer ou deixar de fazer alguma coisa senão em virtude de lei.

E por fim, há flagrante violação aos princípios constitucionais da Administração Pública pois o ato da Administração não pode ser arbitrário podendo ser discricionário, respeitando os limites jurídicos em prol da defesa do interesse da coletividade.

III – DO PEDIDO

Diante do exposto, requer:

a) recebimento da presente ação ordinária;

b) declarar a opção em realizar audiência de conciliação nos termos do art. 319 do CPC;

c) juntada dos documentos em anexo;

d) procedência da ação, com a consequente concessão do financiamento da bolsa financiada pelo Governo Federal;

e) condenação nas verbas da sucumbência.

IV – DAS PROVAS

O autor pretende provar o alegado por todos os meios de prova em Direito admitidos, especialmente... (mencionar as que forem indicadas no enunciado). Se acaso houver indicação de prova testemunhal, o candidato não pode esquecer de indicar o rol de testemunhas.

V – DO VALOR DA CAUSA

Atribui-se à causa o valor de R$ 80.000,00.

Termos em que pede deferimento.

(2 linhas)

Local, ... de... de...

(2 linhas)

OAB – sob n. ...

21. CONTESTAÇÃO

21.1. Fundamento constitucional

É o princípio do contraditório e da ampla defesa previsto no art. 5º, LV, da CRFB (aos litigantes, em processo judicial ou administrativo, e aos acusados em geral são assegurados o contraditório e ampla defesa, com os meios e recursos a ela inerentes).

21.2. Natureza jurídica

Além de modalidade de resposta do réu, a contestação é um ônus a ser praticado pela defesa para ver seu interesse atendido.

21.3. Não apresentação da contestação

Se o réu não contestar a ação, será considerado revel e presumir-se-ão verdadeiras as alegações de fato formuladas pelo autor, nos termos do art. 344 do CPC. De acordo com a jurisprudência, a não apresentação de contestação enseja apenas presunção relativa de veracidade dos fatos narrados na inicial pelo autor da ação, podendo ser infirmada pelos demais elementos dos autos, motivo pelo qual não acarreta a procedência automática dos pedidos iniciais (*Informativo* 546/2014 do STJ).

21.4. Conceito

É a resistência do réu em face da pretensão alegada pelo autor na inicial. É a contraposição ao pedido formulado pelo autor na inicial.

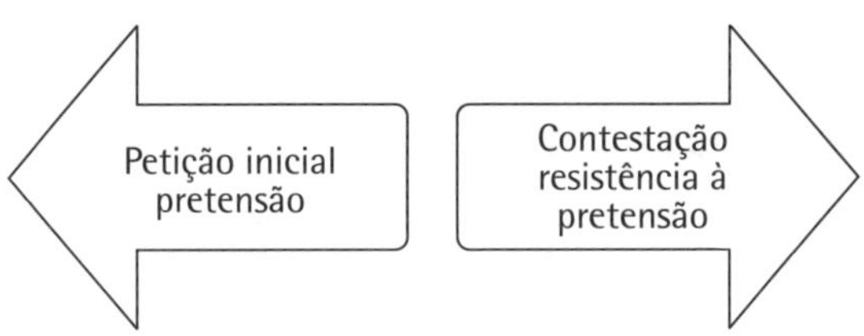

21.5. Natureza da pretensão na contestação

O réu quer o não atendimento ao pedido formulado pelo autor na inicial. Dessa forma, afirma-se que a pretensão do réu na contestação é de resistência com característica declaratória negativa.

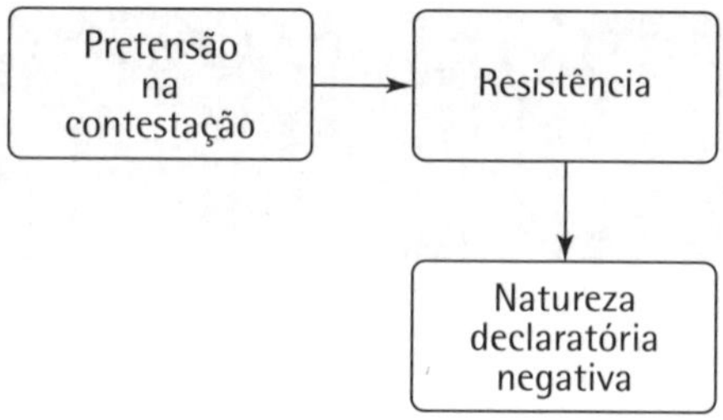

21.6. Princípio da eventualidade

Incumbe ao réu alegar, na contestação, toda a matéria de defesa, expondo as razões de fato e de direito com que impugna o pedido do autor e especificando as provas que pretende produzir.

Defesas que podem ser apresentadas após contestação: a) alegações relativas a direito ou a fato superveniente; b) matérias que o juiz possa conhecer de ofício (matérias de ordem pública); c) alegações que por expressa autorização legal, puderem ser formuladas em qualquer tempo e grau de jurisdição.

21.7. Defesas processuais

São as que dizem respeito ao processo e às condições da ação. Devem ser alegadas como preliminar na contestação. Essas preliminares podem ser conhecidas de ofício pelo juiz, excetuadas a convenção de arbitragem e a incompetência relativa, nos termos do art. 337, § 5º, do CPC. Podem ser: a) peremptórias: uma vez acolhidas resultam na extinção do processo sem resolução do mérito; b) dilatórias: uma vez acolhidas implicam na dilação do processo.

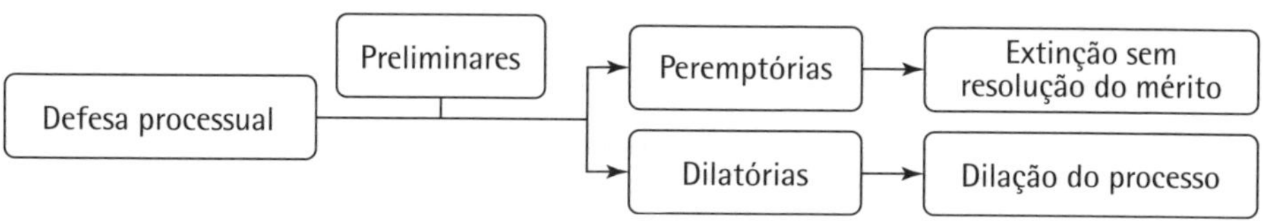

21.8. Conteúdo da defesa processual

A lei processual civil indica no art. 337 as matérias que podem ser alegadas como defesa processual, em preliminar. Trata-se de um rol não taxativo: I – inexistência ou nulidade da citação; II – incompetência absoluta e relativa; III – incorreção do valor da causa; IV – inépcia da petição inicial; V – perempção; VI – litispendência; VII – coisa julgada; VIII – conexão; IX – incapacidade da parte, defeito de representação ou falta de autorização; X – convenção de arbitragem; XI – ausência de legitimidade ou de interesse processual; XII – falta de caução ou de outra prestação que a lei exige como preliminar; XIII – indevida concessão do benefício de gratuidade de justiça. Verifica-se a litispendência ou a coisa julgada quando se reproduz ação anteriormente ajuizada. Uma ação é idêntica a outra quando possui as mesmas partes, a mesma causa de pedir e o mesmo pedido. Há litispendência quando se repete ação que está em curso. Há coisa julgada quando se repete ação que já foi decidida por decisão transitada em julgado.

21.9. Defesa preliminar de mérito

São as questões prejudiciais: a) externa: quando a sentença de mérito depender do julgamento de outra causa ou da declaração de existência ou de inexistência de relação jurídica que constitua o objeto principal de outro processo pendente; b) interna: quando a sentença de mérito tiver de ser proferida somente após a verificação de determinado fato ou a produção de certa prova, requisitada a outro juízo; c) solução prévia de eventuais intervenções de terceiros.

21.10. Defesa de mérito

É a defesa substancial alegada após preliminares. Pode ser de duas espécies:

a) **direta:** é a negativa do réu em relação aos fatos, fundamentação jurídica e/ ou pedido;

b) **defesa de mérito indireta:** a apresentação pelo réu de fato impeditivo, modificativo ou extintivo do direito do autor.

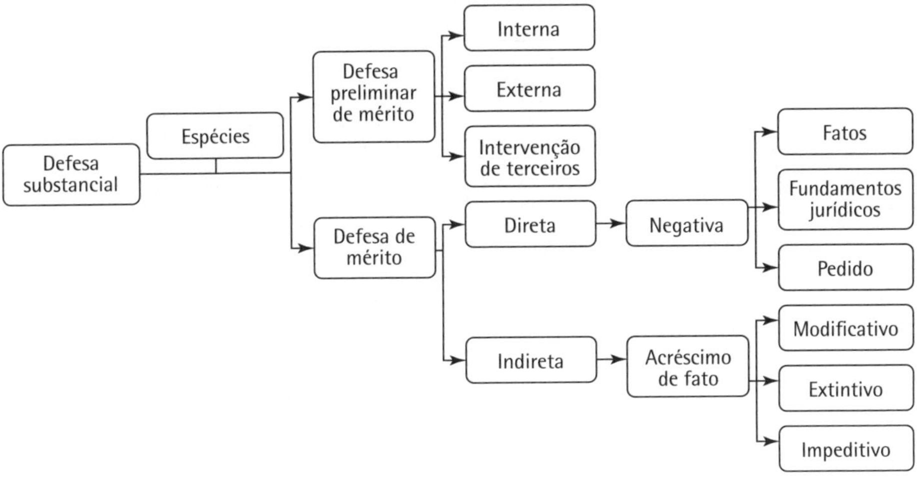

21.11. Ônus da impugnação específica

Incumbe ao réu manifestar-se precisamente sobre as alegações de fato constantes da petição inicial, presumindo-se verdadeiras as não impugnadas.

Ônus de **impugnação genérica**: a) se não for admissível, a seu respeito, a confissão; b) quando a petição inicial não estiver acompanhada de instrumento que a lei considerar da substância do ato; c) quando estiverem em contradição com a defesa, considerada em seu conjunto. O ônus da impugnação especificada dos fatos não se aplica ao defensor público, ao advogado dativo e ao curador especial.

21.12. Alegação de ilegitimidade de parte

Incumbe ao réu indicar o sujeito passivo da relação jurídica discutida sempre que tiver conhecimento, sob pena de arcar com as despesas processuais e de indenizar o autor pelos prejuízos decorrentes da falta de indicação. O autor, diante da indicação do réu pode:

a) **aceitar a indicação**: neste caso, o autor tem 15 dias, para alterar a petição inicial e realizar a substituição do réu (realizada a substituição, o autor reembolsará as despesas e pagará os honorários ao procurador do réu excluído, que serão fixados entre três e cinco por cento do valor da causa ou, sendo este irrisório ainda, o juiz fixará o valor dos honorários por apreciação equitativa). No prazo de 15 dias, o autor pode optar por alterar a petição inicial para incluir, como litisconsorte passivo, o sujeito indicado pelo réu;

b) **não aceitar a indicação**: o juiz pode tomar duas decisões: 1) se o juiz decidir pela ilegitimidade de parte profere sentença de extinção do processo sem resolução do mérito; 2) se o juiz rejeitar a ilegitimidade de parte, o processo segue o seu curso regular.

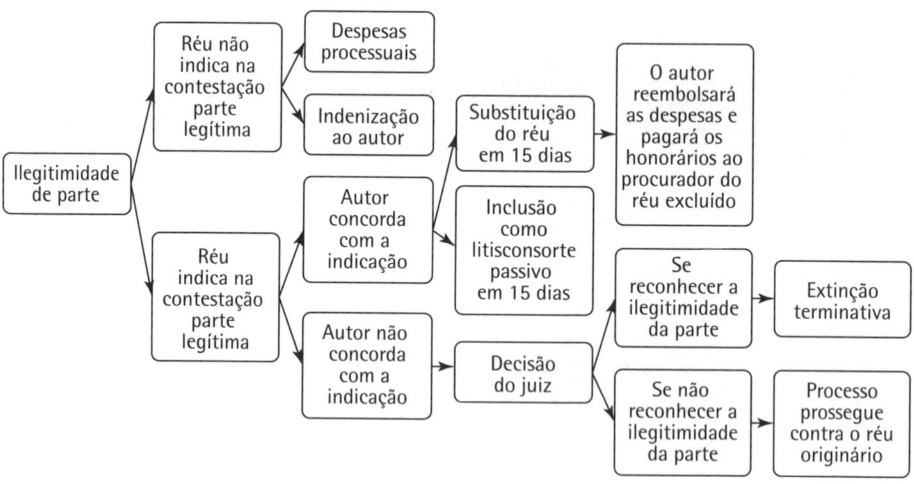

21.13. Alegação de incompetência

a) **Forma:** a incompetência será alegada como questão preliminar de contestação, nos termos do art. 64 do CPC.

b) **Conteúdo:** pode ser alegada a incompetência absoluta ou relativa.

c) **Não alegação da incompetência em preliminar de contestação:** no caso da incompetência absoluta, não haverá prejuízo, já que esta pode ser alegada em qualquer tempo e grau de jurisdição e deve ser declarada de ofício; no caso de incompetência relativa, ocorre a prorrogação da competência.

d) **Apresentação da contestação:** ao juiz da causa ou poderá ser protocolada no foro de domicílio do réu.

e) **Contestação apresentada no foro do domicílio do réu:** temos os seguintes efeitos: 1) comunicação imediata ao juiz da causa: a apresentação será imediatamente comunicada ao juiz da causa, preferencialmente por meio eletrônico; 2) suspensão da audiência designada: se o juiz da causa tiver designado audiência de conciliação ou mediação, sua realização será suspensa em virtude de o réu ter optado por apresentar a contestação em outro juízo.

f) **Decisão judicial:** após apresentada a contestação com a alegação da incompetência, o juiz ouve a parte contrária e depois decide ("Art. 64. (...) § 2º Após manifestação da parte contrária, o juiz decidirá imediatamente a alegação de incompetência"). A decisão pode ser de duas espécies:

- **acolher a preliminar de incompetência**: os autos serão remetidos ao juízo competente. Salvo decisão judicial em sentido contrário, serão conservados os efeitos de decisão proferida pelo juízo incompetente até que outra seja proferida, se for o caso, pelo juízo competente;
- **não acolher a preliminar de incompetência**: o processo prossegue.

21.14. Incorreção do valor da causa

O réu poderá impugnar, em preliminar da contestação, o valor atribuído à causa pelo autor, sob pena de preclusão, e o juiz decidirá a respeito, impondo, se for o caso, a complementação das custas.

Ação	Valor da causa
Ação de cobrança de dívida	Soma monetariamente corrigida do principal, dos juros de mora vencidos e de outras penalidades, se houver, até a data de propositura da ação
Ação que tiver por objeto a existência, a validade, o cumprimento, a modificação, a resolução, a resilição ou a rescisão de ato jurídico	O valor do ato ou o de sua parte controvertida
Ação de alimentos	Soma de 12 prestações mensais pedidas pelo autor

Ação de divisão, de demarcação e de reivindicação	Valor de avaliação da área ou do bem objeto do pedido
Ação indenizatória, inclusive a fundada em dano moral	Valor pretendido
Ação em que há cumulação de pedidos	Quantia correspondente à soma dos valores de todos eles
Ação em que os pedidos são alternativos	O de maior valor
Ação em que houver pedido subsidiário	Valor do pedido principal

21.15. Indevida concessão do benefício de gratuidade de justiça

O réu alega em preliminar de contestação quando constatar falta dos pressupostos legais para a concessão de gratuidade.

21.16. Prazo

a) **Regra:** o réu poderá oferecer contestação, por petição, no prazo de 15 dias.

b) **Contagem do prazo:** em dias úteis, nos termos do art. 219 do CPC.

c) **Termo inicial:** da data da audiência de conciliação ou de mediação, ou da última sessão de conciliação, quando qualquer parte não comparecer ou, comparecendo, não houver autocomposição. No caso de ambas as partes manifestarem, expressamente, desinteresse na composição consensual, o termo inicial será a data do protocolo do pedido de cancelamento da audiência de conciliação ou de mediação apresentado pelo réu.

Forma da citação ou intimação	Termo inicial
Pelo correio	Data de juntada aos autos do aviso de recebimento
Pelo oficial de justiça	Data de juntada aos autos do mandado cumprido
Por ato do escrivão ou do chefe de secretaria	Data de ocorrência da citação ou da intimação
Por edital	Dia útil seguinte ao fim da dilação assinada pelo juiz
Eletrônica	Dia útil seguinte à consulta ao teor da citação ou da intimação ou ao término do prazo para que a consulta se dê

Quando a intimação se der pelo *Diário da Justiça* impresso ou eletrônico	Data de publicação
Quando a intimação se der por meio da retirada dos autos, em carga, do cartório ou da secretaria	Dia da carga
Quando a citação ou a intimação se realizar em cumprimento de carta	Data de juntada do comunicado de que trata o art. 232 do CPC (Nos atos de comunicação por carta precatória, rogatória ou de ordem, a realização da citação ou da intimação será imediatamente informada, por meio eletrônico, pelo juiz deprecado ao juiz deprecante) ou, não havendo essa, a data de juntada da carta aos autos de origem devidamente cumprida

d) **Prazo de contestação da Fazenda Pública:** a União, os estados, o Distrito Federal, os municípios e suas respectivas autarquias e fundações de direito público gozarão de prazo em dobro para todas as suas manifestações processuais, cuja contagem terá início a partir da intimação pessoal (carga, remessa ou meio eletrônico). Não se aplica o benefício da contagem em dobro quando a lei estabelecer, de forma expressa, prazo próprio para o ente público.

e) **Prazo em litisconsórcio com vários procuradores:** os litisconsortes que tiverem diferentes procuradores, de escritórios de advocacia distintos, terão prazos contados em dobro para todas as suas manifestações, em qualquer juízo ou tribunal, independentemente de requerimento. Cessa a contagem do prazo em dobro se, havendo apenas dois réus, é oferecida defesa por apenas um deles. A previsão do prazo não é aplicada para processo eletrônico.

21.17. Concentração da resposta

É possível a propositura da reconvenção na própria contestação, em homenagem aos princípios da economia e da celeridade processual, nos termos do art. 343 do CPC (Na contestação, é lícito ao réu propor reconvenção para manifestar pretensão própria, conexa com a ação principal ou com o fundamento da defesa).

21.18. Compensação de dívida

Pode ser alegada em contestação como matéria de defesa, independentemente da propositura de reconvenção, em obediência aos princípios da celeridade e da economia processual, nos termos do *Informativo* 567/2015.

21.19. Dicas da peça prática

ENDEREÇAMENTO

Juiz da causa

Juiz	Forma de endereçamento
Se for juiz estadual	Excelentíssimo Senhor Doutor Juiz de Direito da... Vara... do Foro... da Comarca de...
Se for juiz federal	Excelentíssimo Senhor Doutor Juiz Federal da... Vara... da Seção Judiciária de...

ENTRE O ENDEREÇAMENTO E PREÂMBULO

Autos do Processo n. ...

PREÂMBULO

É o parágrafo introdutório da peça prática da contestação. Deve ser feito conforme modelo abaixo:

(NOME DO RÉU), nacionalidade, estado civil, profissão, portador da cédula de identidade n. ..., inscrito no CPF/MF sob n. ..., residente e domiciliado na... (ENDEREÇO), vem respeitosamente à presença de Vossa Excelência, por meio do seu advogado (documento anexo), com escritório profissional na... (ENDEREÇO), nos autos do processo da ação..., tendo em vista que foi citado para resposta aos termos da presente ação, com fundamento no art. 5º, LV, da Constituição Federal c/c o art. 335 e s. do CPC, apresentar CONTESTAÇÃO, pelos fundamentos de fato e de direito a seguir aduzidos:

Em face do modelo, são os seguintes os requisitos do preâmbulo:

a) **nome e qualificação do réu**: (NOME DO RÉU), nacionalidade, estado civil, profissão, portador da cédula de identidade n. ..., inscrito no CPF/MF sob n., residente e domiciliado na... (ENDEREÇO);

b) **capacidade postulatória**: por meio do seu advogado (documento anexo), com escritório profissional na... (ENDEREÇO);

c) **localização**: nos autos do processo da ação...;

d) **mencionar que foi citado**: tendo em vista que foi citado para resposta aos termos da presente ação;

e) **fundamento legal da peça:** art. 5º, LV, da Constituição Federal c/c o art. 335 e s. do CPC;

f) **nome da peça**: CONTESTAÇÃO;

g) **frase final**: "pelos fundamentos de fato e de direito a seguir aduzidos:".

DOS FATOS

O candidato deve realizar a leitura do enunciado e fazer um texto narrativo, sem inventar dados.

DO DIREITO

O candidato deve seguir a ordem de alegação das defesas: 1º) defesa processual; 2º) defesa do mérito.

DO PEDIDO

O candidato deve separar os pedidos da defesa processual e da de mérito da seguinte forma:

Diante do exposto, requer-se:

a) em preliminar...;

b) no Mérito, a improcedência da presente demanda, no sentido de...;

c) juntada de documentos anexos;

d) admissão de todos os meios de prova admitidos pelo Direito;

e) condenação da autora ao pagamento de honorários advocatícios, custas e despesas processuais e demais consectários legais.

ENCERRAMENTO

O candidato deve indicar o final da peça da seguinte forma:

Termos em que pede deferimento.

(2 linhas)

Local, ... de... de...

(2 linhas)

Advogado

OAB – sob n. ...

INDICAÇÃO DO ROL DE TESTEMUNHAS

Rol de testemunhas:

1. ... (nome), ... (profissão), ... (RG) e ... (endereço);
2. ... (nome), ... (profissão), ... (RG) e ... (endereço);
3. ... (nome), ... (profissão), ... (RG) e ... (endereço).

21.20. Exercício da peça prática

Francisco, servidor público que exerce o cargo de motorista do Ministério Público Federal da 3ª Região, localizada em São Paulo, há tempo vinha alertando o setor competente de que alguns carros oficiais estavam apresentando constantes problemas na pane elétrica e no sistema de frenagens, razão pela qual deveriam ser retirados temporariamente da frota oficial até que tais problemas fossem solucionados. Contudo, nesse ínterim, durante uma diligência oficial, em razão de tais problemas, Francisco perdeu o controle do veículo que dirigia e acabou destruindo completamente a moto de Mateus, estudante do 3º período de Direito, que estava estacionada na calçada. Mateus, por essa razão, assim que obteve sua inscrição como advogado nos quadros da Ordem dos Advogados, ingressou, em causa própria, perante o Juízo da Vara Federal da Seção Judiciária de São Paulo, com ação de responsabilidade civil, com fulcro no art. 37, § 6º, da CRFB/88 em face de Francisco e da União Federal, com o intuito de ser ressarcido pelos danos causados à sua moto. Na referida ação, Mateus alega que (i) não há que se falar em prescrição da pretensão ressarcitória, tendo em vista que não decorreram mais de cinco anos do evento danoso, nos termos do Dec. n. 20.910/32; (ii) que, nos termos do art. 37, § 6º, da CRFB/88, as pessoas jurídicas de direito público responderão pelos danos que seus agentes, nessa qualidade, causarem a terceiros, com fulcro na teoria do risco administrativo; (iii) que estão presentes todos os elementos necessários para configuração da responsabilidade civil. Considerando as informações acima mencionadas e que, de fato, decorreram apenas quatro anos do evento danoso, apresente a peça pertinente para a defesa dos interesses de Francisco, sem criar dados ou fatos não informados.

Leitura do enunciado:

a) identificação da peça: a peça prática é a contestação, pois foi apresentada ação de responsabilidade civil, e na questão a OAB exige a providência de defesa após a propositura da ação;

b) dados do caso concreto:

- **ação proposta:** ação de responsabilidade civil, com fulcro no art. 37, § 6º, da CRFB/88;
- **competência:** Juízo da Vara Federal da Seção Judiciária de São Paulo;
- **autor da ação:** Mateus, estudante do 3º período de Direito;
- **réu:** Francisco, servidor público que exerce o cargo de motorista do Ministério Público Federal da 3ª Região, localizada em São Paulo; União Federal;
- **fatos:** Francisco perdeu o controle do veículo que dirigia e acabou destruindo completamente a moto de Mateus, estudante do 3º período de Direito, que estava estacionada na calçada;
- **conteúdo da inicial:** (i) não há que se falar em prescrição da pretensão ressarcitória, tendo em vista que não decorreram mais de cinco anos do evento danoso, nos termos do Dec. n. 20.910/32; (ii) que, nos termos do art. 37, § 6º, da CRFB/88, as pessoas jurídicas de direito público

responderão pelos danos que seus agentes, nessa qualidade, causarem a terceiros, com fulcro na teoria do risco administrativo.; (iii) que estão presentes todos os elementos necessários para configuração da responsabilidade civil;

- **dado em favor do réu:** há tempo o réu vinha alertando o setor competente de que alguns carros oficiais estavam apresentando constantes problemas na pane elétrica e no sistema de frenagens, razão pela qual deveriam ser retirados temporariamente da frota oficial até que tais problemas fossem solucionados.

c) Rascunho da defesa:

c.1) defesa processual: preliminar de ilegitimidade passiva (art. 301 do CPC): o art. 37, § 6º, da CRFB/88 só permite o direcionamento da ação em face das pessoas jurídicas nele mencionadas haja vista que o referido dispositivo encerra dupla garantia: uma, em favor do particular, possibilitando-lhe ação indenizatória contra a pessoa jurídica de direito público, ou de direito privado que preste serviço público. Outra garantia, no entanto, em prol do servidor estatal, que somente responde administrativa e civilmente perante a pessoa jurídica a que se vincula.

c.2) defesa preliminar de mérito: prescrição da pretensão ressarcitória – Na defesa dos interesses do seu cliente, o examinando deve arguir a inaplicabilidade do Decreto n. 20.910/32 a Francisco e, portanto, a prescrição trienal da pretensão ressarcitória, tendo em vista decorridos mais de três anos do evento danoso, nos termos do art. 206, § 3º, V, do CC.

c.3) defesa de mérito: 1) responsabilidade subjetiva de Francisco: a responsabilidade do Estado (no caso, a União) é objetiva, que se caracteriza pela necessidade de serem comprovados, apenas, a ação do agente, o dano e o nexo causal entre ambos. No entanto, Francisco não responde de forma objetiva pelos danos causados, tendo em vista que a teoria do risco administrativo somente é aplicada às pessoas jurídicas de direito público e às de direito privado prestadoras de serviços públicos. Desse modo, a responsabilidade de Francisco é subjetiva, que é aquela segundo a qual deve ser comprovada, além da ação, dano e nexo causal, a culpa em sentido amplo, devendo ser comprovado que ele agiu com negligência, imprudência, imperícia (culpa em sentido estrito) ou com intenção de causar o dano (dolo); 2) inexistência do elemento subjetivo no caso concreto: o acidente foi causado em razão dos problemas mecânicos que, inclusive, já tinham sido informados previamente por Francisco ao setor competente, razão pela qual não há que se falar em culpa ou dolo deste.

d) Rascunho do pedido: 1) extinção do processo sem resolução de mérito, em relação a Francisco, tendo em vista a sua ilegitimidade passiva; 2) improcedência dos pedidos autorais, em razão do acolhimento da preliminar de mérito da prescrição da pretensão ressarcitória em face de Francisco; 3) improcedência dos pedidos autorais, em razão da manifesta ausência do elemento subjetivo, necessário para configuração do dever de indenizar de Francisco; 4) produção genérica de provas; 5) condenação em honorários sucumbenciais.

EXCELENTÍSSIMO SENHOR DOUTOR JUIZ FEDERAL DA... VARA CÍVEL DA SEÇÃO JUDICIÁRIA DE SÃO PAULO

(10 linhas)

Autos do Processo n. ...

FRANCISCO, nacionalidade, estado civil, profissão, portador da cédula de identidade n. ..., inscrito no CPF/MF sob n. ..., residente e domiciliado na... (ENDEREÇO), vem respeitosamente à presença de Vossa Excelência, por meio do seu advogado (documento anexo), com escritório profissional na... (ENDEREÇO), nos autos do processo da ação de responsabilidade civil em epígrafe movida por MATEUS, já qualificado (fls.), tendo em vista que foi citado para resposta aos termos da presente ação, com fundamento no art. 5.º, LV, da Constituição Federal c/c o art. 335 e s. do CPC, apresentar CONTESTAÇÃO, pelos fundamentos de fato e de direito a seguir aduzidos:

(2 linhas)

I – DOS FATOS

Durante uma diligência oficial, Francisco, servidor público que exerce cargo de motorista do Ministério Público Federal da 3.ª Região, localizada em São Paulo, perdeu o controle do veículo que dirigia e acabou destruindo completamente a moto de Mateus, estudante do 3.º período de Direito, que estava estacionada na calçada.

Francisco, há tempo vinha alertando o setor competente de que alguns carros oficiais estavam apresentando constantes problemas na pane elétrica e no sistema de frenagens, razão pela qual deveriam ser retirados temporariamente da frota oficial até que tais problemas fossem solucionados.

Em razão do acidente, Mateus assim que obteve sua inscrição como advogado nos quadros da Ordem dos Advogados, ingressou, em causa própria, perante o Juízo da Vara Federal da Seção Judiciária de São Paulo, com ação de responsabilidade civil, com fulcro no art. 37, § 6.º, da CRFB/88 em face de Francisco e da União Federal, com o intuito de ser ressarcido pelos danos causados à sua moto.

Na ação proposta Mateus alega que não há que se falar em prescrição da pretensão ressarcitória, tendo em vista que não decorreram mais de cinco anos do evento danoso, nos termos do Dec. n. 20.910/32; que, nos termos do art. 37, § 6.º, da CRFB/88, as pessoas jurídicas de direito público responderão pelos danos que seus agentes, nessa qualidade, causarem a terceiros, com fulcro na teoria do risco administrativo; que estão presentes todos os elementos necessários para configuração da responsabilidade civil.

(2 linhas)

II – DO DIREITO

II.1 – Defesa Processual

1. Ilegitimidade Passiva

Na hipótese dos autos, o polo passivo da presente demanda é integrado por Francisco, servidor público que exerce cargo de motorista do Ministério Público Federal da 3.a Região, localizada em São Paulo.

Acontece que Mateus, ora prejudicado, deveria ter proposto a ação de responsabilidade civil contra a pessoa jurídica que causou o dano e não contra o servidor público.

No caso de responsabilidade civil motivada por dano causado por servidor público, quem responde é a pessoa jurídica causadora do dano, a qual tem direito de regresso contra o seu agente, desde que tenha agido com dolo ou culpa, nos termos do art. 37, §6.º, da Constituição Federal.

II.2 – Defesa de Mérito

1. Defesa Preliminar de Mérito; Prescrição da Pretensão Ressarcitória

Na hipótese dos autos, ocorreu prescrição da pretensão ressarcitória, pois as ações por responsabilidade civil contra o Estado prescrevem em três anos, nos termos do art. 206, § 3.º, V, do Código Civil.

Assim, mister se faz afirmar que o diploma legislativo que regula o prazo prescricional para a pretensão de reparação civil é o Código Civil, e não o Decreto n. 20.910/32.

O prazo prescricional é contado a partir do evento danoso. No caso concreto, decorreram quatro anos do evento danoso. Desta forma, ocorreu a prescrição da pretensão indenizatória de Mateus.

2. Defesa de Mérito

No caso em tela, não incide a responsabilidade de Francisco, pois não estão presentes os elementos configuradores exigidos pela Constituição Federal.

A responsabilidade do Estado (no caso, a União) é objetiva, que se caracteriza pela necessidade de serem comprovados, apenas, a ação do agente, o dano e o nexo causal entre ambos.

No entanto, Francisco não responde de forma objetiva pelos danos causados, tendo em vista que a teoria do risco administrativo somente é aplicada às pessoas jurídicas de direito público e às de direito privado prestadoras de serviços públicos, nos termos do art. 37, § 6.º, da CRFB.

Desse modo, a responsabilidade de Francisco é subjetiva, que é aquela segundo a qual deve ser comprovada, além da ação, dano e nexo causal, a culpa em sentido amplo, devendo ser comprovado que ele agiu com negligência, imprudência, imperícia (culpa em sentido estrito) ou com intenção de causar o dano (dolo).

Inexistência do elemento subjetivo no caso concreto, tendo em vista que Francisco causou o acidente em razão dos problemas mecânicos que, inclusive, já tinham sido alertados ao setor competente.

III – DO PEDIDO

Diante do exposto, requer-se:

a) em preliminar, o reconhecimento da ilegitimidade passiva do réu, nos termos do art. 37, § 6.º, da CRFB c/c o art. 337, XI, com a consequente extinção do processo sem resolução do mérito, nos termos do art. 485, VI, do CPC;

b) em preliminar, o reconhecimento da prescrição da pretensão indenizatória tendo em vista decorridos mais de três anos do evento danoso, nos termos do art. 206, § 3.º, V, do Código Civil;

c) no Mérito, seja julgada a improcedência da presente demanda, em razão da manifesta ausência do elemento subjetivo, necessário para configurar o dever de indenizar de Francisco;

d) juntada de documentos anexos;

e) admissão de todos os meios de prova admitidos pelo Direito;

f) condenação da autora ao pagamento de honorários advocatícios, custas e despesas processuais e demais consectários legais.

Termos em que pede deferimento.

(2 linhas)

Local, ... de... de...

(2 linhas)

Advogado
OAB – sob n. ...

Rol de testemunhas;

1. ... (nome), ... (profissão), ... (RG) e ... (endereço);

2. ... (nome), ... (profissão), ... (RG) e ... (endereço);

3. ... (nome), ... (profissão), ... (RG) e ... (endereço).

22. QUESTÕES COMENTADAS E ORGANIZADAS POR ASSUNTOS

22.1. Princípios Constitucionais

(VIII Exame da OAB Unificado) Caio e Tício, servidores públicos federais, foram surpreendidos com o advento de uma Emenda Constitucional que alterou o sistema previdenciário dos servidores, aumentando a idade mínima para aposentadoria e a forma de cálculo dos proventos. Caio já havia completado todos os requisitos para a aposentadoria (idade e tempo de contribuição), mas optou por permanecer em atividade. Tício ainda não havia preenchido todos os requisitos: apesar de já possuir a idade mínima, faltava-lhe um ano de contribuição. Pergunta-se:

A) As novas normas são aplicáveis a Caio e Tício, no que diz respeito à idade para aposentadoria e à forma de cálculo dos proventos? (0,80)

B) Alguns anos depois, já aposentados, Caio e Tício recebem a notícia de que foi editada lei federal que, majorando seus proventos de aposentadoria, modificou a sua forma de composição. É válida a lei que altera a composição da remuneração dos aposentados, quanto ao seu valor e a fórmula de cálculo? (0,45)

Tema da questão

A questão trata do tema do direito adquirido e ato jurídico perfeito em matéria de aposentadoria por idade e por tempo de contribuição.

Compreensão do enunciado

a) **Servidores públicos federais:** pessoas físicas que prestam serviços à União e às entidades da Administração indireta federal, com vínculo empregatício e mediante remuneração paga pelos cofres públicos.

b) **Emenda Constitucional:** é uma espécie normativa que visa alterar a Constituição Federal no sentido de possibilitar sua atualização. Trata-se de um ato normativo primário (deriva da CRFB). Possui limites materiais (art. 60, § 4º, da CRFB), limites circunstanciais (art. 60, § 1º, da CRFB) e limites procedimentais (art. 60, §§ 2º, 3º e 5º, da CRFB).

c) **Sistema previdenciário dos servidores:** são as prestações em dinheiro e as utilidades concedidas pela previdência social aos servidores.

d) **Aposentadoria:** é o afastamento do serviço ativo.

e) **Proventos:** é a retribuição pecuniária paga ao exercente de cargo público quando se aposenta.

f) **Tempo de contribuição:** considera-se tempo de contribuição o tempo, contado de data a data, desde o início até a data do requerimento ou do desligamento de atividade abrangida pela previdência social, descontados os períodos legalmente estabelecidos como de suspensão de contrato de trabalho, de interrupção de exercício e de desligamento da atividade (art. 59 do Decreto n. 3.048/99).

Situação de Caio	Já havia completado todos os requisitos para a aposentadoria (idade e tempo de contribuição), mas optou por permanecer em atividade.
Situação de Tício	Ainda não havia preenchido todos os requisitos: apesar de já possuir a idade mínima, faltava-lhe um ano de contribuição.

Compreensão da questão A: direito adquirido em matéria de aposentadoria

Em face da segurança jurídica, a lei não pode retroagir para prejudicar direito adquirido, ato jurídico perfeito e coisa julgada, nos termos do art. 5º, XXXIV, da CRFB.

Direito adquirido é o direito incorporado ao patrimônio do seu titular. Os direitos já adquiridos por uma pessoa não podem ser prejudicados por novas leis. De acordo com a LINDB, consideram-se adquiridos os direitos que o seu titular, ou alguém por ele, possa exercer, como aqueles cujo começo de exercício tenha termo prefixo, ou condição preestabelecida inalterável ao arbítrio de outrem.

De acordo com a doutrina: é o direito que se constituiu regular e definitivamente e a cujo respeito se completaram os requisitos legais e de fato para se integrar no patrimônio do respectivo titular, quer tenha sido feito valer, quer não, antes de advir norma posterior em contrário.

Ato jurídico perfeito é aquele já consumado segundo a lei vigente ao tempo em que se efetuou (art. 6º, § 1º, da LINDB – "Reputa-se ato jurídico perfeito o já consumado segundo a lei vigente ao tempo em que se efetuou").

No caso em relação a Caio, as novas normas não lhe são aplicáveis, pois, no momento em que preencheu os requisitos, adquiriu direito à aposentadoria pelas normas então vigentes. E uma Emenda Constitucional não pode ferir direito adquirido (cláusula pétrea).

Em relação a Tício, as novas normas são aplicáveis, pois o servidor possuía apenas expectativa de direito à aposentadoria com as regras anteriores. É possível que a Emenda Constitucional traga regra de transição para abarcar aqueles que já eram servidores ao tempo de sua edição, mas, caso não exista essa regra (ou caso o servidor não se enquadre nessa regra), a nova sistemática da aposentadoria é imediatamente aplicável.

Compreensão da questão B: direito adquirido em relação a regime jurídico

Não existe direito adquirido a regime jurídico no que diz respeito à forma de composição dos vencimentos. Deve-se respeitar a irredutibilidade dos proventos, mas não a forma de cálculo do benefício.

GABARITO:

A) Em relação a Caio, as novas normas não lhe são aplicáveis, pois, no momento em que preencheu os requisitos, adquiriu direito à aposentadoria pelas normas então vigentes. E uma Emenda Constitucional não pode ferir direito adquirido (cláusula pétrea). Em relação a Tício, as novas normas são aplicáveis, pois o servidor possuía apenas expectativa de direito à aposentadoria com as regras anteriores. É possível que a Emenda Constitucional traga regra de transição para abarcar aqueles que já eram servidores ao tempo de sua edição, mas, caso não exista essa regra (ou caso o servidor não se enquadre nessa regra), a nova sistemática da aposentadoria é imediatamente aplicável.

B) O examinando deve indicar que é possível a alteração, pois não existe direito adquirido a regime jurídico no que diz respeito à forma de composição dos vencimentos. Deve-se respeitar a irredutibilidade dos proventos, mas não a forma de cálculo do benefício.

(Exame da OAB Unificado 2010.3) Considere uma lei federal que aumentou a alíquota de determinado tributo, mas sem dispor expressamente que a nova alíquota só poderia ser cobrada no exercício financeiro seguinte. Suponha que uma turma de determinado Tribunal Regional Federal esteja julgando, em grau de recurso, um mandado de segurança impetrado por um contribuinte que se insurgiu contra a cobrança do tributo no mesmo ano em que fora instituído. Diante desse quadro, responda aos itens a seguir, empregando os argumentos jurídicos apropriados e a fundamentação legal pertinente ao caso.

A) Pode a turma do TRF, ao julgar o caso, estabelecer que a nova alíquota só poderá ser cobrada no ano seguinte? (Valor: 0,6)

B) Qual é o princípio que fundamenta a cláusula de reserva de plenário? (Valor: 0,4)

Tema da questão

A questão trata da cobrança de tributo majorado.

Compreensão do enunciado

a) **Alíquota:** é percentual que incide sobre a base de cálculo para determinar o valor do tributo.

b) **Exercício financeiro:** tem duração de doze meses e coincide com o ano civil, conforme disposto no art. 34 da Lei Federal n. 4.320, de 17 de março de 1964.

c) **Mandado de segurança:** instrumento processual que serve para proteger direito líquido e certo, não amparado por *habeas corpus* ou *habeas data*, quando o responsável pela ilegalidade ou abuso de poder for autoridade pública ou agente de pessoa jurídica no exercício de atribuições do Poder Público.

Compreensão da questão A: momento da cobrança do tributo majorado

No caso trazido pela OAB, houve referência ao princípio da anterioridade tributária, em que o tributo não pode ser cobrado no mesmo exercício financeiro em que tenha sido publicada a lei que criou ou aumentou o tributo, a fim de evitar a tributação de surpresa e a insegurança jurídica.

O princípio da anterioridade tributária tem previsão constitucional (art. 150, III, *b* – "Sem prejuízo de outras garantias asseguradas ao contribuinte, é vedado à União, aos Estados, ao Distrito Federal e aos municípios cobrar tributos no mesmo exercício financeiro em que haja sido publicada a lei que os instituiu ou aumentou") e no CTN no art. 104 ("Entram em vigor no primeiro dia do exercício seguinte àquele em que ocorra a sua publicação os dispositivos de lei, referentes a impostos sobre o patrimônio ou a renda: I – que instituem ou majoram tais impostos; II – que definem novas hipóteses de incidência; III – que extinguem ou reduzem isenções, salvo se a lei dispuser de maneira mais favorável ao contribuinte, e observado o disposto no art. 178").

Há tributos que não estão submetidos ao princípio da anterioridade: imposto de importação, imposto de exportação, imposto sobre produtos industrializados, imposto sobre operações financeiras, imposto extraordinário, empréstimo compulsório em caso de calamidade e guerra, alteração de alíquota de CIDE sobre combustível e alteração de alíquota do ICMS sobre combustível.

Compreensão da questão B: cláusula de reserva de plenário

A cláusula de reserva de plenário é um quórum exigido no âmbito dos tribunais para a declaração de inconstitucionalidade de um ato normativo.

A declaração de constitucionalidade ou inconstitucionalidade do ato impugnado somente pode ocorrer por decisão da maioria absoluta, nos termos do art. 97 da CRFB.

É por essa razão que a Constituição dispõe (o que vem desde o texto de 1934) que "somente pelo voto da maioria absoluta de seus membros ou dos membros do respectivo órgão especial poderão os tribunais declarar a inconstitucionalidade de lei ou ato normativo do Poder Público" (art. 97 da CRFB).

O princípio que fundamenta a cláusula de reserva de plenário é o da presunção de constitucionalidade das leis.

GABARITO:

A) Ao estabelecer que a nova alíquota só poderá ser cobrada no ano seguinte ao da sua majoração, a Turma estaria entendendo que a sua cobrança imediata seria inconstitucional, por violar o art. 150, III, *b*. Portanto trata-se de declaração de inconstitucionalidade, o que impõe a observância da cláusula de reserva de plenário, prevista no art. 97 da CRFB. Ademais, a Turma estaria obrigada a adotar esse procedimento, por estar vinculada ao enunciado da Súmula Vinculante 10, editada pelo STF.

B) O princípio que fundamenta a cláusula de reserva de plenário é o da presunção de constitucionalidade das leis. É por essa razão que a Constituição dispõe (o que vem desde o texto de 1934) que "somente pelo voto da maioria absoluta de seus membros ou dos membros do respectivo órgão especial poderão os tribunais declarar a inconstitucionalidade de lei ou ato normativo do Poder Público" (art. 97 da CRFB).

22.2. **Aplicabilidade e eficácia das Normas Constitucionais**

(**XIV Exame de Ordem – FGV**) Tício ajuizou demanda em face do Estado "X", postulando determinada prestação estatal. A sentença proferida pelo Juízo da 1ª Vara de Fazenda Pública da Comarca da Capital, entretanto, julgou improcedente o pedido, apontando, no fundamento da decisão, os diferentes graus de eficácia das normas constitucionais, que impedem todos os efeitos pretendidos por Tício.

Com base no fragmento acima, responda, fundamentadamente, aos itens a seguir.

A) Em que medida as normas constitucionais de eficácia plena se diferenciam das normas de eficácia contida?

B) As normas constitucionais de eficácia limitada de princípio programático, antes da intermediação legislativa, geram algum efeito jurídico?

GABARITO:

A) Segundo a CRFB/88, as normas definidoras de direitos e garantias fundamentais têm aplicação imediata, todavia, quanto à eficácia, as normas podem ser plenas, contidas ou limitadas. As normas de eficácia plena são aquelas que geram efeitos concretos, independentemente de norma infraconstitucional. Já as normas de eficácia contida são aquelas que, até geram efeitos concretos, mas podem ter o seu alcance restringido pela legislação infraconstitucional.

B) Sim, geram efeitos jurídicos, apesar de ainda não gerarem efeitos concretos. Assim, apesar de não se poder extrair de imediato, da norma, a plenitude de seus efeitos, em especial a eficácia positiva, capaz de amparar a pretensão de produção da consequência jurídica prevista na norma, é possível extrair, da norma, uma eficácia interpretativa, capaz de reger a interpretação das normas de hierarquia inferior, bem como uma eficácia negativa, isto é, a capacidade de servir de parâmetro ao controle de constitucionalidade das normas de hierarquia inferior que vierem a lhe contrariar ou ao controle de constitucionalidade das omissões do Poder Público.

(XX Exame da OAB Unificado) O presidente da República edita medida provisória estabelecendo novo projeto de ensino para a educação federal no País, que, dentre outros pontos, transfere o centenário Colégio Pedro II do Rio de Janeiro para Brasília, pois só fazia sentido que estivesse situado na cidade do Rio de Janeiro enquanto ela era a capital federal. Muitas críticas foram veiculadas na imprensa, sendo alegado que a medida provisória contraria o comando contido no art. 242, § 2º, da CRFB/88. Em resposta, a Advocacia-Geral da União sustentou que não era correta a afirmação, já que o mencionado dispositivo da Constituição só é constitucional do ponto de vista formal, podendo, por isso, ser alterado por medida provisória. Considerando a situação hipotética apresentada, responda, de forma fundamentada, aos itens a seguir.

A) Segundo a Teoria Constitucional, qual é a diferença entre as denominadas normas materialmente constitucionais e as normas formalmente constitucionais? (Valor: 0,75)

B) O entendimento externado pela Advocacia-Geral da União à imprensa está correto, sendo possível a alteração de norma constitucional formal por medida provisória? (Valor: 0,50)

Tema da questão

A questão trata do tema das normas constitucionais, tanto em sua classificação como na possibilidade de sua alteração.

Compreensão do enunciado

a) **Presidente da República:** é o chefe do Poder Executivo Federal.

b) **Medida Provisória:** é uma espécie normativa editada em caso de urgência e relevância pelo chefe do Executivo. No caso de governador estadual, será necessária previsão expressa na respectiva Constituição estadual; no caso de prefeito, será necessária previsão expressa na Lei Orgânica.

c) **Advocacia-Geral da União:** É a instituição que, diretamente ou por intermédio de órgão vinculado, representa a União, judicial e extrajudicialmente, cabendo-lhe, nos termos da lei, as atividades de consultoria e assessoramento jurídico do Poder Executivo. Tem por chefe o advogado-geral da União, de livre nomeação pelo presidente da República dentre cidadãos maiores de 35 anos, de notável saber jurídico e reputação ilibada.

Compreensão da questão A: classificação das normas constitucionais

As normas formalmente constitucionais são as inseridas no texto e não tratam de matéria constitucional. As normas materialmente constitucionais são as que não estão inseridas no texto e que tratam de matéria constitucional; são aquelas relativas a estrutura, atribuições e competências dos órgãos supremos do Estado, sobre as instituições fundamentais do Estado e sobre a posição do cidadão no Estado. Uma norma pode ser formal e materialmente constitucional quando estiver inserida no texto constitucional e tratar de matéria constitucional, como no caso dos princípios fundamentais previstos nos arts. 1º a 4º da CRFB.

As normas materiais possuem *status* constitucional em razão do seu conteúdo, pois estabelecem normas referentes à estrutura organizacional do Estado, à separação dos Poderes e aos direitos e as garantias fundamentais, enquanto as normas em sentido formal só possuem o caráter de constitucionais porque foram elaboradas com o uso do processo legislativo próprio das normas constitucionais.

Itens	Inserção no texto constitucional	Tratar de matéria constitucional
Norma formalmente constitucional	Sim	Não
Norma materialmente constitucional	Não	Sim
Norma formal e materialmente constitucional	Sim	Sim

Compreensão da questão B: alteração da norma constitucional

A norma constitucional pode ser alterada no seu texto, seja por Emenda Constitucional, seja por revisão constitucional. Nos dias atuais, em face da Constituição de 1988, só é possível Emenda Constitucional. A norma constitucional pode ser alterada em sua interpretação, em face da evolução social. Neste caso, fala-se em mutação constitucional.

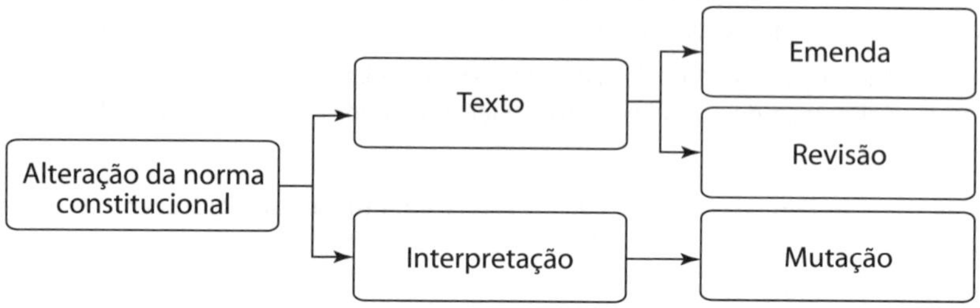

Independentemente da essência da norma, todo dispositivo que estiver presente no texto constitucional, em razão da rigidez constitucional, só poderá ser alterado pelo processo legislativo solene das Emendas Constitucionais (a revisão tem competência exaurida), tal qual previsto no art. 60 da CRFB/88.

GABARITO:

A) O examinando deverá responder que as normas materiais possuem *status* constitucional em razão do seu conteúdo, pois estabelecem normas referentes à estrutura organizacional do Estado, à separação dos Poderes e aos direitos e garantias fundamentais, enquanto as normas em sentido formal só possuem o caráter de constitucionais porque foram elaboradas com o uso do processo legislativo próprio das normas constitucionais.

B) O examinando deverá responder que o entendimento externado pela Advocacia-Geral da União à imprensa está incorreto, pois, independentemente da essência da norma, todo dispositivo que estiver presente no texto constitucional, em razão da rigidez constitucional, só poderá ser alterado pelo processo legislativo solene das Emendas Constitucionais, tal qual previsto no art. 60 da CRFB/88.

22.3. Classificação das Constituições

(XXV Exame de Ordem – FGV – Reaplicação Porto Alegre – adaptada) Em um certo país (República Teta), o poder constituinte originário, ao produzir uma nova Constituição, insere no respectivo texto os seguintes artigos:

> "Art. 28. A produção, alteração e revogação de leis ordinárias se dará por manifestação da maioria simples no Parlamento da República, em um único turno. (...)
>
> Art. 63. No que se refere às normas materialmente constitucionais, a manifestação do poder constituinte derivado reformador somente será reconhecida se o processo de votação for aprovado pela maioria de 4/5 do total de membros do Parlamento da República, em votação a ser realizada em dois turnos.
>
> Art. 64. No que se refere às normas meramente formais da presente Constituição, a manifestação do poder constituinte derivado reformador se dará por intermédio de manifestação de maioria simples dos membros do Parlamento da República, em um único turno. (...)
>
> Art. 100 do ADCT (Ato das Disposições Constitucionais Transitórias) – Ficam integralmente revogadas as normas da Constituição anterior".

Diante do exposto e seguindo o quadro teórico adotado no sistema jurídico-constitucional brasileiro, responda à questão a seguir.

A) Quanto à estabilidade, é possível considerar que a nova Constituição deve ser classificada como rígida? Justifique.

GABARITO:

A) A Constituição somente pode ser classificada como "rígida" quando exige, no processo de modificação pelo poder constituinte derivado reformador, solenidades e exigências formais especiais, diferentes e mais difíceis que aquelas exigidas para a formação e modificação de leis comuns (ordinárias e complementares). No caso em tela, em razão do disposto nos arts. 63 e 64 da Constituição da República Teta, temos uma Constituição semirrígida (ou semiflexível), assim considerada aquela em que alguns dispositivos podem ser modificados livremente pelo legislador, segundo o mesmo processo de elaboração e modificação das leis ordinárias (conforme art. 28 da Constituição da República Teta), enquanto outros são modificáveis por meio de solenidades e exigências formais especiais, diferentes e mais difíceis que aquelas exigidas para a formação e modificação de leis comuns (ordinárias e complementares).

22.4. Impacto da nova Constituição e a ordem jurídica anterior

(XXV – Exame de Ordem – FGV – Reaplicação Porto Alegre – adaptada) Em um certo país (República Teta), o poder constituinte originário, ao produzir uma nova Constituição, insere no respectivo texto os seguintes artigos:

> "Art. 28. A produção, alteração e revogação de leis ordinárias se dará por manifestação da maioria simples no Parlamento da República, em um único turno. (...)
>
> Art. 63. No que se refere às normas materialmente constitucionais, a manifestação do poder constituinte derivado reformador somente será reconhecida se o processo de votação for aprovado pela maioria de 4/5 do total de membros do Parlamento da República, em votação a ser realizada em dois turnos.
>
> Art. 64. No que se refere às normas meramente formais da presente Constituição, a manifestação do poder constituinte derivado reformador se dará por intermédio de manifestação de maioria simples dos membros do Parlamento da República, em um único turno. (...)

Art. 100 do ADCT (Ato das Disposições Constitucionais Transitórias) - Ficam integralmente revogadas as normas da Constituição anterior".

Diante do exposto e seguindo o quadro teórico adotado no sistema jurídico-constitucional brasileiro, responda à questão a seguir.

A) A nova Constituição deu origem ao fenômeno conhecido, no âmbito do direito constitucional intertemporal, como "desconstitucionalização"?

GABARITO:

A) A desconstitucionalização é um fenômeno que se manifesta quando uma nova Constituição é promulgada, e as normas formalmente constitucionais da Constituição anterior, que não tenham sido repetidas ou contrariadas, adentram no novo sistema com *status* de lei ordinária. No caso em tela, tendo em vista que o art. 100 do ADCT da Constituição da República Teta estabeleceu a integral revogação das normas da Constituição anterior, não há que se falar em uma suposta vigência das normas da Constituição anterior - mesmo que com "*status* mitigado" de lei ordinária - no âmbito do atual ordenamento constitucional. Portanto, a nova Constituição não deu origem ao fenômeno da "desconstitucionalização".

22.5. Tratados Internacionais

(IX Exame da OAB Unificado) O Brasil assinou tratado internacional, discutido e votado no âmbito da Organização Mundial do Comércio, que regulamentava novas formas de controle sobre o comércio exterior. Ao invés de a função ser exercida pelo Ministério da Fazenda, como preceitua o art. 237 da Constituição Federal, o texto do tratado veda qualquer possibilidade de controle interno do comércio internacional pelos países signatários. A partir do fato acima, responda aos itens a seguir.

A) De acordo com o ordenamento constitucional vigente, a que autoridade ou órgão compete promover a internalização do referido tratado internacional? (Valor: 0,50)

B) Uma vez internalizado o tratado em questão, com que hierarquia ele passa a integrar o ordenamento jurídico pátrio? (Valor: 0,25)

C) Qual(is) princípio(s) de Interpretação Constitucional deve(m) nortear a resolução do conflito entre o texto do tratado e o texto constitucional? (Valor: 0,50)

Tema da questão

A questão trata do tema dos tratados internacionais, entendidos como acordos feitos entre sujeitos do Direito Internacional público (Estado e Organizações Internacionais).

Compreensão do enunciado

a) **Tratado internacional:** acordo internacional concluído por escrito entre Estados e regido pelo Direito Internacional, quer conste de um instrumento único, quer de dois ou mais instrumentos conexos, qualquer que seja sua denominação específica (Convenção de Viena).

b) Assinatura do tratado internacional: o consentimento de um Estado em obrigar-se por um tratado pode manifestar-se pela assinatura, troca dos instrumentos constitutivos do tratado, ratificação, aceitação, aprovação ou adesão, ou por quaisquer outros meios, se assim for acordado (art. 11 da Convenção de Viena). No caso, a assinatura é a manifestação do consentimento do Estado.

c) **Organização Mundial do Comércio:** é uma organização internacional que atua na fiscalização e regulamentação do comércio mundial para regular as relações comerciais entre os diversos membros que a compõem.

d) **Ministério da Fazenda:** de acordo com o Portal Brasil, é o órgão responsável por planejar, formular e executar as políticas econômicas nacionais. Cuida de todos os assuntos relacionados à administração dos recursos públicos.

e) **Comércio internacional:** é a troca de bens e serviços por meio de fronteiras internacionais ou territórios. Pela Constituição Federal: a) a competência legislativa sobre o tema é privativa da União ("Art. 22. Compete privativamente à União legislar sobre: (...) VIII – comércio exterior e interestadual"); b) O controle é feito pelo Ministério da Fazenda ("Art. 237. A fiscalização e o controle sobre o comércio exterior, essenciais à defesa dos interesses fazendários nacionais, serão exercidos pelo Ministério da Fazenda").

Compreensão da questão A: internalização de tratado internacional

O processo de incorporação dos tratados internacionais no ordenamento jurídico brasileiro passa pelas seguintes etapas:

a) **Celebração:** é a negociação e assinatura do tratado internacional. De acordo com o art. 84, VIII, da CRFB: "Compete privativamente ao presidente da República celebrar tratados, convenções e atos internacionais". A negociação abrange as tratativas e discussões na realização do tratado. Tal competência negocial está prevista expressamente na Constituição Federal no art. 84, VII: "Compete privativamente ao presidente da República manter relações com Estados estrangeiros e acreditar seus representantes diplomáticos".

b) **Ratificação parlamentar:** é a aprovação do tratado internacional pelo Congresso Nacional, por meio de um decreto legislativo. Cabe ressaltar que somente os tratados, acordos ou atos internacionais que acarretem encargos ou compromissos gravosos ao patrimônio nacional serão submetidos à apreciação do Congresso Nacional, nos termos do art. 49, I, da CRFB ("Art. 49. É da competência exclusiva do Congresso Nacional: I – resolver definitivamente sobre tratados, acordos ou atos internacionais que acarretem encargos ou compromissos gravosos ao patrimônio nacional").

c) **Ratificação do tratado:** após a ratificação parlamentar, o presidente da República faz a ratificação por meio do depósito do tratado no órgão indicado no texto do tratado. A partir desta ratificação pelo depósito o Estado passa a ter aptidão de se obrigar no cenário internacional.

d) **Promulgação do tratado:** é a autorização de execução do tratado na ordem jurídica interna por meio de um decreto do presidente da República.

A internalização do tratado significa incorporação do tratado internacional na ordem jurídica interna. Tal incorporação além de ser desenvolvida por etapas é um ato complexo, já que envolve a participação do Poder Executivo (presidente da República) e do Legislativo (Congresso Nacional).

A internalização é **aperfeiçoada** com a promulgação feita por decreto do presidente da República, e **promovida** pela aprovação do Congresso Nacional, por meio de um decreto legislativo. Há entendimento doutrinário (Flávia Piovesan) no sentido de que no caso de tratados de direitos humanos a internalização é aperfeiçoada com a ratificação do tratado feita pelo depósito.

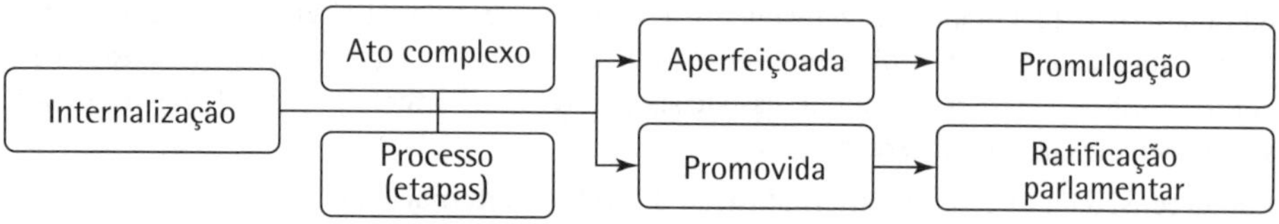

Compreensão da questão B: hierarquia de tratado internacional

A incorporação do tratado internacional permite a execução do tratado na ordem jurídica interna. Após a incorporação, o tratado assume uma **qualificação jurídica** no sistema jurídico. No caso do Brasil, o sistema normativo é organizado com base na hierarquia normativa, na qual a Constituição Federal é a norma hierarquicamente superior a todas as demais normas do ordenamento jurídico.

De acordo com a doutrina, a qualificação jurídica que o tratado internacional pode assumir após sua incorporação pode ser de norma constitucional, norma supraconstitucional (acima da Constituição), norma legal (mesma hierarquia da lei) ou ainda supralegal (acima da lei e abaixo da Constituição).

Em face da Constituição Federal de 1988, após a incorporação do tratado internacional na ordem jurídica interna, os tratados assumem natureza infraconstitucional, no mesmo nível hierárquico da lei.

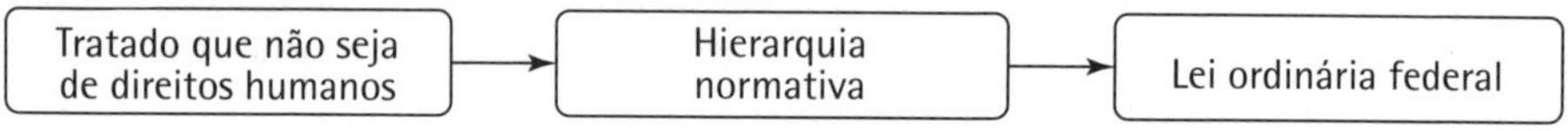

Porém, no caso de tratados sobre direitos humanos: a) se for aprovado pelo trâmite da emenda constitucional ("Art. 60. (...) § 2º A proposta será discutida e votada em cada Casa do Congresso Nacional, em dois turnos, considerando-se aprovada se obtiver, em ambos, três quintos dos votos dos respectivos membros"), assume a natureza de emenda constitucional; b) se não for aprovado pelo trâmite da emenda constitucional, assume a natureza supralegal (acima da lei e abaixo da Constituição Federal).

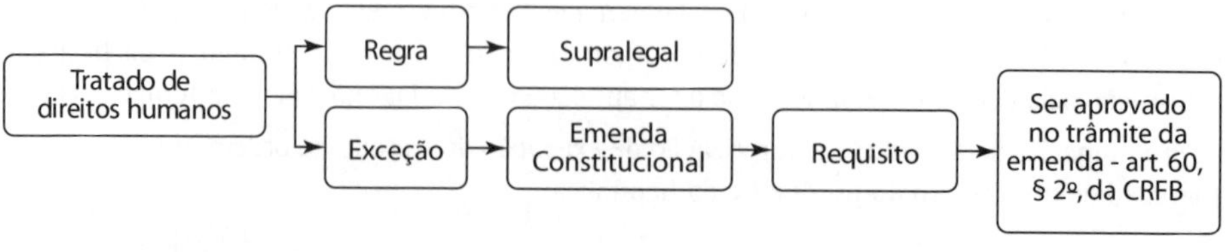

Compreensão da questão C: conflito entre tratado internacional e Constituição Federal

No caso de conflito entre tratado internacional e Constituição Federal, prevalece a Constituição Federal, em razão do princípio da supremacia constitucional. Não importa a natureza jurídica do tratado (natureza de emenda ou supralegal). Neste sentido, proclama o STF que *a Constituição qualifica-se como estatuto fundamental da República. Nessa condição, todas as leis e tratados celebrados pelo Brasil estão subordinados à autoridade normativa desse instrumento básico* (Medida Cautelar na ADI 1.048/DF, STF, Pleno, rel. Min. Celso de Mello, 1997).

GABARITO:

A) Cabe ao presidente da República tão somente assinar o documento internacional (art. 84, VIII), que deve ser submetido ao Congresso Nacional, a quem compete resolver definitivamente sobre Tratados, promovendo a sua internalização, conforme dispõe o art. 49, I, da Constituição Federal.

B) Tratados internacionais que não versam sobre direitos humanos, como o referido na questão, depois de internalizados, ingressam no ordenamento jurídico com *status* de Lei Ordinária.

C) Pelo Princípio da Supremacia da Constituição, conflito entre norma constitucional e norma com hierarquia de Lei Ordinária deve ser resolvido atestando-se a primazia do dispositivo constitucional.

(XIII Exame de Ordem – FGV) A Convenção Internacional sobre os Direitos das Pessoas com Deficiência e seu Protocolo Facultativo, assinados em Nova York, em 30 de março de 2007, foram incorporados ao ordenamento jurídico brasileiro pelo rito do art. 5º, § 3º, da Constituição da República. Maria Y, portadora de necessidades especiais, consulta-o como advogado, indagando:

A) Ao ser incorporada ao ordenamento pátrio com base no art. 5º, § 3º, da Constituição Federal, qual o *status* hierárquico normativo da referida convenção internacional?

B) Os demais tratados internacionais sobre direitos humanos incorporados sem a observância do procedimento disposto no art. 5º, § 3º, da Constituição Federal, possuem o mesmo *status* hierárquico? Justifique.

C) A Convenção Internacional sobre os Direitos das Pessoas com Deficiência, após seu processo de internalização, de acordo com o art. 5º, § 3º, da Constituição Federal, pode servir de parâmetro para controle de constitucionalidade? Justifique sua resposta.

GABARITO:

A) A Convenção Internacional sobre os Direitos das Pessoas com Deficiência possui *status* de norma constitucional (Emenda Constitucional), pois foi aprovada de acordo com o rito de incorporação do art. 5º, § 3º, da Constituição Federal.

B) Não, o *status* de Emenda Constitucional só é atribuído, atualmente, à Convenção Internacional sobre os Direitos das Pessoas com Deficiência. Os demais tratados internacionais de direitos humanos não incorporados segundo o procedimento do art. 5º, § 3º, da Constituição Federal, possuem *status* hierárquico de norma supralegal, por força de jurisprudência do Supremo Tribunal Federal.

C) A Convenção Internacional sobre os Direitos das Pessoas com Deficiência pode vir a ser considerada como parâmetro para controle de constitucionalidade, assim como as demais normas da Constituição da República, pois possui *status* constitucional.

(XXIII Exame da OAB) Determinado tratado internacional de proteção aos direitos humanos, após ser assinado pelo presidente da República em 2005, foi aprovado, em cada Casa do Congresso Nacional, em dois turnos, por quatro quintos dos votos dos respectivos membros, sendo promulgado na ordem interna. Após a sua promulgação na ordem jurídica interna, percebeu-se que ele era absolutamente incompatível com regra constitucional que disciplinava certo direito dos administrados perante a Administração Pública, já que o ampliava consideravelmente. Com base na situação narrada, responda aos itens a seguir.

A) O referido tratado pode ser considerado norma válida de natureza constitucional? (Valor: 0,75)

B) Caso seja identificado algum vício de inconstitucionalidade, seria possível submeter esse tratado ao controle concentrado de constitucionalidade realizado pelo Supremo Tribunal Federal? (Valor: 0,50)

Tema da questão

A questão trata do tema da hierarquia e do controle de constitucionalidades dos tratados internacionais, entendidos como acordos feitos entre sujeitos do direito internacional público (Estado e Organizações Internacionais).

Compreensão da questão A: hierarquia de tratado internacional de direitos humanos

No caso de tratados sobre direitos humanos: a) se for aprovado pelo trâmite da emenda constitucional ("Art. 60. (...) § 2º A proposta será discutida e votada em cada Casa do Congresso Nacional, em dois turnos, considerando-se aprovada se obtiver, em ambos, três quintos dos votos dos respectivos membros"), assume a natureza de emenda constitucional); b) se não for aprovado pelo trâmite da emenda constitucional, assume a natureza supralegal (acima da lei e abaixo da Constituição Federal).

Compreensão da questão B: tratado internacional como objeto do controle concentrado de constitucionalidade

A submissão do tratado internacional ao controle de constitucionalidade, após sua incorporação na ordem jurídica interna, é possível por ser o tratado um ato normativo.

GABARITO:

A) O examinando deve responder que o tratado foi aprovado em harmonia com o procedimento previsto no art. 5º, § 3º, da CRFB/88, com a redação dada pela Emenda Constitucional n. 45/2004, logo, é formalmente válido. Acresça-se que o fato de destoar da Constituição da República, por ter ampliado um direito, não caracteriza qualquer afronta às cláusulas pétreas previstas no art. 60, § 4º, da CRFB/88, preceito que lhe é aplicável por ter a natureza de emenda constitucional. Portanto, é materialmente válido.

B) O examinando deve responder que o tratado aprovado na forma indicada está sujeito ao controle concentrado de constitucionalidade, consoante o disposto no art. 102, I, *a*, da CRFB/88, por ter a natureza de ato normativo.

22.6. Controle de Constitucionalidade

(XXVIII Exame de Ordem – FGV) O Partido Político Alfa, com representação no Congresso Nacional, ajuizou Ação Direta de Inconstitucionalidade impugnando a Medida Provisória n. 123/2017, a qual, no seu entender, seria dissonante da Constituição da República Federativa do

Brasil, de 1988. No curso do processo objetivo, a referida Medida Provisória foi convertida na Lei Federal n. 211/2018.

À luz dessa narrativa, responda aos questionamentos a seguir.

A) Com a conversão da Medida Provisória n. 123/2017 na Lei Federal n. 211/2018, que medida deve ser adotada pelo autor para o prosseguimento do processo de controle concentrado de constitucionalidade? Justifique.

B) Se a Medida Provisória n. 123/2017 tivesse, antes da conversão, sido integralmente revogada por lei superveniente, qual seria a consequência para o processo de controle concentrado de constitucionalidade? Justifique.

GABARITO

A) A situação prevista no enunciado já foi objeto de manifestação do STF, que se posicionou no sentido de que, quando a Medida Provisória for convertida em Lei, caberá ao autor da ADI aditar a petição inicial para que se estenda à lei - nova espécie normativa - a impugnação originariamente perpetrada.

B) O caso também já foi objetivo de discussão no âmbito do STF que se manifestou no sentido de que, se a Medida Provisória é revogada integralmente, a ADI perde seu objeto, e o autor consequentemente perde seu interesse de agir. Este seria o desfecho da ADI proposta contra a MP n. 123/2017 se ela fosse revogada.

(XXVI Exame de Ordem – FGV) O Congresso Nacional estabeleceu novas regras gerais sobre o regime dos portos brasileiros. Imediatamente, a Assembleia Legislativa do Estado Alfa, interessada na temática, posto estar em fase final a construção de um grande porto no Estado, legislou sobre questões específicas da matéria. Inconformado com o teor das normas específicas estabelecidas pela Lei Y, de autoria do Estado Alfa, que poderiam causar grande prejuízo aos interesses econômicos e políticos do Estado Beta, o governador de Beta solicitou que sua assessoria jurídica respondesse, com base no que informa o sistema jurídico-constitucional brasileiro, às indagações a seguir.

A) Pode o Estado Alfa produzir a normatização específica a que se refere o enunciado? Justifique.

B) Está o governador do Estado Beta legitimado a questionar a constitucionalidade da Lei Y, do Estado Alfa, por meio de Ação Direta de Inconstitucionalidade (ADI)? Justifique.

GABARITO DA FGV

A) A legislação acerca de regime dos portos é de competência privativa da União, nos termos do art. 22, X, da CRFB/88. Portanto a Assembleia Legislativa somente pode legislar sobre questões específicas afetas ao tema, por meio da Lei Estadual Y, caso haja a devida autorização pelo Congresso Nacional, pela via legal complementar, conforme disciplina constante no art. 22, parágrafo único, da Constituição da República. Caso contrário, a Lei Estadual Y é formalmente inconstitucional, posto estar presente uma inconstitucionalidade formal orgânica.

B) O governador do Estado Beta, como legitimado pelo art. 103, V, da CRFB/88, em princípio, pode atacar a Lei Y (ato normativo estadual), por via de Ação Direta de Inconstitucionalidade, nos termos do que preceitua o art. 102, I, *a*, da Constituição da República. Porém, de acordo com a consolidada jurisprudência do Supremo Tribunal Federal, sendo sua legitimidade especial, terá que demonstrar a devida pertinência temática, ou seja, no caso, evidenciar que a Lei Y do Estado Alfa afeta os interesses do seu Estado, o Beta.

COMENTÁRIOS:

Pertinência temática é a relação de congruência que necessariamente deve existir entre os objetivos estatutários ou as finalidades institucionais da autora e o conteúdo material da norma questionada em sede de controle abstrato.

(V Exame da OAB Unificado) Com o objetivo de incrementar a arrecadação tributária, projeto de lei estadual, de iniciativa parlamentar, cria uma gratificação de produtividade em favor dos Fiscais de Rendas que, no exercício de suas atribuições, alcancem metas previamente estabelecidas. O projeto é aprovado pela Assembleia Legislativa e, em seguida, encaminhado ao Governador do Estado, que o sanciona. Com base no cenário acima, responda aos itens a seguir, empregando os argumentos jurídicos apropriados e a fundamentação legal pertinente ao caso.

A) Indique a inconstitucionalidade formal que a lei apresenta e informe se a sanção da Chefia do Poder Executivo teve o condão de saná-la. (Valor: 0,65)

B) Supondo que a lei seja questionada perante o STF por meio de ADI, de que forma poderia o Sindicato dos Fiscais de Rendas daquele Estado atuar no feito em defesa da lei? Teria legitimidade para interposição de embargos declaratórios contra a decisão final adotada na ADI? (Valor: 0,60)

Tema da questão

A questão trata do controle de constitucionalidade.

Compreensão do enunciado

a) **Arrecadação tributária:** é a tarefa estatal de recolher tributos para implementar medidas em prol do interesse público.

b) **Projeto de iniciativa parlamentar:** projeto de lei apresentado por um parlamentar na Casa Legislativa.

c) **Gratificação de produtividade:** acréscimo remuneratório pago em razão da produtividade. Pode ser concedida por liberalidade ou ajustada com base na lei ou documento coletivo sindical.

d) **Fiscais de rendas:** é o servidor público responsável pela fiscalização direta dos tributos estaduais.

Compreensão da questão A: iniciativa em processo legislativo e sua compatibilidade com a Constituição Federal

Iniciativa legislativa é a aptidão para apresentar projeto de lei ou proposta de Emenda Constitucional no Legislativo. Quando a iniciativa é parlamentar, significa que foi apresentado por membro do Legislativo.

Dentre as espécies de iniciativa, destaca-se a privativa, que é concedida apenas a um órgão ou entidade legitimadas. De acordo com a CRFB, são casos de iniciativa reservada:

Iniciativa	Cabimento
Chefe do Executivo	I - fixem ou modifiquem os efetivos das Forças Armadas; II - disponham sobre: a) criação de cargos, funções ou empregos públicos na Administração direta e autárquica ou aumento de sua remuneração; b) organização administrativa e judiciária, matéria tributária e orçamentária, serviços públicos e pessoal da administração dos Territórios; c) servidores públicos da União e Territórios, seu regime jurídico, provimento de cargos, estabilidade e aposentadoria; d) organização do Ministério Público e da Defensoria Pública da União, bem como normas gerais para a organização do Ministério Público e da Defensoria Pública dos Estados, do Distrito Federal e dos Territórios; e) criação e extinção de Ministérios e órgãos da Administração Pública, observado o disposto no art. 84, VI, da CRFB; f) militares das Forças Armadas, seu regime jurídico, provimento de cargos, promoções, estabilidade, remuneração, reforma e transferência para a reserva
Supremo Tribunal Federal	Lei complementar do estatuto da magistratura
Supremo Tribunal Federal e Tribunais Superiores	A alteração do número de membros dos tribunais inferiores; a criação e a extinção de cargos e a remuneração dos seus serviços auxiliares e dos juízos que lhes forem vinculados, bem como a fixação do subsídio de seus membros e dos juízes, inclusive dos tribunais inferiores, onde houver; a criação ou extinção dos tribunais inferiores; a alteração da organização e da divisão judiciárias
Procurador-geral da República	Para criação e extinção de cargos e serviços auxiliares

Quando a iniciativa legislativa é do tipo reservada significa que somente o legitimado pode apresentar o projeto de lei ou a proposta de Emenda Constitucional. Se for apresentado por quem não tenha legitimidade em face da CRFB, ocorre usurpação da iniciativa, um vício de iniciativa, uma inconstitucionalidade formal.

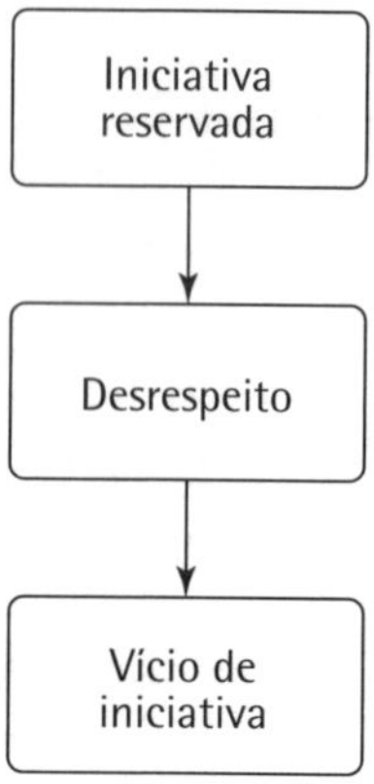

No caso de usurpação de iniciativa reservada ao chefe do Executivo, e posteriormente ele não percebe o vício de iniciativa e dá sanção ao projeto. Neste caso, a sanção não convalida o vício de iniciativa.

Compreensão da questão B: participação na ADI; recurso no controle concentrado

Um órgão ou entidade pode integrar uma ADI seja na condição de legitimado ativo (autor da ação – art. 103 da CRFB c/c o art. 2º da Lei n. 9.868/99), seja na condição de legitimado passivo. Não se admitirá intervenção de terceiros no processo de ação direta de inconstitucionalidade.

Quando o órgão ou entidade não possuir legitimação para integrar ADI, pode solicitar ao relator seu ingresso na ação. O relator, considerando a relevância da matéria e a representatividade dos postulantes, poderá aceitar, por despacho irrecorrível, a manifestação de outros órgãos ou entidades, nos termos do art. 7º, § 2º, da Lei n. 9.868/99. Se o relator aceitar, o órgão ou entidade atua na qualidade de *amicus curiae*.

Recursos	Cabimento	Admissibilidade
Agravo	Indeferimento da inicial	Em todas as ações do controle concentrado
Embargos de Declaração	Decisão de mérito	Somente na ADI e Adecon. Não cabe na ADPF

GABARITO:

A inconstitucionalidade formal decorre da não observância das regras de processo legislativo previstas na Constituição da República, que são, consoante jurisprudência firme do Supremo Tribunal Federal, de reprodução compulsória pelas Constituições Estaduais, uma vez que corolário do princípio da separação funcional de Poderes. Na situação proposta, o projeto de lei de iniciativa parlamentar vulnera a norma do art. 61, § 1º, II, *a*, da CRFB, aplicável, por simetria, aos estados-membros. No que tange à sanção governamental, a jurisprudência do STF é pacífica em reconhecer que a sanção do governador não tem o condão de convalidar o vício de iniciativa, estando superado o Enunciado n. 5 daquele Tribunal. O Sindicato dos Fiscais de Rendas do Estado poderia requerer a sua admissão no feito na qualidade de *amicus curiae*, nos termos do art. 7º, § 2º, da Lei n. 9.868/99. Em sendo deferido o pedido, poderia o sindicato manifestar-se por escrito e realizar sustentação oral, mas não poderia interpor recurso, conforme precedentes do STF.

(VI Exame da OAB Unificado) O Prefeito do Município WK apresenta projeto de lei que outorga reajustes a determinadas categorias de servidores públicos, que veio a sofrer emendas pelos parlamentares ampliando os benefícios para outras categorias não acolhidas no projeto do chefe do Executivo, com aumento de despesas, em previsibilidade orçamentária. A Constituição Estadual prescreve que nessa matéria a iniciativa é exclusiva do chefe do Executivo, repetindo normas da Constituição Federal. A lei foi votada por maioria e sancionada pelo Prefeito. A legitimidade prevista para o controle de constitucionalidade repete, no plano local, aquela inscrita na Constituição Federal. Responda fundamentadamente:

A) A emenda parlamentar ao projeto de lei seria possível? (Valor: 0,65)

B) Existiria algum meio de controle de constitucionalidade da lei votada pela Câmara? (Valor: 0,4)

C) Teria o Prefeito legitimidade para propor a eventual ação direta de inconstitucionalidade, mesmo tendo sancionado o projeto? (Valor: 0,2)

Tema da questão

A questão trata de dois assuntos: a) emenda parlamentar em projeto de iniciativa privativa do chefe do Executivo; b) controle de constitucionalidade.

Compreensão da questão A: emenda parlamentar em projeto de iniciativa privativa do chefe do Poder Executivo

É possível apresentação de emenda parlamentar aos projetos de iniciativa privativa do chefe do Executivo (art. 61, § 1º, da CRFB), desde que preenchidos dois requisitos: a) pertinência: o conteúdo da emenda seja pertinente ao conteúdo do projeto de lei; b) não aumentar despesa, salvo na matéria orçamentária.

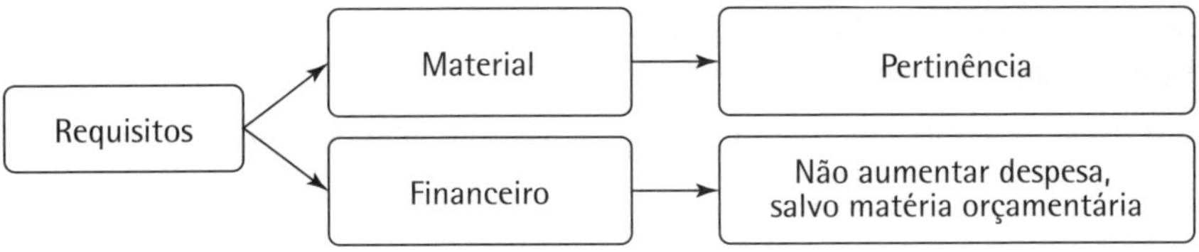

Compreensão da questão B: ADI estadual

É possível ação direta de inconstitucionalidade no âmbito estadual, porém o guardião da Constituição estadual é o tribunal de justiça. Neste controle, o objeto é lei ou ato normativo estadual ou municipal.

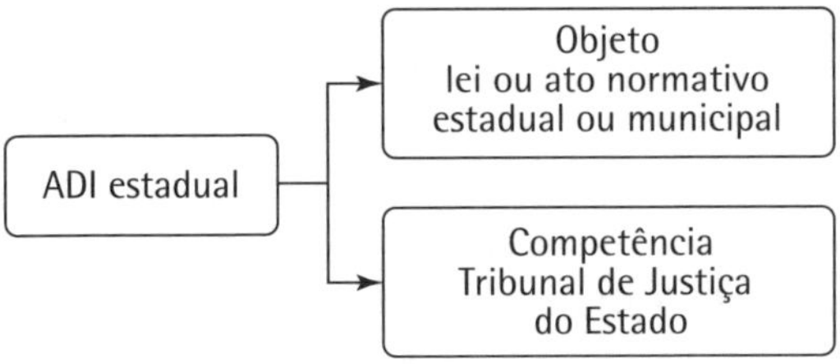

Compreensão da questão C: sanção do chefe do Executivo e controle de constitucionalidade

A sanção do projeto não supre vício de iniciativa na apresentação do projeto e nem impede futuras ações de controle de constitucionalidade envolvendo o projeto que teve vício de iniciativa.

GABARITO:

Nas leis de iniciativa exclusiva ou privativa do chefe do Poder Executivo (art. 61, § 1º, II, *a*, da CRFB), não pode ocorrer emenda parlamentar que gere aumento de despesas (art. 63, I, da CRFB). No caso de ofensa à Constituição Estadual, seria cabível a ação direta de inconstitucionalidade em face de lei municipal de competência do Tribunal de Justiça estadual, com a legitimidade conferida ao chefe do Poder Executivo local, por simetria com a Constituição Federal. Adite-se que mesmo a sanção não seria passível de convalidar a norma, não impedindo, portanto, o controle de constitucionalidade. A jurisprudência do STF é uníssona nessa matéria.

(V Exame da OAB Unificado) O presidente da República ajuizou ação direta de inconstitucionalidade contra o art. 5º da lei federal X, de 2005. Essa lei tem sido declarada totalmente inconstitucional pelo STF em reiteradas decisões, todas em sede de controle difuso. Com base nesse cenário e à luz da jurisprudência do STF, responda aos itens a seguir, empregando os argumentos jurídicos apropriados e a fundamentação legal pertinente ao caso.

A) O advogado-geral da União está obrigado a defender a constitucionalidade da lei X? Explique. (Valor: 0,8)

B) Ao julgar essa ADI, pode o STF declarar a inconstitucionalidade de outro(s) dispositivo(s) da lei X, além do art. 5º? Explique. (Valor: 0,45)

Tema da questão

A questão trata do controle de constitucionalidade em dois temas: a) atuação do AGU no controle concentrado; b) Extensão da decisão do STF no controle concentrado.

Compreensão da questão A: atuação da AGU no controle concentrado

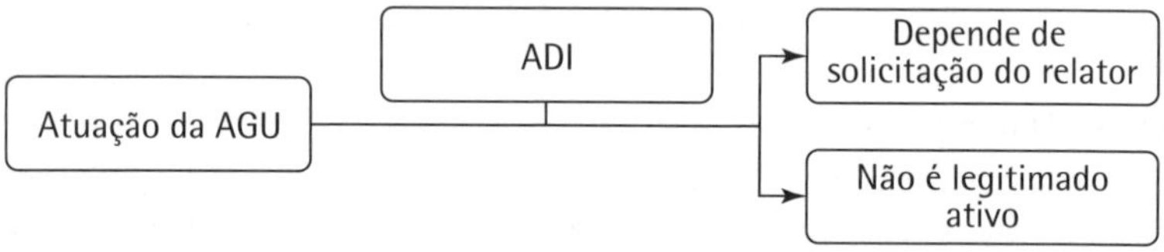

Em relação à sua função, à AGU incumbe a defesa da constitucionalidade do texto impugnado, salvo se já houver precedente no STF no sentido da inconstitucionalidade.

Compreensão da questão B: extensão da decisão do STF no controle concentrado

Inconstitucionalidade por arrastamento é possibilidade da declaração de inconstitucionalidade de dispositivos legais não mencionados na inicial, em razão da conexão com os dispositivos impugnados. Tal possibilidade depende da conexão entre os dispositivos legais mencionados e impugnados.

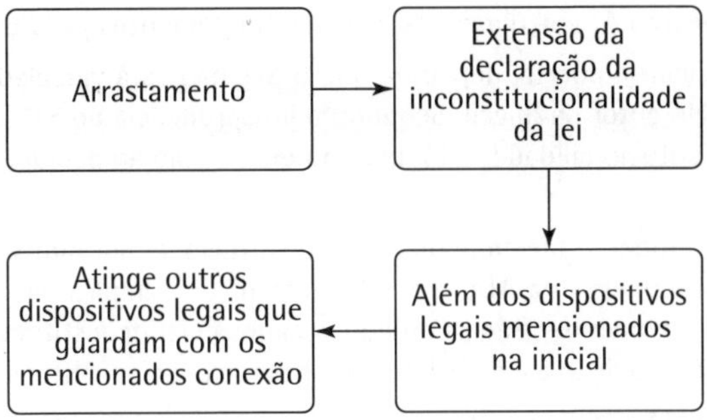

GABARITO:

A) Não. Embora a Constituição determine que o AGU deve defender a constitucionalidade das leis impugnadas por meio de ADI, de acordo com o que foi decidido pelo STF na ADI 1.616, o AGU está dispensado desta obrigação se a lei em questão já tiver sido declarada inconstitucional pelo STF por meio de controle concreto-difuso.

B) Sim, caso haja interdependência do art. 5º com outro dispositivo legal. É a chamada inconstitucionalidade por arrastamento.

(Exame da OAB Unificado 2010.2) O Conselho Federal da OAB ajuizou, junto ao STF, Ação Direta de inconstitucionalidade (ADI), tendo por objeto um artigo de uma lei federal em vigor desde 2005, sendo manifesta a pertinência temática do dispositivo impugnado com o exercício da advocacia. O STF entende que o referido dispositivo legal é inconstitucional, mas por fundamento distinto do que fora apresentado pelo Conselho Federal da OAB na ADI, tendo o STF inclusive declarado a inconstitucionalidade desse mesmo dispositivo no julgamento de um caso concreto, em Recurso Extraordinário (RE). Com base nas informações acima, responda:

I. O STF pode julgar a ADI procedente a partir de fundamento diverso do que fora apresentado pelo Conselho Federal da OAB? Justifique.

II. O STF pode julgar a ADI procedente em relação também a outro dispositivo da mesma lei, mesmo não tendo este dispositivo sido objeto da ADI? Justifique.

Tema da questão

A questão trata da ação direta de inconstitucionalidade prevista no art. 103 da CRFB e disciplinada na Lei n. 9.868/99.

Compreensão do enunciado

a) **Conselho Federal da OAB:** é o órgão máximo da advocacia nacional, de natureza deliberativa. É composto por um presidente e pelos conselheiros integrantes das delegações de cada unidade federativa.

b) **Pertinência temática:** é o interesse de agir específico em que o legitimado tem de demonstrar que a decisão final tem ligação direta com o interesse e com a atividade desenvolvida pelo órgão ou ente. São legitimados que devem demonstrar tal pertinência: Assembleia Legislativa, Câmara Legislativa, governador do Distrito Federal, governador do estado, Confederação Sindical e Entidade de Classe de Âmbito Nacional.

Compreensão da questão A: vinculação do STF aos fundamentos jurídicos

Na ADI, a causa de pedir é aberta, de forma que o STF não está vinculado aos fundamentos jurídicos alegados pelo autor na inicial. Segundo a jurisprudência do STF, o Tribunal, ao julgar ação direta de inconstitucionalidade, está limitado em relação ao pedido, mas não à causa de pedir, que é aberta.

É dizer, o STF pode considerar a lei impugnada inconstitucional por motivos diversos daqueles apresentados pelo proponente da ADI. Entendimento diverso implicaria reconhecer uma ADI mal formulada, com argumentos frágeis ou equivocados pela inconstitucionalidade da lei, levando à improcedência da ação e à consequente declaração de constitucionalidade da lei.

Compreensão da questão B: inconstitucionalidade por arrastamento

Em relação ao pedido, este, a princípio, é limitado ao que foi questionado pelo proponente da ação. O STF, no entanto, admite em caráter excepcional que dispositivos legais não impugnados na ação sejam declarados inconstitucionais, mas somente se forem dependentes dos dispositivos impugnados. É dizer, nos casos em que a inconstitucionalidade de um dispositivo impugnado implica necessariamente a inconstitucionalidade de outro não impugnado.

GABARITO:

Segundo a jurisprudência do STF, o Tribunal, ao julgar ação direta de inconstitucionalidade, está limitado em relação ao pedido, mas não à causa de pedir, que é aberta. É dizer, o STF pode considerar a lei impugnada inconstitucional por motivos diversos daqueles apresentados pelo proponente da ADI. Entendimento diverso implicaria reconhecer uma ADI mal formulada, com argumentos frágeis ou equivocados pela inconstitucionalidade da lei, levando à improcedência da ação e à consequente declaração de constitucionalidade da lei. Em relação ao pedido, este, a princípio, é limitado ao que foi questionado pelo proponente da ação. O STF, no entanto, admite em caráter excepcional que dispositivos legais não impugnados na ação sejam declarados inconstitucionais, mas somente se forem dependentes dos dispositivos impugnados. É dizer, nos casos em que a inconstitucionalidade de um dispositivo impugnado implica necessariamente a inconstitucionalidade de outro não impugnado. A este fenômeno dá-se o nome de inconstitucionalidade por "arrastamento" ou "atração" ou "consequente".

(IV Exame da OAB Unificado) Determinado Partido Político com representação no Congresso Nacional ajuíza Ação Direta de Inconstitucionalidade perante o Supremo Tribunal Federal para questionar a íntegra de uma lei estadual. Em relação ao cenário acima, comente, justificadamente, as consequências jurídicas das seguintes hipóteses, considerando sua ocorrência antes do julgamento da ADI:

A) a lei estadual impugnada é revogada; (Valor: 0,5)

B) o Partido Político deixa de ter representação no Congresso Nacional. (Valor: 0,75)

Tema da questão

Legitimidade do partido político na propositura da ADI.

Compreensão da questão A: revogação do ato impugnado no curso da ADI

O objeto na ADI é lei ou ato normativo federal, estadual ou distrital na competência de Estado. O objeto da ADI sofre dois limites temporais: a) a norma estar em vigor; b) a norma ter sido editada na vigência da atual Constituição. Em face dos limites, não é possível a ADI ter como objeto norma revogada, gerando o não conhecimento por ausência de objeto. Após a propositura da ação, se a norma impugnada, objeto da ADI, sofrer revogação, a ADI é prejudicada por perda do objeto.

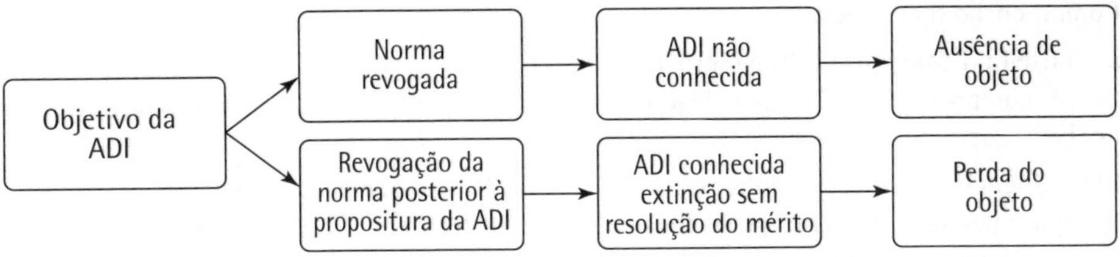

Compreensão da questão B: perda superveniente da representação no Congresso Nacional do partido político

Partido político com representação no Congresso Nacional é legitimado para propor ADI, nos termos do art. 103 da CRFB e do art. 2º da Lei n. 9.868/99, que precisa de advogado para a propositura da ADI. Para propositura da ADI, basta a decisão do presidente do partido.

Basta um parlamentar eleito do partido para que haja a referida representação. Essa representação é comprovada no momento da propositura da ação. Após a ação proposta, a perda superveniente da representação não retira a legitimidade do partido, de forma que a ação terá seu curso normal.

GABARITO:

Em relação ao item *A*, a jurisprudência do STF é firme no sentido de que a revogação superveniente da norma impugnada em ADI conduz à extinção anômala do processo, ficando o exame do mérito prejudicado, por perda superveniente do objeto da ação. Por sua vez, quanto às ADIs ajuizadas por partidos políticos, o STF, em sua jurisprudência inicial, considerava que a ADI deveria ser extinta, sem exame de mérito, por perda superveniente de legitimidade ativa. Porém, no julgamento do agravo regimental interposto contra decisão monocrática adotada na ADI 2.618/PR, o STF reviu sua posição e atualmente entende que a perda superveniente de representação do partido político não repercute sobre o julgamento da ADI. Em verdade, entende-se que a aferição da legitimidade ativa do partido político deve ser realizada à época do ajuizamento da ADI em razão da objetividade do processo e da indisponibilidade da ação.

(Exame da OAB Unificado 2010.2) O Conselho Federal da OAB ajuizou, junto ao STF, Ação Direta de inconstitucionalidade (ADI), tendo por objeto um artigo de uma lei federal em vigor desde 2005, sendo manifesta a pertinência temática do dispositivo impugnado com o exercício da advocacia. O STF entende que o referido dispositivo legal é inconstitucional, mas por fundamento distinto do que fora apresentado pelo Conselho Federal da OAB na ADI, tendo o STF inclusive declarado a inconstitucionalidade desse mesmo dispositivo no julgamento de um caso concreto, em Recurso Extraordinário (RE). Com base nas informações acima, responda:

I. o STF pode julgar a ADI procedente a partir de fundamento diverso do que fora apresentado pelo Conselho Federal da OAB? Justifique.

II. o STF pode julgar a ADI procedente em relação também a outro dispositivo da mesma lei, mesmo não tendo este dispositivo sido objeto da ADI? Justifique.

Tema da questão

A questão trata da ação direta de inconstitucionalidade prevista no art. 103 da CRFB e disciplinada na Lei n. 9.868/99.

Compreensão do enunciado

a) **Conselho Federal da OAB:** é o órgão máximo da advocacia nacional, de natureza deliberativa. É composto de um presidente e dos conselheiros integrantes das delegações de cada unidade federativa.

b) **Pertinência temática:** é o interesse de agir específico em que o legitimado tem de demonstrar que a decisão final tem ligação direta com o interesse e com a atividade desenvolvida pelo órgão ou ente. São legitimados que devem demonstrar tal pertinência: Assembleia Legislativa, Câmara Legislativa, governador do Distrito Federal, governador do estado, Confederação Sindical e Entidade de Classe de Âmbito Nacional.

Compreensão da questão A: vinculação do STF aos fundamentos jurídicos

Na ADI, a causa de pedir é aberta, de forma que o STF não está vinculado aos fundamentos jurídicos alegados pelo autor na inicial. Segundo a jurisprudência do STF, o Tribunal, ao julgar ação direta de inconstitucionalidade, está limitado em relação ao pedido, mas não à causa de pedir, que é aberta.

É dizer, o STF pode considerar a lei impugnada inconstitucional por motivos diversos daqueles apresentados pelo proponente da ADI. Entendimento diverso implicaria reconhecer uma ADI mal formulada, com argumentos frágeis ou equivocados pela inconstitucionalidade da lei, levando à improcedência da ação e à consequente declaração de constitucionalidade da lei.

Compreensão da questão B: inconstitucionalidade por arrastamento

Em relação ao pedido, este, a princípio, é limitado ao que foi questionado pelo proponente da ação. O STF, no entanto, admite em caráter excepcional que dispositivos legais não impugnados na ação sejam declarados inconstitucionais, mas somente se forem dependentes dos dispositivos impugnados. É dizer, nos casos em que a inconstitucionalidade de um dispositivo impugnado implica necessariamente a inconstitucionalidade de outro não impugnado.

GABARITO:

Segundo a jurisprudência do STF, o Tribunal, ao julgar ação direta de inconstitucionalidade, está limitado em relação ao pedido, mas não à causa de pedir, que é aberta. É dizer, o STF pode considerar a lei impugnada inconstitucional por motivos diversos daqueles apresentados pelo proponente da ADI. Entendimento diverso implicaria reconhecer uma ADI mal formulada, com argumentos frágeis ou equivocados pela inconstitucionalidade da lei, levando à improcedência da ação e à consequente declaração de constitucionalidade da lei. Em relação ao pedido, este, a princípio, é limitado ao que foi questionado pelo proponente da ação. O STF, no entanto, admite em caráter excepcional que dispositivos legais não impugnados na ação sejam declarados inconstitucionais, mas somente se forem dependentes dos dispositivos impugnados. É dizer, nos casos em que a inconstitucionalidade de um dispositivo impugnado implica necessariamente a inconstitucionalidade de outro não impugnado. A este fenômeno dá-se o nome de inconstitucionalidade por "arrastamento" ou "atração" ou "consequente".

(Exame da OAB Unificado 2010.2) Uma lei estadual foi objeto de Ação Direta de Inconstitucionalidade (ADI) ajuizada junto ao STF. Supondo que o Tribunal tenha se pronunciado, neste caso, pela inconstitucionalidade parcial sem redução de texto, explique o conceito acima, apontando quais os efeitos da declaração de inconstitucionalidade neste caso.

Tema da questão

A questão trata das técnicas utilizadas pelo STF nas decisões proferidas em sede de controle de constitucionalidade.

Compreensão do enunciado

a) **ADI:** é a ação direta de inconstitucionalidade que visa pedir ao STF para reconhecer a inconstitucionalidade de uma lei ou ato normativo federal, estadual ou distrital na competência de Estado-membro, e retirá-la do sistema jurídico.

b) **STF:** é o órgão máximo do Judiciário e compõe-se de 11 ministros, escolhidos dentre cidadãos com mais de 35 e menos de 65 anos de idade, de notável saber jurídico e reputação ilibada. Os ministros do Supremo Tribunal Federal serão nomeados pelo presidente da República, depois de aprovada a escolha pela maioria absoluta do Senado Federal.

c) **Inconstitucionalidade:** é a violação da lei ou ato normativo à Constituição Federal.

Compreensão da questão: inconstitucionalidade parcial sem redução de texto

A declaração da inconstitucionalidade parcial sem redução do texto é técnica inserida no controle de constitucionalidade, em que o Tribunal considera inconstitucional uma hipótese de aplicação da lei, sem que haja alteração alguma no texto normativo.

A declaração da inconstitucionalidade parcial sem alterar a expressão literal da lei é uma técnica de interpretação constitucional utilizada pelo STF em suas decisões. A referida técnica não revoga a lei, nem altera seu texto. A eventual ADI que se valer da referida declaração será julgada procedente.

GABARITO:

A inconstitucionalidade parcial sem redução de texto é uma modalidade de declaração de inconstitucionalidade prevista na Lei n. 9.868/99 que tem como consequência a declaração de inconstitucionalidade de uma determinada interpretação, sem afetar o texto da norma. É dizer, o texto da norma permanece inalterado, mas determinada interpretação que a princípio poderia ser feita da norma é considerada inconstitucional. Esta modalidade de declaração de inconstitucionalidade tem importantes consequências nos processos de fiscalização abstrata, como é o caso da ADI (citada na questão), pois a declaração de inconstitucionalidade não do texto da norma, mas de sua interpretação, terá eficácia *erga omnes* (contra todos) e efeito vinculante, conforme dispõe o parágrafo único do art. 28 da Lei n. 9.868: "A declaração de constitucionalidade ou de inconstitucionalidade, inclusive a interpretação conforme a Constituição e a declaração parcial de inconstitucionalidade sem redução de texto, têm eficácia contra todos e efeito vinculante em relação aos órgãos do Poder Judiciário e à Administração Pública federal, estadual e municipal".

(IX Exame da OAB Unificado) A Lei Orgânica do Município "Y", que integra o Estado "X", ao dispor sobre ingresso na Administração Pública municipal, e em observância aos princípios da eficiência e da moralidade, estabeleceu que os cargos, empregos e funções públicas seriam acessíveis aos brasileiros naturais do Estado "X", que tivessem residência no Município "Y", e que seriam investidos nos cargos mediante aprovação prévia em concurso público de provas ou de provas e títulos, de acordo com a natureza e a complexidade do cargo ou emprego, na forma prevista em lei, ressalvadas as nomeações para cargo em comissão. Contra esse dispositivo da Lei Orgânica foi ajuizada, junto ao Tribunal de Justiça, uma Ação Direta de Inconstitucionalidade, nos termos do art. 125, § 2º, da CRFB, alegando violação a dispositivo da Constituição estadual que, basicamente, reproduz o art. 37 da CRFB. O Tribunal de Justiça conheceu da ação, mas julgou improcedente o pedido, entendendo que, respeitados os limites constitucionais, o Município pode criar regras próprias, no exercício da sua capacidade de auto-organização. A partir do caso apresentado, responda justificadamente aos itens a seguir.

A) O Município tem autonomia para criar a regra citada no enunciado, conforme entendeu o Tribunal de Justiça? (Valor: 0,40)

B) A ADI estadual pode ter por objeto dispositivo de Lei Orgânica? (Valor: 0,45)

C) Dessa decisão do Tribunal de Justiça, cabe Recurso Extraordinário ao STF? (Valor: 0,40)

Tema da questão

A questão trata do tema do controle de constitucionalidade por meio da ação direta de inconstitucionalidade, prevista no art. 102, I, *a*, da CRFB e disciplinada pela Lei n. 9.868/99.

Compreensão do enunciado

a) **Lei orgânica municipal:** é documento normativo responsável pela organização estrutural do município. Decorre da sua autonomia federativa prevista no art. 18 da CRFB.

b) **Administração pública municipal:** é conjunto de órgãos e entidades que executam as decisões do Governo Municipal.

c) **Art. 37 da CRFB:** A Administração Pública direta e indireta de qualquer dos Poderes da União, dos estados, do Distrito Federal e dos municípios obedecerá aos princípios de legalidade, impessoalidade, moralidade, publicidade e eficiência e, também, ao seguinte: I – os cargos, empregos e funções públicas são acessíveis aos brasileiros que preencham os requisitos estabelecidos em lei, assim como aos estrangeiros, na forma da lei.

Compreensão da questão A: limites normativos da lei orgânica

O município tem capacidade de auto-organização revelada pela possibilidade de editar leis próprias e elaborar sua respectiva lei orgânica. Não obstante ostente tal capacidade, o município ao elaborar a sua lei orgânica deve respeitar os limites normativos impostos na Constituição Federal.

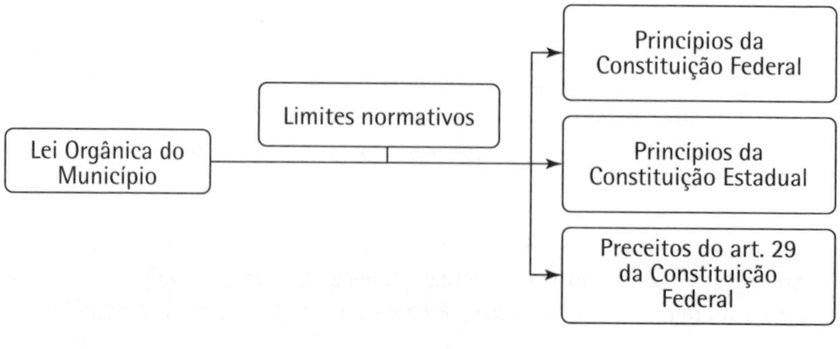

Compreensão da questão B: objeto da ADI estadual

Ato normativo	Parâmetro	Competência
Lei Orgânica	Constituição Federal	STF (somente por ADPF)
Lei Orgânica	Constituição Estadual	Tribunal de Justiça

Compreensão da questão C: Constituição Estadual com objeto da ADI estadual

Ato normativo	Parâmetro	Competência
Constituição Estadual	Constituição Federal	STF
Constituição Estadual	Constituição Estadual	Tribunal de Justiça

GABARITO:

A) Não. O dispositivo da lei orgânica viola o princípio da isonomia (art. 5º da CRFB) ou mais especificamente o da isonomia federativa (art. 19, III, da CRFB), também previsto no art. 37, I, da CRFB.

B) Sim. A ADI estadual pode ter por objeto atos normativos estaduais e municipais, incluindo a Lei Orgânica, que deve estar de acordo com a Constituição da República e com a Constituição do respectivo Estado, conforme dispõe o art. 29 da CRFB.

C) Sim. O dispositivo da Constituição estadual violado é norma de reprodução, de modo que, nesses casos, entende o STF que é cabível recurso extraordinário.

(Exame da OAB Unificado 2010.3) O Regimento Interno da Assembleia Legislativa de Determinado Estado-membro, ao disciplinar o processo de criação e instauração das Comissões Parlamentares de Inquérito, condiciona a criação de CPI à aprovação, pelo Plenário da Casa Legislativa, de requerimento subscrito por, no mínimo, um terço dos Deputados Estaduais. Com base no cenário acima, responda aos itens a seguir, empregando os argumentos jurídicos apropriados e a fundamentação legal pertinente ao caso.

A) Analise, de maneira justificada, a constitucionalidade da referida previsão regimental. (Valor: 0,8)

B) O Diretório Regional de um Partido Político do Estado-membro em questão tem legitimidade para questionar a previsão regimental perante o Supremo Tribunal Federal por meio de ADI? (Valor: 0,2)

Tema da questão

A questão trata do tema do controle de constitucionalidade de regimento interno por meio da ADI.

Compreensão do enunciado

a) **Regimento Interno:** é ato normativo que regula funcionamento interno de Casa Legislativa.

b) **Assembleia Legislativa:** é órgão do Poder Legislativo estadual.

c) **Plenário da Casa Legislativa:** é local de votação das deliberações legislativas.

d) **Comissão Parlamentar de Inquérito:** órgão interno do Legislativo que investiga fato de interesse público determinado.

Compreensão da questão A: constitucionalidade de regimento interno

Regimento interno pode ser objeto de controle judicial, desde que ofenda a Constituição Federal. No caso, o Regimento fez previsão da criação da CPI em desacordo com os parâmetros constitucionais.

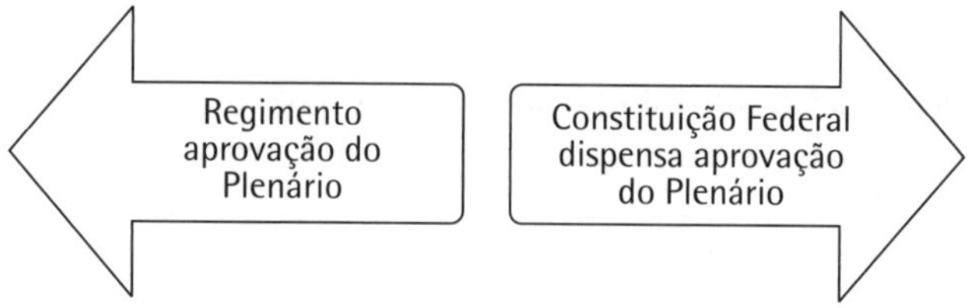

Compreensão da questão B: legitimidade ativa na ADI pelo partido político

É importante acentuar que, dentro do partido político legitimado a propor a ADI, quem decide pela propositura é o presidente do partido. Não é necessária a intervenção do diretório partidário.

GABARITO:

A previsão regimental é inconstitucional, por introduzir requisito para instauração das CPIs que não encontra paralelo na Constituição da República. O art. 58, § 3º, da CRFB contempla modelo de observância compulsória pelos estados-membros e garante o direito das minorias legislativas ao estabelecer, como requisito objetivo para instauração de CPI, a subscrição do requerimento por, no mínimo, 1/3 dos membros da Casa Legislativa, sem condicionar à aprovação pelo Plenário. De fato, de acordo com a jurisprudência do STF, a garantia da instalação da CPI independe de deliberação plenária. Quanto ao item *b*, a jurisprudência do STF é firme no sentido de que o partido político, para ajuizar ação direta de inconstitucionalidade, deve estar representado por seu Diretório Nacional, ainda que o ato impugnado tenha sua amplitude normativa limitada ao estado ou município do qual se originou (art. 103, § 1º, VIII, da CRFB).

(Exame da OAB Unificado 2010.3) No início de um ano eleitoral, o Congresso Nacional aprovou e promulgou uma emenda constitucional suprimindo a alínea *a* do inciso II do § 1º do art. 14 da Constituição e alterando o § 2º do mesmo dispositivo, que passaria a ter a seguinte redação: "Não podem alistar-se como eleitores os estrangeiros, os analfabetos e, durante o período do serviço militar obrigatório, os conscritos." Ocorre que, no intervalo entre o primeiro e o segundo turno de votação da proposta (PEC) no Senado Federal, o presidente da República havia decretado intervenção federal num determinado Estado da Federação. Diante da dúvida generalizada a respeito do direito de voto dos analfabetos na eleição que ocorreria naquele ano, o procurador-geral da República houve por bem ajuizar ADI contra a referida emenda constitucional. A esse respeito, responda aos itens a seguir, empregando os argumentos jurídicos apropriados e a fundamentação legal pertinente ao caso.

A) Uma emenda constitucional pode ser objeto de ADI? (Valor: 0,5)

B) Há inconstitucionalidade formal ou material na emenda em questão? (Valor: 0,5)

Tema da questão

A questão trata do controle de constitucionalidade da Emenda Constitucional.

Compreensão da questão A: emenda como objeto da ADI

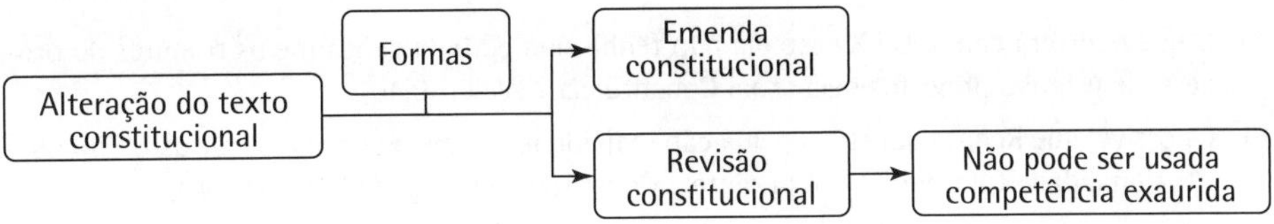

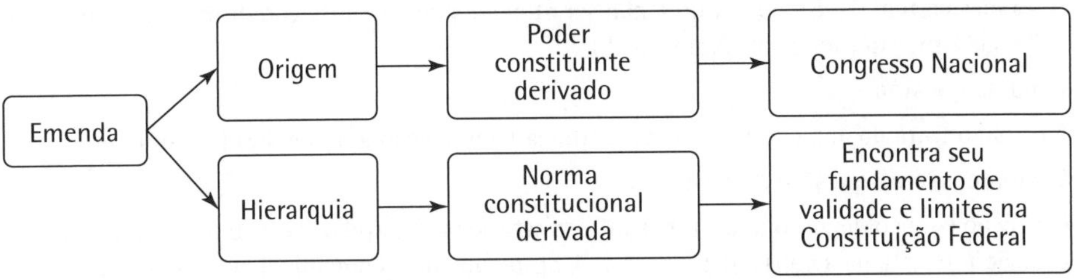

Compreensão da questão B: inconstitucionalidade da Emenda Constitucional

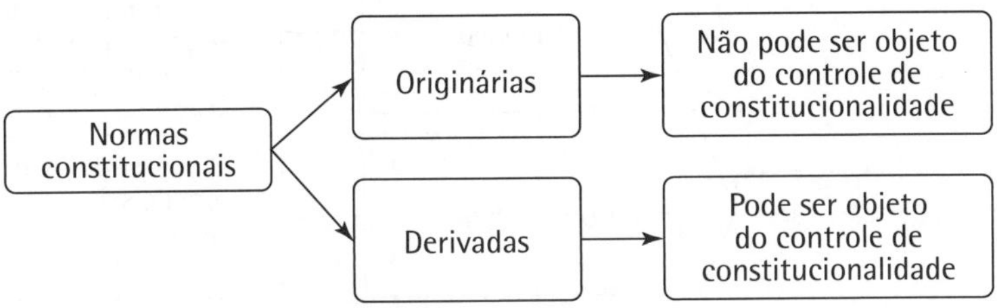

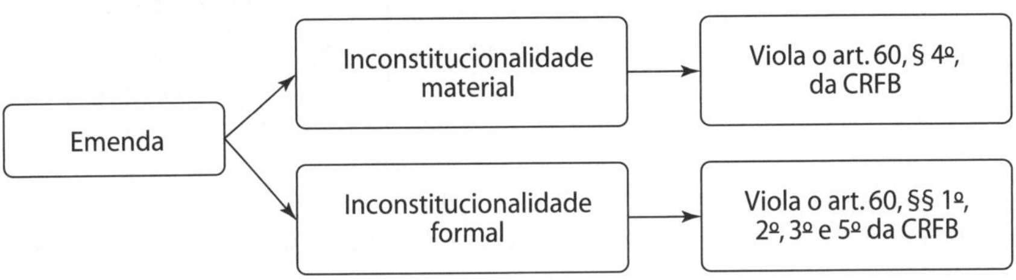

GABARITO:

A) Sim. A Emenda Constitucional é um ato normativo e, embora vise justamente alterar o texto constitucional, está sujeita a alguns limites impostos pelo poder constituinte originário: limites circunstanciais (art. 60, § 1º, da CRFB) e limites materiais – expressos (art. 60, § 4º, da CRFB) e implícitos (art. 1º, parágrafo único, e art. 60, §§ 2º e 3º, da CRFB).

B) Há inconstitucionalidade material, por violação ao disposto no art. 60, § 4º, II, da CRFB e inconstitucionalidade formal, por violação ao disposto no art. 60, § 1º, da CRFB.

(VII Exame da OAB Unificado) Renata, servidora pública estadual, ingressou no serviço público antes da edição da Constituição da República de 1988, e é regida pela Lei X, estatuto dos servidores públicos do Estado-membro. Sobre a situação funcional de Renata, responda justificadamente:

A) O que ocorrerá com a Lei X caso ela não tenha sido editada conforme os trâmites do processo legislativo previstos pela atual Constituição? (Valor: 0,40)

B) É possível que Renata questione, em ação individual, por meio de controle difuso, a inconstitucionalidade formal da Lei X perante a Constituição revogada? (Valor: 0,40)

C) Tendo em vista que Renata já estava inserida em um regime jurídico, é possível afirmar que a mesma tem direito adquirido a não ser atingida pela Constituição de 1988 no que tange à sua situação funcional? (Valor: 0,45)

Tema da questão

A questão trata do impacto da nova Constituição em relação à ordem jurídica anterior.

Compreensão da questão A: recepção

Recepção é o acolhimento das normas infraconstitucionais produzidas sob o amparo da Constituição pretérita pela constituição material, desde que haja compatibilidade material.

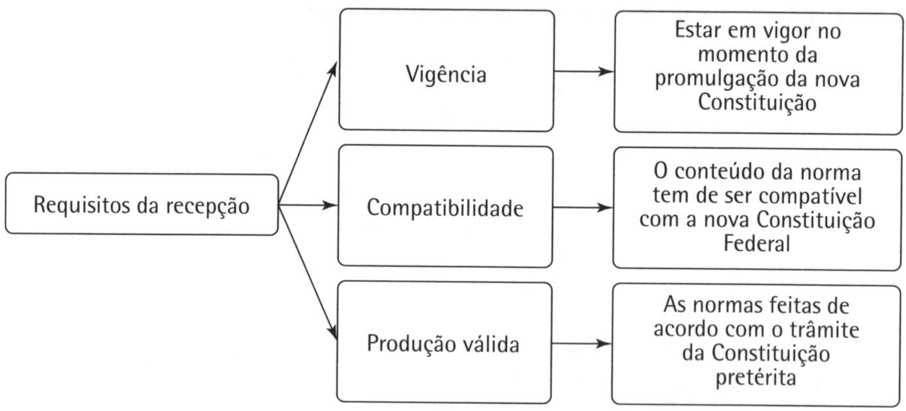

Compreensão da questão B: objeto do controle difuso

O controle difuso é exercitado em face de um caso concreto, em que a questão da inconstitucionalidade funciona como questão prejudicial. Neste controle pode ser objeto qualquer lei ou ato normativo.

Compreensão da questão C: impacto da nova Constituição

Quando uma nova Constituição surge, podem ocorrer em relação à Constituição pretérita dois fenômenos: a) revogação; b) desconstitucionalização. Este segundo fenômeno depende de previsão expressa na Constituição nova e da compatibilidade material das normas da Constituição antiga com a Constituição atual.

GABARITO:

A) Renata continuará sendo regida pela lei X, que não é formalmente inconstitucional. Ademais, quando nova Constituição é editada, somente são consideradas não recepcionadas as normas que contenham incompatibilidade material com esta. Ou seja, a incompatibilidade analisada é a de conteúdo e não de forma, que é regida pelo princípio do *tempus regit actum*.

B) É possível que se questione perante qualquer órgão jurisdicional, em um caso concreto, incidentalmente, a invalidade formal de ato legislativo que foi editado em desacordo com os requisitos exigidos para a sua formação, ato que é inválido *ab initio*.

C) Não é possível a oposição do direito adquirido em face de uma nova Constituição. A Constituição é o fundamento de validade de toda ordem jurídica. Nesse sentido, todas as normas (como é o caso da Lei X da questão) existentes no regime constitucional anterior, no que são materialmente incompatíveis com a nova Constituição, ficam revogadas, salvo disposição expressa da Constituição nova. Além disso, há reiterada jurisprudência do STF no sentido de inexistir direito adquirido a regime jurídico.

(XIV Exame de Ordem – FGV) A Imprensa Oficial do Estado "X" publicou, em 23-10-2013, a Lei n. 1.234, de iniciativa do Governador, que veda a utilização de qualquer símbolo religioso nas repartições públicas estaduais. Pressionado por associações religiosas e pela opinião pública, o Governador ajuíza Ação Direta de Inconstitucionalidade tendo por objeto aquela lei, alegando violação ao preâmbulo da Constituição da República, que afirma "a proteção de Deus sobre os representantes na Assembleia Constituinte". Diante do exposto, responda, fundamentadamente, aos itens a seguir.

A) É possível o ajuizamento de uma Ação Direta de Inconstitucionalidade tendo por parâmetro preceito inscrito no preâmbulo da Constituição da República?

B) É possível o ajuizamento de uma Ação Direta de Inconstitucionalidade pelo Governador do Estado, tendo por objeto lei de sua iniciativa?

GABARITO:

A) O Preâmbulo não é norma, não tem valor normativo, portanto não é possível preceito inscrito no Preâmbulo da Constituição da República atuar como parâmetro ao controle concentrado de constitucionalidade (ajuizamento de ação direta de inconstitucionalidade).

B) Sim, por se tratar de processo objetivo, a ação direta de inconstitucionalidade pode ser proposta pelo governador do estado mesmo se o objeto da ação for uma lei de sua iniciativa.

(XXI Exame de Ordem) O prefeito do Município Sigma envia projeto de lei ao Poder Legislativo municipal, que fixa o valor do subsídio do chefe do Poder Executivo em idêntico valor ao subsídio mensal dos ministros do Supremo Tribunal Federal. Tal projeto é aprovado pela Câmara de Vereadores e sancionado pelo chefe do Poder Executivo. No dia seguinte ao da publicação da referida norma municipal, o Vereador José, do município Sigma, ajuizou Ação Direta de Inconstitucionalidade, perante o Supremo Tribunal Federal, a fim de que fosse tal lei declarada inconstitucional.

Diante do exposto, responda aos itens a seguir.

A) Há vício de inconstitucionalidade na norma municipal? Justifique.

B) A medida judicial adotada pelo Vereador está correta? Justifique.

GABARITO:

A) A norma municipal apresenta vício de inconstitucionalidade formal, pois a iniciativa cabe à Câmara Municipal, conforme determina o art. 29, V, da CRFB/88, e também apresenta vício de inconstitucionalidade material, pois o vício de iniciativa ofende, em consequência, o princípio da separação dos poderes, previsto no art. 2º da CRFB/88. Quanto ao valor fixado, o art. 37, XI, diz que não poderá exceder ao subsídio dos ministros do STF, e que no município o limite é o subsídio do prefeito, portanto não há vício de inconstitucionalidade neste ponto.

B) A medida judicial adotada pelo vereador não é a adequada, pois lei municipal não é passível de impugnação perante o STF, por meio de ADI, conforme estabelece taxativamente o art. 102, I, *a*, da CRFB/88.

(XII Exame de Ordem – FGV) O Estado "Z" editou lei que institui uma Taxa de Fiscalização de Estradas, impondo o pagamento de uma elevada quantia para o acesso ou para a saída do território daquele Estado por meio rodoviário.

Sobre a hipótese sugerida, responda, fundamentadamente, aos seguintes itens.

A) O Governador do Estado "Y" pode impugnar a lei editada pela Assembleia Legislativa do Estado "Z" por meio de Ação Direta de Inconstitucionalidade?

B) Caso a lei do Estado "Z" seja impugnada por um partido político, por meio de Ação Direta de Inconstitucionalidade, pode prosseguir a ação em caso de perda superveniente da representação do partido no Congresso Nacional?

GABARITO:

A) Sim, mas quando o governador de um estado, no caso, ajuíza ação direta de inconstitucionalidade tendo por objeto lei de outro estado da Federação, impõe-se a demonstração do requisito da "pertinência temática". O governador deverá demonstrar que o conteúdo debatido em tal ação de controle de constitucionalidade (isto é, a lei de outro estado da Federação) tem ligação, no mínimo indireta, com o interesse do seu estado e de sua população.

B) Sim, pois a perda superveniente de representação no Congresso Nacional não impede o prosseguimento da ação direta de inconstitucionalidade, pois a aferição da legitimidade é feita no momento da propositura da ação, uma vez que se trata de processo objetivo e indisponível.

(XIII Exame de Ordem – FGV) Em 2004, entrou em vigor a lei estadual "X", de autoria de um deputado governista (partido A), sob protestos de alguns parlamentares da oposição (partido B), já que a lei era flagrantemente inconstitucional de acordo com a jurisprudência pacífica do STF. A oposição, contudo, venceu as eleições naquele ano e já em 2005, quando o partido B conquistou a maioria das cadeiras na Assembleia Legislativa, foi aprovada a lei Y que revogou a Lei "X", ao dispor de forma distinta sobre a mesma matéria (revogação tácita), embora mantido vício de inconstitucionalidade.

A partir do caso descrito, utilizando os argumentos jurídicos apropriados e a fundamentação legal pertinente ao caso, responda aos itens a seguir.

A) Após a entrada em vigor da Lei "Y", pode o partido B ajuizar ADI, junto ao STF, pedindo a declaração de inconstitucionalidade da Lei "X"?

B) O procurador-geral da República pode ajuizar ADI pedindo a declaração de inconstitucionalidade das Leis "Y" e "X", sucessivamente?

GABARITO:

A) Não, pois a ADI é utilizada para atacar leis ou atos normativos vigentes, e não os revogados, que não estão inseridos no mundo jurídico e, portanto, não são capazes de contrariar a CRFB/88.

B) Sim, pois se a Lei Y fosse declarada inconstitucional, voltaria a vigorar a Lei X, e o procurador-geral da República já poderia pedir a inconstitucionalidade sucessivamente na mesma ADI, conforme entendimento atual do STF. Nesta questão, a FGV também considerou correta a resposta que alegasse a inconstitucionalidade da Lei Y, sem repristinação em relação a X.

(XV Exame de Ordem – FGV) O Governador do Estado X ajuizou Representação de Inconstitucionalidade perante o Tribunal de Justiça local, apontando a violação, pela Lei Estadual n. 1.111, de dispositivos da Constituição do Estado, que se apresentam como normas de reprodução obrigatória. Considerando o exposto, responda aos itens a seguir.

A) O que são normas de reprodução obrigatória?

B) Proposta Ação Direta de Inconstitucionalidade perante o Supremo Tribunal Federal arguindo violação dos mesmos dispositivos da Constituição Federal, cuja reprodução pela mesma lei estadual (Lei n. 1.111) era obrigatória na Constituição Estadual, sem que tenha ocorrido o julgamento da Representação de Inconstitucionalidade pelo Tribunal de Justiça local, poderão as duas ações tramitar simultaneamente?

GABARITO:

A) O sistema constitucional brasileiro impõe a aplicação do princípio da simetria constitucional, portanto as normas de reprodução obrigatória são aquelas que se inserem compulsoriamente no texto constitucional estadual, como consequência da subordinação à Constituição da República, que é a matriz do ordenamento jurídico parcial dos estados-membros. A tarefa do constituinte em relação a tais normas, portanto, limita-se a inseri-las no ordenamento constitucional do estado, por um processo de transplantação. Assim, as normas de reprodução decorrem do caráter compulsório da norma constitucional superior (art. 25, *caput*, da CRFB/88).

B) Suspende-se a ação direta proposta na Justiça Estadual até a decisão final do Supremo Tribunal Federal, se a lei estadual for impugnada perante o Tribunal de Justiça local e perante o Supremo Tribunal Federal, com fundamento em norma constitucional de reprodução obrigatória, tudo com base no princípio da simetria, e que poderá ter efeitos *erga omnes* e eficácia vinculante para o Tribunal de Justiça, se julgada procedente. Esse é o entendimento adotado pelo STF.

(XXV Exame de Ordem – FGV – reaplicação Porto Alegre) Devidamente autorizado pela Constituição do Estado Alfa, o Procurador-Geral de Justiça ajuizou, perante o Tribunal de Justiça, Representação de Inconstitucionalidade (RI) contra a Lei Municipal n. 1.234/2017, sob a alegação de que a referida lei municipal violou, frontalmente, determinado dispositivo da Constituição do Estado Alfa, cujo conteúdo tinha predominante coeficiente de federalidade, sendo, pois, uma norma de reprodução obrigatória pelo poder constituinte estadual. No julgamento final de mérito da Representação de Inconstitucionalidade, o Tribunal de Justiça do Estado Alfa julgou improcedente o pedido formulado na ação em tela, declarando que não houve nenhum tipo de ofensa à Constituição Estadual de Alfa. Com base no fragmento acima, responda, de forma fundamentada às seguintes perguntas.

A) Considerando a natureza do ato normativo impugnado, que recurso pode ser interposto pelo Procurador-Geral de Justiça? (Valor: 0,55);

B) Quais serão os efeitos da decisão final da instância superior que venha a reconhecer a inconstitucionalidade da Lei Municipal n. 1.234/2017? (Valor: 0,70)

GABARITO:

A) Cabe recurso extraordinário ao Supremo Tribunal Federal. Com efeito, no caso em tela, a decisão do Tribunal de Justiça Estadual envolveu norma de reprodução obrigatória pelo poder constituinte estadual, ensejando, assim, o manejo do recurso extraordinário de que trata o art. 102, III, *a*, da CRFB/88. Além disso, o fato de a norma impugnada ser municipal não prejudica o recurso, pois não estamos perante Ação Direta de Inconstitucionalidade (ADI) para controlar a validade de lei municipal em face da CRFB/88.

B) A resposta do examinando deve ser no sentido de que, nesse caso, os efeitos da decisão final de mérito do STF, em sede de recurso extraordinário, serão vinculantes, *erga omnes* e *ex tunc*. Deve-se observar que a decisão do STF, no recurso extraordinário, não foi tomada em controle difuso de constitucionalidade, cujos efeitos seriam apenas *inter partes* e *ex tunc*. Na verdade, trata-se de controle abstrato no âmbito dos estados-membros. Nessa linha, a decisão do STF nesse recurso extraordinário produzirá os mesmos efeitos da Ação Direta de Inconstitucionalidade, não se aplicando a regra do art. 52, X, da CRFB/88, ou seja, o Senado Federal não tem nenhuma participação.

(XXV Exame de Ordem – FGV – Reaplicação em Porto Alegre – adaptada) Após anos sem terem os seus vencimentos reajustados, os servidores da Administração direta do Poder Executivo do Estado Ômega entraram em greve, reivindicando uma solução para esse estado de coisas, que já colocava em risco sua subsistência e a de sua família. Sensibilizado com a situação, um grupo de parlamentares apresentou projeto de lei de reajuste dos servidores públicos, o qual veio a ser aprovado pela Assembleia Legislativa e sancionado pelo Governador do Estado, dando origem à Lei X. Apesar do benefício gerado para os servidores, o partido político Sigma, com representação no Senado Federal, mas que não contava com nenhum representante na Assembleia Legislativa do Estado Ômega, entendeu que a medida, além de injusta, já que os servidores de outros entes federativos não receberam ajuste similar, era inconstitucional. À luz desse quadro, responda ao questionamento a seguir.

A) No caso concreto, o partido político Sigma teria legitimidade para deflagrar o controle concentrado de constitucionalidade perante o Supremo Tribunal Federal? Justifique. (Valor: 0,50)

GABARITO:

A) Como o partido político Sigma possui representação no Congresso Nacional, como exigido pelo art. 103, VIII, da CRFB/88, pode ajuizar a Ação Direta de Inconstitucionalidade perante o Supremo Tribunal Federal, sendo considerado legitimado universal.

(XIX Exame de Ordem – FGV) Durante a tramitação de determinado projeto de lei de iniciativa do Poder Executivo, importantes juristas questionaram a constitucionalidade de diversos dispositivos nele inseridos. Apesar dessa controvérsia doutrinária, o projeto encaminhado ao Congresso Nacional foi aprovado, seguindo-se a sanção, a promulgação e a publicação.

Sabendo que a lei seria alvo de ataques perante o Poder Judiciário em sede de controle difuso de constitucionalidade, o presidente da República resolveu ajuizar, logo no primeiro dia de vigência, uma Ação Declaratória de Constitucionalidade.

Diante da narrativa acima, responda aos itens a seguir.

A) É cabível a propositura da Ação Declaratória de Constitucionalidade (ADC) nesse caso?

B) Em sede de Ação Declaratória de Constitucionalidade (ADC), é cabível a propositura de medida cautelar perante o Supremo Tribunal Federal? Quais seriam os efeitos da decisão do STF no âmbito dessa medida cautelar?

GABARITO:

A) Não. A ADC é ajuizada quando há controvérsia perante juízes e tribunais a respeito da constitucionalidade da lei. No caso em questão, não caberia a ADC por falta de comprovação de relevante controvérsia, pois a mera divergência doutrinária não torna possível o ajuizamento da ADC. Além disso, no primeiro dia de vigência da lei, não houve ainda tempo hábil para a formação de relevante controvérsia judicial, isto é, não haveria decisões conflitantes de tribunais e juízos monocráticos espalhados pelo País.

B) Sim, é cabível a propositura de medida cautelar perante o Supremo Tribunal Federal, e os efeitos da medida cautelar, em sede de ADC, serão decididos pelo Supremo Tribunal Federal, por decisão da maioria absoluta de seus membros. Tais efeitos, de natureza vinculante, serão *erga omnes* e *ex nunc*, consistindo na determinação de que juízes e tribunais suspendam o julgamento dos processos pendentes que envolvam a aplicação da lei ou do ato normativo objeto da ação até seu julgamento definitivo.

(XXV Exame de Ordem – FGV) O presidente da República editou o Decreto X, que regulamentou a Lei Federal Z. Ocorre que o Congresso Nacional, ao examinar o teor do Decreto X, entendeu que ele criava direitos não previstos na Lei Federal Z, ferindo, portanto, o princípio da legalidade. Considerando a situação hipotética apresentada, responda, de forma fundamentada, aos itens a seguir.

A) Que medida poderia ser adotada pelo Congresso Nacional para retirar os efeitos do Decreto X?

B) Caso o presidente da República entenda que essa medida não tem qualquer fundamento, terminando por restringir a competência constitucional do chefe do Executivo, é possível submetê-la ao controle concentrado de constitucionalidade realizado pelo Supremo Tribunal Federal?

GABARITO:

A) O presidente da República ao editar decretos regulamentares limita-se ao fiel cumprimento da lei, podendo sofrer controle do Congresso Nacional que, com base no art. 49, V, da CRFB/88 sustará os atos normativos do Poder Executivo que exorbitem do poder regulamentar. Esta é a medida a ser adotada pelo Congresso Nacional.

B) Sendo um ato normativo emanado pelo Congresso Nacional, o decreto legislativo que sustou um decreto regulamentar executivo tem presunção relativa de constitucionalidade e por isso pode ser impugnado a qualquer momento pela via genérica da ação direta de inconstitucionalidade, conforme prescreve o art. 102, I, *a*, da CRFB/88. Como o art. 103, I, do texto constitucional posiciona o presidente da República como um dos legitimados à propositura das ações do controle concentrado de constitucionalidade, ele, insurgindo-se contra o referido decreto legislativo, poderá ajuizar a ADI com o intuito de prevalecer seu decreto regulamentar.

(XXV Exame de Ordem – FGV) O Município Alfa, com o objetivo de solucionar a falta de profissionais dedicados à saúde pública, após o regular processo legislativo, altera a Lei Orgânica Municipal (LOM), de modo a permitir a acumulação remunerada de 3 (três) cargos de profissionais da área de saúde. No que tange à acumulação de cargos, as normas da Constituição do Estado em questão reproduzem as normas da Constituição da República Federativa do Brasil, de 1988. Dito isso, a associação municipal de enfermeiros resolve tomar providências, com o objetivo de afastar o novo regramento conferido pela LOM, pois entende que a referida acumulação acarretará desgaste à saúde dos profissionais e comprometerá a eficiência dos serviços prestados na área de saúde pública municipal. A partir da situação narrada, responda aos itens a seguir.

A) Diante da autonomia federativa do Município Alfa, a referida norma da Lei Orgânica Municipal é constitucional? Justifique.

B) A Lei Orgânica Municipal que permitiu a acumulação de cargos pode ser objeto de ação de representação por inconstitucionalidade, ajuizada por um dos legitimados ativos previstos na Constituição Estadual? Justifique.

GABARITO:

A) Não, a norma contida na Lei Orgânica Municipal é materialmente inconstitucional, pois desobedece regra expressamente contida no art. 37, XVI, c, da CRFB/88. A regra é a não acumulação de cargos, com restritas e expressas exceções, entre elas, a de dois cargos ou empregos públicos (nunca três) de profissionais da área de saúde.

B) Sim, a norma da Lei Orgânica Municipal, além de violar dispositivos da CRFB/88 também afronta texto expresso da Constituição estadual, já que reproduz o texto constitucional federal. Portanto, qualquer legitimado à propositura de ação direta de inconstitucionalidade em face da Constituição estadual poderá ajuizá-la perante o Tribunal de Justiça (art. 125, § 2º, da CRFB/88), impugnando dispositivo da Lei Orgânica do Município.

(XXIV Exame de Ordem – FGV) O art. 123 da Constituição do Estado Alfa, que teve sua redação alterada por emenda à Constituição Estadual, promulgada em junho de 2016, dispõe que todos os Municípios com mais de cinco mil habitantes situados no Estado, entre os quais está o Município Delta, deverão possuir, obrigatoriamente, um plano diretor, devidamente aprovado pela respectiva Câmara Municipal, que servirá como instrumento básico da política de desenvolvimento econômico e social e de expansão urbana. Levando em consideração que o prefeito do Município Delta, com apenas seis mil habitantes, não pretende fazer uso dos instrumentos previstos no art. 182, § 4º, da CRFB/88, responda aos questionamentos a seguir.

A) O art. 123 da Constituição do Estado Alfa apresenta alguma incompatibilidade de ordem material com a Constituição da República Federativa do Brasil de 1988?

B) O procurador-geral da República poderia propor uma Ação Direta de Inconstitucionalidade Interventiva contra o Estado Alfa por violação de princípio constitucional sensível?

GABARITO:

A) O art. 182, § 1º, da CRFB/88 impõe a aprovação do Plano Diretor pela Câmara Municipal para cidades com mais de vinte mil habitantes, sendo instrumento básico da política de desenvolvimento e expansão urbana. Para municípios com menos de vinte mil integrantes não há tal obrigatoriedade. Portanto o art. 123 da Constituição do Estado Alfa é inconstitucional quanto à matéria disciplinada, não podendo estabelecer aos seus municípios imposição maior que a da CRFB/88.

B) Quando o estado Alfa aprovou dispositivo constitucional estadual impondo aos seus municípios obrigatoriedade não estabelecida pela CRFB/88, feriu a autonomia municipal, que é um princípio constitucional sensível, conforme previsão constante no art. 34, VII, c, da CRFB/88. Portanto o PGR deve propor Ação Direta de Inconstitucionalidade Interventiva com fundamento no art. 36, III, c/c o art. 34, VII, c, da CRFB/88.

(XXIV Exame de Ordem – FGV) O Supremo Tribunal Federal, há vinte anos, ao julgar uma Ação Direta de Inconstitucionalidade, reconheceu a constitucionalidade da Lei Federal W, que estabeleceu critérios para a fruição de determinado benefício assistencial, dentre os quais o limite da renda familiar. Apesar do trânsito em julgado do acórdão proferido, determinado partido político entendia que os critérios estabelecidos pela Lei Federal W eram absolutamente incompatíveis com as características sociais e econômicas da realidade atual. Considerando que o Supremo Tribunal Federal, ao julgar a referida ação, invocara as características sociais e econômicas da época para delinear o sentido das normas da Constituição da República utilizadas como paradigma de análise, o partido político procurou um advogado e solicitou a análise da questão. Na posição de advogado do partido político, responda, de forma fundamentada, aos itens a seguir.

A) É possível que o sentido das referidas normas constitucionais, utilizadas como paradigma de análise, seja outro na atualidade, apesar de o texto constitucional permanecer o mesmo?

B) A improcedência do pedido na referida Ação Direta de Inconstitucionalidade impede que nova ação dessa natureza tenha a Lei Federal W como objeto?

GABARITO:

A) Sim, as referidas normas constitucionais podem ter seu sentido alterado na atualidade, sob a influência de novos aspectos econômicos, sociais, culturais e políticos. O fenômeno denominado mutação constitucional opera a alteração informal das normas constitucionais, sem a necessidade de que haja reforma constitucional, pela via solene prevista constitucionalmente.

B) Não impede, pois o fundamento para a decisão do STF na anterior ação direta de inconstitucionalidade sustentou-se em aspectos sociais e econômicos da época, que sofrem modificações no curso de vinte anos. Passado o tempo, mesmo com a improcedência tendo sido declarada na ação anterior, novos aspectos sociais e econômicos podem ter surgido para embasar a nova impugnação em sede de controle concentrado de constitucionalidade perante o STF, que será analisada e julgada pelo STF.

(Exame da OAB Unificado 2010.2) Em 2005, o STF julgou procedente ADC ajuizada pelo procurador-geral da República visando à declaração de inconstitucionalidade de uma lei federal que estava sendo questionada em diversos processos judiciais pelo país, gerando uma controvérsia judicial em torno da sua adequação ao texto constitucional. Nas eleições ocorridas em outubro de 2010, um determinado partido político conseguiu, pela primeira vez em sua história, eleger um parlamentar, no caso um deputado federal, graças à coligação partidária firmada com um partido político de maior expressão e base eleitoral. O diretório nacional do referido partido político pretende, no próximo ano, após o início da sessão legislativa, ajuizar uma ADI contra a mencionada lei federal, a partir de argumentos que não foram enfrentados pelos ministros do STF em 2005.

Analise a pretensão do partido político, considerando os seguintes tópicos:

I. A legitimidade para a propositura da ação.

II. A possibilidade de o STF declarar a inconstitucionalidade da lei (com ou sem modulação dos efeitos).

Tema da questão

A questão trata da ação declaratória de constitucionalidade, nos termos do art. 103 da CRFB c/c a Lei n. 9.868/99.

Compreensão do enunciado

a) **Procurador-geral da República:** o Ministério Público da União tem por chefe o procurador-geral da República, nomeado pelo presidente da República dentre integrantes da carreira, maiores de 35 anos, após a aprovação de seu nome pela maioria absoluta dos membros do Senado Federal, para mandato de dois anos, permitida a recondução. A destituição do procurador-geral da República, por iniciativa do presidente da República, deverá ser precedida de autorização da maioria absoluta do Senado Federal.

b) **Controvérsia judicial (para fins de ADC):** existência de pronunciamentos judiciais antagônicos, decisões que consagram teses conflitantes, verdadeiro estado de insegurança jurídica, capaz de gerar um cenário de perplexidade social e de provocar grave incerteza quanto à validade constitucional de determinada lei ou ato normativo federal.

c) **Diretório nacional de partido político:** órgão de deliberação de partido político.

d) **Coligação partidária:** união de dois ou mais partidos que apresentam conjuntamente seus candidatos para determinada eleição.

e) **Base eleitoral:** distrito (nas eleições municipais), município, região ou zona de influência (nas demais), onde, em cada eleição, o candidato recebe a maioria dos votos necessários para elegê-lo.

Compreensão da questão A: legitimidade ativa de partido político para propositura de Adecon

A legitimidade ativa na Adecon significa identificar quem tem aptidão para ajuizar a ação perante o STF. No caso do direito brasileiro, apenas os órgãos e entidades, indicados no art. 103 da Constituição Federal e no art. 2º da Lei n. 9.868/99 podem propor a ação.

São legitimados a propor a Adecon (art. 103 da CRFB c/c o art. 2º da Lei n. 9.868/99): I – o Presidente da República; II – a Mesa do Senado Federal; III – a Mesa da Câmara dos Deputados; IV – a Mesa de Assembleia Legislativa ou a Mesa da Câmara Legislativa do Distrito Federal; V – o Governador de Estado ou o Governador do Distrito Federal; VI – o procurador-geral da República; VII – o Conselho Federal da Ordem dos Advogados do Brasil; VIII – partido político com representação no Congresso Nacional; IX – confederação sindical ou entidade de classe de âmbito nacional.

Dentre os legitimados, temos o partido político com representação no Congresso Nacional. Estar representado significa ter um parlamentar eleito do partido no Congresso Nacional.

Se após a propositura da Adecon ocorrer perda da representação do partido no Congresso (como, por exemplo, pela cassação do único parlamentar eleito do partido), o curso da ação prossegue normalmente.

A legislação é clara ao indicar o partido como legitimado. Isso não inclui seus órgãos fracionários.

Pode ser objeto da Adecon apenas lei ou ato normativo federal. Não há impedimento para que uma lei declarada constitucional em ADC seja objeto de ADI, a doutrina é pacífica no sentido de que isso é possível, uma vez que não reconhecer esta possibilidade implicaria afirmar que o STF, após haver declarado a constitucionalidade de uma lei, jamais poderia mudar seu entendimento, ainda que estivesse disso convencido.

Compreensão da questão B: decisão na ADC e a modulação dos efeitos

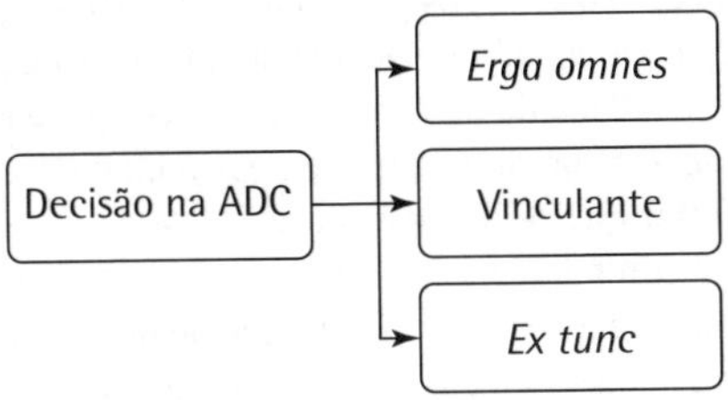

Ações do controle concentrado	Efeito vinculante
ADI por ação	Em relação aos órgãos do Poder Judiciário e à Administração Pública federal, estadual e municipal
ADI por omissão	Em relação aos órgãos do Poder Judiciário e à Administração Pública federal, estadual e municipal
ADECON	Em relação aos órgãos do Poder Judiciário e à Administração Pública federal, estadual e municipal
ADPF	A decisão terá eficácia contra todos e efeito vinculante relativamente aos demais órgãos do Poder Público

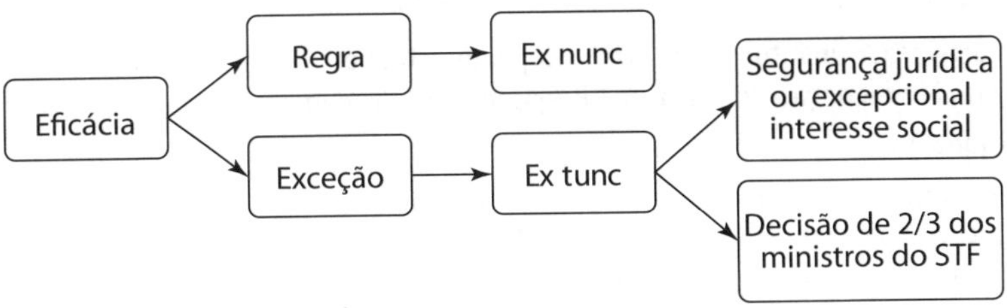

GABARITO:

A Emenda Constitucional n. 3/93, ao criar a ação declaratória de constitucionalidade, não atribuiu legitimidade ativa aos mesmos que poderiam ajuizar a ação direta de inconstitucionalidade, de modo que o partido político com representação no Congresso Nacional poderia ajuizar apenas esta, mas não aquela. A Emenda Constitucional n. 45/2004, relativa à Reforma do Poder Judiciário, alterou o art. 103, estabelecendo que todos aqueles que podem propor a ação de inconstitucionalidade (ADI) podem também ajuizar a ação de constitucionalidade (ADC). Embora o art. 103 não faça qualquer discriminação entre os legitimados para a propositura das ações, a jurisprudência do STF é pacífica no sentido de que alguns dos legitimados só podem ajuizar ADI ou ADC se demonstrarem pertinência temática com a lei ou ato normativo objeto da ação. Estes são denominados legitimados especiais (art. 103, IV, V e IX), ao passo que aqueles que não precisam demonstrar pertinência temática são chamados de legitimados universais (art. 103, I, II, III, VI, VII e VIII). O partido político, no entanto, é um dos legitimados universais, não sendo necessário demonstrar pertinência temática para poder ajuizar a ação. Quanto à representação no Congresso Nacional, embora se trate de órgão bicameral, abrangendo Câmara dos Deputados e Senado Federal, o STF tem antiga jurisprudência no sentido de que basta a representação em uma das Casas do Congresso para que se possa afirmar que o partido político tem representação no Congresso Nacional. Desse modo, não há dúvida de que o partido político em questão pode ajuizar a ADI. Quanto à possibilidade de uma lei declarada constitucional em ADC ser objeto de ADI, a doutrina é pacífica no sentido de que isso é possível, uma vez que não reconhecer esta possibilidade implicaria afirmar que o STF, após haver declarado a constitucionalidade de uma lei, jamais poderia mudar seu entendimento, ainda que estivesse disso convencido. O STF poderá, por motivos de segurança jurídica, declarar a inconstitucionalidade com efeito não retroativo *ex nunc* ou determinar uma data a partir da qual a lei deveria ser considerada inconstitucional, mas não há nenhuma obrigatoriedade nesse sentido, não havendo nada que impeça o STF de declarar a inconstitucionalidade com efeito retroativo (*ex tunc*).

(VIII Exame da OAB Unificado) Uma agência reguladora federal editou, recentemente, uma portaria proibindo aos médicos prescrever a utilização de medicamentos que não tenham similar nacional. A Associação Brasileira de Profissionais da Saúde, entidade de âmbito nacional constituída há mais de dois anos, propôs uma Arguição de Descumprimento de Preceito Fundamental (ADPF) contra aquela medida. A respeito da situação acima, responda aos itens a seguir, utilizando os argumentos jurídicos apropriados e a fundamentação legal pertinente ao caso.

A) É possível a propositura da ADPF contra a portaria emitida pela agência reguladora federal? Responda justificadamente. (Valor: 0,40)

B) A Associação tem legitimidade para a propositura daquela ADPF? Responda justificadamente. (Valor: 0,40)

C) Pode um Estado instituir uma ADPF no plano estadual? Nesse caso, qual o instrumento jurídico apto à criação do instituto? Responda justificadamente. (Valor: 0,45)

Tema da questão

A questão trata do tema da arguição de descumprimento de preceito fundamental (ADPF), prevista no art. 102, § 1º, da Constituição da República Federativa do Brasil ("Art. 102. (...) § 1º A arguição de descumprimento de preceito fundamental, decorrente desta Constituição, será apreciada pelo Supremo Tribunal Federal, na forma da lei") e disciplinada pela Lei n. 9.882/99.

Compreensão do enunciado

a) **Agência reguladora** é uma autarquia em regime especial que possui poder normativo restrito ao objeto da sua competência com objetivo de fiscalizar os serviços que são objeto de concessão, permissão ou autorização. É parte integrante da Administração Pública indireta, e tem poder normativo dentro dos limites legais.

b) **Portaria** é ato administrativo normativo. É emanado do superior hierárquico e dirigido ao subalterno para a realização de atos gerais ou especiais.

c) **Similar nacional:** dois ou mais bens, em condições de uso na finalidade a que se destinam, serão considerados similares quando, simultaneamente: I – tiverem a mesma natureza e a mesma função; II – puderem substituir-se mutuamente, na função a que se destinem; III – tiverem especificações equivalentes (art. 28 da Instrução Normativa da SRF).

d) **Entidade de âmbito nacional:** é a que possui representação em pelo menos nove estados-membros, numa aplicação analógica à Lei Orgânica dos Partidos Políticos. A jurisprudência do Supremo Tribunal Federal tem consignado, no que concerne ao requisito da espacialidade, que o caráter nacional da entidade de classe não decorre de mera declaração formal, consubstanciada em seus estatutos ou atos constitutivos. Essa particular característica de índole espacial pressupõe, além da atuação transregional da instituição, a existência de associados ou membros em pelo menos nove estados da Federação. Trata-se de critério objetivo, fundado na aplicação analógica da Lei Orgânica dos Partidos Políticos, que supõe ordinariamente atividades econômicas ou profissionais amplamente disseminadas no território nacional (ADIn 79, 386).

Compreensão da questão A: objeto da ADPF

Itens	Atos normativos primários	Atos normativos secundários
Inova a ordem jurídica	Sim	Não
Função	Criar direitos e obrigações de alcance geral	Complementar, regular, regulamentar, interpretar ato normativo já existente
Fundamento de validade	Retiram da Constituição Federal	Retiram dos atos normativos primários
Violação da Constituição Federal	Inconstitucionalidade direta	Inconstitucionalidade reflexa

Os atos normativos secundários são os que visam regulamentar a lei (ato normativo primário). São atos infralegais e não inovam a ordem jurídica.

Os atos normativos secundários não podem ser objeto de ação direta de inconstitucionalidade. Por força do princípio da subsidiariedade é admitida a ADPF sempre que não existir outro meio eficaz para sanar a lesividade do ato, nos termos do art. 4º, § 1º, da Lei n. 9.882/99. Dessa forma, se em face dos atos normativos secundários não cabe a ADI, é cabível o uso subsidiário da ADPF contra a portaria da agência reguladora.

Compreensão da questão B: legitimidade ativa na ADPF

De acordo com o art. 2º da Lei n. 9.882/99, são legitimados ativos da ADPF os mesmos legitimados da ADI ("Art. 2º Podem propor arguição de descumprimento de preceito fundamental: I – os legitimados para a ação direta de inconstitucionalidade").

São legitimados da ADI (art. 103 da CRFB c/c o art. 2º da Lei n. 9.868/99): I – o Presidente da República; II – a Mesa do Senado Federal; III – a Mesa da Câmara dos Deputados; IV – a Mesa de

Assembleia Legislativa ou a Mesa da Câmara Legislativa do Distrito Federal; V – o Governador de Estado ou o Governador do Distrito Federal; VI – o procurador-geral da República; VII – o Conselho Federal da Ordem dos Advogados do Brasil; VIII – partido político com representação no Congresso Nacional; IX – confederação sindical ou entidade de classe de âmbito nacional.

Compreensão da questão C: ADPF estadual

A Constituição Federal não previu a arguição no âmbito dos estados-membros. Porém, pelo princípio da simetria federativa é possível que a ADPF seja inserida nas Constituições estaduais, pois, de acordo como referido princípio, os estados-membros na sua organização devem seguir o mesmo modelo constitucional na parte normativa (princípios) adotado pela União.

GABARITO:

A) A questão trata do tema da Arguição de Descumprimento de Preceito Fundamental (ADPF), prevista no art. 102, § 1º, da Constituição da República Federativa do Brasil e disciplinada pela Lei n. 9.882/99. O legislador determinou, no art. 4º, § 1º, daquela lei, que: "Não será admitida arguição de descumprimento de preceito fundamental quando houver qualquer outro meio eficaz de sanar a lesividade". O dispositivo consagra o chamado princípio da subsidiariedade, de modo que o cabimento de uma ação direta de inconstitucionalidade para impugnar a validade de determinado ato do Poder Público exclui o cabimento da ADPF. Tendo em vista que a ADI não é o mecanismo hábil à impugnação de atos normativos "secundários" (infralegais), abre-se espaço para o cabimento da ADPF para a impugnação de portaria editada por agência reguladora federal.

B) Nos termos do art. 2º da Lei n. 9.882/99, "podem propor arguição de descumprimento de preceito fundamental (...) os legitimados para a ação direta de inconstitucionalidade". De seu turno, os legitimados para a propositura da ADI são, nos termos do art. 103 da Constituição, "I – o Presidente da República; II – a Mesa do Senado Federal; III – a Mesa da Câmara dos Deputados; IV – a Mesa de Assembleia Legislativa ou da Câmara Legislativa do Distrito Federal; V – o Governador de Estado ou do Distrito Federal; VI – o procurador-geral da República; VII – o Conselho Federal da Ordem dos Advogados do Brasil; VIII – partido político com representação no Congresso Nacional; IX – confederação sindical ou entidade de classe de âmbito nacional". Em relação à legitimidade das entidades de classe de âmbito nacional, a jurisprudência do Supremo Tribunal Federal cunhou o conceito de pertinência temática, que significa a necessidade de demonstração, por alguns legitimados, de que o objeto da instituição guarda relação com o pedido da ação direta proposta por referida entidade. No caso, tal requisito encontra-se atendido, tendo em vista que a norma impugnada se dirige, exatamente, aos profissionais da saúde.

(XXI Exame de Ordem – FGV) O Governador de um Estado-membro da Federação vem externando sua indignação à mídia, em relação ao conteúdo da Lei Estadual n. 1.234/2015. Este diploma normativo, que está em vigor e resultou de projeto de lei de iniciativa de determinado deputado estadual, criou uma Secretaria de Estado especializada no combate à desigualdade racial. Diante de tal quadro, o Governador resolveu ajuizar, perante o Supremo Tribunal Federal, uma Arguição de Descumprimento de Preceito Fundamental (ADPF) impugnando a Lei Estadual n. 1.234/2015. Com base no fragmento acima, responda, justificadamente, aos itens a seguir.

A) A Lei Estadual n. 1.234/2015 apresenta algum vício de inconstitucionalidade?

B) É cabível a medida judicial proposta pelo Governador?

GABARITO:

A) A iniciativa de lei que crie órgão que faça parte da estrutura do Poder Executivo, aplicando-se o princípio da simetria constitucional em relação ao art. 61, § 1º, II, da CRFB/88, é privativa do chefe do Poder Executivo, não podendo a Constituição Estadual, mesmo com a autonomia deferida pelo art. 25, *caput*, da CRFB/88, dispor de modo diferente. Portanto, a referida lei estadual apresenta vício de inconstitucionalidade formal.

B) Não é cabível a Arguição de Descumprimento de Preceito Fundamental (ADPF) para impugnar a referida lei inconstitucional, pois ausentes as condições especiais para a propositura da ação constitucional, ou seja, a observância do princípio da subsidiariedade, previsto no art. 4º, § 1º, da Lei n. 9.882/99. A jurisprudência do STF condiciona o ajuizamento dessa ação de índole constitucional à ausência de qualquer outro meio processual apto a sanar, de modo eficaz, a situação de lesividade indicada pelo autor.

(XXV – Exame de Ordem – FGV – reaplicação Porto Alegre) Diversos trabalhadores e associações de classe, com representatividade de âmbito nacional, ajuizaram ações individuais e coletivas em face da União, com o objetivo de desonerar trabalhadores e associados do pagamento de determinada contribuição social. Nas ações, argumentava-se com a não recepção da Lei Federal n. 123/87 pela Constituição da República Federativa do Brasil de 1988, pois a União não teria competência para cobrar essa contribuição social. Com base nesse argumento, foram deferidos provimentos cautelares e antecipações de tutela, os quais foram mantidos pelos tribunais ordinários competentes. Em consequência, foi grande o impacto econômico e social decorrente da perda de arrecadação, isso apesar de existirem diversas outras decisões em sentido contrário. À luz dessa narrativa, responda aos questionamentos a seguir.

A) Qual é a medida judicial passível de ser utilizada pelo presidente da República para que o Supremo Tribunal Federal analise, de imediato, antes do exaurimento das instâncias ordinárias, se a Lei Federal n. 123/87 foi, ou não, recepcionada? Justifique. (Valor: 0,80)

B) Em momento anterior ao julgamento de mérito da medida judicial ajuizada perante o Supremo Tribunal Federal, é possível que ela produza algum efeito sobre as relações processuais em curso? Justifique. (Valor: 0,45)

GABARITO

A) O presidente da República tem legitimidade, com base no art. 2º, I, da Lei n. 9.882/99, para ajuizar a arguição de descumprimento de preceito fundamental incidental, referida no art. 1º, parágrafo único, desse diploma legal, de modo que o Supremo Tribunal Federal fixe a interpretação constitucional adequada, pois é relevante o fundamento da controvérsia. Como as decisões foram mantidas pelos tribunais ordinários, está atendida a exigência de subsidiariedade dessa medida, prevista no art. 4º, § 1º, da Lei n. 9.882/99.

B) É possível o deferimento de medida liminar, nos termos do art. 5º, § 3º, da Lei n. 9.882/99, determinando que juízes e tribunais suspendam o andamento de processos ou os efeitos de decisões judiciais.

(IV Exame da OAB Unificado) O procurador-geral da República ajuizou uma ação direta de inconstitucionalidade contra a lei estadual X e uma ação declaratória de constitucionalidade tendo por objeto a lei federal Y – ambas ajuizadas com pedido de medida cautelar. Considerando-se o exposto, responda fundamentadamente:

A) Diante da ambivalência das ações de constitucionalidade e inconstitucionalidade, se o STF indeferir a cautelar na ADI, pode um juiz, no exame de um caso concreto (controle difuso), declarar a inconstitucionalidade da lei X? (Valor: 0,65)

B) Se o STF deferir a cautelar na ADC, pode um juiz, no exame de um caso concreto, declarar a inconstitucionalidade da lei Y, mas por outros fundamentos, que não aqueles que deram causa à ação? (Valor: 0,6)

Tema da questão

A questão trata dos efeitos da medida cautelar em ações do controle concentrado.

Itens	ADI	Adecon	ADPF
Deliberação	Maioria absoluta, salvo nos períodos de recesso (*ad referendum* do Tribunal Pleno)	Maioria absoluta, salvo nos períodos de recesso (*ad referendum* do Tribunal Pleno)	Maioria absoluta, salvo no caso de extrema urgência ou perigo de lesão grave, ou, ainda em período de recesso
Momento da produção de efeitos	Publicação da ata de julgamento no *Diário Oficial*	Publicação da ata de julgamento no *Diário Oficial*	Publicação da ata de julgamento no *Diário Oficial*
Suspensão	Da eficácia da norma impugnada até o julgamento do mérito; do julgamento dos processos que envolvem a aplicação da norma impugnada	Do julgamento dos processos que envolvem a aplicação da norma impugnada	Da eficácia da norma impugnada até o julgamento do mérito; do julgamento dos processos ou os efeitos de decisões judiciais, ou de qualquer outra medida que apresente relação com a matéria objeto da ADPF, salvo as decorrentes de coisa julgada
Efeito repristinatório	Sim. Torna aplicável a legislação anterior, salvo manifestação contrária expressa do STF	Não tem	Não tem
Eficácia *erga omnes* e vinculante	Sim	Sim	Sim
Eficácia *ex nunc*	Em regra	Em regra	Em regra
Eficácia *ex tunc*	Pode ter, desde que o STF determine	Pode ter, desde que o STF determine	Pode ter, desde que o STF determine

Prazo da eficácia da medida cautelar	Indeterminado, até apreciação do mérito pelo STF	O STF deve julgar em 180 dias, sob pena de perda da eficácia	Não tem prazo

Compreensão da questão A: efeitos do indeferimento da medida cautelar

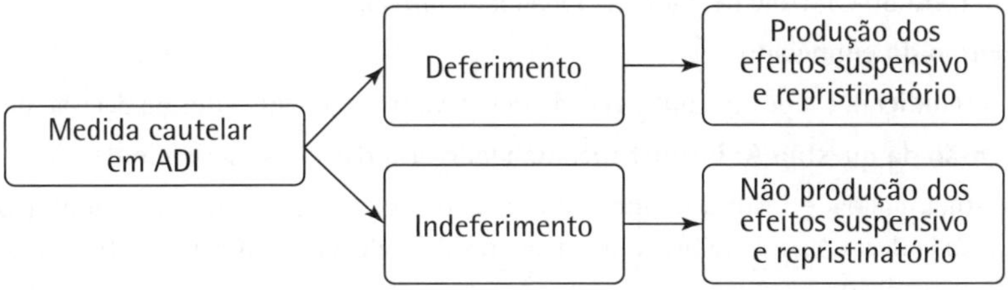

A ADI tem caráter dúplice em relação à decisão de mérito, já que ao ser julgada no mérito pode ser dado provimento à ação (declaração da inconstitucionalidade) ou não provimento à ação (declaração da constitucionalidade). Esse caráter dúplice não se estende à medida cautelar.

Compreensão da questão B: eficácia da medida cautelar em ADC

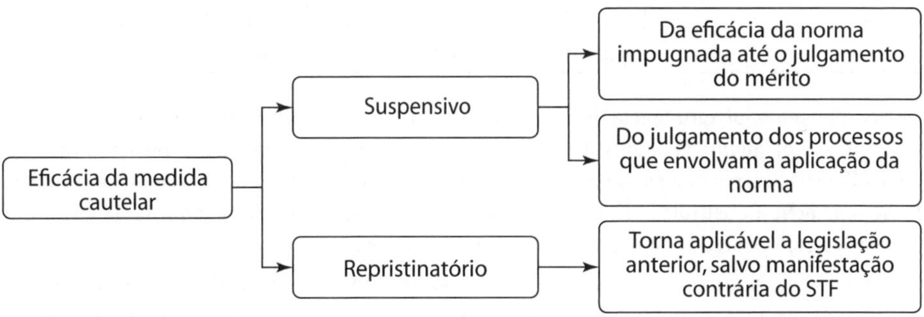

GABARITO:

A) A medida cautelar nas ações de constitucionalidade e inconstitucionalidade não tem caráter ambivalente, de modo que o indeferimento de medida cautelar em ADI não implica a declaração de constitucionalidade.

B) De acordo com a Lei n. 9.868/99, uma vez deferida a medida cautelar em ADC, todos os processos em que a lei objeto da ação estiver sendo discutida devem ser suspensos, razão pela qual um juiz não poderia, após deferida a cautelar em ADC, declarar a inconstitucionalidade da lei.

(IV Exame da OAB Unificado) Suponha que o STF tenha reconhecido em diversos julgados (recursos extraordinários) a incompatibilidade de uma lei ordinária do Estado Y, em vigor desde 1999, com uma emenda constitucional promulgada no ano seguinte. À 1ª Câmara Cível do Tribunal de Justiça do Estado Y foi distribuído um recurso de apelação cível em que a incompatibilidade da referida lei com a emenda constitucional é questão prejudicial. Diante desses fatos, responda:

A) As decisões proferidas pelo STF, reconhecendo a referida incompatibilidade entre lei e emenda constitucional, devem ser encaminhadas ao Senado? Explique. (Valor: 0,7)

B) A 1ª Câmara Cível do Tribunal de Justiça do Estado Y tem competência para deixar de aplicar a lei estadual incompatível com a emenda constitucional? Explique. (Valor: 0,55)

Tema da questão

A questão trata do controle de constitucionalidade difuso.

Compreensão do enunciado

Questão prejudicial: é o ponto controvertido que deve ser resolvido antes da decisão de mérito.

Compreensão da questão A: inconstitucionalidade originária e superveniente

A inconstitucionalidade resulta da incompatibilidade vertical da lei ou ato normativo com a Constituição Federal. Na inconstitucionalidade, reside a ideia do confronto entre o ato normativo e a Constituição.

Itens	Inconstitucionalidade originária	Inconstitucionalidade superveniente
Constituição (inclui Emenda Constitucional)	Vigente	Futuro
Tema	Controle de constitucionalidade (juízo de constitucionalidade)	Direito intertemporal (revogação)

De acordo com a jurisprudência do STF, não é admitida a inconstitucionalidade superveniente, pois o reconhecimento da inconstitucionalidade pressupõe o confronto da lei ou ato normativo com a Constituição (inclui Emenda Constitucional) vigente no momento da produção. O advento de uma nova Constituição (inclui Emenda Constitucional) acarreta revogação da lei ou ato normativo cujo conteúdo se revelar com ela incompatível.

O Senado Federal atua apenas no controle difuso de constitucionalidade. No caso como não houve controle, mas regra de direito intertemporal, não há que se falar na atuação do Senado, nos termos do art. 52, X, da CRFB.

Em sede de controle difuso, declarada de forma definida a inconstitucionalidade pelo STF, a decisão é comunicada ao Senado Federal, para que este, se achar conveniente, suspenda a execução da lei, conferindo eficácia *erga omnes* à decisão do STF, por meio de resolução. Sobre a suspensão valem as seguintes características: a) **facultativa:** o Senado não é obrigado a suspender, em homenagem à separação de poderes; é juízo discricionário; b) **exclusividade:** essa atuação do Senado Federal só exige no âmbito do controle difuso; c) **abrangência:** a suspensão pelo Senado é irretratável e não pode modificar decisão do STF.

Compreensão da questão B: do incidente de arguição de inconstitucionalidade

Arguida, em controle difuso, a inconstitucionalidade de lei ou de ato normativo do Poder Público, o relator, após ouvir o Ministério Público e as partes, submeterá a questão à turma ou à câmara à qual competir o conhecimento do processo.

Se a arguição for rejeitada, prosseguirá o julgamento; se a arguição for acolhida, a questão será submetida ao plenário do tribunal ou ao seu órgão especial, onde houver.

Os órgãos fracionários dos tribunais não submeterão ao plenário ou ao órgão especial a arguição de inconstitucionalidade quando já houver pronunciamento destes ou do Plenário do Supremo Tribunal Federal sobre a questão.

As pessoas jurídicas de direito público responsáveis pela edição do ato questionado poderão manifestar-se no incidente de inconstitucionalidade se assim o requererem, observados os prazos e as condições previstos no regimento interno do tribunal.

A parte legitimada à propositura das ações previstas no art. 103 da Constituição Federal poderá manifestar-se, por escrito, sobre a questão constitucional objeto de apreciação, no prazo previsto pelo regimento interno, sendo-lhe assegurado o direito de apresentar memoriais ou de requerer a juntada de documentos.

Considerando a relevância da matéria e a representatividade dos postulantes, o relator poderá admitir, por despacho irrecorrível, a manifestação de outros órgãos ou entidades.

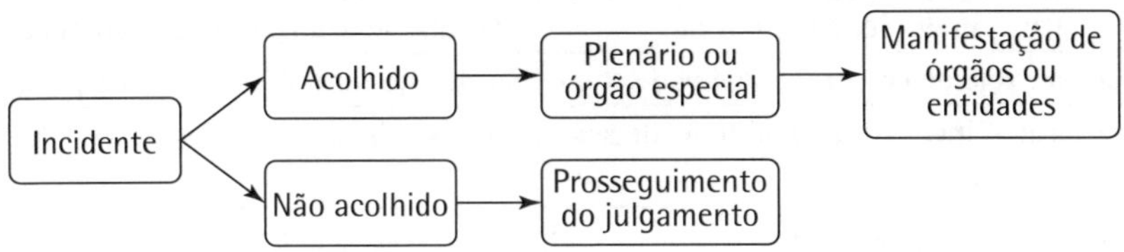

GABARITO:

A) No caso, a lei (de 1999) é posterior à Constituição (de 1988), mas anterior à Emenda Constitucional (de 2000). De acordo com a jurisprudência do STF (ADI 2), a incompatibilidade entre uma lei e uma norma constitucional posterior a ela implica a revogação da lei e não a sua inconstitucionalidade. Tratando-se de revogação e não de inconstitucionalidade, e considerando-se que a competência do Senado se restringe aos casos de declaração de inconstitucionalidade, a decisão não deveria ser encaminhada àquela Casa Legislativa.

B) Embora o art. 481, parágrafo único, do CPC "dispense" o órgão fracionário de um Tribunal (no caso, a 1ª Câmara Cível do Tribunal de Justiça do Estado Y) de encaminhar a questão constitucional ao Pleno (art. 97 da CRFB) quando há decisão do STF sobre a constitucionalidade da lei, como o caso envolve revogação, e não inconstitucionalidade, a cláusula de reserva de plenário não se aplica, tampouco a exceção a ela, prevista no CPC.

(Exame da OAB Unificado 2010.3) O Supremo Tribunal Federal, ao julgar um recurso Extraordinário, declarou a inconstitucionalidade, *incidenter tantum*, de uma lei estadual. Antônio Augusto, interessado em ser alcançado pelos efeitos da decisão de inconstitucionalidade, impetrou mandado de segurança perante o Supremo Tribunal Federal objetivando a fixação de prazo para que o Senado Federal edite resolução para suspender a execução da mencionada lei estadual. Considerando a situação hipotética narrada, responda aos itens a seguir, empregando os argumentos jurídicos apropriados e a fundamentação legal pertinente ao caso.

A) Quais são os efeitos subjetivos produzidos pela declaração de inconstitucionalidade da lei em questão e qual é a função reservada ao Senado Federal pela norma do art. 52, X, da CRFB? (Valor: 0,5)

B) De acordo com a tradição constitucional brasileira, é cabível o pretendido controle jurisdicional da atuação do Senado Federal em tal hipótese? (Valor: 0,3)

C) O Senado Federal pode exercer a competência descrita no art. 52, X, em se tratando de declaração de inconstitucionalidade de lei estadual? (Valor: 0,2)

Tema da questão

A questão trata da atuação do Senado Federal no controle de constitucionalidade.

Compreensão do enunciado

a) **Recurso extraordinário:** recurso de caráter excepcional para o Supremo Tribunal Federal contra decisões de outros tribunais, em única ou última instância, quando houver ofensa a norma da Constituição Federal[1].

b) **Inconstitucionalidade *incidenter tantum*:** é a declarada no curso de um processo judicial envolvendo caso concreto, por qualquer juiz ou tribunal.

Compreensão da questão A: função do Senado no controle de constitucionalidade

Atuação do Senado Federal	Forma de atuação do Senado Federal
Tipo de controle de constitucionalidade	Só atua no controle difuso ou incidental
Lei declarada inconstitucional por decisão definitiva do STF	Não está obrigado a suspender a execução da lei
Suspensão da execução da lei	Não há prazo para sua atuação; é decisão irretratável; não pode modificar a decisão do STF
Instrumento da suspensão da execução da lei	Resolução

Compreensão da questão B: controle jurisdicional da atuação do Senado Federal

O instrumento utilizado pelo Senado para suspender a execução da lei declarada de forma definitiva pelo STF é a resolução. Em relação ao controle jurisdicional da atuação do Senado Federal, cabe saber se a referida resolução pode ser objeto de impugnação judicial. Em nome do acesso à Justiça, é possível, desde que seja comprovada alguma inconstitucionalidade formal (relacionada com a forma de aprovação) ou material (conteúdo).

Resolução do Senado Federal nos termos do art. 52, X, da CRFB	Limites formais	Limites materiais
	O projeto de resolução tem sua tramitação iniciada pelos senadores ou comissões do Senado. Sua aprovação depende de maioria simples.	O Senado não pode modificar os termos da decisão do STF.

Compreensão da questão C: âmbito de atuação do Senado no controle de constitucionalidade

Definir o âmbito de atuação do Senado é identificar quais leis ou atos normativos podem ter sua execução suspensa por ele. Não há limitação, de forma que pode alcançar leis ou atos normativos federais, estaduais ou municipais.

---

1 Disponível em: <http://www.stf.jus.br/portal/glossario/verVerbete.asp?letra=D&id=207>. Acesso em: 5 out. 2019.

GABARITO:

A questão aborda o tema relativo ao exame de constitucionalidade realizado pelo Supremo Tribunal Federal em processo de controle difuso. Como de conhecimento convencional, a declaração de inconstitucionalidade, em tais hipóteses, configura-se questão prejudicial e como tal é apreciada pelo Tribunal. Subjetivamente, a decisão produz efeitos apenas *inter partes*. A função que a Constituição reserva ao Senado Federal, prevista no art. 52, X, da CRFB, é precisamente a de conferir efeitos *erga omnes* à decisão proferida na via difusa do controle de normas. De acordo com a tradição constitucional brasileira, a competência outorgada ao Senado Federal pela norma do art. 52, X, retrata atuação política e discricionária, não cabendo controle jurisdicional a seu respeito. Por fim, é cabível a suspensão da execução pelo Senado Federal mesmo em se tratando de declaração de inconstitucionalidade incidental de norma estadual ou municipal. Ver, a propósito, ADI 3.929-MC.

(XVIII Exame de Ordem – FGV) José, inconformado com decisão judicial proferida em primeiro grau, que o condenou ao pagamento de indenização, recorreu ao Tribunal de Justiça do Estado M. Distribuído o recurso para a Segunda Câmara Cível do mencionado tribunal, os desembargadores desse órgão fracionário, ao analisarem a matéria, entenderam corretos os argumentos de José no que se referia à inconstitucionalidade do dispositivo legal que fundamentou o pedido da parte autora, ora recorrida. Ao realizarem acurada pesquisa jurisprudencial, observaram que o Pleno e o Órgão Especial do próprio Tribunal de Justiça do Estado M, bem como o Supremo Tribunal Federal, nunca se manifestaram sobre a matéria.

Diante da situação narrada, responda aos itens a seguir.

A) Qual a providência a ser tomada pela Segunda Câmara? Justifique.

B) A solução seria diversa se houvesse manifestação do Supremo Tribunal Federal sobre a constitucionalidade ou a inconstitucionalidade do dispositivo em questão? Justifique.

GABARITO:

A) Os órgãos fracionários dos Tribunais – Câmaras, Turmas etc. – não podem declarar a inconstitucionalidade de norma arguida por uma das partes, sem que já tenha sido esta objeto de análise pelo Plenário do Tribunal de Justiça ou, como no caso, pelo seu Órgão Especial. No caso, não havendo posição do Pleno ou do Órgão Especial do Tribunal de Justiça do estado M, com base no art. 97 da CRFB/88, a 2ª Câmara, entendendo que deva ser reconhecida a inconstitucionalidade, deverá encaminhar o exame da constitucionalidade do ato normativo em questão à apreciação do Órgão Especial do próprio Tribunal

B) Sim, a solução seria diversa pois, quando há manifestação do Plenário do Supremo Tribunal Federal sobre a questão da constitucionalidade ou inconstitucionalidade da matéria, dispensa-se o seu envio ao Plenário ou Órgão Especial.

(VI Exame da OAB Unificado) Suponha que tramite perante a Câmara dos Deputados Proposta de Emenda à Constituição da República estabelecendo a obrigatoriedade de Estados, Municípios e Distrito Federal indexarem a remuneração de seus servidores públicos de acordo com o salário mínimo. Considerando a situação hipotética, analise os itens a seguir, empregando os argumentos jurídicos apropriados e a fundamentação legal pertinente ao caso:

A) constitucionalidade da referida PEC; (Valor: 0,6)

B) a possibilidade de provimento jurisdicional que avalie a constitucionalidade da PEC ainda no curso do processo legislativo. (Valor: 0,65)

Tema da questão

A questão trata do tema da Emenda Constitucional regulada no art. 60 da CRFB.

Compreensão do enunciado

a) **Proposta de Emenda à Constituição:** é o rascunho da Emenda Constitucional. É ato normativo infraconstitucional.

b) **Indexação:** sistema de reajuste de preços, inclusive de salários e aluguéis.

c) **Salário mínimo:** é a retribuição paga ao trabalhador pelos serviços prestados.

Compreensão da questão A: limitações materiais da Emenda Constitucional

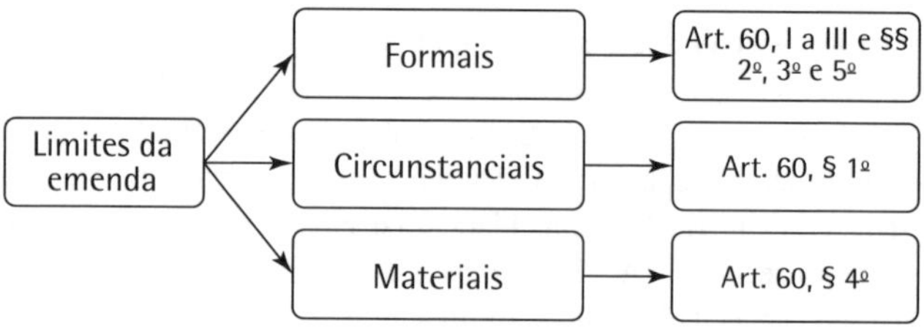

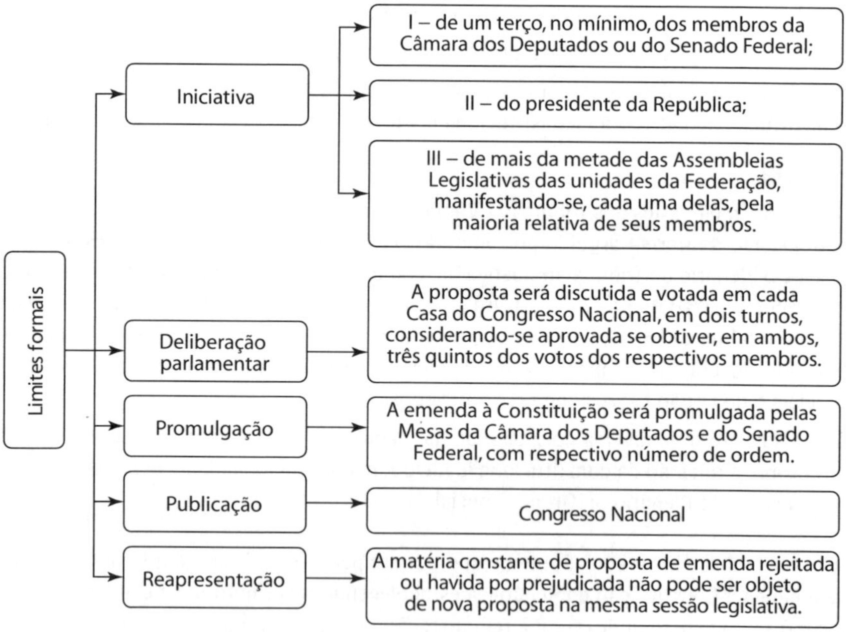

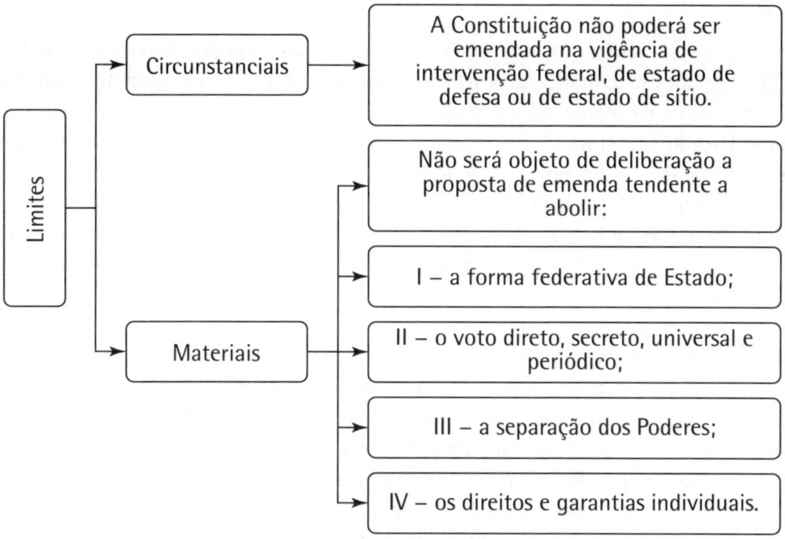

Dentre os limites, destacam-se os limites materiais, ou seja, matérias que não podem ser objeto de Emenda Constitucional. Estão expressas no art. 60, § 4º, da CRFB: forma federativa de Estado, separação de poderes, voto direto, secreto, universal e periódico, e direitos e garantias individuais.

A indexação da remuneração dos servidores estaduais, distritais e municipais pelo salário mínimo (fixado em lei da União Federal) representa ofensa ao princípio federativo, no que diz respeito à autonomia dos estados e municípios (art. 60, § 4º, da CRFB/88) e à vedação constitucional de vinculação do salário mínimo para qualquer fim (art. 7º, IV, da CRFB/88).

Compreensão da questão B: controle judicial da proposta de Emenda Constitucional

A proposta de Emenda Constitucional pode ser objeto de controle judicial quando não observa seus limites formais (iniciativa, tramitação). Neste caso, o parlamentar pode ajuizar mandado de segurança com fundamento na inconstitucionalidade formal, em homenagem ao regular processo legislativo. A Emenda Constitucional pode ser objeto de controle judicial quando não forem observados seus limites formais (iniciativa e tramitação) e materiais.

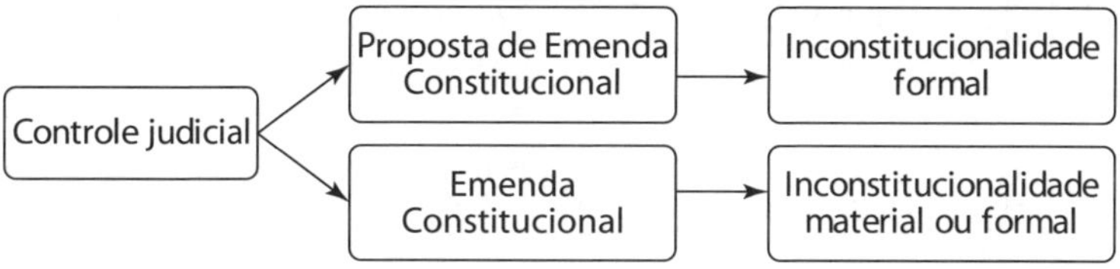

GABARITO:

A PEC não resiste ao confronto com as limitações materiais ao poder de reforma, estabelecidas no art. 60, § 4º, da CRFB, mais especificamente ao enfraquecimento do pacto federativo. Isso porque a indexação da remuneração dos servidores estaduais, distritais e municipais pelo salário mínimo (fixado em lei da União Federal) importa em vulneração da autonomia dos entes federativos e, nesse sentido, em quebra do pacto federativo (ADPF 33/PA). Quanto ao item 2, a jurisprudência do STF já se firmou no sentido de reconhecer a possibilidade de controle jurisdicional da PEC em tramitação, reconhecendo a legitimidade dos deputados e senadores para a impetração de mandado de segurança por violação ao direito líquido e certo de observância do devido processo legislativo (MS 24.642/DF).

(VII Exame da OAB Unificado) No mês de março, um projeto de emenda constitucional foi rejeitado logo no primeiro turno de votação, realizado na Câmara dos Deputados. Em agosto do mesmo ano, esse projeto de emenda foi novamente posto em votação na Câmara dos Deputados. Na sequência, determinado Deputado Federal, contrário ao projeto de emenda e decidido a impedir sua tramitação, afirmou que iria acessar o Poder Judiciário. Discorra sobre a possibilidade de o Poder Judiciário exercer controle sobre a tramitação da emenda, bem como sobre a possível medida cabível no caso em tela. (Valor: 1,25)

Tema da questão

A questão trata do tema do controle judicial sobre proposta de Emenda Constitucional.

Compreensão da questão

Controle preventivo é aquele exercido sobre projetos de lei ou propostas de Emenda Constitucional. Em relação aos projetos de lei, o controle pode ser exercido pelo chefe do Executivo (veto jurídico – discorda do projeto alegando que é inconstitucional), Legislativo (Comissão de Constituição e Justiça – por parecer, Plenário – rejeição por motivo de inconstitucionalidade, presidente da Casa Legislativa) ou pelo Judiciário (parlamentar impetrar mandado de segurança com fundamento na inconstitucionalidade formal).

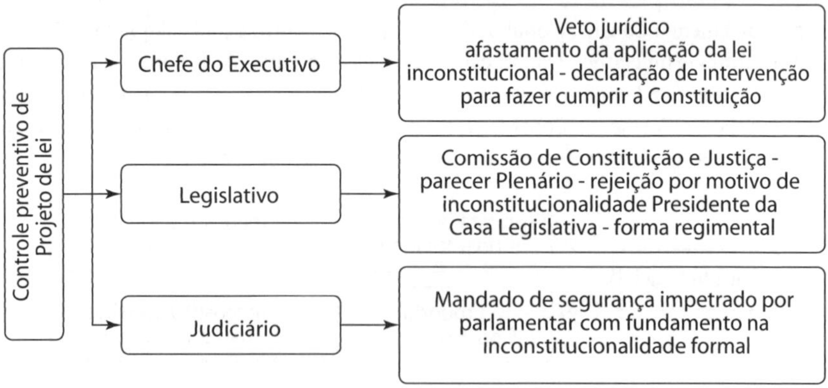

Em relação às propostas de Emenda Constitucional, o controle preventivo só pode ser exercido pelo Legislativo e pelo Judiciário. Não existe possibilidade de controle pelo chefe do Executivo, porque no processo legislativo da Emenda não existe a fase da sanção ou veto.

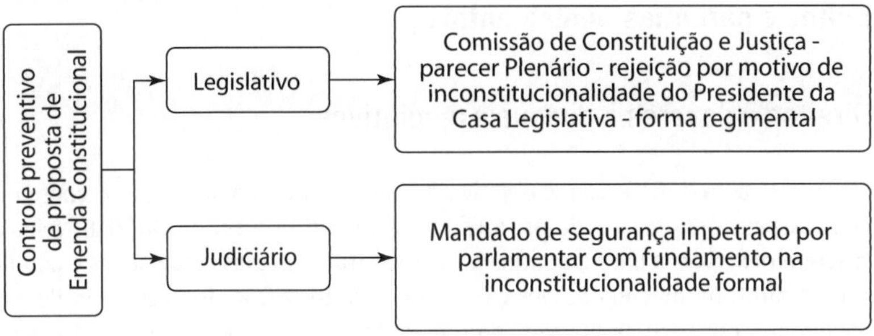

O controle preventivo exercido pelo Judiciário possui os seguintes aspectos:

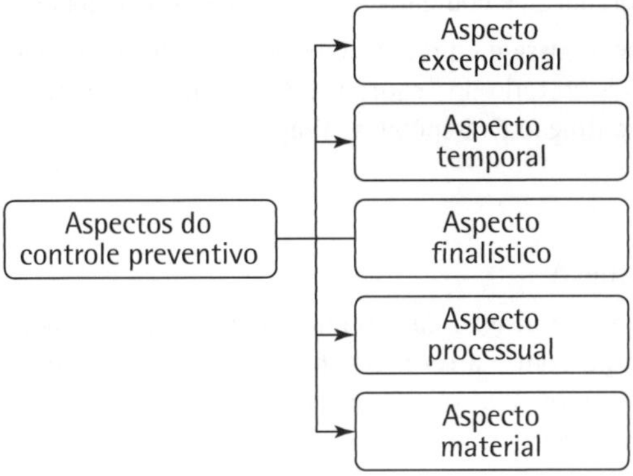

a) **Aspecto excepcional:** é uma possibilidade extraordinária de intervenção do Judiciário no processo legislativo.

b) **Aspecto temporal:** incide no momento da produção de normas pelo Legislativo.

c) **Aspecto finalístico:** visa assegurar o direito subjetivo dos parlamentares de um devido processo legislativo, ou seja, de um processo legislativo compatível com a Constituição Federal, de forma a garantir a certeza de observância da efetiva supremacia da Constituição.

d) **Aspecto processual:** como o controle preventivo incide no momento da formação das normas, entende-se que a legitimidade para provocar o Judiciário a examinar a validade do processo legislativo é do parlamentar, que possui direito líquido e certo à correta observância da disciplina jurídica imposta pela Carta Política em sede de elaboração das espécies normativas.

e) **Aspecto material:** o controle jurisdicional do processo de formação das espécies normativas não configura, quando instaurado, ofensa ao postulado básico da separação de poderes.

GABARITO:

Há possibilidade de o Poder Judiciário controlar a constitucionalidade do processo legislativo do projeto de Emenda Constitucional. No caso em tela, o controle mostra-se viável em função da violação da limitação procedimental constante no art. 60, § 5º, da CRFB. A única medida cabível ao caso é a impetração do mandado de segurança perante o Supremo Tribunal Federal.

22.7. Direitos e garantias fundamentais

22.7.1. Direitos e deveres individuais e coletivos

(XXX Exame de Ordem – FGV) Com o objetivo de conter o avanço das organizações criminosas em algumas associações de moradores, o Estado Alfa editou a Lei n. XX/2018, veiculando as normas a serem observadas para a confecção dos estatutos dessas associações e condicionando a posse da diretoria de cada associação à prévia autorização do Secretário de Estado de Segurança Pública, que verificaria a vida pregressa dos pretendentes. À luz da situação hipotética acima, responda aos itens a seguir:

A) A Lei n. XX/2018 do Estado Alfa, ao veicular norma sobre a confecção dos estatutos das associações de moradores, é compatível com a Constituição da República? (Valor: 0,70)

B) A exigência de que a posse da diretoria de cada associação de moradores seja antecedida de autorização do Secretário de Segurança Pública do Estado Alfa é materialmente compatível com a Constituição da República? (Valor: 0,55)

Tema da questão

Associação.

Compreensão da questão A

Com o objetivo de conter o avanço das organizações criminosas em algumas associações de moradores, o Estado Alfa editou a Lei n. XX/2018, veiculando as normas a serem observadas para a confecção dos estatutos dessas associações. A norma estadual, ao veicular tais normas, ofende a regra de competência privativa da União para legislar sobre direito civil (CRFB, art. 22). A competência legislativa privativa prevista no art. 22 da CRFB pertence à União. Lei complementar poderá autorizar os Estados a legislar sobre questões específicas das matérias previstas no art. 22 da CRFB.

Compreensão da questão B

O termo "associação" significa reunião de pessoas que unem seus esforços para fins não lucrativos. O direito de associação abrange direitos: de criar uma associação, o de aderir a qualquer associação já existente, o de se desligar de uma associação e o de dissolver espontaneamente uma associação. Possui duas garantias coletivas: (a) é vedada a interferência estatal no funcionamento das associações; e (b) só podem ser dissolvidas compulsoriamente ou ter suas atividades suspensas por decisão judicial transitada em julgado.

(XXX Exame de Ordem – FGV) A sociedade empresária X foi autuada pela fiscalização tributária do Estado Alfa sob o argumento de ter apresentado informações falsas por ocasião do lançamento tributário, daí resultando a constituição de um crédito inferior ao devido. O tributo devido, de acordo com a autuação do fiscal responsável, ultrapassava o montante de um milhão de reais. Ao ser comunicado da autuação, a sociedade empresária tomou conhecimento de que a interposição de recurso administrativo estava condicionada ao prévio depósito do referido montante. Embora tenha recorrido às instâncias superiores contra a exigência de depósito prévio, todas foram uníssonas em mantê-lo. Por não dispor da referida importância e ter plena consciência de que não fornecera qualquer informação falsa, a sociedade empresária contratou seus serviços. Sobre o caso narrado, você, como advogado(a), deve responder aos itens a seguir:

A) É compatível com a Constituição da República a exigência de depósito prévio do montante constante da autuação para a interposição do recurso administrativo? (Valor: 0,65)

B) Há alguma medida passível de ser ajuizada, perante Tribunal Superior, para que a administração tributária do Estado Alfa seja compelida a examinar o recurso administrativo independentemente do depósito prévio? (Valor: 0,60)

Tema da questão

A) O tema abrange a garantia da ampla defesa e a Súmula Vinculante 21;

B) Reclamação.

Compreensão da questão A

O processo administrativo no âmbito federal é regido pela Lei n. 9.784/99. Na referida lei há o capítulo XV, que trata sobre recurso administrativo e revisão (arts. 56 a 66). De acordo com o art. 56, § 2º, da Lei n. 9.789/99, salvo exigência legal, a interposição de recurso administrativo independe de caução. Antes do julgamento da ADI 1976-7/DF, de 28-3-2007, o entendimento do STJ e STF era de que a exigência do depósito prévio recursal seria legal e constitucional. Porém com o julgamento da ADI 1976-7, o STF fixou entendimento no sentido que: "a exigência de depósito ou arrolamento prévio de bens e direitos como condição de admissibilidade de recurso administrativo constitui obstáculo sério (e intransponível, para consideráveis parcelas da população) ao exercício do direito de petição (art. 5º, XXXIV), além de caracterizar ofensa ao princípio do contraditório (CF, art. 5º, LV)". Tal entendimento foi consolidado, posteriormente, no enunciado da Súmula Vinculante 21, de 29-10-2009. Trata-se, portanto, de um corolário do direito de petição, nos termos do art. 5º, XXXIV, da CF.

Compreensão da questão B

Da decisão judicial ou do ato administrativo que contrariar enunciado de súmula vinculante, negar-lhe vigência ou aplicá-lo indevidamente caberá reclamação ao Supremo Tribunal Federal, sem prejuízo dos recursos ou outros meios admissíveis de impugnação. Contra omissão ou ato da administração pública, o uso da reclamação só será admitido após esgotamento das vias administrativas. Ao julgar procedente a reclamação, o Supremo Tribunal Federal anulará o ato administrativo ou cassará a decisão judicial impugnada, determinando que outra seja proferida com ou sem aplicação da súmula, conforme o caso (Lei n. 11.417/2006 – art. 7º). Natureza jurídica da reclamação não é a de um recurso, de uma ação e nem de um incidente processual. Situa-se ela no âmbito do direito constitucional de petição previsto no art. 5º, XXXIV, *a*, da CF.

(XXVIII Exame de Ordem – FGV) João da Silva, servidor público estadual, respondeu a processo administrativo disciplinar sob a alegação de ter praticado determinada infração no exercício da função. Ao final, foi condenado e sofreu a sanção de advertência. A conduta de João, apesar de eticamente reprovável, somente foi tipificada em lei em momento posterior à sua prática, o que foi considerado irrelevante pela autoridade administrativa competente, pois "inexistiria norma constitucional vedando a retroação da lei que tipificou a infração administrativa." Além disso, João não constituiu advogado para sua defesa técnica no processo administrativo.

Considerando a narrativa acima, responda aos questionamentos a seguir.

A) A tese da autoridade administrativa, no sentido de que a retroação da tipificação da infração não é vedada pela Constituição da República, está correta? Justifique.

B) Sob a ótica constitucional, o processo administrativo a que João respondeu sem a representação técnica de advogado é válido?

GABARITO:

A) Os incisos XXXIX e XL do art. 5º da CRFB/88 prescrevem que não há crime sem lei anterior que o defina, nem pena sem prévia cominação legal e que a lei penal não retroagirá, salvo para beneficiar o réu. Verdadeiro princípio constitucional de não retroação da lei penal mais gravosa expresso na CRFB/88, portanto não procede a tese alegada pela autoridade administrativa. Além do mais, apesar de o caso previsto no enunciado não se aplicar ao campo penal, mas administrativo, cabe à autoridade administrativa submeter-se ao princípio da legalidade, não podendo atribuir como infração administrativa, conduta não tipificada como tal em lei.

B) Segundo o STF, a falta de defesa técnica por advogado em processo administrativo disciplinar não ofende a CRFB/88, é o que determina a Súmula Vinculante 5.

(XXVII Exame de Ordem – FGV) Pedro requereu a determinada Secretaria de Estado que fornecesse a relação dos programas de governo desenvolvidos, nos últimos três anos, em certa área temática relacionada aos direitos sociais, indicando-se, ainda, o montante dos recursos gastos. O Secretário de Estado ao qual foi endereçado o requerimento informou que a área temática indicada não estava vinculada à sua Secretaria, o que era correto, acrescendo que Pedro deveria informar-se melhor e descobrir qual seria o órgão estadual competente para analisar o seu requerimento. Além disso, afirmou que todas as informações financeiras do Estado, especialmente aquelas relacionadas à execução orçamentária, estão cobertas pelo sigilo, não sendo possível que Pedro venha a acessá-las.

Considerando a narrativa acima, responda aos questionamentos a seguir.

A) Ao informar que Pedro deveria "descobrir" o órgão para o qual endereçaria o seu requerimento, o posicionamento do Secretário de Estado está correto?

B) É correto o entendimento de que as informações financeiras do Estado estão cobertas pelo sigilo, o que impede que Pedro tenha acesso ao montante de recursos gastos com programas de trabalho em certa área temática relacionada aos direitos sociais?

GABARITO:

A) Segundo o art. 5º, inciso XXXIII da CRFB/88 todos têm direito a receber dos órgãos públicos informações de seu interesse particular, coletivo ou geral, que serão prestadas no prazo da lei, sob pena de responsabilidade, ressalvadas aquelas cujo sigilo seja imprescindível à segurança do Estado e da sociedade. Com base no comando constitucional, podemos afirmar que o posicionamento do secretário de Estado não está correto, ele deveria indicar a Pedro qual órgão detém a competência para prestar as informações, inclusive encaminhando o requerimento para tal órgão competente, ou em última hipótese, deveria indicar a Pedro onde ele poderia obter a informação desejada. Sobre o tema, disciplina a Lei n. 12.527/2011, mas é possível responder a questão apenas com a fundamentação do art. 5º da CRFB/88.

B) Não é correto, pois Pedro tem direito de receber informações de interesse geral, nos termos do art. 5º, XXXIII da CRFB/88, e tais informações financeiras não estão incluídas como sigilosas. Complementando, o art. 37, § 3º, incisos I, II e III da CRFB/88 disciplina sobre o direito de acesso a registros administrativos e informações sobre atos de governo e impõe que lei regulamente o regime disciplinar sobre a representação contra exercício negligente ou abusivo de cargo, emprego ou função na administração pública.

(XVII Exame de Ordem – FGV) Leonardo, dirigente da tradicional Agremiação X, desconfiado de que o regulamento do campeonato estadual de remo do Estado E estaria beneficiando uma agremiação em detrimento das demais - em completa violação ao princípio da igualdade –, busca auxílio jurídico. Preocupado, porém, em reduzir o tempo de disputa jurídica, Leonardo sugere ao Advogado da Agremiação X que ajuíze ação perante a Justiça comum, sem acionar as instâncias desportivas.

Na condição de estudante de Direito, Leonardo fundamentou sua sugestão no princípio da inafastabilidade da jurisdição, nos termos do que indica o art. 5º, XXXV, da Constituição Federal. Diante do caso acima narrado, responda aos itens a seguir.

A) O encaminhamento sugerido por Leonardo deve ser seguido pelo Advogado da Agremiação X?

B) A denominada Justiça Desportiva profere decisões judiciais? Justifique.

GABARITO:

A) Não, pois, apesar de o art. 5º, XXXV, da Constituição Federal ter previsto que "a lei não excluirá da apreciação do Poder Judiciário lesão ou ameaça a direito", no caso em questão - Justiça Desportiva –, a própria ordem constitucional exige do jurisdicionado a comprovação de exaurimento na esfera administrativa antes de se dirigir ao Poder Judiciário (art. 217, § 1º, da Constituição Federal).

B) Não. A estrutura do Poder Judiciário brasileiro é aquela estabelecida na Constituição Federal, mais especificamente a partir do art. 92 e demais artigos, que não incluem órgãos da Justiça Desportiva. As decisões da Justiça Desportiva possuem natureza meramente "administrativa", não jurisdicional.

(XIX Exame de Ordem – FGV) A Associação Antíqua, formada por colecionadores de carros antigos, observando que Mário, um de seus membros, supostamente teria infringido regras do respectivo Estatuto, designou comissão especial para a apuração dos fatos, com estrita observância das regras estatutárias.

A Comissão, composta por membros de reconhecida seriedade, ao concluir os trabalhos, resolveu propor a exclusão de Mário do quadro de sócios, o que foi referendado pela Direção da Associação Antíqua. Questionada por Mário sobre o fato de não ter tido a oportunidade de contraditar os fatos ou apresentar defesa, a Associação apresentou as seguintes alegações: em primeiro lugar, não seria possível a Mário contraditar os fatos ocorridos, já que as provas de sua ocorrência eram incontestáveis; em segundo lugar, os trâmites processuais previstos no Estatuto foram rigorosamente respeitados; em terceiro lugar, tratando-se de uma instituição privada, a Associação Antíqua tinha plena autonomia para a elaboração de suas regras estatutárias, que, no caso, permitiam a exclusão sem oitiva do acusado. Por fim, a Associação ainda alegou que Mário, ao nela ingressar, assinara um documento em que reconhecia a impossibilidade de solucionar possíveis litígios com a referida Associação pela via judicial.

Inconformado, Mário o procurou para, como advogado(a), orientá-lo sobre as questões a seguir.

A) O direito à ampla defesa e ao contraditório podem ser alegados quando regras convencionais não os preveem?

B) É possível que o Estatuto da Associação Antíqua possa estabelecer regra que afaste a apreciação da causa pelo Poder Judiciário?

GABARITO:

A) Os direitos fundamentais de ampla defesa e contraditório devem ser observados tanto pelo Poder Público como pelos particulares. Na questão acima, o direito à ampla defesa e ao contraditório, previsto no art. 5º, LV, da CRFB/88, não poderia ser desobedecido, mesmo no âmbito das relações privadas, configurando verdadeiro direito subjetivo de Mário e preceito de ordem pública. A proteção aos direitos fundamentais é assegurada tanto no âmbito das relações com o Estado como nas relações entre particulares, não se admitindo violação em nenhum dos ambientes.

B) O dispositivo constitucional referente ao art. 5º, XXXV da CRFB/88 prescreve que "a lei não excluirá da apreciação do Poder Judiciário lesão ou ameaça a direito" e constitui verdadeiro princípio-regra de inafastabilidade do Poder Judiciário. Portanto, é impossível que o Estatuto da Associação Antígua estabeleça regra que afaste a apreciação do Poder Judiciário. Se lei não pode afastar a possibilidade de apreciação do Poder Judiciário sobre qualquer lesão ou ameaça a direito, estatuto de associação (norma de âmbito privado) também não poderá.

(XXIII Exame de Ordem – FGV) Determinado cidadão (jurisdicionado) apresentou reclamação, perante o Conselho Nacional de Justiça (CNJ), em face de juiz do trabalho. Ao apreciar o caso, o CNJ, em sessão presidida pelo Conselheiro Presidente do Supremo Tribunal Federal, conhece da reclamação e instaura Processo Administrativo Disciplinar (PAD). Considerando que os fundamentos da defesa já tinham sido amplamente apresentados pelo juiz do trabalho em suas manifestações públicas, o CNJ, em prol da celeridade processual, afastou a necessidade de nova manifestação do referido agente, tendo decidido pela aposentadoria do magistrado com proventos proporcionais ao tempo de serviço.

Considere a seguinte situação hipotética e responda aos itens a seguir.

A) O cidadão poderia ter se dirigido ao Conselho Nacional de Justiça na forma descrita? (Valor: 0,60)

B) O procedimento do Conselho Nacional de Justiça foi correto? (Valor: 0,65)

Tema da questão

A questão trata dos direitos fundamentais, nos termos do art. 5º da Constituição Federal.

Compreensão da questão A: Direito de petição

Direito de petição pode ser exercido por qualquer pessoa que tenha intenção de levar ao conhecimento do Poder Público um abuso ou ilegalidade para que sejam tomadas providências. O direito de petição independe do pagamento de taxas, nos termos do art. 5º, XXXIV, *a*, da CRFB.

Compreensão da questão B: Direito de defesa

Direito de defesa é direito de trazer ao processo administrativo ou judicial elementos de prova que visam criar uma certeza do direito.

GABARITO:

A) O examinando deverá responder que, de acordo com o direito de petição, previsto no art. 5º, XXXIV, *a*, da CRFB/88, "qualquer pessoa é parte legítima para representar ilegalidades perante o CNJ".

B) O examinando deverá responder que não, pois, de acordo com o art. 5º, LV, da CRFB/88 ("aos litigantes, em processo judicial ou administrativo, e aos acusados em geral são assegurados o contraditório e a ampla defesa, com os meios e recursos a ela inerentes"), a defesa do juiz e, portanto, o seu direito fundamental à defesa, não podem ser prejudicados ou relativizados por conduta não prevista na Constituição da República.

22.7.2. Remédios Constitucionais

(XXIX Exame de Ordem – FGV) Ednaldo, diretor-presidente da autarquia XX do Estado Alfa, celebrou contrato de compra e venda, no qual o referido ente, sem a prévia realização de licitação, alienou a Pedro e a Marcos diversos veículos de sua frota por menos de dez por cento de seu valor de mercado. Irresignado com o ocorrido, o vereador José decidiu contratar você, como advogado(a), para ajuizar a ação cabível com o objetivo de anular o negócio jurídico e responsabilizar os autores.

A) Qual é a ação judicial, de natureza constitucional, passível de ser proposta por José? Justifique.

B) Quem deve figurar no polo passivo da referida ação? Justifique.

GABARITO:

A) A ação cabível neste caso é a Ação Popular com o objetivo de anular o ato lesivo ao patrimônio público, conforme prescreve o art. 5º, LXXIII, da CRFB/88, e José, como cidadão, será o impetrante.

B) A ação popular admite litisconsórcio passivo, portanto devem ocupar o polo passivo Ednaldo, diretor-presidente da autarquia; a própria autarquia XX do estado Alfa e Pedro e Marcos, que se beneficiaram do contrato.

(IX Exame da OAB Unificado) José, em um evento de confraternização na empresa em que trabalha, ouviu de Roberto, alterado pela ingestão de bebida alcoólica, que este detinha um cargo em comissão no Tribunal de Contas da União, ao qual nunca comparecera, exceto para a retirada do contracheque, ao final de cada mês. José se dirige, no dia seguinte, ao Tribunal de Contas da União e solicita cópia dos assentamentos funcionais relativos a Roberto, a fim de instruir uma ação judicial. O pedido administrativo foi dirigido ao Ministro Presidente daquela Corte de Contas, que resolveu negá-lo. Consternado, José impetrou *habeas data* em face do Presidente do Tribunal de Contas da União. Considerando a situação acima descrita, responda justificadamente aos itens a seguir.

A) Qual o Juízo ou Tribunal competente para julgamento do *habeas data* impetrado por José? (Valor: 0,40)

B) O dispositivo de lei que exige, para impetração do *habeas data*, demonstração da recusa ao acesso às informações, à luz do princípio da inafastabilidade de jurisdição, é constitucional? (Valor: 0,40)

C) A pretensão de José, nesse caso, pode ser veiculada por *habeas data*? (Valor: 0,45)

Tema da questão

A questão trata do tema *habeas data*, previsto no art. 5º, LXXII, da Constituição da República Federativa do Brasil (art. 5º, LXXII – "Conceder-se-á *habeas data*: a) para assegurar o conhecimento de informações relativas à pessoa do impetrante, constantes de registros ou bancos de dados de entidades governamentais ou de caráter público; b) para a retificação de dados, quando não se prefira fazê-lo por processo sigiloso, judicial ou administrativo") e disciplinado pela Lei n. 9.507/97. Trata-se de remédio constitucional destinado a assegurar o conhecimento de informações relativas à pessoa do impetrante, constantes de registros ou bancos de dados de entidades governamentais ou de caráter público.

Compreensão do enunciado

a) **Cargo em comissão:** é cargo de livre nomeação e exoneração. Não precisa de concurso público. Duração temporária. E abrange atribuições de direção, chefia ou assessoramento, nos termos do art. 37, II, da CRFB. Não confundir com as funções de confiança que são exercidas exclusivamente por servidores ocupantes de cargo efetivo.

b) **Tribunal de Contas da União:** órgão auxiliar do Poder.

c) **Contracheque:** documento no qual é especificado o ordenado do funcionário juntamente com as deduções.

d) **Assentamentos funcionais:** documentos relativos à vida pessoal dos membros e servidores públicos e ao histórico de ocorrências funcionais

Compreensão da questão A: competência para julgamento do *habeas data*

Competência	Cabimento	Fundamento
Supremo Tribunal Federal	Contra atos do presidente da República, das Mesas da Câmara dos Deputados e do Senado Federal, do Tribunal de Contas da União, do procurador-geral da República e do próprio Supremo Tribunal Federal	Art. 102, I, *d*, da CRFB
Supremo Tribunal Federal	Julgar, em recurso ordinário os *habeas data* decididos em única instância pelos Tribunais Superiores, se denegatória a decisão	Art. 102, II, *a*, da CRFB
Superior Tribunal de Justiça	Contra ato de Ministro de Estado, dos Comandantes da Marinha, do Exército e da Aeronáutica ou do próprio Tribunal (STJ)	Art. 105, I, *b*, da CRFB
Tribunal Superior Eleitoral	Das decisões dos Tribunais Regionais Eleitorais somente caberá recurso quando denegarem *habeas data*	Art. 121, § 4º, V, da CRFB
Tribunal Regional Federal	Contra ato do próprio Tribunal (TRF) ou de juiz federal	Art. 108, I, c, da CRFB

Tribunal de Justiça	Depende da Constituição de cada estado-membro (A competência dos tribunais será definida na Constituição do Estado, sendo a lei de organização judiciária de iniciativa do Tribunal de Justiça)	Art. 125, § 4º, da CRFB
Justiça do Trabalho	Quando o ato questionado envolver matéria sujeita à sua jurisdição	Art. 114, IV, da CRFB
Juiz Federal	Contra ato de autoridade federal, excetuados os casos de competência dos tribunais federais	Art. 109, VIII, da CRFB

No caso, como José impetrou *habeas data* em face do Presidente do Tribunal de Contas da União, a competência para julgamento é do STF, nos termos do art. 102, I, *d*, da CRFB.

Compreensão da questão B: interesse de agir no *habeas data*

Para a propositura do *habeas data*, é necessário prova do anterior indeferimento do pedido de informação de dados pessoais, ou da omissão em atendê-lo.

A omissão é comprovada pelo decurso do prazo previsto em lei: a) no caso de acesso: decurso de mais de dez dias sem decisão; b) no caso de anotação ou retificação: decurso de mais de 15 dias sem decisão (art. 8º da Lei n. 9.507/97).

A prova referida é a demonstração do interesse de agir no *habeas data* (O art. 17 do CPC prescreve que "Para postular em juízo é necessário ter interesse e legitimidade"). Caso não seja feita a prova, ocorrerá carência da ação e a consequente extinção do processo sem resolução do mérito (CPC – "Art. 317. Antes de proferir decisão sem resolução de mérito, o juiz deverá conceder à parte oportunidade para, se possível, corrigir o vício").

A exigência da prova vem também prevista na Súmula 2 do STJ ("Não cabe o *habeas data* se não houve recusa de informações por parte da autoridade administrativa"). Cabe ressaltar que, embora a súmula mencione apenas recusa, a interpretação prevalente é que o interesse de agir no *habeas data* alcança também a omissão, nos termos da Lei n. 9.507/97.

Conforme entendimento do STF: "O acesso ao *habeas data* pressupõe, dentre outras condições de admissibilidade, a existência do interesse de agir. Ausente o interesse legitimador da ação, torna-se inviável o exercício desse remédio constitucional. – A prova do anterior indeferimento do pedido de informação de dados pessoais, ou da omissão em atendê-lo, constitui requisito indispensável para que se concretize o interesse de agir no *habeas data*. Sem que se configure situação prévia de pretensão resistida, há carência da ação constitucional do *habeas data*" (RHD 22, rel. p/ o ac. Min. Celso de Mello, j. 19-9-1991, Plenário, *DJ* de 1º-9-1995). *No mesmo sentido*: "A ausência da comprovação da recusa ao fornecimento das informações, nos termos do art. 8º, parágrafo único, I, da Lei n. 9.507/97, caracteriza falta de interesse de agir na impetração" (HD 87-AgR, rel. Min. Cármen Lúcia, j. 25-11-2009, Plenário, *DJe* de 5-2-2010).

Compreensão da questão C: cabimento do *habeas data*

A pretensão de José não é amparada por *habeas data*, pois o remédio não se presta para solicitar informações relativas a terceiros, nos termos da alínea *a* do inciso LXXII, do art. 5º da CRFB.

Sua impetração deve ter por objetivo "assegurar o conhecimento de informações relativas à pessoa do impetrante" (STF: HD 87-AgR, rel. Min. Cármen Lúcia, j. 25-11-2009, Plenário, *DJe* de 5-2-2010).

Embora o *habeas data* tenha caráter personalíssimo, existe uma exceção que é a hipótese do cônjuge supérstite que tem legitimidade para impetrar *habeas data* em defesa do interesse do falecido (*Informativo* 342/07).

GABARITO:

A questão trata do *habeas data*, remédio constitucional destinado a assegurar o conhecimento de informações relativas à pessoa do impetrante, constantes de registros ou bancos de dados de entidades governamentais ou de caráter público, nos termos do art. 5º, LXXII, da Constituição da República.

A) O examinando deve destacar a competência do Supremo Tribunal Federal, conforme previsão expressa do art. 102, I, *d*, da Constituição da República.

B) A prova do anterior indeferimento do pedido de informação de dados pessoais, ou da omissão em atendê-lo, constitui requisito indispensável para que se concretize o interesse de agir no *habeas data*. Sem que se configure situação prévia de pretensão resistida, há carência da ação constitucional do *habeas data*. Esse é o entendimento de longa data consagrado pelo Supremo Tribunal Federal (RHD 22, rel. p/ o ac. Min. Celso de Mello, j. 19-9-1991, Plenário, *DJ* de 1º-9-1995) e pelo Superior Tribunal de Justiça (Súmula 2). Esse entendimento restou positivado no art. 8º, parágrafo único, da Lei n. 9.507/97 e vem sendo reafirmado, sempre, pelo STF (nesse sentido: HD 87-AgR, rel. Min. Cármen Lúcia, j. 25-11-2009, Plenário, *DJe* de 5-2-2010).

C) A pretensão de José não é amparada por *habeas data*, pois o remédio não se presta para solicitar informações relativas a terceiros, nos termos da alínea *a* do inciso LXXII do art. 5º da CRFB. Sua impetração deve ter por objetivo "assegurar o conhecimento de informações relativas à pessoa do impetrante" (nesse sentido, ainda, jurisprudência STF: HD 87-AgR, rel. Min. Cármen Lúcia, j. 25-11-2009, Plenário, *DJe* de 5-2-2010).

(XVI Exame de Ordem – FGV) Uma entidade de classe de servidores públicos ajuizou mandado de segurança coletivo contra decisão do Diretor-Geral de um dado órgão público federal. Alegou que a decisão administrativa por ele proferida deixou de considerar direitos consolidados de uma das categorias que representa. O Diretor-Geral informou ao seu advogado reconhecer que a questão sobre a existência ou não do direito em discussão envolvia grande complexidade jurídica. Esclareceu, ainda, que, apesar de alguns órgãos públicos aplicarem o direito almejado pelo impetrante, a maior parte não o reconhecia. Diante do relato acima, responda aos itens a seguir.

A) No caso em questão, havendo dúvidas quanto à certeza em matéria de direito, é possível movimentar o Poder Judiciário pela via do mandado de segurança? Justifique.

B) A entidade de classe em questão possui legitimidade para impetrar o mandado de segurança coletivo, ainda que a pretensão veiculada diga respeito a apenas uma parte da categoria que representa? Justifique.

GABARITO:

A) Sim, conforme a Súmula 625 do STF, a existência de dúvida sobre matéria de direito não impede a movimentação do Judiciário pela via de mandado de segurança. A exigência de direito líquido e certo para a impetração de mandado de segurança não se refere à inexistência de "controvérsia sobre matéria de direito", mas à inexistência de controvérsia sobre fatos, que devem ser objeto de pronta comprovação.

B) Sim, conforme a Súmula 630 do STF, entidade de classe tem legitimidade para impetrar o mandado de segurança, ainda quando a pretensão veiculada diga respeito apenas a uma parte da respectiva categoria.

(XXV Exame de Ordem – FGV) Pedro, cidadão brasileiro, viu-se impossibilitado de exercer certos direitos e liberdades constitucionais em razão da falta de norma regulamentadora, sendo que o poder de iniciativa legislativa é reservado ao Presidente da República, cabendo ao Congresso Nacional apreciar o respectivo projeto. Irresignado com a situação, Pedro formula os questionamentos a seguir.

A) Para combater a mora legislativa descrita na situação acima, qual a medida judicial a ser utilizada pelo cidadão? Justifique.

B) Qual é o órgão competente do Poder Judiciário para apreciar a medida judicial? Justifique.

C) Uma vez reconhecida a mora legislativa no processo que ele, Pedro, vier a instaurar, quais podem ser os efeitos da decisão judicial?

GABARITO:

A) A mora legislativa que causa a Síndrome da Inefetividade das normas constitucionais pode ser sanada por meio do remédio constitucional mandado de injunção, instrumento jurídico acessível a Pedro em razão da impossibilidade de exercer direitos e liberdades constitucionais por ausência de regulamentação, conforme previsto no art. 5º, LXXI, da CRFB/88. O mandado de injunção é regulamentado pela Lei n. 13.300/2016.

B) Como a mora legislativa é do Congresso Nacional, o órgão competente para apreciar e julgar o referido mandado de injunção é o Supremo Tribunal Federal, conforme dispõe o art. 102, I, *q*, da CRFB/88.

C) A resposta a esta questão encontra-se na Lei n. 13.300/2016 – Lei do Mandado de Injunção, nos arts. 8º e 9º, e a FGV considerou a possibilidade de dois tipos de resposta que transcrevemos abaixo:

C.1) Os efeitos da decisão do Supremo Tribunal Federal serão aqueles previstos no art. 8º da Lei n. 13.300/2016: reconhecimento da mora legislativa, sendo deferida a injunção para determinar prazo razoável para que o impetrado promova a edição da norma regulamentadora e estabeleça as condições em que se dará o exercício dos direitos, das liberdades ou das prerrogativas reclamados; **OU**

C.2) Os efeitos da decisão do Supremo Tribunal Federal serão aqueles previstos no art. 9º da Lei n. 13.300/2016, isto é, eficácia *inter partes*, como regra, ou *erga omnes* (ou *ultra partes*) quando inerente ou indispensável ao exercício do direito, e produzirá efeitos até o advento da norma regulamentadora, nos termos do art. 9º da Lei n. 13.300/2016.

(VII Exame da OAB Unificado) Erasmo, cidadão residente e eleitor do Estado "A", viveu sua infância no Estado "B", pelo qual possui grande apreço. Por entender que certo Deputado Federal, no exercício de sua função, e no âmbito territorial do Estado "B", praticou ato lesivo ao patrimônio público do ente ao qual está vinculado, Erasmo propôs ação popular em vara federal da seção judiciária de "B". O Deputado Federal, em sua contestação, alega a incompetência do juízo de 1º grau, com o fundamento de que possui foro privilegiado, e a ilegitimidade ativa de Erasmo. Responda aos questionamentos a seguir, empregando os argumentos jurídicos apropriados e apresentando a fundamentação legal pertinente ao caso.

A) Qual o órgão competente para conhecer a ação popular ajuizada em face do Deputado Federal? (Valor: 0,65)

B) Segundo a jurisprudência dos tribunais superiores, Erasmo teria legitimidade ativa para ajuizar a ação popular na seção judiciária de "Z"? (Valor: 0,60)

Tema da questão

A questão trata do tema da ação popular prevista no art. 5º, LXVIII, da CRFB, e disciplinada pela Lei n. 4.717/65.

Compreensão do enunciado

Nacional é o brasileiro nato ou naturalizado; cidadão é o brasileiro no gozo dos direitos políticos (ter Título de Eleitor, estar em dia com as obrigações eleitorais e não estar em uma situação de privação de direitos políticos).

Compreensão da questão A: competência jurisdicional na ação popular

A competência para processar e julgar a ação popular é determinada pela origem do ato impugnado. De forma que, se for federal, a competência será da Justiça Federal; se for estadual ou municipal, a competência será da Justiça Estadual. Nos termos da lei da ação popular, em seu art. 5º, "conforme a origem do ato impugnado, é competente para conhecer da ação, processá-la e julgá-la o juiz que, de acordo com a organização judiciária de cada Estado, o for para as causas que interessem à União, ao Distrito Federal, ao Estado ou ao Município".

Para fins de competência, equiparam-se aos atos da União, do Distrito Federal, do estado ou dos municípios os atos das pessoas criadas ou mantidas por essas pessoas jurídicas de direito público, bem como os atos das sociedades de que elas sejam acionistas e os das pessoas ou entidades por elas subvencionadas ou em relação às quais tenham interesse patrimonial.

Quando o pleito interessar simultaneamente à União e a qualquer outra pessoa ou entidade, será competente o juiz das causas da União, se houver; quando interessar simultaneamente ao estado e ao município, será competente o juiz das causas do estado, se houver.

Não há hipótese prevista na Constituição Federal de casos de competência originária na ação popular. Porém, no *Informativo* 433 do STF, é possível falar-se em dois casos de competência originária do próprio STF: a) as causas e os conflitos entre a União e os estados, a União e o Distrito Federal, ou entre uns e outros, inclusive as respectivas entidades da Administração indireta (art. 102, I, *f*, da CRFB); b) a ação em que todos os membros da magistratura sejam direta ou indiretamente interessados, e aquela em que mais da metade dos membros do tribunal de origem estejam impedidos ou sejam direta ou indiretamente interessados (art. 102, I, *n*, da CRFB).

Compreensão da questão B: legitimidade ativa na ação popular

O autor na ação popular tem de ser cidadão, pessoa no gozo dos direitos políticos. Não basta apenas ter o Título de Eleitor, tem também de estar em dia com as obrigações eleitorais e não estar em situação de privação dos direitos políticos.

A condição de eleitor é, tão somente, meio de prova da cidadania. O que importa na ação popular, para definição da legitimidade ativa é a condição de ser cidadão. Neste sentido o STJ: Nesse contexto, é certo que o art. 5º, LXXIII, da CRFB reconhece a legitimidade ativa do cidadão e não do eleitor para propor a ação popular e que os referidos dispositivos da Lei n. 4.717/65 apenas definem ser a cidadania para esse fim provada mediante o Título de Eleitor (*Informativo* 476/11).

GABARITO:

A) A ação foi proposta no órgão competente, ou seja, em órgão de 1º grau da Justiça Federal, em virtude do disposto no art. 5º da Lei n. 4.717/65 e no art. 102 da CRFB. O Supremo Tribunal Federal já decidiu reiteradamente que o rol de competências originárias fixadas na CRFB (art. 102) é taxativo, e que a prerrogativa de foro, unicamente invocável em procedimentos de caráter penal, não se estende às causas de natureza civil (ex.: Pet 3.152 AgR/PA e 1.738 AgR/MG). Logo, não são de sua competência originária as ações populares, ainda que o réu seja autoridade que tenha foro por prerrogativa de função no STF.

B) A resposta deve ser positiva. Conforme jurisprudência do Superior Tribunal de Justiça – *vide* REsp 1.242.800/MS (j. 14-6-2011) – o fato de o cidadão ser eleitor em município diverso daquele onde ocorreram as irregularidades não o impede de ajuizar ação popular, o que poderá ser feito em qualquer seção judiciária ("A", "B", "D", "Z"). Afinal, a legitimidade ativa da ação é deferida ao cidadão. A condição de eleitor configura meio de prova documental da cidadania.

22.7.3. Direitos Sociais

(XXII Exame de Ordem – FGV) Roberto, servidor público estadual, após se aposentar, surpreende-se com o corte do auxílio-alimentação que recebia quando em atividade. Indignado, requer à Administração que o referido benefício seja reinserido, já que o direito à alimentação integra o conceito de mínimo existencial. Todavia, ao negar o pedido, a Administração, alegando crise orçamentária, informa que esse direito, embora constitucionalmente previsto, é sempre hierarquicamente inferior aos demais direitos estabelecidos no rol de direitos fundamentais sociais, não tendo o Estado, portanto, o dever de contemplá-lo.

Inconformado com a resposta, Roberto procura um(a) advogado(a) para que esclareça os itens a seguir.

A) Diante do que informa o sistema jurídico-constitucional brasileiro e das informações acima apresentadas, há elementos jurídicos para reverter judicialmente a decisão administrativa do corte do auxílio-alimentação?

B) Independentemente da possibilidade ou impossibilidade jurídica do corte do auxílio-alimentação, a questão hierárquico-normativa suscitada pela Administração Pública pode ser considerada um argumento reconhecido pelo sistema jurídico-constitucional brasileiro?

GABARITO:

A) Não, pois o entendimento jurisprudencial é que alguns benefícios e gratificações são inerentes à atividade do servidor, não se incorporando à aposentadoria. Confirmando o entendimento e vinculando toda a Administração Pública direta e indireta, o STF editou a Súmula Vinculante 55: "O direito ao auxílio-alimentação não se estende aos servidores inativos".

B) Não. O princípio da relativização ou harmonização dos direitos fundamentais orienta que o intérprete, deparando-se com situação de conflitos entre direitos, adote uma solução que harmonize a aplicação deles (no caso, o direito à alimentação) e, ao mesmo tempo, não acarrete a negação de nenhum, já que não existe hierarquia entre os direitos fundamentais, não havendo, portanto, prevalência dos direitos sociais sobre os outros.

22.7.4. Nacionalidade

(XIII Exame de Ordem – FGV) Giácomo e Giovanna são turistas italianos que, apaixonados pelo Brasil, aqui fixam residência, obtêm emprego e constituem família. Seus dois filhos, Luigi e Filipa nasceram no Brasil, respectivamente em 1989 e 1991. Considerando que o ordenamento italiano atribui nacionalidade italiana aos filhos de seus cidadãos, ainda que nascidos no estrangeiro, responda, fundamentadamente, aos itens a seguir.

A) Filipa pode ser extraditada para a Itália, pela prática de crime comum, caso o Brasil mantenha tratado de extradição com aquele País?

B) A legislação ordinária pode estabelecer nova hipótese de aquisição de nacionalidade brasileira?

GABARITO:

A) Filipa é brasileira nata e, portanto, não pode ser extraditada (art. 5º, LI, da CRFB/88). Mesmo tendo dupla nacionalidade, não houve perda da nacionalidade brasileira, pois foi apenas reconhecida a sua nacionalidade originária pela lei estrangeira.

B) Não, as hipóteses de outorga da nacionalidade brasileira, quer se trate de nacionalidade originária, quer se trate de nacionalidade derivada, decorrem exclusivamente do texto constitucional. Há entendimento pacífico no STF.

(XXIII Exame de Ordem – FGV) Ernesto, de nacionalidade boliviana, imigrou para a República Federativa do Brasil em 2000 e, desde então, com aquiescência das autoridades brasileiras, fixou residência no território nacional. Cidadão de reputação ilibada e profundo admirador de nossa cultura conheceu Cláudia, de nacionalidade portuguesa, também de reputação ilibada e que vivia no Brasil desde 2010. Ernesto e Cláudia, que começaram a viver juntos há cerca de um ano, requereram a nacionalidade brasileira. Para surpresa de ambos, os requerimentos foram indeferidos. No caso de Ernesto, argumentou-se que suas características pessoais, como idade e profissão, não se enquadravam nas diretrizes da política nacional de migração. Quanto a Cláudia, argumentou-se a ausência de utilidade na naturalização, já que, por ser portuguesa, seria alcançada pelo estatuto da igualdade entre portugueses e brasileiros. Inconformados com os indeferimentos, Ernesto e Cláudia procuraram os seus serviços como advogado(a) para que a situação de ambos fosse objeto de criteriosa análise jurídica. Considerando a situação hipotética apresentada, responda, de forma fundamentada, aos itens a seguir.

A) Ernesto possui o direito subjetivo à obtenção da nacionalidade brasileira? (Valor: 0,60)

B) As razões invocadas para o indeferimento do requerimento de Cláudia mostram-se constitucionalmente corretas? (Valor: 0,65)

Tema da questão

A questão trata da naturalização, nos termos do art. 12 da Constituição Federal.

Compreensão da questão A: Naturalização Extraordinária

A naturalização extraordinária depende de requerimento do interessado com a demonstração dos seguintes requisitos: a) residência ininterrupta no Brasil há mais de 15 anos; b) ausência de condenação penal. Ao preencher os requisitos, o interessado tem direito subjetivo à nacionalidade brasileira.

Compreensão da questão B: Naturalização Ordinária

A naturalização ordinária depende de requerimento do interessado com a demonstração de requisitos. No caso de estrangeiros originários de países de língua portuguesa são exigidos dois requisitos: a) residência ininterrupta no Brasil por um ano; b) idoneidade moral. A concessão da naturalização é ato discricionário do chefe do Poder Executivo.

GABARITO:

A) O examinando deve responder que, uma vez preenchidos os requisitos estabelecidos no art. 12, II, *b*, da CRFB/88, o estrangeiro, como Ernesto, possui o direito subjetivo à obtenção da nacionalidade brasileira.

B) O examinando deve esclarecer que qualquer estrangeiro que preencha os requisitos exigidos, inclusive aquele originário dos países falantes de língua portuguesa, consoante o art. 12, II, *a*, da CRFB/88, pode postular a obtenção da nacionalidade brasileira, o que ensejará o surgimento de vínculo mais estreito com a República Federativa do Brasil.

22.7.5. Direitos Políticos

(XXX Exame de Ordem – FGV) Maria, paraguaia naturalizada brasileira, foi eleita Deputada Federal. Após a posse, foi condenada, por sentença judicial transitada em julgado, por conduta que comprometia a soberania nacional, com o correlato cancelamento da nacionalidade brasileira. A partir da hipótese mencionada, responda aos itens a seguir.

A) A condenação de Maria produz algum efeito em relação à sua capacidade de votar e de ser votada? (Valor: 0,65)

B) O mandato eletivo de Maria deve ser preservado? (Valor: 0,60)

Tema da questão

A) Perda da nacionalidade, nos termos do art. 12 da Constituição Federal, e perda dos direitos políticos, nos termos do art. 15 da Constituição Federal;

B) Perda do mandato de parlamentar, nos termos dos arts. 55 e 56, ambos da Constituição Federal.

Compreensão da questão A: Perda da nacionalidade

Perda Punição: ocorre quando o brasileiro naturalizado for condenado por sentença transitada em julgado pela prática de atividade nociva ao interesse nacional; pode readquirir a nacionalidade por ação rescisória; **Direitos políticos negativos:** impedem a participação do indivíduo nos negócios do Estado. São regras que privam o cidadão, pela perda definitiva ou temporária (suspensão) da totalidade dos direitos políticos, de votar e ser votado e, ainda, determinam restrições à elegibilidade do cidadão em certas circunstâncias; **Perda dos Direitos Políticos:** ocorre com o não cumprimento de serviço militar, nem prestação alternativa (reaquisição é possível quando a pessoa resolver cumprir a prestação devida) ou com o cancelamento da naturalização por sentença judicial transitada em julgado (reaquisição é possível por ação rescisória).

Compreensão da questão B: Extinção do mandato parlamentar

É a perda do mandato parlamentar, em virtude da decretação da justiça eleitoral, da perda ou suspensão dos direitos políticos ou do não comparecimento a 1/3 das sessões ordinárias. O procedimento da extinção é feito da seguinte maneira: declaração da Mesa de ofício ou por provocação de qualquer membro ou de partido político representado na Casa.

(XXIX Exame de Ordem – FGV) Um Deputado Estadual foi condenado, em sentença criminal transitada em julgado, à pena de 4 (quatro) anos de detenção, que veio a ser convertida em pena restritiva de direitos. Em casos como esse, a lei estadual dispunha que o Deputado Estadual não teria os direitos políticos suspensos, salvo se a pena restritiva de direitos fosse descumprida e viesse a ser convertida em pena privativa de liberdade. Nesse caso, a suspensão dos direitos políticos iria perdurar até que fosse cumprida a pena.

Considerando a narrativa acima e o princípio da simetria, responda aos questionamentos a seguir.

A) A lei estadual, ao disciplinar a suspensão dos direitos políticos, é formal e materialmente compatível com a Constituição da República?

B) Na situação narrada, é possível que o Deputado Estadual preserve o seu mandato mesmo tendo os direitos políticos suspensos?

GABARITO:

A) A CRFB/88 dispõe sobre a suspensão e perda dos direitos políticos em seu art. 15, e o art. 22, XIII disciplina que compete à União legislar sobre cidadania, portanto a lei estadual citada é formalmente incompatível com a Constituição. Quanto à matéria, o art. 15, III, da CRFB/88 determina a suspensão dos direitos políticos no caso de "condenação criminal transitada em julgado, enquanto durarem os efeitos da condenação", o que torna a lei estadual materialmente inconstitucional.

B) Segundo o art. 55, VI, da CRFB/88 é caso de perda do mandato a condenação criminal por sentença transitada em julgado, contudo a perda depende de decisão da Casa Legislativa respectiva pelo voto de maioria absoluta, assegurada a ampla defesa. Ou seja, é possível o Deputado Estadual ser condenado e ainda manter seu mandato, se a Casa Legislativa assim decidir.

Obs.: Esta questão também exige conhecimentos sobre Imunidades Parlamentares, mas optamos por classificá-la em Direitos Políticos devido ao tema proposto no enunciado.

(XXVIII Exame de Ordem – FGV) A Executiva Nacional do Partido Político CX decidiu formar coligação com o Partido Político JT, visando à eleição majoritária para a Chefia do Executivo Federal. Ocorre que, dias depois, tomou conhecimento de que este último partido político, por sua Executiva Estadual, veio a formar coligação com o Partido Político BN para as eleições proporcionais de nível estadual.

Preocupada com essa situação, a Executiva Nacional do Partido Político CX procurou seus serviços como advogado(a) e solicitou que fossem respondidos os questionamentos a seguir.

A) O Partido Político JT agiu de forma compatível com a Constituição da República ao formar coligações com os partidos políticos CX e BN?

B) Caso a Justiça Eleitoral, pelo Tribunal Regional Eleitoral competente, reconheça que a coligação formada entre os Partidos Políticos JT e BN destoa da Constituição da República, qual é o Tribunal competente para conhecer do recurso cabível?

GABARITO

A) O art. 17, § 1º da CRFB/88, modificado pela Emenda n. 52/2006 estabelece autonomia para os partidos realizarem suas coligações, sem obrigatoriedade de vinculação entre as candidaturas em âmbito nacional, estadual, distrital e municipal. Portanto, o Partido Político JT agiu de forma totalmente compatível com a CRFB/88 ao formar coligações com os partidos políticos CX e BN.

B) A CRFB/88 disciplina sobre os recursos cabíveis contra decisões dos Tribunais Regionais Eleitorais, estabelecendo – no seu art. 121, § 4º – um filtro para limitar os casos. Se o Tribunal Regional Eleitoral decretar que a coligação destoa da Constituição Federal, caberá recurso ao Tribunal Superior Eleitoral com fundamento no art. 121, § 4º, I, da CRFB/88, já que o art. 17, § 1º da norma constitucional expressamente permite a liberdade de coligações partidárias. Caso o Tribunal Superior Eleitoral mantenha a decisão do Tribunal Regional Eleitoral, ainda caberá recurso ao Supremo Tribunal Federal com fulcro no art. 121, § 3º da CRFB/88.

(XXVII Exame de Ordem – FGV) Após a promulgação da Constituição de 1988, a Lei Federal X alterou a sistemática de registro de candidaturas para as eleições, tendo estatuído, de modo expresso, que as novas regras seriam aplicadas às eleições a serem realizadas no ano seguinte, onze meses após a sua entrada em vigor, o que ocorreu na data de sua publicação. Essa alteração foi considerada lesiva pela direção nacional do Partido Político Alfa, que somente contava com representantes no âmbito das Assembleias legislativas estaduais.

À luz desse quadro, responda, como advogado(a), aos questionamentos a seguir.

A) A Lei Federal X é compatível, sob os aspectos material e formal, com a Constituição da República Federativa do Brasil?

B) Caso a Lei Federal X seja inconstitucional, o partido político Alfa pode deflagrar o controle concentrado de constitucionalidade perante o Supremo Tribunal Federal?

GABARITO:

A) Aparentemente a Lei Federal X é formalmente compatível com a CRFB/88, pois a matéria direito eleitoral é de competência legislativa privativa da União (art. 22, I da CRFB/88) e nada foi informado no enunciado quanto a alguma intercorrência no seu trâmite de votação e promulgação. Contudo, a Lei Federal X é materialmente incompatível com o art. 16 da CRFB/88 que trata do princípio da anterioridade (ou anualidade) eleitoral. O referido dispositivo determina que a lei que alterar o processo eleitoral entrará em vigor na data da publicação, mas só gerará efeitos um ano após o início da sua vigência. Inclusive, há alguns julgados do STF acerca do tema.

B) O partido político Alfa não tem legitimidade ativa para ajuizar ADI porque não atende à exigência constitucional do art. 103, VIII, da CRFB/88 que impõe ao partido político ter representante no Congresso Nacional, mesmo que seja um único deputado federal ou senador.

Obs.: Esta questão também exige conhecimentos de Organização do Estado e Controle de Constitucionalidade, mas optamos por classificá-la em Direitos Políticos devido ao tema proposto no enunciado.

(VI Exame da OAB Unificado) Marco Antônio, titular, desde 2006, de mandato de Senador pelo Estado X, pretende se reeleger, em 2014, para o Senado, mas dessa vez como Senador pelo Estado Y, governado pela sua esposa, Maria, eleita em 2010 e que pretende a reeleição em 2014.

Como Marco Antonio irá concorrer, em 2014, ao cargo de Senador pelo Estado Y, Paulo, filho de Marco Antonio e Maria, decidiu que naquele ano irá se candidatar ao cargo de Senador pelo Estado X. Diante desse quadro, responda:

A) Pode Marco Antonio se candidatar ao cargo de Senador pelo Estado Y, em 2014? (Valor: 0,75)

B) Pode Paulo se candidatar ao cargo de Senador pelo Estado X, em 2014? (Valor: 0,5)

Tema da questão

A questão trata da inelegibilidade reflexa, nos termos do art. 14, § 7º, da CRFB ("São inelegíveis, no território de jurisdição do titular, o cônjuge e os parentes consanguíneos ou afins, até o segundo grau ou por adoção, do Presidente da República, de Governador de Estado ou Território, do Distrito Federal, de Prefeito ou de quem os haja substituído dentro dos seis meses anteriores ao pleito, salvo se já titular de mandato eletivo e candidato à reeleição").

Compreensão do enunciado

a) **Mandato de senador:** é o período de tempo em que a pessoa eleita fica no cargo de senador. O período é de 8 anos. A cada eleição, a Casa renova, alternadamente, um terço e dois terços.

b) **Reeleição:** renovação do mandato para o mesmo cargo. O presidente da República, os governadores de estado e os prefeitos poderão ser reeleitos para um único período subsequente, nos termos do art. 14, § 5º, da CRFB. Essa norma é estendida ao vice-presidente da República, aos vice-governadores e aos vice-prefeitos. Os parlamentares (senadores, deputados e vereadores) podem se reeleger sem limite do número de vezes.

Personagem	Qualificação	Cargo atual	Cargo pretendido em 2014
Marco Antônio	Marido de Maria e pai de Paulo	Senador desde 2006 pelo Estado X	Senador pelo Estado Y
Maria	Esposa de Marco Antônio e mãe de Paulo	Governadora do Estado Y eleita em 2010	Governadora do Estado Y
Paulo	Filho de Marco Antônio e Maria	Não mencionado	Senador pelo Estado X

Compreensão da questão A: inelegibilidade reflexa – casamento

No caso, Marco Antônio é casado com Maria. Marco Antônio pretende cargo eletivo de senador no estado em que sua esposa é governadora.

Cônjuge do governador não pode, dentro do estado, candidatar-se a cargo de governador, prefeito, vereador, deputado estadual, deputado federal ou senador.

A regra se estende àquele que substituir o governador dentro dos seis meses antes das eleições. O cônjuge poderia candidatar-se a cargo de senador se fosse titular de mandato eletivo e fosse candidato à reeleição, nos termos do art. 14, § 7º, da CRFB.

Compreensão da questão B: inelegibilidade reflexa – parentesco

No caso, Paulo é filho de Marco Antônio e Maria. Paulo pretende cargo eletivo de senador no estado em que seu pai é senador. Filho do senador (parente consanguíneo até segundo grau) pode dentro do estado, candidatar-se a cargo de senador.

GABARITO:

A) Não, pois há impedimento em razão de parentesco. Marco Antonio se lançaria candidato a senador pelo estado em que sua esposa é governadora. Neste caso, não ocorre a exceção da parte final do art. 14, § 7º, porque Marco Antonio não é "titular do cargo de Senador pelo Estado Y".

B) Sim, porque o impedimento previsto no art. 14, § 7º, limita-se aos parentes dos chefes do Poder Executivo (prefeito, governador e presidente).

(XVI Exame de Ordem – FGV) Faltando um pouco mais de um ano para as eleições estaduais, Prudêncio Ferreira, governador de um dos Estados da Federação (Estado W), mesmo diante de grave crise política, decide que concorrerá a um segundo mandato, sem se afastar do exercício de sua função. No seu entender, a referida crise política decorre do fato de não possuir, na Assembleia Legislativa (do Estado W), além de seu filho Zacarias, um número maior de deputados aguerridos, que defendam o seu governo, de forma contundente, dos insistentes ataques desferidos pela oposição. Por essa razão, traça como estratégia política reforçar a sua base de apoio na Casa Legislativa, com pessoas que considera de sua inteira confiança. Assim, submete à cúpula do partido que o apoia uma lista de candidatos a Deputado Estadual que deveriam receber especial apoio no decorrer da campanha. Os seguintes nomes constaram da relação, todos com mais de 21 anos: Marcos Ferreira, seu neto, bacharel em Direito, que jamais exerceu qualquer cargo político; Robervaldo Soberbo, seu sogro, que se encontra aposentado do cargo de fiscal de rendas do Estado W; Carlos Ferreira, seu sobrinho, que não exerce nenhum cargo político no momento; e Zacarias Ferreira, seu filho adotivo, político de carreira, que concorrerá à reeleição como deputado estadual no Estado W.

Segundo a Constituição Federal, responda aos itens a seguir.

A) Dentre os nomes citados, quais estariam habilitados a concorrer ao cargo de Deputado Estadual do Estado W e quais não estariam? Justifique.

B) Dentre os que não estariam habilitados a concorrer ao cargo de Deputado Estadual pelo Estado W, poderiam eles concorrer ao cargo de Deputado Estadual por outro Estado? Justifique sua resposta.

GABARITO:

A) Estariam habilitados a concorrer ao cargo de deputado estadual Carlos Ferreira (sobrinho) e Zacarias Ferreira (filho concorrendo à reeleição), tudo conforme o art. 14, § 7º, da CRFB/88. Carlos, na condição de sobrinho do governador, apresenta parentesco consanguíneo de "terceiro grau", pela linha colateral, sendo que a inelegibilidade atinge até e somente parentes até o segundo grau. Já Zacarias, embora seja ele filho adotivo de Prudêncio (parentesco de 1º grau por adoção), já é titular de mandato eletivo e está concorrendo à reeleição para o cargo de deputado estadual do estado W, enquadrando-se na exceção prevista no mesmo dispositivo constitucional. Marcos Ferreira e Roberval Soberbo são inelegíveis no estado W, o primeiro é parente consanguíneo em segundo grau pela linha direta, e o segundo é parente de primeiro grau por afinidade do atual governador Prudêncio Ferreira.

B) Os dois parentes considerados inelegíveis no estado W por vínculo de parentesco com o governador poderiam concorrer ao cargo de deputado estadual em qualquer estado que não fosse W. A inelegibilidade prevista no art. 14, § 7º está restrita à "jurisdição" do Chefe do Poder Executivo, caso o parente seja alcançado pelo vínculo até o segundo grau, ou cônjuge.

(XXI Exame de Ordem – FGV) Luís, governador do estado Beta, pertence a uma família de grande prestígio na esfera política estadual e é casado com Carla, que pertence a outro importante clã político do mesmo Estado. Após alguns desentendimentos públicos, todos devidamente acompanhados pela mídia, o casal se divorciou. Imediatamente, Carla busca um advogado e solicita orientação sobre a possibilidade de concorrer ao cargo de governador do Estado Beta. Porém, passadas duas semanas da consulta, Luís tem um infarto, não resiste e falece.

De acordo com o caso concreto acima narrado e tendo por referência os aspectos jurídico-constitucionais que fundamentam o sistema jurídico brasileiro, responda aos itens a seguir.

A) Qual a resposta corretamente dada a Carla pelo advogado?

B) O advogado daria a mesma resposta, caso Carla o tivesse procurado após o falecimento de Luís?

GABARITO:

A) A Súmula Vinculante 18 do STF determina que a dissolução da sociedade ou do vínculo conjugal, no curso do mandato, não afasta a inelegibilidade prevista no art. 14, § 7º, portanto Carla não pode se candidatar ao cargo de governador do estado Beta, e a nenhum cargo com circunscrição no estado.

B) Não. No caso de morte do cônjuge não se aplica a Súmula Vinculante 18 do STF. Tal entendimento foi reconhecido pelo STF como tese de repercussão geral, no RE 758.461.

(XXII Exame de Ordem – FGV) Suponha a seguinte situação hipotética: determinada Emenda Constitucional, promulgada em março de determinado ano, altera o regime das coligações eleitorais dos partidos políticos. Nos atos das disposições transitórias, a própria Emenda Constitucional estabelece que as novas regras atinentes às coligações partidárias já deverão ser observadas nas próximas eleições, que ocorrerão em outubro do mesmo ano.

Com base no fragmento acima, responda, fundamentadamente, aos itens abaixo:

A) A referida Emenda Constitucional apresenta alguma violação aos limites constitucionais impostos ao Poder Constituinte Derivado Reformador? Justifique.

B) No âmbito do ordenamento constitucional brasileiro, é correto afirmar que ainda vigora a obrigatoriedade da verticalização das coligações partidárias? Justifique.

GABARITO:

A) Sim. A referida Emenda Constitucional, a exemplo do que aconteceu com a EC n. 52/2006, apresenta vício de constitucionalidade material, violando uma cláusula pétrea. Ao determinar que as novas regras que alteram o regime das coligações eleitorais dos partidos políticos já deverão ser observadas no mesmo ano da sua promulgação, a referida Emenda Constitucional afronta o princípio da anterioridade eleitoral previsto no art. 16 da CRFB/88, que, segundo o STF, representa verdadeira garantia fundamental do cidadão-eleitor, relacionada à segurança jurídica no processo eleitoral.

B) A obrigatoriedade da verticalização das coligações partidárias não vigora mais no ordenamento constitucional brasileiro. A Emenda Constitucional n. 52/2006 alterou o texto do art. 17,

§ 1º, da CRFB/88, conferindo plena autonomia aos partidos políticos para definir o regime de suas coligações eleitorais, extinguindo a chamada verticalização das coligações partidárias.

(XX Exame da OAB Unificado) Após o pleito eleitoral, o Deputado Federal X, diplomado e empossado, resolveu trocar de legenda, alegando que as normas que disciplinam o instituto jurídico da fidelidade partidária ainda não foram editadas no Brasil. O Deputado Federal X também conseguiu convencer o Senador Y, diplomado e empossado, a trocar de legenda, usando os mesmos argumentos. Efetuada a mudança para outra legenda já existente, o partido que perdeu os seus políticos resolveu pleitear, junto ao Poder Judiciário, a perda dos respectivos mandatos.

Com base na situação narrada, responda aos itens a seguir.

A) A iniciativa do partido político de reaver o mandato do Deputado Federal X tem fundamento na CRFB/88? Justifique. (Valor: 0,65)

B) A solução jurídica é a mesma para o caso do Senador Y? Justifique. (Valor: 0,60)

Tema da questão

Troca de legenda.

Compreensão da questão A

A jurisprudência do STF é firme no sentido de que, nos cargos sujeitos ao sistema proporcional (deputados federais, deputados estaduais e vereadores), previsto no art. 45, *caput*, da CRFB/88, o mandato eletivo pertence ao partido político e não ao parlamentar. No caso em tela, o abandono de legenda pelo deputado federal enseja a extinção do seu mandato parlamentar, porque não há a caracterização de justa causa, ou seja, mudanças na ideologia do partido ou criação de um novo partido político. Portanto, a iniciativa deve ser julgada procedente, em atenção às características do sistema proporcional, cuja ênfase é dada aos votos obtidos pelos partidos políticos e não pelos parlamentares.

Compreensão da questão B

Nos cargos sujeitos ao sistema majoritário (presidente da república, governador, prefeito e senador), o mandato eletivo pertence ao parlamentar e não ao partido político. Nesse caso, o abandono de legenda pelo senador Y não enseja a extinção do seu mandato parlamentar, porque o sistema majoritário se caracteriza pela ênfase na figura do candidato, daí a jurisprudência do STF no sentido da inaplicabilidade da regra de perda do mandato por infidelidade partidária. Portanto a iniciativa deve ser julgada improcedente, em atenção ao princípio da soberania popular. Ou seja, no caso em tela, a mudança de partido feita pelo senador Y, sem qualquer justa causa, não frustra a vontade do eleitor e não vulnera o princípio da soberania popular (art. 1º, parágrafo único, e art. 14, *caput*, ambos da CRFB/88).

GABARITO:

A) Sim. A jurisprudência do STF é firme no sentido de que, nos cargos sujeitos ao sistema proporcional (deputados federais, deputados estaduais e vereadores), previsto no art. 45, *caput*, da CRFB/88, o mandato eletivo pertence ao partido político e não ao parlamentar. No caso em tela, o abandono de legenda pelo deputado federal X enseja a extinção do seu mandato parlamentar, porque não há a caracterização de justa causa, ou seja, mudanças na ideologia do partido ou criação de um novo partido político. Portanto a iniciativa deve ser julgada procedente, em atenção às características do sistema proporcional, cuja ênfase é dada aos votos obtidos pelos partidos políticos e não pelos parlamentares. Excepcionalmente será admitida resposta baseada na EC n. 91/2016.

B) Não. A solução jurídica não deve ser a mesma, porque, nos cargos sujeitos ao sistema majoritário (presidente da república, governador, prefeito e senador), o mandato eletivo pertence ao parlamentar e não ao partido político. Nesse caso, o abandono de legenda pelo senador Y não enseja a extinção do seu mandato parlamentar, porque o sistema majoritário se caracteriza pela ênfase na figura do candidato, daí a jurisprudência do STF no sentido da inaplicabilidade da regra de perda do mandato por infidelidade partidária. Portanto a iniciativa deve ser julgada improcedente, em atenção ao princípio da soberania popular. Ou seja, no caso em tela, a mudança de partido feita pelo senador Y, sem qualquer justa causa, não frustra a vontade do eleitor e não vulnera o princípio da soberania popular (art. 1º, parágrafo único, e art. 14, *caput*, ambos da CRFB/88).

(XXV Exame de Ordem – FGV) Edson, candidato ao cargo de Prefeito do Município Alfa, ficou surpreso ao saber que o Tribunal Regional Eleitoral competente acabara de deferir o requerimento de registro da candidatura a esse mesmo cargo formulado por Pedro. O requerimento fora indeferido em primeira instância sob o argumento de ser incompatível com a Constituição da República, tese objeto de amplo debate em segunda instância e que terminou por ser rechaçada. A razão da surpresa de Edson decorria do fato de Pedro ter sido Prefeito do Município Beta nas duas legislaturas imediatamente anteriores. À luz desses fatos, Edson, que impugnara o registro da candidatura em primeira instância, procurou seu advogado para que ele o orientasse sobre os questionamentos a seguir.

A) O entendimento de que Pedro pode se candidatar ao cargo de Prefeito do Município Alfa é constitucional? Justifique.

B) Caso a decisão do Tribunal Regional Eleitoral seja considerada incompatível com a Constituição da República, é possível impugná-la por meio da Arguição de Descumprimento de Preceito Fundamental?

GABARITO:

A) Não. O caso de Pedro é o que a jurisprudência do TSE e do STF chama de "prefeito itinerante ou prefeito profissional", aquele que tenta exercer mais de dois mandatos consecutivos em municípios distintos. Tal prática é vedada pelo art. 14, § 5º, da CRFB/88, que estabelece que o prefeito só poderá ser reeleito para um único período subsequente.

B) Não. A ADPF é cabível para impugnar leis ou atos normativos federais, estaduais e municipais inconstitucionais. No caso em tela, temos uma decisão do Tribunal Regional Eleitoral que contraria a Constituição da República e está sujeita a recurso, conforme dispõe o art. 121, § 4º, III, da CRFB/88.

(XXIV Exame de Ordem – FGV) No segundo ano do seu segundo mandato consecutivo, Maria da Silva, governadora do estado Alfa, divorcia-se de seu marido, Antônio da Silva, com quem era casada há muitos anos. Antônio da Silva, que, no momento, não exerce qualquer cargo eletivo, mas sempre almejou concorrer ao cargo de senador, filia-se, em razão da separação, ao partido político oponente ao de sua ex-mulher. Ocorre que o partido solicita a ele, que, em vez de candidatar-se ao Senado Federal, apresente-se como candidato a governador do Estado Alfa, de modo a suceder sua ex-mulher. Diante do exposto, responda aos itens a seguir.

A) Antônio da Silva pode concorrer aos referidos cargos (senador ou governador)? Justifique.

B) Seria diferente a análise do caso em tela se a dissolução do vínculo conjugal se desse em razão de morte da governadora no início do último ano do seu mandato? Justifique.

GABARITO:

A) Não, Antônio da Silva não pode concorrer aos referidos cargos, pois está sob efeito da inelegibilidade reflexa, prevista no art. 14, § 7º, da CRFB/88. Sendo cônjuge da chefe do Poder Executivo estadual só poderia concorrer a algum cargo dentro da jurisdição (circunscrição) dela, se já fosse titular de mandato eletivo e candidato à reeleição. Vale destacar que a dissolução da sociedade conjugal ou o divórcio não afastam a incidência do art. 14, § 7º, da CRFB/88, conforme determina a Súmula Vinculante 18/STF.

B) Sim, o STF já se manifestou, no âmbito da Tese de Repercussão Geral n. 678, que não se aplica a Súmula Vinculante 18 aos casos de extinção do vínculo conjugal pela morte de um dos cônjuges, ou seja, se a governadora tivesse falecido, Antônio da Silva poderia se candidatar aos referidos cargos.

22.8. Organização do Estado

(XXX Exame de Ordem – FGV) A Lei n. XX/2015 do Estado Alfa isentou os usuários do serviço de telefonia móvel residentes no Estado, cuja renda familiar não superasse o valor de dois salários mínimos, do pagamento do respectivo serviço. No final de 2018, a Lei XX foi expressamente revogada, sendo ainda determinada a desconsideração de qualquer efeito que tenha produzido durante a sua vigência. À luz da situação hipotética acima descrita, responda aos itens a seguir.

A) A Lei n. XX/2015 era compatível com a ordem constitucional? (Valor: 0,70)

B) A determinação, por ocasião da revogação da Lei n. XX/2015, de que deveria ser desconsiderado qualquer efeito que tenha produzido durante a sua vigência, afronta algum direito adquirido dos usuários, oponível às concessionárias do serviço? (Valor: 0,55)

Tema da questão

A) Competência Federativa;

B) Direito adquirido.

Compreensão da questão A

A norma estadual, ao criar uma isenção aos usuários do serviço de telefonia móvel residentes no Estado, cuja renda familiar não superasse o valor de dois salários mínimos, do pagamento do respectivo serviço, ofende a regra de competência privativa da União para legislar sobre telecomunicações (CRFB, art. 22), assim como a competência material da União para explorar serviços de telecomunicações (CRFB, art. 21, XI).

Compreensão da questão B

"Direito adquirido, *in genere*, abrange os direitos que o seu titular ou alguém por ele possa exercer, como aqueles cujo começo de exercício tenha termo pré-fixo ou condição preestabelecida, inalterável ao arbítrio de outrem. São os direitos definitivamente incorporados ao patrimônio do seu titular, sejam os já realizados, sejam os que simplesmente dependem de um prazo para seu exercício, sejam ainda os subordinados a uma condição inalterável ao arbítrio de outrem. A lei nova não pode atingi-los, sem retroatividade" (CAIO MÁRIO DA SILVA PEREIRA, *in Instituições de Direito Civil*, Rio de Janeiro, Forense, 1961, v. 1, p. 125).

(XXIX Exame de Ordem – FGV) A Constituição do Estado Alfa dispôs que os prefeitos municipais deveriam observar, em sua gestão, as diretrizes traçadas no plano anual estabelecido pelo Governador do Estado, que seriam executadas em conjunto com os secretários municipais, a serem nomeados após aprovação da respectiva Câmara Municipal.

A partir da hipótese apresentada, responda aos itens a seguir.

A) A vinculação dos prefeitos municipais ao plano anual do governo estadual é compatível com a Constituição da República?

B) A competência outorgada às Câmaras Municipais está em harmonia com a Constituição da República?

GABARITO:

A) A organização do Estado brasileiro é regida pelo princípio federativo e dispõe como regra a autonomia, portanto a vinculação dos prefeitos municipais ao plano anual do governo estadual é incompatível com a Constituição Federal. O próprio art. 18, *caput*, prescreve que os entes federativos são todos autônomos.

B) A nomeação dos secretários municipais (assim como dos secretários estaduais e ministros de Estado) é competência do Chefe do Poder Executivo, independentemente de prévia ou posterior aprovação da casa legislativa. A regra está originalmente explícita no art. 84, I da CRFB/88 e deve ser repetida no âmbito estadual e municipal, conforme o comando dos art. 25, *caput*, e 29, *caput*, ambos da CRFB/88, aplicando-se o princípio da simetria constitucional. Portanto, no caso do enunciado da questão, a competência outorgada às Câmaras Municipais está em desarmonia com a Constituição da República.

(XXVIII Exame de Ordem – FGV) Em razão do grande quantitativo de acidentes fatais na área urbana, a Câmara Municipal do Município Alfa aprovou e o Prefeito Municipal sancionou a Lei n. 123/2018. Esse diploma normativo previu multas um pouco mais elevadas que aquelas previstas no Código de Trânsito Brasileiro para os motoristas que trafegassem em velocidade superior à permitida no território do Município Alfa.

À luz da narrativa acima, responda aos questionamentos a seguir.

A) A Lei n. 123/2018, do Município Alfa, sob o prisma formal, está em harmonia com a Constituição da República Federativa do Brasil, de 1988? Justifique.

B) Se a lei municipal se limitar a estabelecer a velocidade máxima a ser observada nas vias urbanas do Município, há alguma incompatibilidade formal com a Constituição da República Federativa do Brasil, de 1988? Justifique.

GABARITO:

A) A CRFB/88 disciplina sobre a distribuição de competência entre os entes federativos e atribui à União a competência para legislar privativamente sobre trânsito e transporte, nos termos do art. 22, XI do texto constitucional. Portanto a Lei n. 123/2018 não está em harmonia com a CRFB/88.

B) O art. 30, I da CRFB/88 estabelece que compete ao município legislar sobre assuntos de interesse local. Tal dispositivo é bastante amplo e atinge vários temas de ordem municipal, inclusive os limites de velocidade a serem observados nas vias urbanas. Se assim for e a lei municipal limitar-se a disciplinar sobre a velocidade máxima permitida nas vias urbanas do município, não haverá nenhum vício de inconstitucionalidade.

(XXVI Exame de Ordem – FGV) O Presidente da República, ao constatar que o índice de violência no Estado Delta alcançara números alarmantes, resolveu decretar a intervenção federal nesse Estado. Apresentou como justificativa a necessidade de pôr fim a grave comprometimento da ordem pública. Ao consultar os Conselhos da República e de Defesa Nacional, esses órgãos desaconselharam a medida, entendendo que outras ações menos invasivas na esfera de autonomia do referido Estado poderiam ser tomadas. Todavia, convicto de que a ação se fazia absolutamente necessária, o Presidente, agindo de ofício, decretou a intervenção, sem submeter a referida questão ao controle político. Diante de tal fato, responda, tendo por pressuposto a inteligência jurídico-constitucional da Constituição da República de 1988, aos itens a seguir.

A) No caso em tela, havia necessidade de a referida intervenção ter sido submetida a algum controle prévio de natureza política?

B) O Presidente da República, ao decretar a intervenção federal desconsiderando os aconselhamentos dos Conselhos da República e de Defesa Nacional, agiu nos limites constitucionais a ele impostos? Justifique.

GABARITO DA FGV

A) Conforme o art. 36, § 1º, da CRFB/88, o decreto de intervenção, expedido pelo presidente da República, deverá ser submetido à apreciação do Congresso Nacional no prazo de vinte e quatro horas após a sua expedição. Embora, no caso em tela, haja a necessidade de controle político, ele é realizado *a posteriori*, não previamente.

B) O presidente da República não ultrapassou os limites concedidos pela Constituição da República quando decretou a intervenção federal, pois, embora fosse obrigatória a oitiva dos Conselhos da República (art. 90, I, da CRFB/88) e de Defesa Nacional (art. 91, § 1º, II, da CRFB/88), suas manifestações não possuem caráter vinculante em relação aos atos a serem praticados pelo presidente da República, mas meramente consultivo, conforme dispõem os arts. 89 e 91.

COMENTÁRIOS: A regra é a autonomia dos entes federativos. A intervenção é medida excepcional, consistente no afastamento temporário da autonomia federativa. A ocorrência da intervenção depende da presença de requisitos formais: a intervenção será efetivada mediante decreto do presidente da República, especificando sua amplitude, prazo e condições de execução. O decreto de intervenção será apreciado pelo Congresso Nacional no prazo de 24 horas. A participação dos conselhos é justificada em caso de intervenção federal, mas em caráter opinativo.

(XXIV Exame de Ordem – FGV) Em uma Federação, sob o argumento de que, entre os governantes do Estado Alfa (os anteriores e o atual), consolidou-se uma forma de atuação administrativa que privilegia de forma desmedida a população de determinada região geográfica, a população das outras regiões passou a pleitear autonomia política por meio de grandes manifestações. Para tanto, alimentam a pretensão de formar um novo Estado-membro, a ser denominado Estado Beta. Diante do quadro acima e considerando o que informa o sistema jurídico-constitucional, responda aos itens a seguir.

A) De acordo com a CRFB/88, é viável a formação do Estado Beta?

B) O surgimento do Estado Beta configurará o fenômeno da secessão? Justifique.

C) Caso seja criado o Estado Beta, de acordo com o sistema jurídico-constitucional brasileiro, suas competências materiais e legislativas estariam todas expressas na CRFB/88? Justifique.

GABARITO:

A) Sim, a formação do estado Beta ocorrerá na modalidade desmembramento-formação, prevista no art. 18, § 3º, da CRFB/88. Tal modalidade concretiza-se com a perda de parte do território original para formar um novo estado, obedecendo às formalidades constitucionais.

B) Não. O surgimento do estado Beta é resultante do desmembramento-formação. Secessão é a separação de um ente federativo ou território em relação à Federação, fenômeno vedado expressamente pela CRFB/88 (art. 1º, *caput*), destacando-se que a forma federativa de estado foi elevada ao *status* de cláusula pétrea, conforme o art. 60, § 4º, da CRFB/88.

C) Não, pois, respeitando a autonomia dos estados-membros, a CRFB/88 estabeleceu que será competência estadual tudo que não esteja vedado pela própria Constituição. É o que a doutrina constitucionalista chama de competência residual ou remanescente, prevista no art. 25, § 1º, da CRFB/88.

(XII Exame de Ordem – FGV) Com a aproximação do pleito eleitoral, o Prefeito do Município ABC, que concorrerá à reeleição, vem tentando resgatar a sua imagem, desgastada por conta de sucessivos escândalos. O Prefeito deu início a uma série de obras públicas de embelezamento da cidade e quadruplicou as receitas destinadas à publicidade. Para fazer face a essas despesas, o Município deixou de aplicar o mínimo exigido da receita municipal na manutenção e desenvolvimento do ensino e nas ações e serviços públicos de saúde e anunciou corte ainda maior nas verbas destinadas à educação e saúde para o exercício financeiro seguinte.

Considerando que a Constituição da República autoriza a intervenção nessa hipótese, responda, fundamentadamente, aos itens a seguir.

A) A União pode intervir nos Municípios, caso o Estado deixe de fazê-lo?

B) Caso o Governador decrete a intervenção do Estado no Município, tal ato estará sujeito a alguma forma de controle político?

GABARITO:

A) Na estrutura federativa brasileira, a autonomia é regra, e a intervenção é exceção, que só poderá ocorrer nas hipóteses taxativamente enumeradas na CRFB/88. Sendo que a CRFB/88 só autoriza a União a intervir em municípios situados em territórios federais (arts. 34 e 35 da CRFB/88), e nunca em municípios situados em estados (ainda que haja omissão do estado).

B) Sim, a intervenção estadual no município é ato executado pelo chefe do Poder Executivo (governador) que se submete ao controle político *a posteriori* da Assembleia Legislativa do estado sobre o decreto de intervenção expedido pelo governador (art. 36, § 1º, da CRFB/88).

(XIV Exame de Ordem – FGV) A circulação no Brasil do subtipo 4 do vírus da dengue e o retorno do subtipo 1 podem aumentar o número de casos graves da doença no período que, historicamente, já registra o maior contingente de infectados. Para tentar conter a epidemia, o Estado com maior índice de contágio elabora lei que obriga os médicos públicos e particulares que atuam em seu território a notificarem os casos de dengue à Secretaria de Saúde. A mesma lei, mediante outro dispositivo, imputou responsabilidade civil ao médico por falta de notificação.

Diante do caso, responda, fundamentadamente, aos itens a seguir.

A) É constitucional a obrigatoriedade de notificação dos casos de dengue?

B) É constitucional a responsabilização dos médicos que não notificarem?

GABARITO:

A) A necessidade de notificação dos casos de dengue é constitucional, pois a matéria encontra-se no âmbito da competência legislativa concorrente dos estados para legislar sobre defesa da saúde, conforme o art. 24, XII, da CRFB/88.

B) O dispositivo da lei estadual que atribui responsabilização civil ao médico por falta de notificação é inconstitucional; cabe à União legislar sobre essa matéria conforme o art. 22, I, da CRFB/88.

(XV Exame de Ordem – FGV) O Estado X, integrante da República Federativa do Brasil, foi agraciado com o anúncio da descoberta de enormes jazidas de ouro, ferro, estanho e petróleo em seu território. As jazidas de minério estão todas localizadas no Município de Alegria e as de petróleo, no Município de Felicidade, ambos localizados no Estado X.

Tendo em vista o disposto no ordenamento jurídico nacional, responda aos itens a seguir.

A) A qual ente federativo pertencem os recursos naturais recentemente descobertos? Os demais entes, em cujos territórios se deu a descoberta, recebem alguma participação no resultado da exploração desses recursos?

B) Um dos entes federativos (Estado ou Município), insatisfeito com a destinação dos recursos naturais descobertos em seu território, pode, à luz do nosso ordenamento, propor a secessão, a fim de se constituir em ente soberano, único titular daqueles recursos? Caso positiva a resposta, qual o procedimento a ser seguido?

GABARITO:

A) Os recursos naturais descobertos pertencem à União, conforme previsão do art. 20, IX, da CRFB/88: são bens da União os recursos minerais, inclusive os do subsolo. Também disciplina o assunto o art. 176 da Constituição, e, em idêntico sentido, dispõe que as jazidas, em lavra ou não, e demais recursos minerais constituem propriedade distinta da do solo, para efeito de exploração ou aproveitamento, e pertencem à União. Portanto as jazidas de ouro, ferro, estanho e petróleo recentemente descobertas pertencem à União, podendo haver a participação no resultado da exploração de petróleo ou gás natural e de outros recursos minerais no respectivo território, plataforma continental, mar territorial ou zona econômica exclusiva, ou compensação financeira por essa exploração.

B) Não, a CRFB/88 veda o direito de secessão, sendo a indissolubilidade da Federação considerada cláusula pétrea expressa. Nos termos do art. 1º da Constituição, a República Federativa do Brasil é formada pela união indissolúvel dos estados, municípios e do Distrito Federal.

(XVIII Exame de Ordem – FGV) O Estado X editou a Lei n. 1.234, de 5 de fevereiro de 2010, para criar o Município Z, desmembrando-o do então Município W. Para a criação do ente federativo foram devidamente realizados os estudos de viabilidade municipal, bem como a consulta prévia às populações dos entes federativos envolvidos nesse evento.

O novo Município estava em pleno funcionamento até que, em final de 2015, o vereador Toninho do Bem, do Município W, aventa publicamente a intenção do diretório municipal de seu partido "Vamos Brasil", com representação no Congresso Nacional, de propor uma Ação Direta de Inconstitucionalidade (ADI), perante o Supremo Tribunal Federal, para questionar a criação do Município Z.

Com base no fragmento acima, responda, fundamentadamente, aos itens a seguir.

A) A partir das normas constitucionais sobre a criação de Município, a lei do Estado X é constitucional?

B) O diretório municipal do partido "Vamos Brasil" possui legitimidade para a propositura de Ação Direta de Inconstitucionalidade?

GABARITO:

A) Art. 18, § 4º, da CRFB/88, com a introdução da EC n. 15/96 foi transformado em norma constitucional de eficácia limitada, dependente de integração do Legislativo federal para que todos os seus efeitos concretos possam ser produzidos. Portanto, a lei do estado X é inconstitucional, já que até o presente momento não existe lei complementar a que se refere o art. 18, § 4º, da CRFB/88, e o período da lei estadual está fora do âmbito da EC n. 57 (art. 96 do ADCT), evidenciando, portanto, flagrante inconstitucionalidade por omissão, já pronunciada pelo STF.

B) Partido político possui legitimidade para a propositura de ADI desde que possua representação no Congresso Nacional, conforme o disposto no art. 103, VIII, da CRFB/88. Contudo, o STF já externou seu entendimento de que o diretório municipal dos partidos políticos não tem legitimidade para a propositura de ADI em razão de não possuir condições para atuação em âmbito nacional, pois somente os diretórios nacionais e a executiva nacional do partido político possuem esta atribuição.

(XVIII Exame de Ordem – FGV) O governador do Estado M decidiu propor duas emendas à Constituição estadual. A primeira, com o objetivo de instituir normas que disciplinem o rito procedimental e de julgamento dos crimes de responsabilidade, acrescentando sanções mais severas que as vigentes. A segunda, por sua vez, com o propósito de alterar o critério de escolha dos conselheiros do Tribunal de Contas do Estado, de forma que três, do total de sete membros, passem a ser escolhidos, dentre os candidatos habilitados, pelo voto popular.

Sobre as propostas acima formuladas, de acordo com o sistema jurídico-constitucional brasileiro, responda aos itens a seguir.

A) É possível que o poder constituinte derivado do Estado-membro M altere a Constituição Estadual para instituir normas que disciplinem o rito procedimental e de julgamento dos crimes de responsabilidade, bem como para acrescer sanções? Justifique.

B) A autonomia estadual é suficiente para fundamentar a proposta de eleição para Conselheiro do Tribunal de Contas, nos termos propostos pelo Governador? Justifique.

GABARITO:

A) Não, pois a competência para legislar sobre crime de responsabilidade é privativa da União nos termos do art. 22, I, e/ou do art. 85, parágrafo único, ambos da CRFB/88. É o que dispõe a Súmula Vinculante 46. O sistema jurídico-constitucional brasileiro estabelece que o estado-membro não pode legislar sobre crime de responsabilidade, ainda que por intermédio de sua Constituição (estadual).

B) Não. Apesar de o sistema federativo prescrever a autonomia dos entes federativos, o art. 75 da CRFB/88 impõe, explicitamente, a necessidade de se observar a simetria entre as regras constantes na Seção IX, do Capítulo I, do Título IV, da CRFB/88, estabelecidas para o Tribunal de Contas da União e as regras a que devem se submeter os Tribunais de Contas estaduais. Ora, sendo a Constituição Estadual obra do poder constituinte derivado decorrente, não pode divergir de mandamento constitucional originário. No caso de a proposta do governador ser levada à frente, estaria sendo violada a regra constante no art. 73, § 2º, da CRFB/88.

(XXII Exame de Ordem – FGV) A Câmara de Vereadores do Município Beta aprova projeto de lei que divide o mencionado Município em dois, sem qualquer espécie de consulta pública à população e sem realizar qualquer estudo prévio de viabilidade do novo ente federativo. O prefeito de Beta veta o referido projeto e a Câmara derruba o seu veto, promulgando a lei. Logo em seguida, o prefeito de Beta, inconformado com a norma aprovada, decide realizar um referendo a fim de saber a opinião da população local, a qual, após a consulta, manifesta-se favoravelmente ao desmembramento. A partir da situação narrada, responda aos itens a seguir.

A) A referida norma municipal é constitucional? Justifique. (Valor: 0,90)

B) À luz do sistema constitucional vigente, seria possível a fusão do Município Beta com o Município vizinho Alfa? Justifique. (Valor: 0,35)

Tema da questão

A questão trata da criação de município, nos termos do art. 18, § 4º, da Constituição Federal.

Compreensão da questão A/B: Desmembramento do município

O desmembramento de município exige cinco requisitos: a) lei complementar federal com previsão do prazo para o desmembramento; b) lei ordinária federal prevendo requisitos e a forma de divulgação dos estudos de viabilidade municipal; c) divulgação dos estudos de viabilidade municipal; d) plebiscito; e) lei ordinária estadual formalizando o desmembramento.

GABARITO:

A) A norma municipal é inconstitucional. Conforme prevê o art. 18, § 4º, da CRFB/88, compete ao estado autorizar, mediante lei ordinária, o desmembramento do município, desde que: i) seja realizada consulta pública prévia com a participação dos interessados; ii) seja apresentado e publicado estudo prévio de viabilidade municipal; iii) se respeitem as limitações de calendário dispostas em lei complementar federal, a qual, por ainda não existir, inviabiliza a criação de novos municípios.

B) Atualmente, nem a criação, nem o desmembramento, nem a fusão de municípios são possíveis até que seja editada a lei complementar federal, prevista no art. 18, § 4º, da CRFB/88, que discipline as limitações de calendário para tais atos. O STF decidiu acerca do tema na ADI 2.702/PR e na ADI 2.632/BA.

(XX Exame da OAB Unificado) A Assembleia Legislativa do Estado X elaborou Lei Estadual que determina que os veículos apreendidos pelas polícias militar e civil, caso não sejam reclamados no período de três anos, serão levados a hasta pública, repartindo-se o produto do leilão entre o Estado e o Município. O Governador do Estado, preocupado com a constitucionalidade da lei, visto que ela atingirá patrimônio privado, consulta o Procurador-Geral do Estado. Com base no caso apresentado, responda aos itens a seguir.

A) Lei Estadual está de acordo com as normas da Constituição da República Federativa do Brasil de 1988? (Valor: 0,65)

B) O Governador do Estado X pode propor, perante órgão da União, alguma medida judicial visando à impugnação da Lei Estadual? Justifique. (Valor: 0,60)

Tema da questão

A questão trata da repartição de competências na Constituição Federal, bem como do controle de constitucionalidade.

Compreensão do enunciado

a) **Assembleia Legislativa do estado**: é órgão do legislativo estadual.

b) **Polícia Militar e Polícia Civil**: órgãos da segurança pública estadual.

c) **Hasta pública**: é a alienação de bens em pregão (isto é, em oferta pública) promovida pelo Poder Público (especialmente pelo Poder Judiciário, nos casos disciplinados pelo direito processual civil). Dela se encarrega um agente especializado – o leiloeiro ou o oficial porteiro do auditório do foro (THEODORO JÚNIOR, Humberto. *Curso de Direito Processual Civil:* Processo de Execução e Cumprimento de Sentença, Processo Cautelar e Tutela de Urgência. Rio de Janeiro: Forense, 2009. p. 337).

d) **Governador do estado**: é o chefe do Executivo estadual.

e) **Procurador-geral do estado**: é função essencial à justiça responsável pela representação judicial e extrajudicial do estado.

Compreensão da questão A: inconstitucionalidade

A compatibilidade de uma lei com as normas da Constituição Federal é feita de duas formas: formal e material. Pela compatibilidade formal, o objeto de análise é o processo legislativo da lei; pela compatibilidade material, o objeto de análise é o conteúdo da lei.

No caso concreto, a lei estadual trata do tema da perda da propriedade, já que pelo art. 1.275, I, do Código Civil, perde-se a propriedade pela alienação. Em face da CRFB, a competência legislativa sobre direito civil é privativa da União, nos termos do art. 22, I, da CRFB. Dessa forma, a lei estadual invadiu competência da União, revelando-se incompatível do ponto de vista formal com a Constituição.

Compreensão da questão B: ADI

Considerando que a lei estadual é inconstitucional, por desrespeito ao art. 22, I, da CRFB, pode ser proposta uma ação direta de inconstitucionalidade perante o STF, nos termos do art. 102, I, da CRFB. A legitimidade ativa para propor a ADI é definida no art. 103 da CRFB (e na Lei n. 9.868/99). E, dentre os legitimados, consta a possibilidade de o governador propor a ADI.

GABARITO:

A) O examinando deverá responder que estamos diante de um vício formal de constitucionalidade, pois a Lei Estadual viola o art. 22, I, da CRFB/88, que dispõe ser da competência privativa da União legislar sobre direito civil, já que trata de perda da propriedade.

B) O examinando deverá responder que o governador é um dos legitimados ativos à propositura de ADI, de acordo com o art. 103 da CRFB. A pertinência temática está presente, sendo possível questionar esse ato normativo por meio de ação direta de inconstitucionalidade, de acordo com o art. 102, I, *a*, da CRFB/88 e a Lei n. 9.868/99.

22.9. Poder Legislativo

22.9.1. Imunidade Parlamentar

(VI Exame da OAB Unificado) O Senador da República Valdecir foi preso em flagrante por crime inafiançável. Os responsáveis pela prisão comunicaram o fato ao Poder Judiciário, que manteve a prisão.

A) Diante do fato descrito, pode ser tomada alguma medida para que o Senador seja posto em liberdade? (Valor: 0,65)

B) Em caso positivo, que medida seria e com que fundamento? Em caso negativo, justifique sua resposta. (Valor: 0,6)

Tema da questão

A questão trata do tema da prisão de senador da República, nos termos do art. 53, § 2º, da CRFB.

Compreensão do enunciado

a) **Senador da República:** é o representante do estado-membro ou Distrito Federal.

b) **Prisão em flagrante:** ocorre, conforme o art. 302 do Código de Processo Penal, quando o agente está cometendo a infração penal, ou acaba de cometê-la, e é perseguido, logo após, pela autoridade, pelo ofendido, ou por qualquer pessoa, em situação que faça presumir ser o autor da infração, ou quando é encontrado, logo depois, com instrumentos, armas, objetos ou papéis que façam presumir ser o sujeito ativo.

c) **Crime inafiançável:** não cabe liberdade provisória mediante pagamento de fiança.

Compreensão da questão A: imunidade prisional do parlamentar

O parlamentar possui duas imunidades: a) material: é a inviolabilidade por suas palavras, votos e opiniões ("Art. 53. Os Deputados e Senadores são invioláveis, civil e penalmente, por quaisquer de suas opiniões, palavras e votos"); b) formal: abrange a prisão processual do parlamentar e o processo criminal do parlamentar.

Em relação ao processo criminal do parlamentar, recebida a denúncia contra o senador ou deputado, por crime ocorrido após a diplomação, o Supremo Tribunal Federal dará ciência à Casa respectiva, que, por iniciativa de partido político nela representado e pelo voto da maioria de seus membros, poderá, até a decisão final, sustar o andamento da ação. O pedido de sustação será apreciado pela Casa respectiva no prazo improrrogável de 45 dias do seu recebimento pela Mesa Diretora. A sustação do processo suspende a prescrição, enquanto durar o mandato.

Em relação à prisão cautelar processual ou provisória (preventiva, temporária ou flagrante), o parlamentar só pode sofrer prisão em flagrante por crime inafiançável. Neste caso, uma vez preso, o auto de prisão em flagrante será encaminhado à Casa Legislativa respectiva, que pode deliberar pela soltura ou manutenção da prisão (art. 53, § 2º, da CRFB. "Desde a expedição do diploma, os membros do Congresso Nacional não poderão ser presos, salvo em flagrante de crime inafiançável. Nesse caso, os autos serão remetidos dentro de vinte e quatro horas à Casa respectiva, para que, pelo voto da maioria de seus membros, resolva sobre a prisão").

Essa imunidade prisional se estende aos parlamentares federais (senadores e deputados federais), aos parlamentares estaduais (deputados estaduais – Art. 27, § 1º, "Será de quatro anos o mandato dos Deputados Estaduais, aplicando-se-lhes as regras desta Constituição sobre sistema eleitoral, inviolabilidade, imunidades, remuneração, perda de mandato, licença, impedimentos e incorporação às Forças Armadas") e aos parlamentares distritais (deputados distritais – art. 32, § 3º, da CRFB – "Aos Deputados Distritais e à Câmara Legislativa aplica-se o disposto no art. 27"). Os vereadores não possuem essa imunidade prisional.

Itens	Imunidade material	Imunidade formal
Parlamentar federal	Sim	Sim
Parlamentar estadual	Sim	Sim
Parlamentar distrital	Sim	Sim
Parlamentar municipal	Limitada à circunscrição do município em que atua	Não tem

Compreensão da questão B: soltura do parlamentar e competência judicial no caso de "foro privilegiado"

Autoridade	Competência	Fundamento
Senador da República	STF	Art. 102, I, *b*, da CRFB
Deputado Federal	STF	Art. 102, I, *b*, da CRFB
Deputado Distrital	A competência dos tribunais será definida na Constituição do Estado, sendo a lei de organização judiciária de iniciativa do Tribunal de Justiça	Art. 125, § 4º, da CRFB
Deputado Estadual	Aos Deputados Distritais e à Câmara Legislativa aplica-se o disposto no art. 27	Art. 32, § 3º, da CRFB
Vereador	Não tem "foro privilegiado"	Nada a mencionar

GABARITO:

É impossível a manutenção da prisão por decisão judicial, uma vez que, em função da imunidade formal prevista no art. 53, § 2º, da Constituição da República, cabe à Casa a que pertence o parlamentar deliberar sobre a manutenção da prisão nos casos de crimes inafiançáveis. Diante da ilegalidade da manutenção da prisão por autoridade incompetente para tanto, cabe a impetração de *habeas corpus* perante o Supremo Tribunal Federal, conforme disposição do art. 102, I, *b* e *d*, da CRFB.

(XII Exame de Ordem – FGV) Após intenso debate, a Assembleia Legislativa do Estado X editou a Lei n. 1.001, de iniciativa do Deputado "M", que prevê a obrigatoriedade de instalação, em até 360 (trezentos e sessenta dias), de um sistema eletrônico de limitação da velocidade de veículos automotores, de baixo custo, a fim de reduzir o número de acidentes com vítimas nas estradas estaduais. Irritado, o Deputado "P", da oposição, quando procurado por jornalistas, afirmou que estava envergonhado daquele dia, pois a lei aprovada era "uma piada, uma palhaçada, ridícula", protegia os empresários, e não a população e só poderia ter, como origem, um Deputado associado a grupos interessados no mercado de peças automotivas.

Considerando o exposto, responda fundamentadamente, aos itens a seguir.

A) O Deputado "P" pode ser responsabilizado pelas ofensas proferidas durante a entrevista?

B) É válida a lei estadual que impôs a obrigatoriedade de instalação de sistema de controle de velocidade de veículos automotores?

GABARITO:

A) A Constituição assegura a imunidade material aos deputados e senadores, garantindo a eles a inviolabilidade, civil e penal, por suas opiniões, palavras e votos. A imunidade material alcança as entrevistas jornalísticas e as declarações feitas aos meios de comunicação social, uma vez que tais manifestações - desde que vinculadas ao desempenho do mandato - se qualificam como natural projeção do exercício das atividades parlamentares. Portanto, "P" não pode ser responsabilizado pelas ofensas proferidas a outro deputado durante a entrevista.

B) Não é válida, pois a CRFB/88 estabelece que legislar sobre trânsito e transportes (art. 22, XI) é competência privativa da União. Nesse sentido, não se admite aos estados a edição de lei que disponha sobre a adoção de mecanismos ou sistemas eletrônicos de controle da velocidade de veículos automotores, por constituir invasão de tema reservado à competência privativa da União.

(XIII Exame de Ordem – FGV) O Deputado Federal "G", de matriz política conservadora, proferiu, em sessão realizada na Câmara dos Deputados, pesado discurso contra o reconhecimento legal do direito de diversas minorias. Sentindo-se lesados, representantes de diversas minorias vão a público para manifestar sua indignação. A partir da hipótese sugerida, pergunta-se:

A) O deputado "G" pode ser condenado, civil ou penalmente, pelo discurso ofensivo que proferiu no plenário? E se proferir tal discurso durante entrevista televisiva, fora do ambiente da Câmara dos Deputados? Responda fundamentadamente.

B) Os vereadores possuem a chamada imunidade material? Em que condições territoriais?

GABARITO:

A) A CRFB/88 garante aos deputados e senadores a imunidade material, civil e penal, pela qual os parlamentares federais são invioláveis e irresponsáveis pelas suas opiniões, palavras e votos quando o fazem na qualidade de agentes políticos. Portanto, o deputado "G" não pode ser condenado pelo discurso proferido, ainda que ofensivo às minorias, e mesmo que o discurso tenha sido proferido fora do ambiente do Congresso Federal, desde que proferido em razão do exercício do mandato parlamentar.

B) A imunidade material quanto a palavras, votos e opiniões também alcança os vereadores, para excluir a responsabilidade civil e penal do membro do Poder Legislativo. Tratando-se de vereador, a inviolabilidade constitucional que o ampara no exercício da atividade legislativa estende-se às opiniões, palavras e votos por ele proferidos, mesmo fora do recinto da própria Câmara Municipal, desde que nos estritos limites territoriais do município a que se acha funcionalmente vinculado, conforme previsão constante do art. 29, VIII, da CRFB/88.

(XVI Exame de Ordem – FGV) Durante a campanha eleitoral, determinado candidato a Deputado Federal acusa o Governador do Estado de liderar atividades criminosas ligadas a bingos e cassinos clandestinos. Logo em seguida, o referido candidato é eleito. Após a posse, o procurador-geral da República oferece denúncia contra o referido Deputado Federal, perante o Supremo Tribunal Federal, pelo crime comum cometido. Em sua defesa, o parlamentar argumenta que se encontra amparado pela inviolabilidade (imunidade material) quanto às suas opiniões, palavras e votos, razão pela qual não poderia responder pelo crime que lhe é imputado.

Diante de tais fatos, responda aos itens a seguir.

A) Poderia o procurador-geral da República oferecer denúncia contra o Deputado Federal sem a prévia autorização da Câmara dos Deputados?

B) Na hipótese de um Deputado Federal responder por crime comum perante o Supremo Tribunal Federal, o término do mandato tem alguma consequência sobre a definição e manutenção da competência jurisdicional?

GABARITO:

A) Sim. A CRFB/88 não prevê exigência de autorização prévia da Câmara dos Deputados a fim de dar início à ação penal, tal qual dispõe o art. 53, § 3º, da CRFB/88. Antes da promulgação da EC n. 35/2001, os deputados e senadores não podiam ser processados sem prévia licença da respectiva Casa Legislativa, regra que foi derrubada pela EC n. 35/2001, sendo ainda possível a sustação do andamento da ação desde que atendidas algumas exigências constitucionais.

B) A atual jurisprudência do STF entende que o foro especial por prerrogativa de função não permanece após o término do exercício da função pública. Ou seja, no término do exercício da função pública expira o direito ao foro especial por prerrogativa de função, devendo o processo ser remetido à Justiça ordinária competente. Portanto o término do mandato do deputado federal reflete na competência jurisdicional do órgão competente.

(XVIII Exame de Ordem – FGV) Os irmãos Guilherme e Flávio fazem parte de uma família de tradicionais políticos do Estado M, conhecida por suas práticas beligerantes. Em um curto espaço de tempo, os irmãos se viram envolvidos em duas situações policiais: Guilherme, vereador da capital, agrediu fisicamente um vizinho, em situação originada por uma discussão relacionada à vaga em um estacionamento; no dia seguinte, Flávio, eleito e diplomado para exercer o cargo de deputado estadual, embora ainda não empossado, em estado de embriaguez, atropelou duas pessoas.

O advogado da família é convocado e a ele são dirigidas as questões a seguir.

A) Pelas práticas das ações acima descritas, estariam os irmãos Guilherme e Flávio cobertos pela prerrogativa da imunidade material a que fazem jus os membros do Poder Legislativo? Justifique.

B) Estão ambos aptos a fruir o benefício da imunidade formal? Justifique

GABARITO:

A) Tanto deputado estadual quanto vereador são contemplados com imunidades parlamentares quanto a opiniões, palavras e votos: os deputados estaduais regidos pelo art. 27, § 1º, da CRFB/88, e os vereadores (nos limites da circunscrição de seu município) regidos pelo art. 29, VIII, da CRFB/88, porém, sempre no exercício do mandato. Contudo, as transgressões cometidas no caso acima não se relacionam com a emanação de quaisquer opiniões, palavras ou votos no âmbito da atuação parlamentar, não havendo que se cogitar, portanto, de incidência da imunidade material.

B) Os vereadores só têm imunidade material dentro da sua área de circunscrição. As chamadas imunidades formais ou processuais são prerrogativas aplicáveis aos deputados estaduais, mas não aos vereadores. Por isso, Flávio, mesmo não tendo tomado posse, pelo só fato de já ter sido diplomado, fará jus às prerrogativas decorrentes da imunidade formal, previstas no art. 53 da CRFB/88, principalmente no que tange à prisão (§ 2º), ao processo (§ 3º) e à prestação de testemunho (§ 6º). Guilherme, porém, não se beneficiará de regras afetas à imunidade formal, pois estas não se estendem aos vereadores, conforme disciplina o art. 29, VIII, da CRFB/88.

(XXIII Exame de Ordem – FGV) João, vereador do Município X, e José, senador pelo Estado Y, ambos pertencentes ao Partido K, proferiram inflamado discurso em Brasília contra as atividades desenvolvidas por determinada autarquia federal. Ao final, concluíram que os resultados alcançados nos últimos anos por essa pessoa jurídica de direito público eram pífios, o que era mais que esperado, já que o seu presidente, o Sr. Antônio, "era sabidamente inapto para o exercício da função". Ao tomar conhecimento do discurso, o Sr. Antônio ficou transtornado. Afinal, era servidor público de carreira e era conhecido por todos pela lisura e seriedade do seu comportamento. Quanto aos maus resultados da autarquia, seriam sabidamente decorrentes da crise econômica que assolava o país, não da incompetência do seu presidente. Por fim, o Sr. Antônio procurou o seu advogado e disse que queria adotar as providências necessárias para a responsabilização do vereador João e do senador José pelos danos causados à sua honra. Considerando a situação hipotética apresentada, responda, de forma fundamentada, aos itens a seguir.

A) O vereador João e o senador José podem ser responsabilizados civilmente pelas ofensas à honra do Sr. Antônio? (Valor: 0,75)

B) O vereador João e o senador José, nas circunstâncias indicadas, seriam alcançados por alguma imunidade formal passível de influir na sua responsabilidade penal? (Valor: 0,50)

Tema da questão

A questão trata do tema da imunidade parlamentar de vereador e senador.

Compreensão da questão A: imunidade material do parlamentar

O parlamentar possui duas imunidades: a) material: é a inviolabilidade por suas palavras, votos e opiniões ("Art. 53. Os Deputados e Senadores são invioláveis, civil e penalmente, por quaisquer de suas opiniões, palavras e votos"); b) formal: abrange a prisão processual do parlamentar e o processo criminal do parlamentar. A imunidade material implica não apenas a exclusão da prática de crime, mas também a inviolabilidade civil. Todos os parlamentares possuem a imunidade material, exceto o vereador que a possui limitada à circunscrição do município onde atua.

Compreensão da questão B: imunidade formal do parlamentar

Em relação ao processo criminal do parlamentar, recebida a denúncia contra o senador ou deputado, por crime ocorrido após a diplomação, o Supremo Tribunal Federal dará ciência à Casa respectiva, que, por iniciativa de partido político nela representado e pelo voto da maioria de seus membros, poderá, até a decisão final, sustar o andamento da ação. O pedido de sustação será apreciado pela Casa respectiva no prazo improrrogável de 45 dias do seu recebimento pela Mesa Diretora. A sustação do processo suspende a prescrição, enquanto durar o mandato.

Em relação à prisão cautelar processual ou provisória (preventiva, temporária ou flagrante), o parlamentar só pode sofrer prisão em flagrante por crime inafiançável. Neste caso, uma vez preso, o auto de prisão em flagrante será encaminhado à Casa Legislativa respectiva, que pode deliberar pela soltura ou manutenção da prisão (art. 53, § 2º, da CRFB: "Desde a expedição do diploma, os membros do Congresso Nacional não poderão ser presos, salvo em flagrante de crime inafiançável. Nesse caso, os autos serão remetidos dentro de vinte e quatro horas à Casa respectiva, para que, pelo voto da maioria de seus membros, resolva sobre a prisão").

Essa imunidade prisional se estende aos parlamentares federais (senadores e deputados federais), aos parlamentares estaduais (deputados estaduais – art. 27, § 1º: "Será de quatro anos o mandato dos Deputados Estaduais, aplicando-se-lhes as regras desta Constituição sobre sistema eleitoral, inviolabilidade, imunidades, remuneração, perda de mandato, licença, impedimentos e incorporação às Forças Armadas") e aos parlamentares distritais (deputados distritais – art. 32, § 3º, da CRFB: "Aos Deputados Distritais e à Câmara Legislativa aplica-se o disposto no art. 27"). Os vereadores não possuem essa imunidade prisional.

GABARITO:

A) O senador José não poderia ser responsabilizado civilmente, pois é inviolável pelas opiniões e pelas palavras correlatas ao exercício do mandato (art. 53, *caput*, da CRFB/88), sendo certo que compete ao Congresso Nacional fiscalizar e controlar os entes da Administração indireta (art. 49, X, da CRFB/88). Possui, portanto, imunidade material. Já o vereador João poderia ser responsabilizado, pois a inviolabilidade por suas opiniões e palavras é restrita à circunscrição do município e ao exercício do mandato (art. 29, VIII, da CRFB/88).

B) O senador José possui imunidade formal, consistente na impossibilidade de ser preso, salvo em caso de flagrante de crime inafiançável (art. 53, § 2º, da CRFB/88) e na possibilidade de a tramitação do processo penal a que venha a responder ser sustada por deliberação do Senado Federal (art. 53, § 3º, da CRFB/88). O vereador João, por sua vez, não possui imunidade formal (art. 29, VIII, da CRFB/88).

22.9.2. Comissão Parlamentar de Inquérito

(VII Exame da OAB Unificado) Em determinado Estado da Federação, vieram a público, denúncias de irregularidades praticadas em obra pública, com graves indícios de desvio de dinheiro do Erário. Tício, deputado estadual, pretende instalar Comissão Parlamentar de Inquérito para apuração das denúncias, com base em previsão constante da Constituição Estadual. Considerando a situação acima descrita, responda aos questionamentos a seguir, empregando os argumentos jurídicos apropriados e apresentando a fundamentação legal pertinente ao caso.

A) É possível que a Constituição Estadual preveja a criação da Comissão Parlamentar de Inquérito no plano estadual? (Valor: 0,45)

B) É possível o ajuizamento de ação em que se questione a constitucionalidade de norma de Constituição Estadual perante a Constituição da República, de modo a invalidar aquela? O governador do Estado tem legitimidade para fazê-lo? (Valor: 0,80)

Tema da questão

A questão trata de dois temas: comissão parlamentar de inquérito e controle de constitucionalidade de Constituição Estadual.

Compreensão do enunciado

A CPI é órgão interno do Legislativo com função de investigar fato determinado e de interesse público. A CPI tem os mesmos poderes investigatórios da autoridade judiciária. Sua criação depende do requerimento de 1/3 dos membros do Legislativo. Se for CPI mista (formada por deputados federais e senadores) precisa de requerimento de 1/3 dos membros da CD e 1/3 dos membros do SF.

Compreensão da questão A: comissão parlamentar de inquérito no âmbito estadual

É possível previsão da criação da CPI no âmbito dos estados pelos seguintes fundamentos: a) simetria constitucional; b) poder de autogoverno decorrente da autonomia constitucional dos estados (art. 18 da CRFB).

Compreensão da questão B: Constituição Estadual com objeto da ADI perante o STF

A Constituição Estadual pode ser objeto da ADI perante o STF, pois deve respeitar os princípios da Constituição Federal, nos termos do art. 11 do ADCT ("Art. 11. Cada Assembleia Legislativa, com poderes constituintes, elaborará a Constituição do Estado, no prazo de um ano, contado da promulgação da Constituição Federal, obedecidos os princípios desta"). Neste caso, a legitimidade será do governador do estado, que deve demonstrar pertinência temática.

GABARITO:

A) Há possibilidade de previsão da CPI na Constituição Estadual, fundamentando a resposta na autonomia do estado. Ou seja, ao conferir poder de auto-organização aos estados da Federação (art. 18 da CRFB), permitiu que editassem Constituições prevendo formas de investigação, como a CPI (STF, ACO 730-RJ), observado o princípio da simetria.

B) O governador tem legitimidade para propositura de Ação Direta de Inconstitucionalidade, devendo demonstrar pertinência temática. Além disso, deve ser tratada a possibilidade de questionar a constitucionalidade da norma da Constituição Estadual perante a Constituição Federal, conforme reiterada jurisprudência do STF.

(XV Exame de Ordem – FGV) Denúncias de corrupção em determinada empresa pública federal foram publicadas na imprensa, o que motivou a instalação, na Câmara dos Deputados, de uma Comissão Parlamentar de Inquérito (CPI). Em busca de esclarecimento dos fatos, a CPI decidiu convocar vários dirigentes da empresa pública para prestar depoimento. Em razão do interesse público envolvido, o jornalista que primeiro noticiou o caso na grande imprensa também foi convocado a prestar informações, sob pena de condução coercitiva, de modo a revelar a origem de suas fontes, permitindo, assim, a ampliação do rol dos investigados. Outra decisão da CPI foi a de quebrar o sigilo bancário dos dirigentes envolvidos nas denúncias de corrupção, objeto de apuração da comissão.

Com base nessas informações, responda aos itens a seguir.

A) A CPI tem poder para intimar alguém a prestar depoimento, sob pena de condução coercitiva caso não compareça espontaneamente?

B) O jornalista convocado pode ser obrigado a responder indagações sobre a origem de suas fontes jornalísticas, em razão do interesse público envolvido?

C) A CPI tem poder para determinar a quebra do sigilo bancário dos investigados?

GABARITO:

A) Segundo o art. 58, § 3º da CRFB/88, a Comissão Parlamentar de Inquérito tem poderes de investigação próprios das autoridades judiciais, podendo inclusive determinar a condução coercitiva de testemunha.

B) A Constituição Federal reconhece o sigilo da fonte como um direito fundamental, portanto o jornalista não pode ser obrigado a responder indagações sobre a origem de suas fontes, sendo resguardado esse sigilo para os jornalistas, garantindo, assim, a liberdade de imprensa, tudo conforme o art. 5º, XIV, da CRFB/88.

C) O art. 58, § 3º da CRFB/88 atribui à CPI poderes equivalentes aos da autoridade judiciária, e o STF reconhece o poder da CPI para determinar a quebra do sigilo bancário dos investigados, observada a devida fundamentação para tanto, pois a competência decorre da atribuição de seus poderes constitucionais de investigação, e a matéria não se insere na cláusula de reserva de jurisdição.

(XIX Exame de Ordem – FGV) No âmbito de uma Comissão Parlamentar de Inquérito (CPI), foi determinada a busca e apreensão de documentos e de computadores nos escritórios das empresas do grupo investigado, tendo sido decretada, em decisão fundamentada, a indisponibilidade de bens e a quebra dos sigilos bancário e fiscal de um dos empresários envolvidos.

Com base no fragmento acima, responda, justificadamente, aos itens a seguir.

A) A medida adotada pela CPI, em relação aos bens do empresário, é amparada pela ordem constitucional?

B) A CPI poderia determinar a quebra de sigilo narrada na questão, sem autorização judicial?

GABARITO:

A) Não, pois a indisponibilidade de bens e inviolabilidade da casa em ordem de busca e apreensão está restrita à reserva constitucional de jurisdição, ou seja, tais atos somente podem ser praticados por magistrados. Apesar de o poder de investigar constituir uma das funções institucionais do Poder Legislativo, os poderes parlamentares de investigação sofrem limitações de ordem jurídico-constitucional. A Constituição Federal, ao conferir às CPIs "poderes de investigação próprios das autoridades judiciais" (art. 58, § 3º), delimitou a natureza de suas competências, mas não permitiu o exercício daqueles atos privativos do Poder Judiciário, como a decretação de indisponibilidade de bens e a diligência de busca e apreensão de documentos em escritório.

B) Sim. A Constituição Federal e o STF têm entendimento pacífico quanto ao tema. A Comissão Parlamentar de Inquérito possui poderes próprios das autoridades judiciais para, em decisão fundamentada, determinar a quebra de sigilo fiscal e bancário, pois o que está em jogo é o acesso a informações já existentes, não estando neste caso sujeita à reserva de jurisdição.

22.9.3. Processo Legislativo

(XXIX Exame de Ordem – FGV) O presidente da República editou a Medida Provisória n. XW/18, permitindo que os Estados editassem lei dispensando a inserção, no âmbito do seu território, de algumas das informações a serem incluídas no registro civil das pessoas naturais. Face à importância da temática versada, a Medida Provisória n. XW/18, por deliberação do colégio de líderes, foi imediatamente submetida à apreciação do plenário de cada casa do Congresso Nacional, daí resultando sua aprovação e a consequente promulgação da Lei n. DD/18.

A) Com abstração de considerações em torno de sua relevância e urgência, a Medida Provisória n. XW/18 atende aos seus pressupostos constitucionais?

B) O processo legislativo que culminou na aprovação da Lei n. DD/18 é compatível com a ordem constitucional?

GABARITO:

A) O art. 22, XXV, da CRFB/88 disciplina que compete à União legislar sobre registros públicos, seu parágrafo único prevê que tal competência legislativa privativa pode ser delegada aos estados (e ao Distrito Federal - art. 32, § 1º da CRFB/88) por meio de lei complementar federal. Conclui-se que a Medida Provisória n. XW/18 não atende aos pressupostos constitucionais porque disciplina sobre matéria reservada à lei complementar, o que lhe é vedado.

B) A medida provisória, por ordem constitucional do art. 62, § 9º, deve ser submetida à comissão mista de deputados e senadores que sobre ela emitirá parecer prévio, antes de ser apreciada, em sessão separada, pelo plenário de cada uma das Casas do Congresso Nacional. O processo legislativo que culminou com a aprovação da Lei n. DD/18 não obedeceu o processo legislativo constitucional, sendo incompatível com a ordem estabelecida pela CRFB/88.

(XIV Exame de Ordem – FGV) Sob forte influência de grandes produtores rurais, numerosos parlamentares do Congresso Nacional se mobilizam para a edição de uma Emenda à Constituição, a fim de retirar do texto constitucional a referência à função social da propriedade. Como resposta, a sociedade civil começou uma campanha de coleta de assinaturas para deflagrar a edição, por iniciativa popular, de uma Emenda para tornar crime a manutenção de propriedades improdutivas. Com base no fragmento acima, responda aos itens a seguir.

A) Um parlamentar tem iniciativa no processo legislativo de Emenda à Constituição? E a sociedade civil? Responda fundamentadamente.

B) É possível a edição de Emenda com o conteúdo pretendido pelos produtores rurais?

GABARITO:

A) Não, um parlamentar sozinho não pode ter iniciativa no processo legislativo das Emendas Constitucionais. O art. 60 da CRFB/88 estabelece a iniciativa para a proposta de Emenda à Constituição: (I) um terço, no mínimo, dos membros da Câmara dos Deputados ou do Senado

Federal; (II) o presidente da República; e (III) mais da metade das Assembleias Legislativas das unidades da Federação.

B) Não, pois os direitos e garantias individuais são cláusulas pétreas. Cláusulas pétreas consistem em limitações materiais à possibilidade de reforma à Constituição. A propriedade é um direito individual, e sua função social está expressamente atrelada ao direito individual, inerente ao próprio direito à propriedade. A função social incide sobre a estrutura e o conteúdo da propriedade, sobre a própria configuração do direito, e constitui elemento que qualifica sua situação jurídica. Desse modo, não pode ser abolida por Emenda à Constituição.

(XVI Exame de Ordem – FGV) Projeto de lei aprovado pela Câmara dos Deputados, contendo vício de iniciativa, foi encaminhado ao Senado Federal. Na Casa revisora, o texto foi aprovado com pequena modificação, sendo suprimida determinada expressão, sem, contudo, alterar o sentido normativo objetivado pelo texto aprovado na Câmara. O projeto foi, então, enviado ao Presidente da República, que, embora tenha protestado pelo fato de ser a matéria disciplinada pelo Parlamento, de iniciativa privativa do chefe do Poder Executivo, sancionou-o por concordar com os termos ali estabelecidos, originando a Lei L.

Diante dos fatos narrados, responda aos itens a seguir.

A) A não devolução do processo à Casa Iniciadora sempre configurará violação ao devido processo legislativo? Justifique.

B) No caso em tela, a sanção presidencial possuiria o condão de suprir o vício de iniciativa ao projeto de Lei? Justifique.

GABARITO:

A) Só há obrigatoriedade de retorno do projeto de lei à Casa iniciadora quando a alteração pela Casa revisora alterar o sentido da norma. Portanto, se a alteração do projeto não modificar o sentido do texto, é dispensado o retorno à Casa iniciadora, não configurando violação ao devido processo legislativo.

B) Não. O vício de iniciativa não pode ser sanado com a sanção presidencial. Há entendimento pacífico do STF no sentido de que a sanção do projeto de lei não convalida o vício de inconstitucionalidade resultante da usurpação do poder de iniciativa.

(XVII Exame de Ordem – FGV) O Congresso Nacional autorizou o presidente da República a normatizar, por via de lei delegada, na sua forma típica ou própria (sem necessidade de posterior aprovação pelo Congresso), matéria que trata de incentivo ao parque industrial brasileiro. Ocorre, porém, que o chefe do Poder Executivo, ao elaborar o diploma normativo, exorbitou dos poderes a ele conferidos, deixando de respeitar os limites estabelecidos pelo Congresso Nacional, por via de Resolução.

A partir dessa narrativa, responda aos itens a seguir.

A) No caso em tela, o aperfeiçoamento do ato de delegação, com a publicação da Resolução, retira do Congresso Nacional o direito de controlar, inclusive constitucionalmente, o conteúdo da Lei Delegada editada pelo Presidente da República? Justifique.

B) Caso a Resolução estabelecesse a necessidade de apreciação do projeto pelo Congresso Nacional (delegação atípica ou imprópria), poderia a Casa Legislativa alterar o texto elaborado pelo Presidente da República? Justifique.

GABARITO:

A) Não, mesmo que o Congresso Nacional expeça a resolução autorizadora típica, dispensando a apreciação do projeto de lei delegada, ainda poderá controlar a espécie normativa posteriormente, conforme dispõe o art. 49, V, da CRFB/88. É de competência exclusiva do Congresso Nacional (o poder delegante) sustar os atos normativos do Poder Executivo que exorbitem os limites da delegação legislativa. Trata-se de verdadeiro controle político e de constitucionalidade, na modalidade repressiva, exercido pelo Poder Legislativo.

B) Não, a Constituição Federal veda que o Congresso Nacional faça qualquer emenda ao projeto de lei delegada, nos termos do art. 68, § 3º. Ao deliberar sobre o projeto, ou o Congresso Nacional o aprova integralmente ou o rejeita em sua totalidade, sendo vedada qualquer emenda.

(XVII Exame de Ordem – FGV) A Medida Provisória Z (MP Z), editada pelo Governador do Estado H com o propósito de diminuir o alto grau de evasão escolar, regulou a concessão de bolsas escolares a alunos carentes matriculados em escolas públicas estaduais. Em virtude de crise política que surgiu entre o Executivo e o Legislativo, a referida Medida Provisória não foi convertida em lei. Ultrapassado o prazo de 60 dias, a Casa Legislativa não disciplinou as relações jurídicas surgidas no período em que a MP Z vigorou. João, que se beneficiou por três meses da referida bolsa, apreensivo, relatou a Carlos, um amigo, servidor da Assembleia Legislativa, que teme ter de devolver a totalidade do valor recebido. Carlos tranquilizou-o e informou-lhe que a crise política fora debelada, de modo que a Assembleia apenas aguarda a reedição da Medida Provisória, a fim de convertê-la em lei, ainda no mesmo ano legislativo em que a MP Z perdeu a eficácia.

Considerando que a Constituição do Estado H regulou o processo legislativo em absoluta simetria com o modelo usado pela Constituição Federal, responda aos itens a seguir.

A) João terá de devolver aos cofres públicos o dinheiro recebido a título da bolsa? Fundamente.

B) A informação passada por Carlos a João encontra-se em harmonia com a sistemática constitucional? Justifique.

GABARITO:

A) João não precisará devolver o valor recebido a título de bolsa. Apesar de a medida provisória não ter sido convertida em lei, não houve decreto legislativo tratando da matéria nos 60 dias posteriores, o que gera a manutenção dos efeitos jurídicos da medida provisória para as relações jurídicas efetivamente ocorridas na época da sua vigência, tudo nos termos do art. 62 da CRFB/88.

B) Não, a informação passada por Carlos é incorreta, pois é vedada a reedição de medida provisória na mesma sessão legislativa, tendo perdido a eficácia por decurso do tempo ou tendo sido rejeitada.

(XVII Exame de Ordem – FGV) Aprovado apenas pela Comissão de Relações Exteriores e de Defesa Nacional da Câmara dos Deputados, assim como no âmbito da mesma Comissão em razão dessa matéria do Senado Federal, determinado projeto de lei, que versava sobre política externa brasileira, foi levado à apreciação do Presidente da República, que resolveu vetá-lo, ao argumento de que nenhum projeto de lei pode ser aprovado sem a respectiva votação do Plenário de cada uma das Casas Legislativas. Diante do relato acima, responda aos itens a seguir.

A) O veto apresentado pelo chefe do Executivo encontra amparo constitucional?

B) É correto afirmar que, de acordo com o processo legislativo brasileiro, o veto do presidente da República deve ser apreciado pela Casa Inicial e revisto pela Casa Revisora, dentro do prazo de 45 dias, a contar do seu recebimento?

GABARITO:

A) Não. De acordo com o art. 58, § 2º, I, da Constituição Federal, há projetos de lei que podem ser discutidos e votados apenas no âmbito das comissões constituídas, em razão da matéria de sua competência, na forma do Regimento Interno da Casa Legislativa, sem a necessidade de apreciação pelo Plenário, desde que não haja recurso de um décimo dos membros da respectiva Casa. Portanto o veto do presidente da República, neste caso, não encontra amparo constitucional. É o próprio texto constitucional que admite a possibilidade de se afastar a incidência do princípio da reserva de plenário, atribuindo às Comissões, em razão da matéria de sua competência, a prerrogativa de discutir, votar e decidir as proposições legislativas.

B) Não procede a informação. Segundo o art. 66, § 4º, da Constituição Federal, o veto será apreciado em sessão conjunta, dentro do prazo de 30 dias a contar do seu recebimento, só podendo ser rejeitado pelo voto da maioria absoluta dos deputados e senadores. Esgotado o prazo de 30 dias, o veto será colocado na ordem do dia da sessão imediata, sobrestadas as demais proposições, até a sua votação final.

(XIX Exame de Ordem – FGV) O deputado federal João da Silva, impulsionado por solicitação do seu partido, quer propor a alteração de alguns dispositivos normativos constantes da Lei n. 1.234, produzida pela via ordinária, em momento anterior à Constituição da República Federativa do Brasil de 1988. Porém, a atual ordem constitucional dispôs que a matéria de que trata a referida Lei n. 1.234 deve ser regulamentada via Lei Complementar. Não sabendo como proceder, o referido deputado procura auxílio de sua assessoria jurídica a fim de sanar as dúvidas a seguir.

A) É possível considerar que a Lei n. 1.234 tenha mantido a conformidade constitucional com o advento da nova Constituição? Justifique.

B) Para a alteração dos dispositivos normativos constantes da Lei n. 1.234, que espécie legislativa deve ser utilizada pelo Deputado João da Silva? Justifique.

GABARITO:

A) Sim, desde que a lei antiga não destoe materialmente da nova Constituição, pouco importando qual a forma com que se revista, pois, nesse caso, se opera o fenômeno da recepção, que corresponde a uma revalidação das normas que não contrariam, materialmente, a nova Constituição.

B) Conforme o caso hipotético, a espécie normativa seria a lei complementar. A partir da promulgação da nova Constituição, a Lei n. 1.234 foi recepcionada como "lei complementar"; portanto, diante da reserva constitucional expressa, qualquer alteração no seu texto deverá ser realizada por intermédio desta espécie legislativa.

(XX Exame da OAB Unificado) Um candidato a Presidente da República, em discurso durante a campanha eleitoral, fez as proposições a seguir para seus eleitores:

1) que iria revogar imediatamente uma medida provisória nociva ao interesse público, que foi editada em 10 de setembro de 2001, antes, portanto, da promulgação da Emenda Constitucional n. 32/2001 (que até hoje não foi apreciada pelo Congresso Nacional); 2) que iria editar medida provisória para modificar alguns artigos da Lei n. 6.815/80, mais especificamente aqueles que tratam da naturalização do estrangeiro residente no Brasil, bem como fixar novas regras processuais da Lei n. 8.078/90, que instituiu o Código de Defesa do Consumidor. A partir da hipótese apresentada, com base nas regras do processo legislativo brasileiro, responda aos itens a seguir.

A) É constitucionalmente possível revogar uma Medida Provisória que tenha sido editada há vários anos e que ainda não tenha sido objeto de apreciação pelo Congresso Nacional, ou seja, não tenha sido rejeitada, nem convertida em lei, tal qual consta na primeira proposição feita pelo candidato? Justifique. (Valor: 0,65)

B) A segunda proposição feita pelo candidato no sentido de editar Medida Provisória com o intuito de regular a naturalização do estrangeiro residente no Brasil, bem como fixar novas regras processuais do Código de Defesa do Consumidor encontra amparo constitucional? Justifique. (Valor: 0,60)

Tema da questão

Medida Provisória.

Compreensão da questão A

Revogação da Medida Provisória.

De acordo com o art. 2º da Emenda Constitucional n. 32, as medidas provisórias editadas em data anterior à da publicação desta emenda (data da publicação: 12 de setembro de 2001) continuam em vigor até que medida provisória ulterior as revogue explicitamente ou até deliberação definitiva do Congresso Nacional.

Com efeito, levando em consideração que a data da EC n. 32 é de 11 de setembro de 2001, é correto afirmar que a MP editada em 10 de setembro de 2001 ainda se encontra em vigor. É importante frisar que todas aquelas medidas provisórias editadas anteriormente à EC n. 32/2001 continuam em vigor até hoje, se não foram rejeitadas pelo Congresso Nacional ou revogadas por outra MP do presidente da República.

Compreensão da questão B

Matéria que pode ser objeto de medida provisória.

A princípio, qualquer matéria pode ser objeto da medida provisória, salvo as exceções previstas no texto constitucional. Neste cenário, são matérias vedadas por medida provisória, nos termos do art. 62, § 1º, da CRFB: nacionalidade, cidadania, direitos políticos, partidos políticos, direito eleitoral, direito penal, processual penal, direito processual civil, organização do Poder Judiciário, organização do Ministério Público, a carreira e a garantia dos membros do Poder Judiciário, a carreira e a garantia dos membros do Ministério Público, planos plurianuais, diretrizes orçamentárias, orçamento, créditos adicionais e suplementares, ressalvado o previsto no art. 167, § 3º; que vise à detenção ou sequestro de bens, de poupança popular ou qualquer outro ativo financeiro; reservada a lei complementar; já disciplinada em projeto de lei aprovado pelo Congresso Nacional e pendente de sanção ou veto do presidente da República.

No caso proposto pela OAB, a medida provisória seria duplamente inconstitucional. Em primeiro lugar, porque estaria regulando matéria vedada a medida provisória, nos termos do art. 62,

§ 1º, I, *a*, ou seja, matéria relativa à nacionalidade, à cidadania e aos direitos políticos (situação jurídica do estrangeiro no Brasil). Em segundo lugar, tal medida provisória seria incompatível com a CRFB/88, nos termos do art. 62, § 1º, I, *b*, isto é, estaria versando sobre matéria de direito processual civil (Código de Defesa do Consumidor).

GABARITO:

A) Sim. O examinando deve destacar que a proposição desta MP teria amparo constitucional nos termos do art. 2º da Emenda Constitucional n. 32/2001, que estabelece que as medidas provisórias antigas, editadas em data anterior à promulgação daquela EC, continuam em vigor até que venham a ser revogadas ou apreciadas pelo Congresso Nacional. Portanto, a proposição feita tem amparo constitucional. Com efeito, levando em consideração que a data da EC n. 32 é de 11 de setembro de 2001, é correto afirmar que a MP editada em 10 de setembro de 2001 ainda se encontra em vigor. É importante frisar que todas aquelas medidas provisórias editadas anteriormente à EC n. 32 de 11 de setembro de 2001 continuam em vigor até hoje, se não foram rejeitadas pelo Congresso Nacional ou revogadas por outra MP do presidente da República.

B) Não. Tal medida provisória seria duplamente inconstitucional. Em primeiro lugar, porque estaria regulando matéria vedada a medida provisória, nos termos do art. 62, § 1º, I, *a*, ou seja, matéria relativa à nacionalidade, à cidadania e aos direitos políticos (situação jurídica do estrangeiro no Brasil). Em segundo lugar, tal medida provisória seria incompatível com a CRFB/88, nos termos do art. 62, § 1º, I, *b*, isto é, estaria versando sobre matéria de direito processual civil (Código de Defesa do Consumidor).

(XXV Exame de Ordem – FGV – reaplicação Porto Alegre – adaptada) Após anos sem terem os seus vencimentos reajustados, os servidores da Administração direta do Poder Executivo do Estado Ômega entraram em greve, reivindicando uma solução para esse estado de coisas, que já colocava em risco sua subsistência e a de sua família. Sensibilizado com a situação, um grupo de parlamentares apresentou projeto de lei de reajuste dos servidores públicos, o qual veio a ser aprovado pela Assembleia Legislativa e sancionado pelo Governador do Estado, dando origem à Lei X. Apesar do benefício gerado para os servidores, o partido político Sigma, com representação no Senado Federal, mas que não contava com nenhum representante na Assembleia Legislativa do Estado Ômega, entendeu que a medida, além de injusta, já que os servidores de outros entes federativos não receberam ajuste similar, era inconstitucional. À luz desse quadro, responda ao questionamento a seguir.

A) Utilizando a Constituição da República como paradigma de análise, a Lei X do Estado Ômega apresenta algum vício de constitucionalidade? Justifique. (Valor: 0,75)

GABARITO:

A) A Lei X é formalmente inconstitucional, já que o projeto de lei foi apresentado por um grupo de parlamentares, enquanto o poder de iniciativa legislativa, em relação às leis que aumentem a remuneração dos servidores da administração direta do Poder Executivo, é do governador do estado. Aplica-se o disposto no art. 61, § 1º, II, *a*, da CRFB/88, preceito que deve ser observado pelos estados por simetria constitucional, conforme dispõe o art. 25, *caput*, da CRFB/88.

(Exame da OAB Unificado 2010.2) O Congresso Nacional aprovou e o presidente da República sancionou projeto de lei complementar modificando artigos do Código Civil, nos termos do art.

22, I, da CRFB. Três meses após a entrada em vigor da referida lei, o presidente da República editou medida provisória modificando novamente os referidos artigos do Código Civil com redação dada pela lei complementar. Analise a constitucionalidade dos atos normativos mencionados.

Tema da questão

A questão trata do tema da verificação da compatibilidade dos atos normativos com a Constituição Federal.

Compreensão do enunciado

O presidente da República editou uma medida provisória para alterar lei complementar aprovada na matéria civil; Matéria de direito civil: "Art. 22. Compete privativamente à União legislar sobre: I – direito civil".

Compreensão da questão

A Constituição não exige lei complementar para disciplinar matéria de direito civil. O uso da lei complementar depende de previsão expressa na CRFB. Há determinadas matérias que só podem ser reguladas por meio de lei complementar e estas matérias estão definidas expressamente no texto constitucional.

Itens	Lei complementar	Lei ordinária
Diferença formal	Quórum de maioria absoluta nos termos do art. 69 da CRFB.	Quórum de maioria simples nos termos do art. 47 da CRFB.
Diferença material	Matérias definidas expressamente no texto constitucional.	Critério residual.

Apesar da inadequação do instrumento legislativo (lei complementar em vez de lei ordinária), pode uma lei complementar dispor sobre matéria de lei ordinária, do ponto de vista formal, pois seu quórum possui maior envergadura do que o da lei ordinária.

A lei complementar que disponha sobre matéria para a qual a Constituição Federal não reserva a lei complementar, poderá ser modificada por lei ordinária. É uma lei complementar com *status* de lei ordinária.

Uma lei ordinária que disponha sobre matéria para a qual a Constituição Federal reserva a lei complementar terá inconstitucionalidade formal, pois a lei complementar exige um quórum de aprovação de maioria absoluta. É matéria que exige maioria qualificada.

No caso sobre a hierarquia entre lei complementar e lei ordinária existem os seguintes posicionamentos: a) não existe hierarquia, pois esta somente existe entre normas jurídicas, quando umas extraem das outras seu fundamento de validade. No caso, lei ordinária não extrai seu fundamento de validade da lei complementar, nem a lei complementar extrai seu fundamento de validade da lei ordinária; b) existe hierarquia, pois a lei complementar é espécie normativa mais difícil de ser alterada do que a lei ordinária. O critério para construir hierarquia entre normas é a dificuldade de alterar normas jurídicas. Sobre a hierarquia, o Pleno do STF concluiu pela inexistência da hierarquia entre as referidas espécies normativas (RE 377.457).

No caso do enunciado, como a lei complementar adquiriu o *status* de lei ordinária, esta pode ser alterada por outra lei ordinária, ou ainda por normas da mesma hierarquia ou de hierarquia superior. Como a medida provisória é uma espécie normativa que tem força de lei ordinária, ela pode alterar lei ordinária.

GABARITO:

São basicamente duas as diferenças entre a lei complementar e a lei ordinária: (i) enquanto a primeira demanda um quórum de aprovação de maioria absoluta, a segunda pode ser aprovada por maioria simples (presente à sessão a maioria absoluta dos membros da Casa Legislativa); (ii) há determinadas matérias que só podem ser reguladas por meio de lei complementar e estas matérias estão definidas expressamente no texto constitucional. Não existe, portanto, hierarquia entre lei complementar e lei ordinária, uma vez que esta não decorre daquela. Ambas decorrem da Constituição. Este entendimento, que conta com o apoio da maioria dos doutrinadores, já foi confirmado pelo STF (RE 419.629). Uma lei complementar que disponha sobre matéria para a qual a Constituição não exige maioria absoluta (típica de lei complementar) poderá ser modificada por lei ordinária. É dizer, neste caso, será uma lei complementar com *status* de lei ordinária. Embora a Constituição determine que não será objeto de medida provisória a matéria reservada a lei complementar, tal vedação não afeta o caso em tela, pois a matéria de que trata a referida lei complementar (direito de família) não é reservada a lei complementar, podendo neste caso ser modificada por medida provisória. Ambos os atos normativos, portanto, são constitucionais.

(VIII Exame da OAB Unificado) Em 2010 foi aprovada emenda à Constituição do Estado "X", acrescentando dispositivo que permite que o Governador do Estado edite medida provisória, com força de lei, com eficácia imediata, devendo ser convertida em até 30 dias. Com base neste dispositivo, em 15 de dezembro de 2011, o Governador do Estado editou medida provisória majorando as alíquotas mínima e máxima do Imposto sobre Transmissão "Causa Mortis" e Doação de Quaisquer Bens ou Direitos – ITCMD, visando à cobrança do imposto com as novas alíquotas em 2012. Não tendo sido apreciada nos primeiros vinte dias de vigência, a medida provisória entrou em regime de urgência, e foi finalmente aprovada pela Assembleia Legislativa. A partir da hipótese apresentada, responda justificadamente aos questionamentos a seguir, empregando os argumentos jurídicos apropriados e apresentando a fundamentação legal pertinente ao caso.

A) O dispositivo da Constituição do Estado X que confere ao Governador competência para editar medida provisória viola a Constituição da República? (Valor: 0,40)

B) A alteração das alíquotas pela medida provisória editada pelo Governador é constitucional? (Valor: 0,40)

C) As novas alíquotas podem ser cobradas em 2012? (Valor: 0,45)

Tema da questão

A questão trata do tema da medida provisória prevista no art. 62 da Constituição Federal. O procedimento de apreciação da medida provisória pelo Congresso Nacional está disciplinado na Resolução n. I, de 8 de maio de 2002.

Compreensão do enunciado

a) **Alíquota:** é um percentual que incide sobre a base de cálculo para determinar o valor do tributo.

b) **ITCMD:** é a sigla do imposto sobre transmissão *causa mortis* e doação. É imposto de competência estadual, nos termos do art. 155, I, da CRFB.

c) **Assembleia Legislativa:** é órgão do Poder Legislativo Estadual composto por deputados estaduais.

d) **Governador do estado:** é o chefe do Poder Executivo Estadual.

e) **Constituição do estado:** é o documento normativo delimitador da organização estrutural do estado-membro. É elaborada pela Assembleia Legislativa, nos termos do art. 25 da CRFB c/c o art. 11 do ADCT.

f) **Regime de urgência da medida provisória:** se a medida provisória não for apreciada em até 45 dias contados de sua publicação, entrará em regime de urgência, subsequentemente, em cada uma das Casas do Congresso Nacional, ficando sobrestadas, até que se ultime a votação, todas as demais deliberações legislativas da Casa em que estiver tramitando, nos termos do art. 62, § 6º, da CRFB.

Compreensão da questão A: medida provisória estadual

A medida provisória é uma espécie normativa editada pelo chefe do Executivo (presidente da República, governador ou prefeito), em caso de relevância e urgência, nos termos do art. 62 da CRFB.

No caso da medida provisória estadual, é necessário para sua edição que haja previsão expressa na Constituição do respectivo estado (no caso do Distrito Federal precisa de previsão expressa na Lei Orgânica do Distrito Federal). No caso de medida provisória municipal, é necessário para sua edição que haja previsão expressa na lei orgânica do respectivo município.

Os argumentos favoráveis à edição da medida provisória estadual, distrital e municipal são: a) princípio da simetria constitucional (neste sentido o STF: "Podem os Estados-membros editar medidas provisórias em face do princípio da simetria, obedecidas as regras básicas do processo legislativo no âmbito da União (CRFB, art. 62). 2. Constitui forma de restrição não prevista no vigente sistema constitucional pátrio (art. 25, § 1º, da CRFB) qualquer limitação imposta às unidades federadas para a edição de medidas provisórias. Legitimidade facultatividade de sua adoção pelos Estados-membros, a exemplo da União Federal" – ADI 425); b) falta de proibição expressa na Constituição Federal; c) capacidade de auto-organização dos estados decorrente da autonomia constitucional, nos termos do art. 25, *caput*, da CRFB; d) a Constituição da República, ao proibir que os estados regulem a exploração e a concessão dos serviços locais de gás canalizado "por medida provisória" (art. 25, § 2º, da CRFB), permite, *contrario sensu*, a edição de medida provisória para regular outras matérias.

Parte da doutrina entende que a competência para editar medida provisória é apenas do presidente da República, não apenas por falta de permissivo na Constituição Federal, como por ser uma exceção à função típica do Legislativo, deve ser interpretada de forma restrita.

Cabe realizar uma análise crítica ao gabarito da OAB em relação à questão formulada. No gabarito consta que o dispositivo da Constituição do estado X que confere ao governador competência para editar medida provisória não viola a Constituição da República, afirmando que "Trata-se de uma faculdade conferida aos Estados e não de uma obrigação decorrente do princípio da simetria".

Entendemos que a previsão na Constituição estadual da autorização da edição da medida provisória pelo governador decorre do princípio da simetria constitucional, pois os princípios básicos da Constituição Federal servem de modelo às Constituições estaduais. Tal entendimento encontra inclusive respaldo na jurisprudência do STF (ADI 415, 822, 1.181, 2.391).

Compreensão da questão B: alteração de alíquotas por medida provisória

Em regra, a alteração de alíquota será feita por lei ordinária. Porém, em relação à referida regra, temos as seguintes exceções:

Tributo	Previsão normativa do tributo	Forma de alteração da alíquota	Previsão da forma de alteração da alíquota
Impostos residuais	Art. 154, I, da CRFB	Lei complementar	Art. 154, I, da CRFB
Empréstimo compulsório	Art. 148 da CRFB	Lei complementar	Art. 148 da CRFB
Imposto sobre grandes fortunas	Art. 153, VII, da CRFB	Lei complementar	Art. 153, VII, da CRFB
Contribuições previdenciárias novas ou residuais	Art. 195, § 4º, da CRFB	Lei complementar	Art. 195, § 4º, da CRFB
Imposto de importação	Art. 153, I, da CRFB	Ato do Poder Executivo	Art. 153, § 1º, da CRFB
Imposto sobre produtos industrializados	Art. 153, IV, da CRFB	Ato do Poder Executivo	Art. 153, § 1º, da CRFB
Imposto sobre operações financeiras	Art. 153, V, da CRFB	Ato do Poder Executivo	Art. 153, § 1º, da CRFB
CIDE sobre combustível	Art. 177, § 4º, da CRFB	Ato do Poder Executivo	Art. 177, § 4º, I, *b*, da CRFB
ICMS sobre combustível	Art. 155, § 4º, IV, da CRFB	Ato do Poder Executivo	Art. 155, § 4º, IV, da CRFB

Ainda no contexto da alteração de alíquotas, temos hipóteses em que a Constituição Federal permite que o Senado Federal estabeleça **por resolução** as alíquotas de determinados tributos, conforme tabela abaixo:

Tributo	Alíquota	Requisito	Previsão
IPVA	Mínima	Não tem	Art. 155, § 6º, I, da CRFB
ITCMD	Máxima	Não tem	Art. 155, § 1º, IV, da CRFB
ICMS	Mínima nas operações internas	Iniciativa de 1/3 dos senadores e aprovada pela maioria absoluta de seus membros	Art. 155, § 2º, IV, *a*, da CRFB

ICMS	Nas operações de circulação de mercadorias e prestações de serviço interestaduais e de exportação	Iniciativa do presidente da República ou 1/3 dos senadores, aprovada pela maioria absoluta de seus membros	Art. 155, § 2º, IV, da CRFB
ICMS	Máximas nas operações internas para resolver conflito específico que envolva interesse de Estado	Iniciativa da maioria absoluta e aprovada por 2/3 dos senadores	Art. 155, § 2º, IV, *b*, da CRFB

Em relação à medida provisória em matéria tributária, podemos afirmar que esta pode criar ou aumentar imposto (exceto os reservados à lei complementar) ou contribuição social.

No caso, o governador do estado editou medida provisória majorando as alíquotas mínima e máxima do Imposto sobre Transmissão "Causa Mortis" e Doação de Quaisquer Bens ou Direitos - ITCMD, visando à cobrança do imposto com as novas alíquotas em 2012.

Sobre a alteração de alíquotas, feita pelo governador por medida provisória: a) *em relação às alíquotas máximas*, o procedimento está incorreto, pois a alteração é feita por resolução do Senado Federal, nos termos art. 155, § 1º, IV, da CRFB, de modo que a sua alteração por medida provisória estadual gera inconstitucionalidade formal parcial; b) *em relação às alíquotas mínimas*, é possível, pois não é imposto reservado à lei complementar.

Compreensão da questão C: cobrança de alíquotas criadas por medida provisória

Em relação à cobrança feita por medida provisória, a CRFB traz os seguintes fundamentos: a) art. 62, § 2º, medida provisória que implique instituição ou majoração de impostos, exceto os previstos nos arts. 153, I, II, IV, V, e 154, II, só produzirá efeitos no exercício financeiro seguinte se houver sido convertida em lei até o último dia daquele em que foi editada; b) art. 195, § 6º, as contribuições sociais de que trata este artigo só poderão ser exigidas após decorridos 90 dias da data da publicação da lei que as houver instituído ou modificado, não se lhes aplicando o disposto no art. 150, III, *b*.

Em relação à cobrança de tributo criado ou majorado por medida provisória temos: a) se for imposto, a cobrança deve ser feita a partir do ano seguinte ao ano de sua conversão em lei, salvo o imposto de importação, imposto de exportação, IOF e imposto extraordinário, em que a cobrança é feita imediatamente, a partir da publicação da medida provisória; b) se for contribuição social, a cobrança é feita após 90 dias da publicação da medida provisória.

No caso, a cobrança do imposto majorado, segundo o enunciado, a medida provisória foi editada em 15 de dezembro de 2011, visando à cobrança do ITCMD com as novas alíquotas em 2012.

Uma medida provisória que implique a instituição ou a majoração de impostos **só produzirá efeitos no exercício financeiro seguinte, se houver sido convertida em lei até o último dia do ano em que foi editada.** Desta forma, a cobrança não pode ser feita em 2012, mas sim a partir do ano seguinte ao ano da sua conversão em lei, em observância do princípio da anterioridade, nos termos do art. 62, § 2º, da CRFB.

GABARITO:

A) Não. Os estados, no exercício da capacidade de auto-organização (art. 25, *caput*, da CRFB), em decorrência da autonomia constitucional, podem autorizar os governadores a editar medida provisória. Trata-se de uma faculdade conferida aos estados e não de uma obrigação decorrente do princípio da simetria. A Constituição da República, ao proibir que os estados regulem a exploração e a concessão dos serviços locais de gás canalizado "por medida provisória" (art. 25, § 2º, da CRFB), permite, *a contrario sensu*, a edição de medida provisória para regular outras matérias.

B) Sim. A alteração da alíquota mínima é constitucional. Já a alteração da alíquota máxima é de competência do Senado, de modo que a sua alteração por medida provisória estadual gera inconstitucionalidade formal parcial.

C) Não. Embora os estados possam autorizar a edição de medida provisória pelo governador, devem, por outro lado, observar a regulação deste ato normativo em âmbito federal, o que inclui a observância do princípio da anterioridade em matéria tributária, de modo que uma medida provisória que implique a instituição ou a majoração de impostos só produzirá efeitos no exercício financeiro seguinte, se houver sido convertida em lei até o último dia do ano em que foi editada.

(IX Exame da OAB Unificado) Instituto destinado a dar maior eficiência aos comandos constitucionais, a medida provisória possibilita que, em situações excepcionais, o presidente da República edite norma com força de Lei Ordinária. A avalanche de medidas provisórias, porém, vem atravancando o trâmite dos projetos de lei, o que motivou nova orientação do então presidente da Câmara dos Deputados: a pauta não fica travada em relação a matérias que não podem, em tese, ser objeto de medida provisória. Em relação ao tema medida provisória, responda, fundamentadamente, aos seguintes itens.

A) Quais os limites para sua edição? (Valor: 0,40)

B) É possível Constituição Estadual prever edição de medida provisória pelo Governador do Estado? Nesse caso, a norma constitucional estadual poderia estabelecer limites diferentes daqueles previstos na Constituição da República Federativa do Brasil? (Valor: 0,45)

C) É possível o controle jurisdicional dos requisitos de relevância e urgência da medida provisória? (Valor: 0,40)

Tema da questão

A questão trata do tema da medida provisória prevista no art. 62 da Constituição Federal. O procedimento de apreciação da medida provisória pelo Congresso Nacional está disciplinado na Resolução n. I, de 8 de maio de 2002.

Compreensão do enunciado

a) **Pauta:** regras de funcionamento dos trabalhos legislativos e de atuação dos Parlamentares e da Mesa Diretora.

b) **Presidente da Câmara dos Deputados:** é responsável em dirigir os trabalhos legislativos na Câmara dos Deputados, órgão que representa o povo. O mandato do presidente, dos demais membros da Mesa e dos suplentes dos secretários é de dois anos, vedada a recondução para o mesmo cargo na eleição imediatamente subsequente. Não se considera recondução a eleição para o mesmo cargo em legislaturas diferentes, ainda que sucessivas.

Compreensão da questão A: limites da medida provisória

A medida provisória apresenta três limites: 1) **limites materiais**: a Constituição Federal prevê no art. 62, § 1º, da CRFB as matérias que não podem ser objeto da medida provisória: a) nacionalidade, cidadania, direitos políticos, partidos políticos e direito eleitoral; b) direito penal, processual penal e processual civil; c) organização do Poder Judiciário e do Ministério Público, a carreira e a garantia de seus membros; d) planos plurianuais, diretrizes orçamentárias, orçamento e créditos adicionais e suplementares, ressalvado o previsto no art. 167, § 3º; e) que vise à detenção ou sequestro de bens, de poupança popular ou qualquer outro ativo financeiro; f) reservada a lei complementar; g) já disciplinada em projeto de lei aprovado pelo Congresso Nacional e pendente de sanção ou veto do presidente da República; 2) **limites circunstanciais:** é vedada a reedição, na mesma sessão legislativa, de medida provisória que tenha sido rejeitada ou que tenha perdido sua eficácia por decurso de prazo, nos termos do art. 62, § 10, da CRFB; 3) **limites temporais**: o prazo máximo da medida provisória é de 120 dias; pode durar mais de 120 dias, se for editada antes de recesso parlamentar, nos termos do art. 62, § 7º, da CRFB.

Compreensão da questão B: medida provisória estadual

É possível a Constituição Estadual prever edição de medida provisória pelo governador do estado, em nome da simetria constitucional, segundo a qual a Constituição Federal serve de modelo obrigatório às Constituições estaduais e leis orgânicas.

De acordo com a jurisprudência do STF, são de observância compulsória pelos estados-membros as linhas básicas do modelo federal do processo legislativo (ADI 822 do STF).

A norma constitucional não pode estabelecer limites diferentes daqueles previstos na Constituição da República Federativa do Brasil, em homenagem à supremacia da Constituição Federal.

Compreensão da questão C: controle jurisdicional da medida provisória

A edição da medida provisória depende dos pressupostos constitucionais da urgência e relevância, nos termos do art. 62 da CRFB.

É possível o controle jurisdicional dos requisitos de relevância e urgência da medida provisória. Os requisitos constitucionais legitimadores da edição de medidas provisórias, vertidos nos conceitos jurídicos indeterminados de "relevância" e "urgência" (art. 62 da CRFB), apenas em caráter excepcional se submetem ao crivo do Poder Judiciário, por força da regra da separação de poderes (art. 2º da CRFB) (ADIs 2.213, 1.647, 4.029).

Neste sentido o STF: "Esta Suprema Corte somente admite o exame jurisdicional do mérito dos requisitos de relevância e urgência na edição de medida provisória em casos excepcionalíssimos, em que a ausência desses pressupostos seja evidente" (ADI 2.527-MC, rel. Min. Ellen Gracie, j. 16-8-2007, Plenário, *DJ* de 23-11-2007).

GABARITO:

A) A medida provisória encontra limites materiais, estampados no § 1º do art. 62 da Constituição Federal; limites temporais, encontrados nos §§ 2º e 7º do referido artigo e limites circunstanciais, encontrados no § 10 do aludido dispositivo.

B) A resposta é afirmativa quanto à criação, pois a Constituição Estadual poderá criar medidas provisórias. No entanto, a norma constitucional estadual deverá guardar os mesmos requisitos e limites da norma da Constituição Federal, em face do mandamento da simetria das normas.

C) São requisitos indispensáveis às medidas provisórias a relevância e a urgência, conforme dispõe o art. 62, *caput*, da Constituição Federal. O Supremo Tribunal Federal, por longa data, entendeu não ser possível o controle de constitucionalidade dos requisitos relevância e urgência, sob pena de violação ao princípio da separação de poderes. Todavia houve parcial mudança no entendimento da Corte, admitindo o exame jurisdicional do mérito dos requisitos de relevância e urgência na edição de medida provisória em casos excepcionais, em que a ausência desses pressupostos seja evidente, como, por exemplo, na abertura de crédito extraordinário para destinar verba para a saúde que já deveria estar inclusa na lei orçamentária anual.

22.9.4. Tribunal de Contas

(V Exame da OAB Unificado) O Tribunal de Contas da União (TCU), acolhendo representação contendo fortes indícios de irregularidades em procedimento licitatório realizado por entidade submetida à sua fiscalização, determina, cautelarmente, a suspensão do certame e fixa prazo para que o gestor responsável apresente defesa. Após regular instrução do processo, o TCU rejeita as razões de defesa, confirma a medida acautelatória e aplica multa sancionatória ao administrador público responsável pelas irregularidades. Com base no cenário acima, responda aos itens a seguir, empregando os argumentos jurídicos apropriados e a fundamentação legal pertinente ao caso.

A) É juridicamente possível a suspensão cautelar do procedimento licitatório por decisão do TCU? (Valor: 0,65)

B) Supondo que, contra a aplicação da multa sancionatória, não tenha sido interposto qualquer recurso administrativo, qual é a providência a ser adotada para sua execução? (Valor: 0,60)

Tema da questão

A questão trata das funções e poderes do Tribunal de Contas da União, nos termos dos arts. 70 e s. da CRFB.

Compreensão do enunciado

a) **Tribunal de Contas da União:** é órgão auxiliar do Poder Legislativo da União que possui as seguintes funções[2]:

Tipo da função	Conteúdo da função
Fiscalizadora	Realização de auditorias e inspeções, por iniciativa própria, por solicitação do Congresso Nacional ou para apuração de denúncias, em órgãos e entidades federais, em programas de governo, bem como a apreciação da legalidade dos atos de concessão de aposentadorias, reformas, pensões e admissão de pessoal no serviço público federal e a fiscalização de renúncias de receitas e de atos e contratos administrativos em geral

2 Disponível em: <http://portal.tcu.gov.br/institucional/conheca-o-tcu/funcionamento>. Acesso em: 12 set. 2019.

Consultiva	Elaboração de pareceres prévios e individualizados, de caráter essencialmente técnico, acerca das contas prestadas, anualmente, pelos chefes dos Poderes Executivo, Legislativo e Judiciário e pelo chefe do Ministério Público da União, a fim de subsidiar o julgamento a cargo do Congresso Nacional
Informativa	Prestação de informações solicitadas pelo Congresso Nacional, pelas suas Casas ou por qualquer das respectivas Comissões, a respeito da fiscalização exercida pelo Tribunal ou acerca dos resultados de inspeções e auditorias realizadas pelo TCU, bem como representação ao Poder competente a respeito de irregularidades ou abusos apurados, assim como o encaminhamento ao Congresso Nacional, trimestral e anualmente, de relatório das atividades do Tribunal
Judicante	Julga as contas dos administradores públicos e demais responsáveis por dinheiros, bens e valores públicos da Administração direta e indireta, incluindo as fundações e as sociedades instituídas e mantidas pelo Poder Público Federal, bem como as contas daqueles que derem causa a perda, extravio ou outra irregularidade de que resulte prejuízo ao erário
Sancionadora	Aplicação aos responsáveis das sanções em caso de ilegalidade de despesa ou de irregularidade de contas
Ouvidoria	Receber denúncias e representações relativas a irregularidades ou ilegalidades que lhe sejam comunicadas por responsáveis pelo controle interno, por autoridades ou por qualquer cidadão, partido político, associação ou sindicato
Educativa	Orienta e informa acerca de procedimentos e melhores práticas de gestão, mediante publicações e realização de seminários, reuniões e encontros de caráter educativo, ou, ainda, quando recomenda a adoção de providências, em auditorias de natureza operacional

b) **Representação:** é a denúncia de irregularidades feita perante a Administração Pública.

c) **Procedimento licitatório:** é um procedimento administrativo em que a Administração Pública seleciona a proposta mais vantajosa para celebrar contrato.

d) **Certame:** competição entre interessados na licitação.

Compreensão da questão A:

O Tribunal de Contas é órgão independente que auxilia o Legislativo na fiscalização externa dos gastos públicos. O processo de controle é regido pelas leis orgânicas dos Tribunais de Contas, pelos respectivos regimentos internos, e, subsidiariamente, pelas leis de processo administrativo e pelo Código de Processo Civil.

É possível o Tribunal de Contas expedir as seguintes medidas cautelares:

a) **afastamento temporário do responsável:** é uma medida cautelar determinada de ofício ou a requerimento do MP, no início ou no curso de qualquer apuração, se existirem indícios suficientes de que, prosseguindo no exercício de suas funções, possa retardar ou dificultar a realização de auditoria ou inspeção, causar novos danos ao Erário ou inviabilizar o seu ressarcimento;

b) **indisponibilidade dos bens do responsável:** é uma medida cautelar determinada de ofício ou a requerimento do MP, no início ou no curso de qualquer apuração, se existirem indícios suficientes de que, prosseguindo no exercício de suas funções, possa retardar ou dificultar a realização de auditoria ou inspeção, causar novos danos ao Erário ou inviabilizar o seu ressarcimento, por prazo não superior a um ano. Abrange tantos quantos considerados bastantes para garantir o ressarcimento dos danos em apuração;

c) **medidas ao arresto dos bens dos responsáveis julgados em débito:** é medida cautelar em que o Tribunal poderá, por intermédio do Ministério Público, solicitar à Advocacia-Geral da União ou, conforme o caso, aos dirigentes das entidades que lhe sejam jurisdicionadas, devendo ser ouvido quanto à liberação dos bens arrestados e sua restituição;

d) **medida inominada:** é a medida cautelar determinada em caso de urgência, de fundado receio de grave lesão ao erário, ao interesse público, ou de risco de ineficácia da decisão de mérito. É realizada de ofício ou mediante provocação, com ou sem a prévia oitiva da parte. Pode ser realizada, entre outras providências, a suspensão do ato ou do procedimento impugnado, até que o Tribunal decida sobre o mérito da questão suscitada, nos termos do art. 45 da Lei n. 8.443/92.

Em relação à possibilidade de o Tribunal de Contas expedir medidas cautelares, a jurisprudência do STF invoca a teoria dos poderes implícitos surgindo nos EUA, no célebre caso *McCulloch v. Maryland*, em que a Constituição, ao determinar a competência, concede de forma implícita mecanismos e instrumentos implícitos e necessários para o cumprimento das atribuições inseridas na competência. O *leading case* na matéria foi o MS 24.510, rel. Min. Ellen Gracie, j. 19-11-2003, Plenário, *DJ* de 19-3-2004. Além disso, seria um poder implícito decorrente da competência expressa no art. 71, IX, da CRFB ("É por isso que entendo revestir-se de integral legitimidade constitucional a atribuição de índole cautelar, que, reconhecida com apoio na teoria dos poderes implícitos, permite, ao Tribunal de Contas da União, adotar as medidas necessárias ao fiel cumprimento de suas funções institucionais e ao Pleno exercício das competências que foram outorgadas, diretamente, pela própria Constituição da República" – Celso de Mello).

Compreensão da questão B:

As decisões dos Tribunais de Contas de que resulte imputação de débito ou cominação de multa tornam a dívida líquida e certa e têm eficácia de título executivo.

Nesse caso, o responsável é notificado para, no prazo de 15 dias, recolher o valor devido. Se o responsável, após ter sido notificado, não recolher tempestivamente a importância devida, é formalizado processo de cobrança executiva, o qual é encaminhado ao Ministério Público junto ao Tribunal para, por meio da Advocacia-Geral da União (AGU) ou das entidades jurisdicionadas ao TCU, promover a cobrança judicial da dívida ou o arresto de bens.

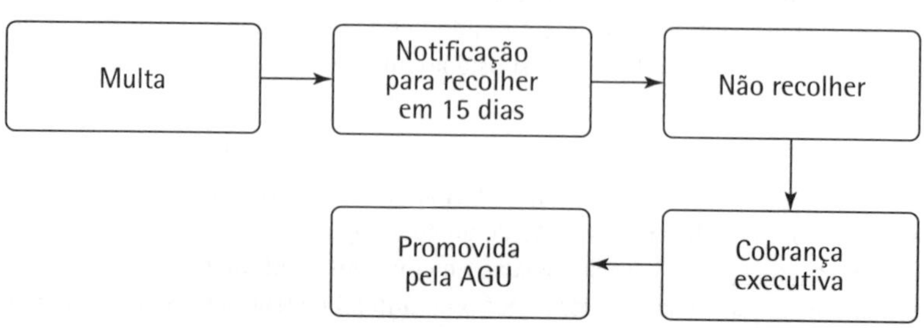

GABARITO:

Quanto à adoção de medidas cautelares pelo Tribunal de Contas da União, a jurisprudência do Supremo Tribunal Federal reconhece a atribuição de índole cautelar às Cortes de Contas, com apoio na teoria dos poderes implícitos, permitindo a adoção das medidas necessárias ao fiel cumprimento de suas funções institucionais e ao pleno exercício das competências que lhe foram outorgadas, diretamente, pela própria Constituição da República. O *leading case* na matéria foi o MS 24.510, rel. Min. Ellen Gracie, j. 19-11-2003, Plenário, *DJ* de 19-3-2004. Além disso, seria um poder implícito decorrente da competência expressa no art. 71, IX, da CRFB. Por sua vez, quanto ao item *b*, as decisões dos Tribunais de Contas de que resulte aplicação de multa ostentam eficácia de título executivo extrajudicial (art. 71, § 3º, da CRFB) e sua execução compete ao órgão de representação judicial do ente público beneficiário da condenação, no caso, a Advocacia-Geral da União.

22.10. Poder Executivo

(XII Exame de Ordem – FGV) Insatisfeito com a demora para a efetivação das desapropriações necessárias à construção de uma rodovia federal, o presidente da República editou o Decreto n. 9.999, por meio do qual, expressamente, determinou a revogação do Decreto-Lei n. 3.365/41, que dispunha sobre a desapropriação por utilidade pública, e, ao mesmo tempo, institui novo regramento a respeito do tema.

Sobre a hipótese apresentada, responda, justificadamente, aos itens a seguir.

A) Em nosso ordenamento jurídico constitucional, existe previsão para a edição de decreto autônomo?

B) É possível a revogação do Decreto-Lei n. 3.365/41 pelo decreto presidencial?

GABARITO:

A) O decreto autônomo foi introduzido pela EC n. 32/2001, que modificou a redação do art. 84, VI, da Constituição da República, permitindo o chamado "decreto autônomo", isto é, aquele decreto de perfil não regulamentar, cujo fundamento de validade repousa diretamente na Constituição. O decreto autônomo diferencia-se do decreto regulamentar que não cria, modifica ou extingue direitos, mas apenas detalha a lei já existente, de onde busca fundamento de validade. Tanto assim que o Supremo Tribunal Federal admite o controle, por via de ação direta de inconstitucionalidade, do decreto autônomo, revestido de conteúdo normativo, mas não o admite quando se tratar de decreto de regulamentação da lei. A FGV apresentou como gabarito tanto o posicionamento positivo, com o qual concordamos acima, quanto o posicionamento negativo, além de que "o princípio da legalidade, de acordo com o art. 5º, II, da CRFB/88, em harmonia com o art. 84, VI, da CRFB, não permite a existência de decretos autônomos no ordenamento jurídico brasileiro, ou seja, regulamentos com a capacidade de inovar primariamente a ordem jurídica".

B) A desapropriação é matéria disciplinada em lei em sentido formal para a sua disciplina, conforme previsão constante do art. 5º, XXIV, da CRFB/88, sendo que o Decreto-Lei n. 3.365/41 foi recepcionado com *status* de lei ordinária e somente por essa forma legislativa pode ser revogado ou alterado. Além disso, o decreto autônomo só encontra espaço, em nosso ordenamento, para as hipóteses do art. 84, VI, da CRFB/88.

(XXI Exame de Ordem – FGV) O Governador do Estado Z, no decorrer de seu mandato, é processado por agredir fisicamente um funcionário do hotel em que se hospedara no decorrer de suas férias, pois esse funcionário não teria tido o devido cuidado no transporte de suas malas. O fato ganhou as manchetes dos meios de comunicação, o que deu origem a uma forte pressão popular para que o agente político respondesse penalmente pelo desvio de conduta cometido.

O Governador, preocupado, alega em sua defesa que se trata de conduta não passível de responsabilização, pois, quando a Constituição estabelece que o presidente da República não responde por crimes estranhos ao exercício de sua função, estende tal direito, com base no princípio da simetria, a todos os chefes de Poder Executivo.

Sobre o fato descrito, responda aos itens a seguir.

A) Tem razão o Governador quando afirma que, se a conduta descrita fosse praticada pelo Presidente da República, este não responderia criminalmente? Justifique.

B) No caso em tela, o Ministério Público poderia ajuizar a ação penal, de imediato, em face do Governador? Justifique.

GABARITO:

A) O governador está errado. Segundo o art. 86, § 4º, da CRFB/88, o presidente da República não poderá ser responsabilizado, na vigência do seu mandato, por atos estranhos ao exercício da sua função. Trata-se da imunidade penal temporária, que adia para após o fim do mandado a responsabilização criminal. No caso de crimes praticados na função presidencial, o STF é o juízo competente. A imunidade penal temporária não alcança responsabilização de natureza não penal.

B) Sim, pois as prerrogativas contempladas no art. 86, § 4º, fazem parte da condição institucional de Chefe de Estado, e não com a de Chefe de Governo, sendo aplicáveis apenas ao presidente da República, não sendo extensíveis aos governadores e aos prefeitos. A aplicação do princípio da simetria constitucional neste caso seria medida violadora ao princípio republicano. Nessa linha, o governador do Estado Z, não gozando dessa prerrogativa, não possui nem mesmo direito à imunidade temporária à persecução penal garantida ao Presidente, podendo a ação penal ser ajuizada de imediato.

22.11. **Poder Judiciário**

(XXVII Exame de Ordem – FGV) Um grupo de criminosos fortemente armados desferiu disparos de arma de fogo contra diversos populares no Estado Alfa, dando causa à morte de trinta pessoas. No dia seguinte aos fatos, momento em que as autoridades estaduais já tinham iniciado a investigação do ocorrido, certa autoridade federal afirmou que os fatos eram de extrema gravidade, sendo evidente o descumprimento das obrigações internacionais assumidas pela República Federativa do Brasil, bem como que adotaria medida, nesse mesmo dia, para que a investigação dos crimes não fosse realizada por autoridades estaduais.

À luz da narrativa acima, responda aos questionamentos a seguir.

A) Que medida judicial poderia ser adotada pela autoridade federal competente para que a investigação dos crimes fosse transferida das autoridades estaduais para as federais? Justifique.

B) Considerando os dados da narrativa acima, em especial o fato de não haver qualquer notícia da ineficiência das autoridades estaduais, a medida judicial eventualmente ajuizada deveria ser acolhida pelo Tribunal competente? Justifique.

GABARITO:

A) O art. 109, § 5º, da CRFB/88 prevê o incidente de descolamento de competência para a Justiça Federal (ou federalização dos processos) quando ocorrer grave violação aos direitos humanos. Neste caso o procurador-geral da República solicita o deslocamento para o Superior Tribunal de Justiça, alegando a finalidade de assegurar o cumprimento das obrigações decorrentes de tratados internacionais sobre direitos humanos dos quais o Brasil seja parte. Tudo conforme o art. 109, V-A e § 5º da CRFB/88.

B) O enunciado não informa sobre a ineficiência da justiça estadual, até porque não houve tempo para apurar este aspecto. Precipitou-se o procurador-geral da República ao suscitar o deslocamento de competência para a Justiça Federal logo que ocorreu o grave crime, pois deverá haver a sobreposição de crime considerado grave violação aos direitos humanos e descumprimento de obrigações decorrentes de tratados internacionais de direitos humanos dos quais o Brasil seja parte. Portanto, a medida judicial solicitada carece de requisitos para ser acolhida.

(XXVI Exame de Ordem – FGV) A Lei n. 123/2017 do Estado Ômega, dispôs que os estacionamentos explorados em caráter comercial deveriam cobrar valores proporcionais ao tempo de uso do respectivo espaço, nos termos do regulamento, vedada a cobrança de tarifa única. Com base nesse diploma normativo, foi editado o Decreto n. 45/2017, que definiu, de modo proporcional ao tempo de uso, o escalonamento de valores a serem cobrados. Insatisfeito com esse estado de coisas, um legitimado à deflagração do controle concentrado de constitucionalidade perante o Supremo Tribunal Federal procurou você, como advogado(a), e formulou os questionamentos a seguir.

A) É possível ajuizar a Ação Direta de Inconstitucionalidade apenas para impugnar o Decreto n. 45/2017, não a Lei n. 123/2017? Justifique.

B) É possível ajuizar a Ação Direta de Inconstitucionalidade para impugnar a Lei n. 123/2017 e o Decreto n. 45/2017, que a regulamenta? Justifique.

GABARITO DA FGV

A) Como a Ação Direta de Inconstitucionalidade se destina apenas ao controle de constitucionalidade dos atos normativos, nos termos do art. 102, I, *a*, da CRFB/88, e não ao controle de legalidade, não seria possível utilizá-la para impugnar somente o Decreto n. 45/2017. Nesse caso, a ofensa à Constituição é apenas reflexa, não direta.

B) A Lei n. 123/2017, por ser ato normativo estadual, pode ser impugnada via Ação Direta de Inconstitucionalidade, nos termos do art. 102, I, *a*, da CRFB/88. O Decreto n. 45/2017, por sua vez, apesar de encontrar o seu fundamento de validade na lei, pode ter a inconstitucionalidade declarada por arrastamento, o que possibilita a sua inclusão no objeto da ação.

COMENTÁRIOS: Inconstitucionalidade por arrastamento ocorre quando o STF aprecia a inconstitucionalidade de leis ou atos normativos conexos ou dependentes da lei ou ato normativo alegado na ação de controle.

(XV Exame de Ordem – FGV) Os jornais noticiaram violenta chacina ocorrida no Estado Y, onde foram torturadas e assassinadas dezenas de crianças e mulheres de uma comunidade rural de baixa renda, com suspeita de trabalho escravo. É aberto inquérito policial para a investigação dos fatos e, passado um mês do ocorrido, a polícia e as autoridades locais mantêm-se absolutamente inertes, configurando, de forma patente, omissão na apuração dos crimes. A imprensa nacional e a internacional dão destaque à omissão, afirmando que o Estado Y não é capaz de assegurar a proteção aos diversos direitos humanos contidos em tratados internacionais dos quais o Brasil é signatário.

Com base no caso apresentado, responda aos itens a seguir.

A) O que se entende por federalização dos crimes contra os direitos humanos?

B) O presidente da República pode requerer a aplicação do instituto? Perante qual juízo ou tribunal brasileiro deve ser suscitado o instituto da federalização dos crimes contra os direitos humanos?

GABARITO:

A) O incidente de deslocamento para a Justiça Federal, conhecido como federalização dos crimes contra os direitos humanos, é um instituto trazido pela Emenda Constitucional n. 45/2004, consistente na possibilidade de deslocamento de competência da Justiça Comum para a Justiça Federal, inclusive na fase de inquérito, nas hipóteses em que ficar configurada grave violação de direitos humanos. Previsto no art. 109, § 5º, da Constituição Federal. A finalidade do instituto é a de assegurar proteção efetiva aos direitos humanos e o cumprimento das obrigações assumidas pelo Brasil em tratados internacionais.

B) Não, a competência para suscitar a aplicação do instituto é exclusiva do procurador-geral da República, conforme previsão constante do art. 109, § 5º, da CRFB/88. O tribunal a quem é dirigido o pedido pelo PGR e tem a competência para decidir é o Superior Tribunal de Justiça (STJ).

(IV Exame da OAB Unificado) Mévio, advogado com longos anos de carreira, resolve concorrer a vaga de magistrado surgida no Tribunal de Justiça K, tendo apresentado o seu currículo para a Ordem dos Advogados do Brasil, que o incluiu na lista de advogados. Mesma situação ocorreu com a lista escolhida pelo Tribunal de Justiça. À luz das normas constitucionais, responda aos itens a seguir.

A) Qual é o percentual de vagas destinadas aos advogados nos Tribunais de Justiça? (Valor: 0,35)

B) Quais são os ritos de escolha realizados pela OAB e pelo Tribunal de Justiça? (Valor: 0,6)

C) De quem é a competência para nomeação? (Valor: 0,3)

Tema da questão

A questão trata do quinto constitucional, nos termos do art. 94 da Constituição Federal.

Compreensão da questão A: vagas do quinto constitucional

Quinto constitucional é a possibilidade de na composição de certos tribunais integrarem-se membros da OAB e MP. O número de vagas para os advogados e membros do MP é obtido pela divisão do número total de cadeiras por cinco. O número resultante é o número de vagas.

Se o número total na composição do tribunal não for divisível por cinco, arredonda-se a fração restante para o número inteiro seguinte, a fim de alcançar-se a quantidade de vagas destinadas ao quinto constitucional (STF AO 493).

Um advogado, para fazer parte da lista sêxtupla, deve ter três requisitos: a) notório saber jurídico; b) reputação ilibada; c) mais de dez anos de efetiva atividade profissional. Em relação ao membro do MP são exigidos dez anos de carreira.

Compreensão da questão B: procedimento do quinto constitucional

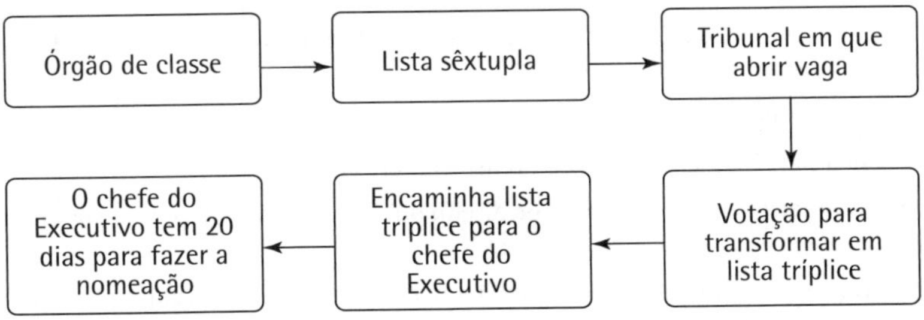

Compreensão da questão C: nomeação no quinto constitucional

A nomeação para compor um quinto dos lugares dos tribunais que admitem a regra do quinto constitucional é feita pelo chefe do Executivo.

Tribunal	Chefe do Executivo
Regional Federal	Presidente da República
Estadual	Governador do Estado
Do Distrito Federal e Territórios	Presidente da República
Tribunal Regional do Trabalho	Presidente da República

Cabe ressaltar que a nomeação é um ato complexo e que, no mandado de segurança contra a nomeação de magistrado da competência do presidente da República, este é considerado autoridade coatora, ainda que o fundamento da impetração seja nulidade ocorrida em fase anterior do procedimento (Súmula 627 do STF).

GABARITO:

O ingresso do advogado na carreira da magistratura pode ocorrer por meio do denominado quinto constitucional, pois a norma do art. 94 da CRFB reserva um quinto das vagas dos tribunais para ocupação dentre membros do Ministério Público e da Advocacia, com notório saber, reputação ilibada, com mais de dez anos de atividade profissional. A OAB, no caso a seccional estadual, indicará os candidatos em lista sêxtupla, cabendo ao Tribunal de Justiça votar uma lista tríplice que será enviada ao governador do estado que escolherá, livremente, um dos indicados.

(VIII Exame da OAB Unificado) Maria alugou um prédio comercial no centro da cidade "P", capital do Estado "K", para que o Estado estrangeiro W ali instalasse sua representação consular. Foram estabelecidos aluguéis de R$ 40.000,00 (quarenta mil reais) mensais. Passados dois anos de vigência do contrato, em razão de dificuldades financeiras no continente onde se localiza o Estado W, o mesmo deixa de pagar aluguéis para Maria, que, inconformada, busca a orientação de um profissional da advocacia para melhor defender seus interesses. O advogado contratado explica que proporá a ação em Vara Cível do Município "P", cabendo eventual recurso de apelação para o Tribunal de Justiça do Estado K. Responda, justificadamente, se a orientação do advogado contratado por Maria está na direção correta ao apontar os órgãos jurisdicionais competentes para a matéria em primeiro e em segundo graus de jurisdição. (Valor: 1,25)

Tema da questão

A questão trata do tema da competência para julgamento das pessoas jurídicas de direito internacional público no Brasil.

Compreensão do enunciado

a) **Prédio comercial:** é aquele destinado ao uso comercial.

b) **Estado estrangeiro:** é pessoa jurídica de direito público externo. É sujeito de direito internacional público.

c) **Representação consular:** todo consulado geral, consulado, vice-consulado ou agência consular (Convenção de Viena sobre relações consulares).

Compreensão da questão: competência constitucional

Competência	Cabimento	Fundamento
Supremo Tribunal Federal	Litígio entre Estado estrangeiro ou organismo internacional e a União, o estado, o Distrito Federal ou o Território	Art. 102, I, e, da CRFB
Superior Tribunal de Justiça	Julgar em recurso ordinário as causas em que forem partes Estado estrangeiro ou organismo internacional, de um lado, e, do outro, município ou pessoa residente ou domiciliada no País	Art. 105, II, c, da CRFB
Juiz Federal	Causas entre Estado estrangeiro ou organismo internacional e município ou pessoa domiciliada ou residente no País	Art. 109, II, da CRFB
Justiça do Trabalho	Ações oriundas da relação de trabalho, abrangidos os entes de direito público externo e da Administração Pública direta e indireta da União, dos estados, do Distrito Federal e dos municípios	Art. 114, I, da CRFB

Trata-se de um litígio entre uma pessoa residente ou domiciliada no Brasil (Maria) e o Estado Estrangeiro (W).

No caso, a orientação do advogado não está em conformidade com a Constituição Federal, pois a ação deve ser proposta perante a Justiça Federal (art. 109, II, da CRFB), cabendo eventual recurso ordinário ao Superior Tribunal de Justiça (art. 105, II, c, da CRFB).

GABARITO:

As orientações fornecidas estão equivocadas, pois ações movidas contra Estado estrangeiro devem ser propostas em primeira instância perante um Juiz Federal, conforme o art. 109, II, da Constituição; em grau recursal é cabível um recurso ordinário ao Superior Tribunal de Justiça, conforme o art. 105, II, c, da Constituição.

(V Exame da OAB Unificado) Um fazendeiro descobriu que sua mulher o havia traído com um cidadão de etnia indígena que morava numa reserva próxima à sua fazenda. No mesmo instante em que tomou ciência do fato, o fazendeiro dirigiu-se à reserva indígena e disparou três tiros contra o índio, que, no entanto, sobreviveu ao atentado. Com base nesse cenário, responda aos itens a seguir, empregando os argumentos jurídicos apropriados e a fundamentação legal pertinente ao caso.

A) A quem compete julgar esse caso? (Valor: 0,45)

B) Qual é o fundamento do art. 109, IX, da Constituição da República? (Valor: 0,40)

C) Caso o juiz federal entendesse ser incompetente para julgar esse caso e encaminhasse os autos ao juiz de direito e este também entendesse ser incompetente, a quem caberia decidir qual o juízo competente? Por quê? (Valor: 0,40)

Tema da questão

Competência constitucional na matéria indígena.

Compreensão do enunciado

a) **Índio:** é todo indivíduo de origem e ascendência pré-colombiana que se identifica e é identificado como pertencente a um grupo étnico cujas características culturais o distinguem da sociedade nacional. Podem ser: 1) *isolados:* quando vivem em grupos desconhecidos ou de que se possuem poucos e vagos informes por meio de contatos eventuais com elementos da comunhão nacional; 2) *em vias de integração:* quando, em contato intermitente ou permanente com grupos estranhos, conservam menor ou maior parte das condições de sua vida nativa, mas aceitam algumas práticas e modos de existência comuns aos demais setores da comunhão nacional, da qual vão necessitando cada vez mais para o próprio sustento; 3) *integrados:* quando incorporados à comunhão nacional e reconhecidos no pleno exercício dos direitos civis, ainda que conservem usos, costumes e tradições característicos da sua cultura (arts. 3º e 4º da Lei n. 6.001/73).

b) **Etnia indígena:** no Brasil, os povos indígenas constituem uma identidade racial. Entretanto, em razão das diferentes características socioculturais, os grupos são definidos por etnia. Enquanto raça engloba características fenotípicas, como a cor da pele, a etnia também compreende fatores culturais, como a nacionalidade, afiliação tribal, religião, língua e as tradições de um determinado grupo (disponível em: <http://www.scielo.br/pdf/dpjo/v15n3/15.pdf>).

c) **Reserva indígena:** é uma área destinada a servidor de *habitat* a grupo indígena, com os meios suficientes à sua subsistência, nos termos do art. 28 da Lei n. 6.001/73 - Estatuto do Índio.

Compreensão da questão A: competência para julgamento de tentativa de homicídio envolvendo cidadão de etnia indígena

É caso de tentativa de homicídio cuja vítima é cidadão de etnia indígena. O crime não foi motivado por disputa de direito indígena. Em face do art. 59 da Lei n. 6.001/73 no caso de crime contra a pessoa, o patrimônio ou os costumes, em que o ofendido seja índio não integrado ou comunidade indígena, a pena será agravada de um terço.

No caso de crime que envolve disputa de direito indígena, a Justiça competente é a Federal. Se não envolver disputa de direito indígena a Justiça competente é a Estadual (**Súmula 140 do STJ** - "Compete a Justiça Estadual processar e julgar crime em que o indígena figure como autor ou vítima").

Quando for crime doloso contra vida, a competência é do Tribunal do Júri, tentado ou consumado, nos termos do art. 5º, XXXVIII, *d*. Cabe ressaltar que, no genocídio contra índios, a competência é da Justiça Federal quando envolver direito indígena.

De acordo com o STF, o delito comum cometido por índio contra outro índio ou contra um terceiro que não envolva a sua condição de indígena, não é tutelado pela União, nos termos do art. 231 da CRFB.

Desta forma, neste caso, o delito será julgado pela Justiça Estadual. Noutros termos, a Justiça Estadual julga delitos isolados praticados sem nenhum envolvimento com a comunidade indígena. Se o crime envolver questões ligadas aos elementos da cultura indígena e aos direitos sobre terras, será julgado pela Justiça Federal, nos termos do art. 109, XI, da CRFB (RE 419.528/PR, rel. orig. Min. Marco Aurélio, rel. p/ o acórdão Min. Cezar Peluso, 3-8-2006).

Compreensão da questão B: significado da expressão "disputa de direito indígena"

Quando o crime envolver disputa de direito indígena, a competência será da Justiça Federal, uma vez que a União Federal é responsável pela proteção da cultura indígena, seus bens e valores, nos termos do art. 231 da CRFB.

De acordo com o STF no RE 419.528/PR, a expressão "disputa sobre direitos indígenas", contida no mencionado inciso XI do art. 109, significa: a existência de um conflito que, por definição, é intersubjetivo; que o objeto desse conflito sejam direitos indígenas; e que essa disputa envolva a demanda sobre a titularidade desses direitos.

Compreensão da questão C: conflito de competência jurisdicional

No Direito Processual, em conformidade com o art. 66 do CPC, há três espécies de conflito de competência: a) positivo: quando dois ou mais juízes se declaram competentes; b) negativo: dois ou mais juízes se consideram incompetentes, atribuindo um ao outro a competência; c) entre dois ou mais juízes surge controvérsia acerca da reunião ou separação de processos. No caso de conflito de competência, o juiz que não acolher a competência declinada deverá suscitar o conflito, salvo se a atribuir a outro juízo.

No caso da questão, trata-se de um conflito negativo de competência, pois dois ou mais juízes se consideram incompetentes, atribuindo um ao outro a competência. A competência para processar e julgar o conflito é do Superior Tribunal de Justiça, pois envolve juízes vinculados a tribunais diversos, nos termos do art. 105, I, *d*, da CRFB.

Competência	Cabimento	Fundamento
Supremo Tribunal Federal	Os conflitos entre a União e os Estados, a União e o Distrito Federal, ou entre uns e outros, inclusive as respectivas entidades da Administração indireta	Art. 102, I, *f*, da CRFB
Supremo Tribunal Federal	Os conflitos de competência entre o Superior Tribunal de Justiça e quaisquer tribunais, entre Tribunais Superiores, ou entre estes e qualquer outro tribunal	Art. 102, I, *o*, da CRFB
Superior Tribunal de Justiça	Os conflitos de competência entre quaisquer tribunais, ressalvado o disposto no art. 102, I, *o*, bem como entre tribunal e juízes a ele não vinculados e entre juízes vinculados a tribunais diversos	Art. 105, I, *d*, da CRFB
Superior Tribunal de Justiça	Os conflitos de atribuições entre autoridades administrativas e judiciárias da União, ou entre autoridades judiciárias de um Estado e administrativas de outro ou do Distrito Federal, ou entre as deste e da União	Art. 105, I, *g*, da CRFB
Tribunal Regional Federal	Os conflitos de competência entre juízes federais vinculados ao Tribunal	Art. 108, I, *e*, da CRFB
Justiça do Trabalho	Os conflitos de competência entre órgãos com jurisdição trabalhista, ressalvado o disposto no art. 102, I, *o*	Art. 114, V, da CRFB

GABARITO:

A) Por se tratar de crime doloso contra a vida, o caso deverá ser julgado pelo Tribunal do Júri, da Justiça Estadual Comum. Embora a vítima seja um índio, o caso não está relacionado à disputa de direitos indígenas, razão pela qual não seria competência da Justiça Federal (art. 109, XI).

B) A atribuição à Justiça Federal da competência para julgar disputas sobre direitos indígenas decorre da competência atribuída à União Federal para proteção da cultura indígena, seus bens e valores (art. 231 da CRFB). É por esta razão que a competência, nessas hipóteses, será da Justiça Federal, independentemente do estado onde o caso tenha ocorrido.

C) A competência, neste caso, será do STJ, pois se trata de conflito negativo de competência entre órgãos vinculados a tribunais diversos (art. 105, I, *d*, CRFB).

22.12. Tributação e orçamento

(XXVII Exame de Ordem – FGV) Com o objetivo de combater os graves problemas de infraestrutura verificados no território do Estado Alfa, a Assembleia Legislativa promulgou a Emenda Constitucional n. XX/2018, vinculando 50% da receita arrecadada com o Imposto sobre a Circulação de Mercadorias e Serviços de qualquer natureza (ICMS) às obras de infraestrutura. Além disso, estatuiu, como programa, as estradas a serem reformadas e aquelas que deveriam ser construídas nos próximos dez anos, bem como o percentual dos recursos a ser direcionado a cada uma delas.

A) A vinculação do produto da arrecadação do ICMS aos fins referidos na Emenda Constitucional n. XX/2018 é compatível com a Constituição da República? Justifique.

B) A programação financeira estabelecida pela Emenda Constitucional n. XX/2018 está em harmonia com a Constituição da República? Justifique.

GABARITO

A) O art. 167, inciso IV da CRFB/88 prescreve que é vedada a vinculação de receita de impostos a órgão, fundo ou despesa, ressalvadas as hipóteses constitucionais, portanto o produto da arrecadação do ICMS não poderá ser vinculado, em nenhum percentual, às obras de infraestrutura.

B) A lei orçamentária anual deve prever o orçamento fiscal, o orçamento de investimento e o orçamento de seguridade social, conforme determina o art. 165, § 5º, I, II e III da CRFB/88, e rege os gastos do ente federativo correspondente, portanto a programação financeira deve ser estabelecida pela lei orçamentária anual, não podendo ser substituída por outra norma ainda que de caráter constitucional. O próprio art. 167, I da CRFB/88 veda o início de programas ou projetos não incluídos na lei orçamentária anual.

22.13. Ordem Econômica e Financeira

(XXVI Exame de Ordem – FGV) Sociedade empresária Vertical, que possui uma rede de lojas de material de construção nos Municípios A, B e C, decidiu abrir uma nova loja no Município D. Após realizar pesquisa de mercado, identificou o bairro XX como o de maior potencial para a construção civil. Ato contínuo, solicitou autorização à autoridade municipal competente para instalar sua nova loja no referido bairro. Para surpresa da sociedade empresária Vertical, o requerimento formulado à autoridade competente do Município D foi indeferido sob o argumento de que o bairro XX já contava com quatro lojas de material de construção, sendo que a Lei Municipal n. 123/2010 vedava que estabelecimentos dessa natureza fossem instalados, no mesmo bairro, a menos de 500 m de distância um do outro, óbice que não poderia ser contornado naquele caso. Manejados os recursos administrativos cabíveis e esgotada a via administrativa, a proibição foi mantida. À luz da narrativa acima, responda aos questionamentos a seguir.

A) A Lei n. 123/2010, do Município D, apresenta alguma incompatibilidade de ordem material com a Constituição da República Federativa do Brasil, de 1988?

B) A sociedade empresária Vertical tem legitimidade para impugnar, perante o Supremo Tribunal Federal, a decisão da autoridade competente do Município D, que indeferiu o pedido de autorização para a instalação da loja de material de construção no bairro XX?

GABARITO:

A) O princípio da livre concorrência é expressamente previsto como um dos princípios gerais da atividade econômica - localizado no Capítulo da Ordem Econômica e Financeira - art. 170, IV. Portanto, a Lei municipal n. 123/2010 ofende frontalmente dispositivo constitucional, sendo incompatível com a atual ordem material da CRFB/88. Ademais, a Súmula Vinculante 49 é explícita e pontual ao estabelecer a seguinte normativa: "Ofende o princípio da livre concorrência lei municipal que impede a instalação de estabelecimentos comerciais do mesmo ramo em determinada área".

B) Segundo o art. 103-A, § 3º da CRFB/88, quando o ato administrativo (decisão da autoridade competente do município D) contrariar Súmula Vinculante (SV 49), caberá reclamação ao STF que, julgando-a procedente, anulará o ato administrativo (porque eivado de vício). Concluímos que a Sociedade empresária Vertical tem legitimidade para impugnar a decisão municipal por meio da reclamação constitucional.

23. SÚMULAS SELECIONADAS

23.1. Controle de constitucionalidade (STF)

Súmula Vinculante 10. Viola a cláusula de reserva de plenário (CRFB, art. 97) a decisão de órgão fracionário de tribunal que, embora não declare expressamente a inconstitucionalidade de lei ou ato normativo do Poder Público, afasta sua incidência, no todo ou em parte.

Súmula 72. No julgamento de questão constitucional, vinculada a decisão do Tribunal Superior Eleitoral, não estão impedidos os ministros do Supremo Tribunal Federal que ali tenham funcionado no mesmo processo, ou no processo originário.

Súmula 347. O Tribunal de Contas, no exercício de suas atribuições, pode apreciar a constitucionalidade das leis e dos atos do Poder Público.

Súmula 360. Não há prazo de decadência para a representação de inconstitucionalidade prevista no art. 8º, parágrafo único, da Constituição Federal.

Súmula 455. Da decisão que se seguir ao julgamento de constitucionalidade pelo tribunal pleno, são inadmissíveis embargos infringentes quanto à matéria constitucional.

Súmula 513. A decisão que enseja a interposição de recurso ordinário ou extraordinário não é a do Plenário, que resolve o incidente de inconstitucionalidade, mas a do órgão (câmaras, grupos ou turmas) que completa o julgamento do feito.

Súmula 614. Somente o Procurador-Geral da Justiça tem legitimidade para propor ação direta interventiva por inconstitucionalidade de lei municipal.

Súmula 642. Não cabe ação direta de inconstitucionalidade de lei do Distrito Federal derivada da sua competência legislativa municipal.

23.2. Recurso extraordinário (STF)

Súmula 279. Para simples reexame de prova não cabe recurso extraordinário.

Súmula 280. Por ofensa a direito local não cabe recurso extraordinário.

Súmula 281. É inadmissível o recurso extraordinário, quando couber na Justiça de origem, recurso ordinário da decisão impugnada.

Súmula 282. É inadmissível o recurso extraordinário, quando não ventilada, na decisão recorrida, a questão federal suscitada.

Súmula 283. É inadmissível o recurso extraordinário, quando a decisão recorrida assenta em mais de um fundamento suficiente e o recurso não abrange todos eles.

Súmula 284. É inadmissível o recurso extraordinário, quando a deficiência na sua fundamentação não permitir a exata compreensão da controvérsia.

Súmula 286. Não se conhece do recurso extraordinário fundado em divergência jurisprudencial, quando a orientação do Plenário do STF já se firmou no mesmo sentido da decisão recorrida.

Súmula 287. Nega-se provimento ao agravo, quando a deficiência na sua fundamentação, ou na do recurso extraordinário, não permitir a exata compreensão da controvérsia.

Súmula 289. O provimento do agravo por uma das Turmas do STF, ainda que sem ressalva, não prejudica a questão do cabimento do recurso extraordinário.

Súmula 356. O ponto omisso da decisão, sobre o qual não foram opostos embargos declaratórios, não pode ser objeto de recurso extraordinário, por faltar o requisito do prequestionamento.

Súmula 400. Decisão que deu razoável interpretação à lei, ainda que não seja a melhor, não autoriza recurso extraordinário pela letra *a* do art. 101, III, da CRFB.

Súmula 454. Simples interpretação de cláusulas contratuais não dá lugar a recurso extraordinário.

Súmula 456. O STF, conhecendo do recurso extraordinário, julgará a causa, aplicando o direito à espécie.

Súmula 513. A decisão que enseja a interposição de recurso ordinário ou extraordinário não é a do plenário, que resolve o incidente de inconstitucionalidade, mas a do órgão (câmaras, grupos ou turmas) que completa o julgamento do feito.

Súmula 528. Se a decisão contiver partes autônomas, a admissão parcial, pelo Presidente do Tribunal *a quo*, de recurso extraordinário que, sobre qualquer delas se manifestar, não limitará a apreciação de todas pelo STF, independentemente de interposição de agravo de instrumento.

Súmula 634. Não compete ao STF conceder medida cautelar para dar efeito suspensivo a recurso extraordinário que ainda não foi objeto de juízo de admissibilidade na origem.

Súmula 635. Cabe ao Presidente do Tribunal de origem decidir o pedido de medida cautelar em recurso extraordinário ainda pendente do seu juízo de admissibilidade.

Súmula 636. Não cabe recurso extraordinário por contrariedade ao princípio constitucional da legalidade, quando a sua verificação pressuponha rever a interpretação dada a normas infraconstitucionais pela decisão recorrida.

Súmula 637. Não cabe recurso extraordinário contra acórdão de Tribunal de Justiça que defere pedido de intervenção estadual em Município.

Súmula 638. A controvérsia sobre a incidência, ou não, de correção monetária em operações de crédito rural é de natureza infraconstitucional, não viabilizando recurso extraordinário.

Súmula 639. Aplica-se a Súmula 288 quando não constarem do traslado do agravo de instrumento as cópias das peças necessárias à verificação da tempestividade do recurso extraordinário não admitido pela decisão agravada.

Súmula 640. É cabível recurso extraordinário contra decisão proferida por juiz de primeiro grau nas causas de alçada, ou por turma recursal de Juizado Especial cível e criminal.

Súmula 727. Não pode o magistrado deixar de encaminhar ao STF o agravo de instrumento interposto da decisão que não admite recurso extraordinário, ainda que referente a causa instaurada no âmbito dos Juizados Especiais.

Súmula 728. É de três dias o prazo para a interposição de recurso extraordinário contra decisão do TSE, contado, quando for o caso, a partir da publicação do acórdão, na própria sessão de julgamento, nos termos do art. 12 da Lei n. 6.055/74, que não foi revogado pela Lei n. 8.950/94.

Súmula 733. Não cabe recurso extraordinário contra decisão proferida no processamento de precatórios.

Súmula 735. Não cabe recurso extraordinário contra acórdão que defere medida liminar.

23.3. Recurso especial (STJ)

Súmula 5. A simples interpretação de cláusula contratual não enseja recurso especial.

Súmula 7. A pretensão de simples reexame de prova não enseja recurso especial.

Súmula 13. A divergência entre julgados do mesmo tribunal não enseja recurso especial.

Súmula 83. Não se conhece do recurso especial pela divergência, quando a orientação do tribunal se firmou no mesmo sentido da decisão recorrida.

Súmula 86. Cabe recurso especial contra acórdão proferido no julgamento de agravo de instrumento.

Súmula 123. A decisão que admite, ou não, o recurso especial deve ser fundamentada, com o exame dos seus pressupostos gerais e constitucionais.

Súmula 126. É inadmissível recurso especial, quando o acórdão recorrido assenta em fundamentos constitucional e infraconstitucional, qualquer deles suficiente, por si só, para mantê-lo, e a parte vencida não manifesta recurso extraordinário.

Súmula 203. Não cabe recurso especial contra decisão proferida por órgão de segundo grau dos Juizados Especiais.

Súmula 207. É inadmissível recurso especial quando cabíveis embargos infringentes contra o acórdão proferido no tribunal de origem.

Súmula 211. Inadmissível recurso especial quanto à questão que, a despeito da oposição de embargos declaratórios, não foi apreciada pelo Tribunal *a quo*.

Súmula 315. Não cabem embargos de divergência no âmbito do agravo de instrumento que não admite recurso especial.

Súmula 316. Cabem embargos de divergência contra acórdão que, em agravo regimental, decide recurso especial.

Súmula 320. A questão federal somente ventilada no voto vencido não atende ao requisito do prequestionamento.

Súmula 418. É inadmissível o recurso especial interposto antes da publicação do acórdão dos embargos de declaração, sem posterior ratificação.

23.4. Reclamação constitucional (STF)

Súmula 368. Não há embargos infringentes no processo de reclamação.

Súmula 734. Não cabe reclamação quando já houver transitado em julgado o ato judicial que se alega tenha desrespeitado decisão do Supremo Tribunal Federal.

23.5. *Habeas corpus* (STF)

Súmula 208. O assistente do Ministério Público não pode recorrer, extraordinariamente, de decisão concessiva de *habeas corpus*.

Súmula 299. O recurso ordinário e o extraordinário interpostos no mesmo processo de mandado de segurança, ou de *habeas corpus*, serão julgados conjuntamente pelo Tribunal Pleno.

Súmula 319. O prazo do recurso ordinário para o Supremo Tribunal Federal, em *habeas corpus* ou mandado de segurança, é de cinco dias.

Súmula 344. Sentença de primeira instância concessiva de *habeas corpus*, em caso de crime praticado em detrimento de bens, serviços ou interesses da União, está sujeita a recurso *ex officio*.

Súmula 395. Não se conhece de recurso de *habeas corpus* cujo objeto seja resolver sobre o ônus das custas, por não estar mais em causa a liberdade de locomoção.

Súmula 431. É nulo julgamento de recurso criminal, na segunda instância, sem prévia intimação ou publicação da pauta, salvo em *habeas corpus*.

Súmula 606. Não cabe *habeas corpus* originário para o Tribunal Pleno de decisão de Turma, ou do Plenário, proferida em *habeas corpus* ou no respectivo recurso.

Súmula 692. Não se conhece de *habeas corpus* contra omissão de relator de extradição, se fundado em fato ou direito estrangeiro cuja prova não constava dos autos, nem foi ele provocado a respeito.

Súmula 693. Não cabe *habeas corpus* contra decisão condenatória a pena de multa, ou relativo a processo em curso por infração penal a que a pena pecuniária seja a única cominada.

Súmula 694. Não cabe *habeas corpus* contra a imposição da pena de exclusão de militar ou de perda de patente ou de função pública.

Súmula 695. Não cabe *habeas corpus* quando já extinta a pena privativa de liberdade.

Súmula 723. Não se admite a suspensão condicional do processo por crime continuado, se a soma da pena mínima da infração mais grave com o aumento mínimo de um sexto for superior a um ano.

23.6. ***Habeas data* (STJ)**

Súmula 2. Não cabe o *habeas data* (CRFB, art. 5º, LXXII, *a*) se não houve recusa de informações por parte da autoridade administrativa.

23.7. **Mandado de segurança (STF)**

Súmula 248. É competente, originariamente, o Supremo Tribunal Federal, para mandado de segurança contra ato do Tribunal de Contas da União.

Súmula 266. Não cabe mandado de segurança contra lei em tese.

Súmula 267. Não cabe mandado de segurança contra ato judicial passível de recurso ou correição.

Súmula 268. Não cabe mandado de segurança contra decisão judicial com trânsito em julgado.

Súmula 269. O mandado de segurança não é substitutivo de ação de cobrança.

Súmula 270. Não cabe mandado de segurança para impugnar enquadramento da Lei n. 3.780, de 12-7-1960, que envolva exame de prova ou de situação funcional complexa.

Súmula 271. Concessão de mandado de segurança não produz efeitos patrimoniais em relação a período pretérito, os quais devem ser reclamados administrativamente ou pela via judicial própria.

Súmula 272. Não se admite como ordinário recurso extraordinário de decisão denegatória de mandado de segurança.

Súmula 294. São inadmissíveis embargos infringentes contra decisão do Supremo Tribunal Federal em mandado de segurança.

Súmula 299. O recurso ordinário e o extraordinário interpostos no mesmo processo de mandado de segurança, ou de *habeas corpus*, serão julgados conjuntamente pelo Tribunal Pleno.

Súmula 304. Decisão denegatória de mandado de segurança, não fazendo coisa julgada contra o impetrante, não impede o uso da ação própria.

Súmula 319. O prazo do recurso ordinário para o Supremo Tribunal Federal, em *habeas corpus* ou mandado de segurança, é de cinco dias.

Súmula 330. O Supremo Tribunal Federal não é competente para conhecer de mandado de segurança contra atos dos Tribunais de Justiça dos Estados.

Súmula 405. Denegado o mandado de segurança pela sentença, ou no julgamento do agravo, dela interposto, fica sem efeito a liminar concedida, retroagindo os efeitos da decisão contrária.

Súmula 429. A existência de recurso administrativo com efeito suspensivo não impede o uso do mandado de segurança contra omissão da autoridade.

Súmula 430. Pedido de reconsideração na via administrativa não interrompe o prazo para o mandado de segurança.

Súmula 433. É competente o Tribunal Regional do Trabalho para julgar mandado de segurança contra ato de seu presidente em execução de sentença trabalhista.

Súmula 474. Não há direito líquido e certo, amparado pelo mandado de segurança, quando se escuda em lei cujos efeitos foram anulados por outra, declarada constitucional pelo Supremo Tribunal Federal.

Súmula 506. O agravo a que se refere o art. 4º da Lei n. 4.348, de 26-6-1964, cabe, somente, do despacho do Presidente do Supremo Tribunal Federal que defere a suspensão da liminar, em mandado de segurança; não do que a denega.

Súmula 510. Praticado o ato por autoridade, no exercício de competência delegada, contra ela cabe o mandado de segurança ou a medida judicial.

Súmula 511. Compete à Justiça Federal, em ambas as instâncias, processar e julgar as causas entre autarquias federais e entidades públicas locais, inclusive mandados de segurança, ressalvada a ação fiscal, nos termos da Constituição Federal de 1967, art. 119, § 3º.

Súmula 512. Não cabe condenação em honorários de advogado na ação de mandado de segurança.

Súmula 597. Não cabem embargos infringentes de acórdão que em mandado de segurança decidiu, por maioria de votos, a apelação.

Súmula 622. Não cabe agravo regimental contra decisão do relator que concede ou indefere liminar em mandado de segurança.

Súmula 623. Não gera por si só a competência originária do Supremo Tribunal Federal para conhecer do mandado de segurança com base no art. 102, I, *n*, da Constituição, dirigir-se o pedido contra deliberação administrativa do tribunal de origem, da qual haja participado a maioria ou a totalidade de seus membros.

Súmula 624. Não compete ao Supremo Tribunal Federal conhecer originariamente de mandado de segurança contra atos de outros tribunais.

Súmula 625. Controvérsia sobre matéria de direito não impede concessão de mandado de segurança.

Súmula 626. A suspensão da liminar em mandado de segurança, salvo determinação em contrário da decisão que a deferir, vigorará até o trânsito em julgado da decisão definitiva de concessão da segurança ou, havendo recurso, até a sua manutenção pelo Supremo Tribunal Federal, desde que o objeto da liminar deferida coincida, total ou parcialmente, com o da impetração.

Súmula 627. No mandado de segurança contra a nomeação de magistrado da competência do Presidente da República, este é considerado autoridade coatora, ainda que o fundamento da impetração seja nulidade ocorrida em fase anterior do procedimento.

Súmula 628. Integrante de lista de candidatos a determinada vaga da composição de tribunal é parte legítima para impugnar a validade da nomeação de concorrente.

Súmula 629. A impetração de mandado de segurança coletivo por entidade de classe em favor dos associados independe da autorização destes.

Súmula 630. A entidade de classe tem legitimação para o mandado de segurança ainda quando a pretensão veiculada interesse apenas a uma parte da respectiva categoria.

Súmula 631. Extingue-se o processo de mandado de segurança se o impetrante não promove, no prazo assinado, a citação do litisconsorte passivo necessário.

Súmula 632. É constitucional lei que fixa o prazo de decadência para a impetração de mandado de segurança.

Súmula 701. No mandado de segurança impetrado pelo Ministério Público contra decisão proferida em processo penal, é obrigatória a citação do réu como litisconsorte passivo.

23.8. Mandado de segurança (STJ)

Súmula 41. O Superior Tribunal de Justiça não tem competência para processar e julgar, originariamente, mandado de segurança contra ato de outros tribunais ou dos respectivos órgãos.

Súmula 105. Na ação de mandado de segurança não se admite condenação em honorários advocatícios.

Súmula 169. São inadmissíveis embargos infringentes no processo de mandado de segurança.

Súmula 177. O Superior Tribunal de Justiça é incompetente para processar e julgar, originariamente, mandado de segurança contra ato de órgão colegiado presidido por Ministro de Estado.

Súmula 333. Cabe mandado de segurança contra ato praticado em licitação promovida por sociedade de economia mista ou empresa pública.

Súmula 376. Compete a turma recursal processar e julgar o mandado de segurança contra ato de Juizado Especial.

Súmula 460. É incabível o mandado de segurança para convalidar a compensação tributária realizada pelo contribuinte.

23.9. Ação popular (STF)

Súmula 365. Pessoa jurídica não tem legitimidade para propor ação popular.

23.10. Ação de impugnação do mandato eletivo

Súmula 12 do TSE. São inelegíveis, no Município desmembrado, e ainda não instalado, o cônjuge e os parentes consanguíneos ou afins, até o segundo grau ou por adoção, do prefeito do Município-mãe, ou de quem o tenha substituído, dentro dos seis meses anteriores ao pleito, salvo se já titular de mandato eletivo.

Súmula 15 do TSE. O exercício de mandato eletivo não é circunstância capaz, por si só, de comprovar a condição de alfabetizado do candidato.

Súmula Vinculante 18 do STF. A dissolução da sociedade ou do vínculo conjugal, no curso do mandato, não afasta a inelegibilidade prevista no § 7º do art. 14 da Constituição Federal.

Súmula 36 do TSE. Cabe recurso ordinário de acórdão de Tribunal Regional Eleitoral que decida sobre inelegibilidade, expedição ou anulação de diploma ou perda de mandato eletivo nas eleições federais ou estaduais (art. 121, § 4º, III e IV, da Constituição Federal).

23.11. Contestação (STJ)

Súmula 537. Em ação de reparação de danos, a seguradora denunciada, se aceitar a denunciação ou contestar o pedido do autor, pode ser condenada, direta e solidariamente junto com o segurado, ao pagamento da indenização devida à vítima, nos limites contratados na apólice.

23.12. Ação civil pública

Súmula 329 do STJ. O Ministério Público tem legitimidade para propor ação civil pública em defesa do patrimônio público.

Súmula 643 do STF. O Ministério Público tem legitimidade para promover ação civil pública cujo fundamento seja a ilegalidade de reajuste de mensalidades escolares.

Referências

ARAÚJO, Luiz Alberto David; NUNES JÚNIOR, Vidal Serrano. *Curso de direito constitucional*. 22. ed. São Paulo: Verbatim, 2018.

BARROSO, Luiz Roberto. *Curso de direito constitucional contemporâneo*. 7. ed. São Paulo: Saraiva, 2018.

BASTOS, Celso Ribeiro. *Curso de direito constitucional*. 22. ed. São Paulo: Malheiros, 2010.

BITTENCOURT, Lúcio. *O controle de constitucionalidade das leis*. Rio de Janeiro: Forense, 2003.

BULOS, Uadi Lammêgo. *Curso de direito constitucional*. 11. ed. São Paulo: Saraiva, 2018.

CAETANO, Marcello. *Manual de direito constitucional*. Rio de Janeiro: Forense, 1963.

CANOTILHO, José Joaquim Gomes. *Direito constitucional e teoria constitucional*. 7. ed. São Paulo: Almedina, 2003.

DECOMAIN, Pedro Roberto. *Comentários à lei orgânica nacional do Ministério Público*. 2. ed. Rio de Janeiro: Ferreira, 2011.

FERREIRA FILHO, Manoel Gonçalves. *Manual de direito constitucional*. 40. ed. São Paulo: Saraiva, 2015.

FIUZA, Ricardo Arnaldo Malheiros; COSTA, Mônica Aragão Martiniano Ferreira e. *Aulas de teoria do estado*. Belo Horizonte: Del Rey, 2005.

LENZA, Pedro. *Direito constitucional esquematizado*. 24. ed. São Paulo: Saraiva, 2020.

MANCUSO, Rodolfo Camargo. *Ação civil pública em defesa do meio ambiente, do patrimônio cultural e dos consumidores*. 12. ed. São Paulo: Revista dos Tribunais, 2014.

MARTINS, Ives Gandra da Silva; MENDES, Gilmar Ferreira. *Controle concentrado de constitucionalidade*. 2. ed. São Paulo: Saraiva, 2005.

MAZZILLI, Hugo Nigro Mazzilli. *A defesa dos interesses difusos em juízo*. 28. ed. São Paulo: Saraiva, 2015.

MENDES, Gilmar Ferreira. *Direitos fundamentais e controle de constitucionalidade*. 4. ed. São Paulo: Saraiva, 2012.

MESSA, Ana Flávia. *Direito Constitucional*. 5. ed. São Paulo: Rideel, 2018.

MORAES, Alexandre de. *Direito constitucional*. 34. ed. São Paulo: Atlas, 2018.

MOTTA FILHO, Sylvio Clemente da. *Direito constitucional*. 24. ed. Rio de Janeiro: Elsevier, 2013.

REZENDE FILHO, Gabriel. *Direito processual civil*. São Paulo: Saraiva, 1960.

SILVA, José Afonso da. *Curso de direito constitucional positivo*. 41. ed. São Paulo: Malheiros, 2018.

TEMER, Michel. *Elementos de direito constitucional.* 24. ed. São Paulo: Malheiros, 2014.

THEODORO JR., Humberto. *Curso de direito processual civil.* 51. ed. Rio de Janeiro: Forense, 2017.